WINDSOR
CHAIRMAKING

윈저체어

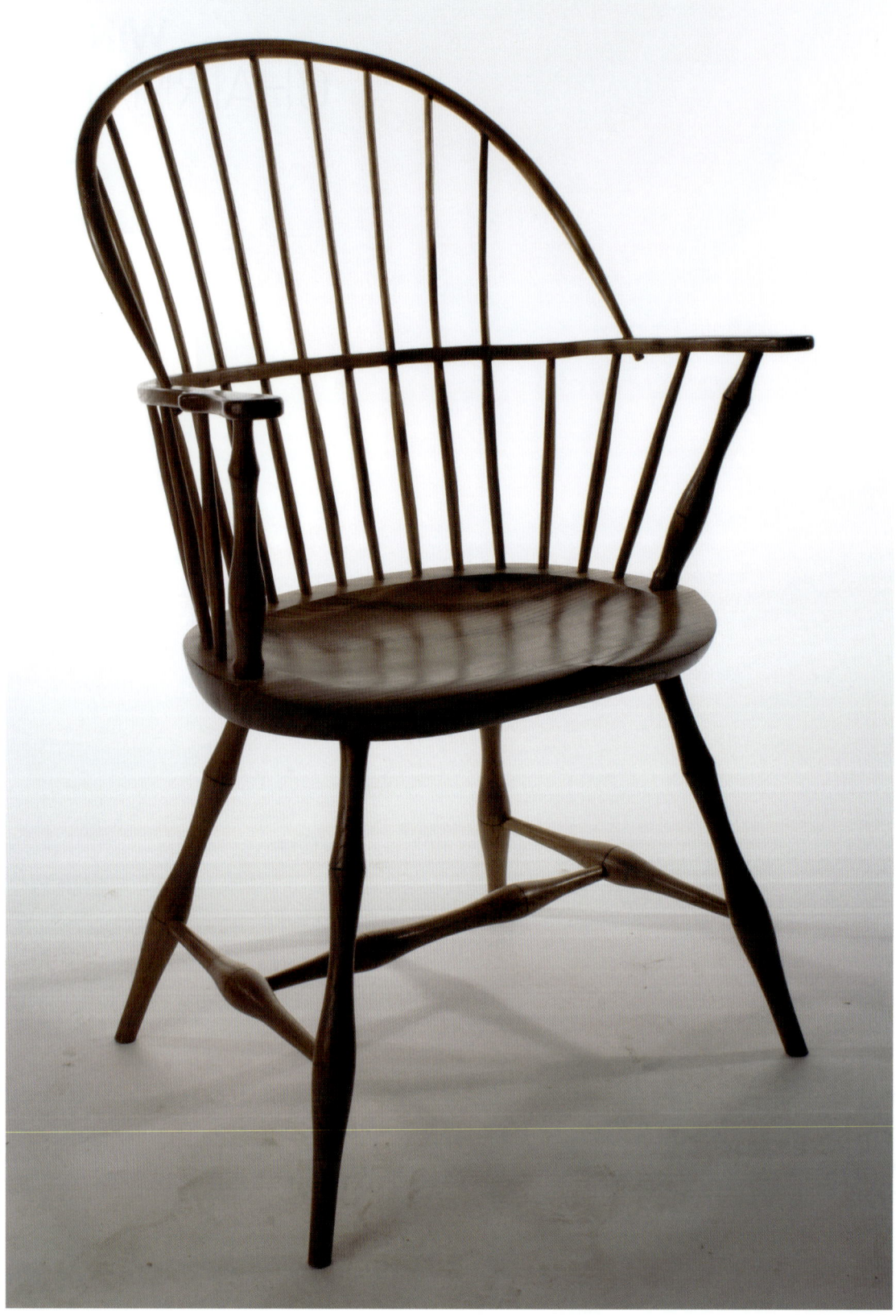

원 저 체 어 **WINDSOR**
CHAIRMAKING

저자
제임스 머셀

역자
윤혜진

감수
윤종배

씨
아이
알

First Published in Great Britain in 2009 as *Windsor Chairmaking* by James Mursell
by: The Crowood Press Ltd, The Stable Block, Crowood Lane, Ramsbury, Marlborough, Wiltshire, SN8 2HR
© James Mursell 2009
All rights are reserved

Korean Copyright © CIR, Inc. 2024
This edition published by arrangement with The Crowood Press Ltd.
Through Bestun Korea Agency
All rights reserved.

윈저체어

초판 발행 2024년 2월 28일

저 자 제임스 머셀(James Mursell)
역 자 윤혜진
감 수 윤종배
펴 낸 이 김성배
펴 낸 곳 도서출판 씨아이알

책 임 편 집 김선경
디 자 인 윤현경 엄해정
제작책임처 김문갑

등 록 번 호 제2-3285호
등 록 일 2001년 3월 19일
주 소 (04626) 서울특별시 중구 필동로 8길 43(예장동 1-151)
전 화 번 호 02-2275-8603(대표)
팩 스 번 호 02-2265-9394
홈 페 이 지 www.circom.co.kr

I S B N 979-11-6856-210-3 03630
정 가 25,000원

CONTENTS

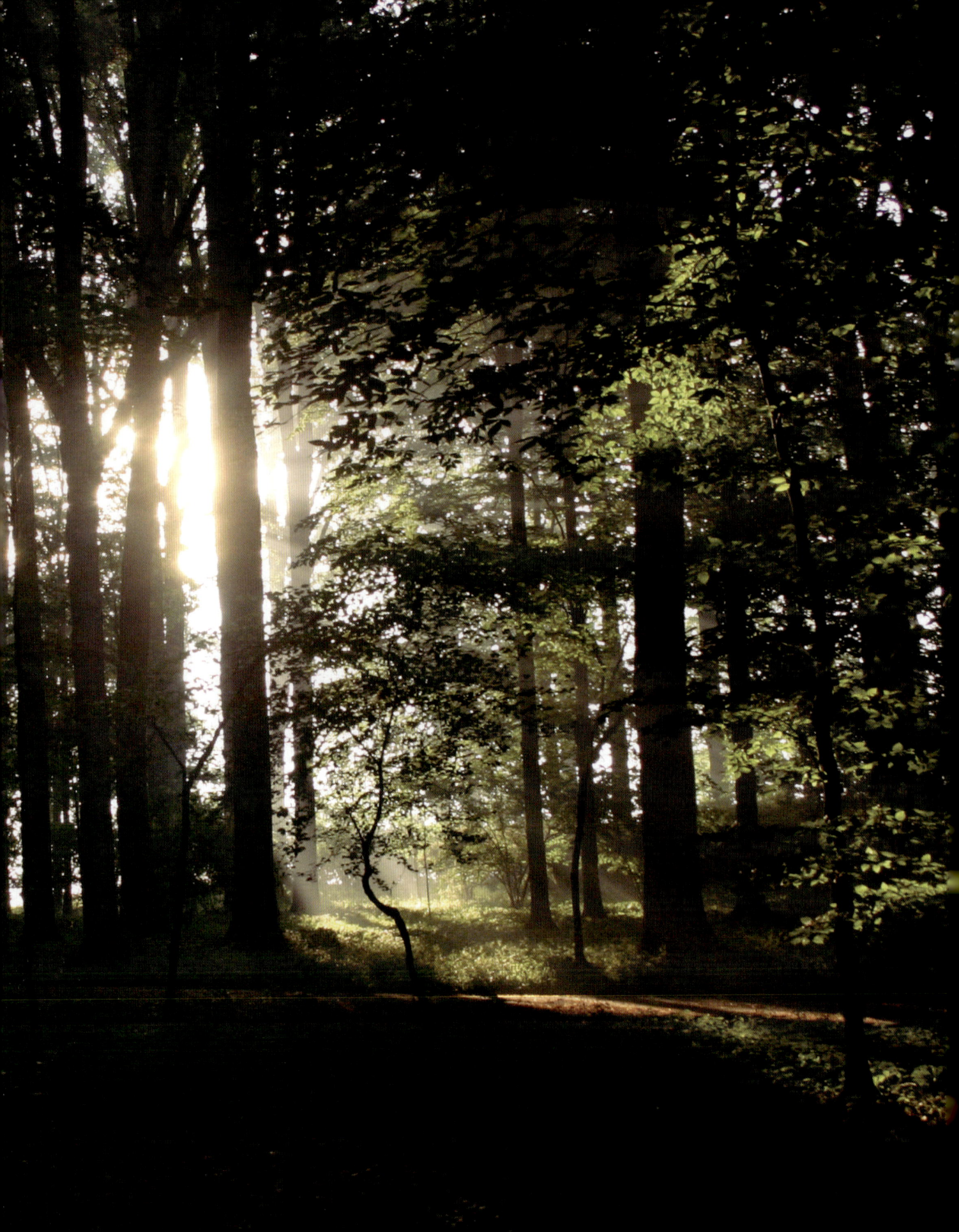

서문

원저체어의 황금기는 1720년에서 1800년에 이르는 80년으로 인간에게는 삶의 한 주기 정도가 된다. 원저체어 마니아라면 이 시기에 태어났으면이라고 생각할 수 있지만, 당대에 만들어졌던 의자들이 거의 파손되거나 소실되었다는 사실을 상기해보면, 너무 아쉬워할 필요가 없다. 우리는 2세기 동안 생산된 모든 스타일의 원저체어를 볼 수 있으니 말이다.

18세기 중반의 제작자들이 접할 수 있었던 가구는 인근 지역에서 만들어진 것과 기껏해야 약간의 변형이 가미된 정도밖에 없었다. 제품개발은 급격하게 증가했었고, 종종 제작 과정에서 변화가 생기기도 했는데, 이는 런던의 제작자들의 노력 덕이다. 이들은 훨씬 더 다양한 방식을 시도했으며, 창조적이었으며 진취적이었다.

우리는 원저체어의 개념을 만들고, 원저체어를 세계적 현상으로 이끈 초기 개혁자들을 기억해야 한다. 그들이 해온 일련의 과정은 개별 제작에서 시작해서 19세기 대량생산품으로 바뀌는 빅토리아 산업혁명의 전형을 보여준다.

요즘은 다양한 미디어의 영향과 세계 어디든 이동이 자유롭기에 많은 이들이 전 세계 어디서나 가구를 연구할 수 있는 환경이다. 특히 영국과 미국에서의 원저체어 연구는 각 대륙에서 원저체어의 발전을 깊이 있게 연구해온 역량 있는 연구자들 덕이었다. 낸시 고인 에번스는 미국 원저체어의 발전과정과 원저체어의 기원을 찾기 위해 많은 노력을 해왔고, 닥터 버나드 '빌' 코튼은 19세기 영국 의자에 관한 중요한 연구를 해왔다.

이러한 연구에도 불구하고 20세기 초 영국과 미국에서는 원저체어에 대한 관심이 점차 사그라들었다. 하지만 지난 30년간 다시 붐이 일고 있다. 마이클 하딩힐과 찰스 산토어는 영국과 미국에서 각각 18세기 원저체어의 가치에 대해 수없이 이야기했으며, 마이크 던바와 잭 힐은 수업시간에 수많은 사람들에게 원저체어를 만드는 것의 즐거움을 소개해왔다.

오늘날 원저체어는 여전히 산업 기술을 이용해 만들어지고 있다. 영국에서 잘 알려진 제조업체는 에르콜(Ercol)이며, 60년대에 이 회사에서 의자를 산 많은 사람들은 여전히 충실한 고객으로, 여러 모로 이 의자가 대표하고 있는 과거의 현상을 잘 알고 있다. 심지어 오늘날에도 원저체어는 영국과 미국의 역사 속에서 중요한 부분

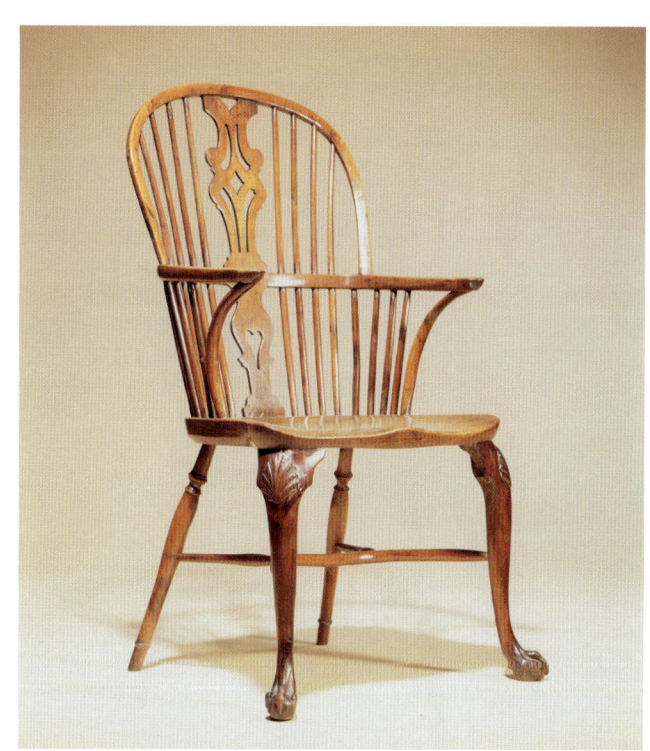

주목과 느릅나무로 만든 영국 더블보우체어(마이클 하딩힐 제공).

에 속한다. 아쉽게도 지금의 여러 윈저체어는 에르콜 의자처럼 그렇게 좋은 품질이 아니다. 영국 펍은 공장제 윈저체어로 채워져 있고, 그 의자의 오리지널을 알고 있는 사람이라면 누구나 공장제 윈저체어가 미적으로 꽤나 볼품없다는 것을 안다. 또한 미국에서도 공장에서 생산된 윈저체어를 어디에서나 볼 수 있다. 여전히 많은 사람들이 일률적이고 그저 그런 공장제 디자인으로 만들어지는 윈저체어를 사용하고 있다.

이 책은 윈저체어의 '황금기'에서 1800년까지에 대해 이야기할 것이고, 이 이후 시대에 만들어진 의자와 디자인에 대해서도 주목할 것이다. 이것은 나의 관심과 경향을 반영한 것이지 이 이후의 의자 연구를 무시하는 것은 아니다.

윈저체어는 런던과 필라델피아와 같은 도시에서 시작되었지만, 오늘날에는 '컨트리' 가구로 여겨지고 있으며, 레더백체어와 비슷한 것으로 여겨진다. 윈저체어와 레더백체어가 만들어지기 전에는 의자를 만들 때, 주먹장과 같이 전문적인 기술이 필요했었다. 그러나 윈저체어와 레더백체어는 특별한 기술을 필요로 하지 않고, 가장 간단한 수공구로도 만들 수 있다. 컨트리 의자의 영역

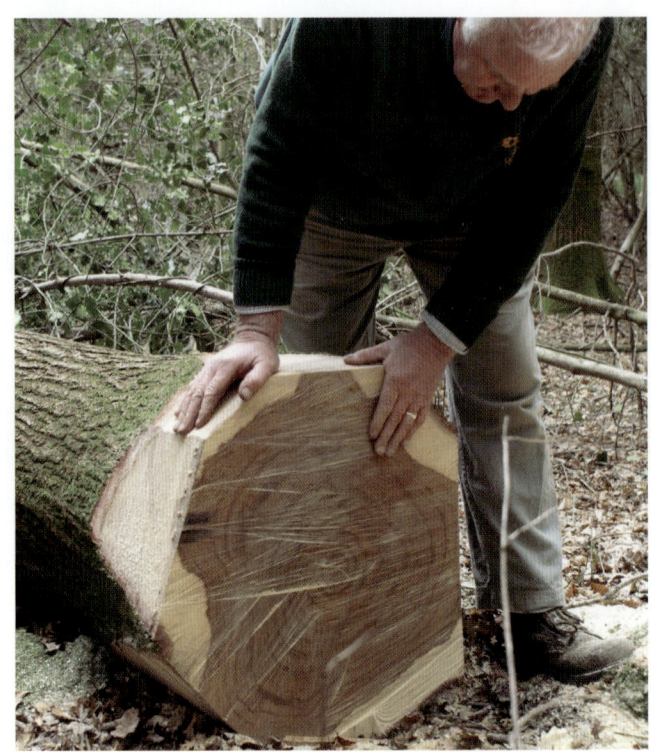

떨어진 떡갈나무의 잘린 끝에 균열이 있는지 확인한다. 아무 문제없다.

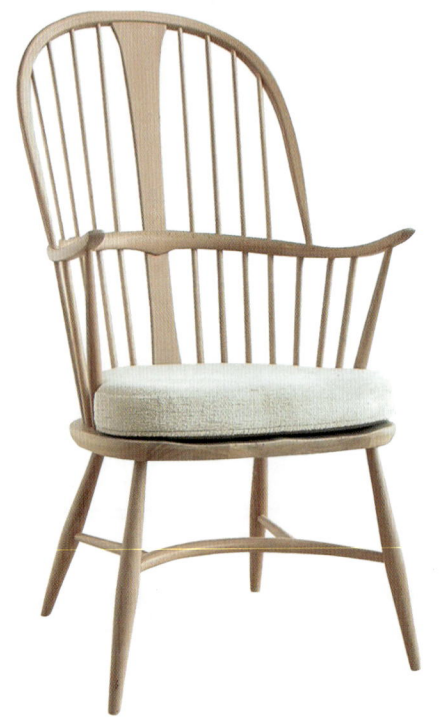

에르콜에서 만든 더블보우체어.

은 가구와 같은 구조를 필요로 하는 것이 아니기에 다양한 분야의 목공인들이 접근하기 쉽다. 의자가 가장 만들기 어려운 아이템이라고 생각하는 전문 목수에게 이건 좀 역설적인 이야기일 수 있는데, 윈저체어는 비교적 단순한 구조를 지니고 있기에 다른 분야의 공예가들이 이 분야에 쉽게 접근할 수 있었다. 아주 오래전인 1750년, 수레바퀴 제조공들은 윈저체어를 자신들의 작업의 하나로 생각했다. 이는 오늘날 의자 제작에 관심 있는 이들에겐 의미 있는 지점이다. 나는 이 책이 의자 제작에 관심 있는 사람들을 자극하고, 그들이 의자를 만들고 싶게 하는 데 도움이 되길 바란다.

그린우드로 인해 의자의 구조가 영향을 받는다는 측면은 현대인들이 그린우드를 매력적으로 느끼게 만드는 또 다른 요소이다. 미국에 있는 존 알렉산더와 영국에 있는 마이크 애벗은 그린우드 워킹을 홍보하고 대중화하는 데 가장 많은 일을 해왔다. 그린우드에 대한 관심은 환경과 지속 가능한 생활방식의 중요성에 대한 현대인의 인식과 맞아떨어진다. '그린'이라는 단어는 신선하고 젖은

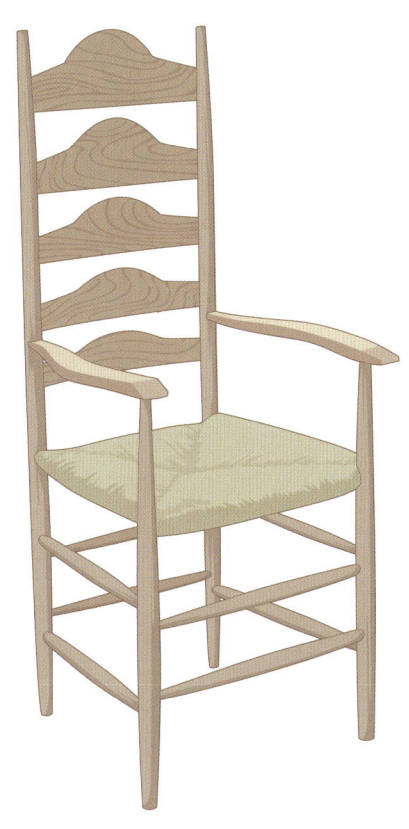

골플 좌판의 깁슨 레더백체어 1892~1904년. (원서에는 빅토리아앨버트박물
관[Victoria and Albert Museum, London]에 소장되어 있는 의자의 사진을
수록하였지만, 저작권 문제로 일러스트로 대체한다.)

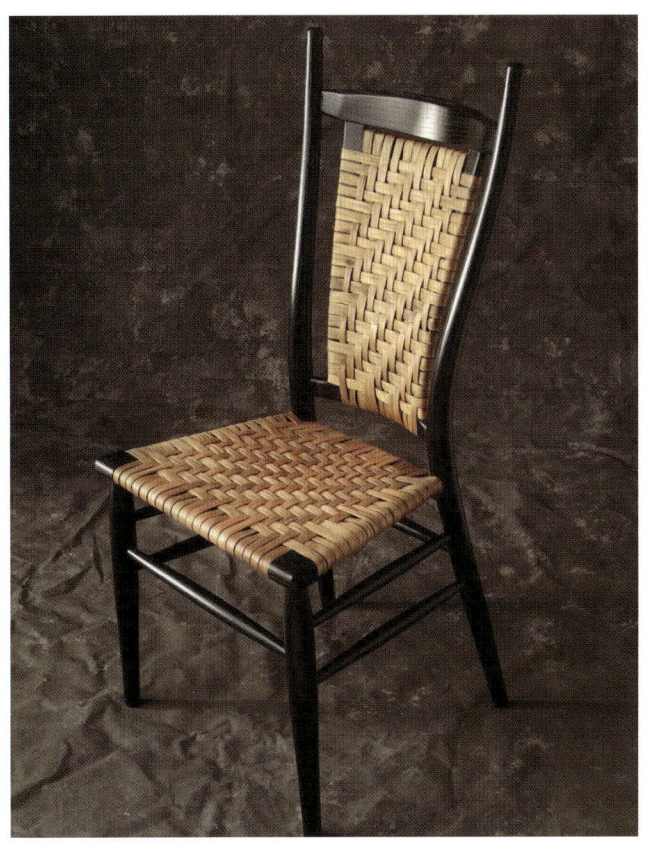

브라이언 보그스의 레더백체어(브라이언 보그스 제공).

나무를 의미하고 또한 '환경에 대한 고려'와도 같은 단어로 사용되고 있다. 뿐만 아니라 새로 만든 것이든 오래된 윈저체어를 수집하고 연구하는 것이든 윈저체어에 대한 지금의 뜨거운 관심을 보여주는 단어이기도 하다.

윈저체어는 레더백체어의 다른 이름으로 의미가 있을 수 있다. 레더백체어가 윈저체어보다 더 오랜 역사를 가지고 있지만 윈저체어 같은 명성을 얻은 적은 없었다. 아마 가장 잘 알려진 예로는 미국의 쉐이커교도들이 상업적으로 만든 것이 있을 것이다. 이들은 19세기에 공동체를 위한 경제활동으로 쉐이커식 의자를 개발했었다. 가장 최근에는 영국에서 깁슨과 깁슨과 같은 의자를 만든 사람들을 따르는 이들이 생겼다. 누구도 레더백체어의 우아함을 부인할 순 없지만, 편안함에 대해선 의문을 가질 수도 있다. 그 이유는 레더백체어의 능이 윈저체어의 능에 비해 사람의 뼈대를 널

고려했기 때문이다. 레더백체어는 의자에 앉는 사람의 등에 맞게 의자의 등이 잘 받쳐주지 않는다. 하지만 최근에 브라이언 보그스와 같은 사람들의 의자는 형태와 기능이 잘 겸비되어 있어서 편안함이 문제가 되지 않는다.

'컨트리' 의자를 만드는 이들이 '레더백체어'나 '윈저체어'에 심취하는 경향이 있지만 둘 다에 빠지지는 않는다. 이것은 고양이와 개를 사랑하는 것과 거의 같다. 사람들은 고양이를 사랑하거나 개를 사랑한다. 둘을 다 좋아하는 경우는 거의 없다. 가끔 예외가 있기는 하지만. 데이브 소여는 북부 버몬트주의 숲에서 레더백체어를 만드는 것으로 시작했지만, 윈저체어로 관심을 옮겨서 지금은 내가 아는 최고의 윈저체어를 만드는 사람이다. 그는 윈저체어를 의자 중의 스트라디바리우스라고 묘사했고, 나는 그의 이 감상에 선석으로 동의한다!

사람들이 윈저체어에 탐닉하게 되는 것은 어쩌면 당연할 것이다. 아마도 여러분은 자신의 삶을 의자 제작과 의자 연구에 바친 수많은 사람들을 볼 수 있을 텐데, 이들은 각자 윈저체어의 각기 다른 면에 끌렸을 것이고 이는 어쩌면 당연한 이야기다. 그렇다면 나는 윈저체어의 어떤 면에 끌렸을까? 이 책은 내가 윈저체어의 어떤 면에 끌렸는지 여러분에게 알려주는 책이 될 것이다.

내가 어렸을 때 우리 집 부엌 식탁에 윈저체어가 있었는데, 이후 할머니로부터 치편데일 스타일의 의자 세트를 얻었다. 우아한 의자였지만 짧은 바지를 입은 어린 사내아이의 다리엔 그다지 편안하지 않았는데, 그 의자의 좌판은 말 털로 채워졌고, 자수가 놓아져 있었다.

비슷한 시기에 아버지는 나에게 나무로 물건을 만드는 즐거움을 감상하라고 가르쳐주셨고, 그것은 이 단순한 의자에 대한 애정과 결합되어, 내 마음속에 박혀 거의 30년 동안 잠자고 있었다. 그러는 동안 나는 식물학 학위를 따면서 실용 교육보다는 아카데믹한 교육을 받았다. MBA로 영국과 미국에서 수년간 일했었는데, 당시에는 잘 알지 못했지만, 이때 미국 생활은 체어메이커로서의 내 경력에 많은 영향을 주었다. 80년대 중반에 나는 우리 가족이 경영하는 과수원의 일부를 인수했고, 이후엔 겨울밤이면 학교에서 배운 수업을 기초로 아버지와 함께 단순한 가구를 만들어보기 시작했다. 어린 시절 이후 윈저체어에 앉은 지 거의 30년이 흘렀지만, 의자 만들기 강좌를 들으면서 흥미가 다시 생겼고, 결코 잊은 적 없었던 목공의 열정이 샘솟았다.

구조의 단순함과 아름답고 편리한 것을 수월하게 만들 수 있다는 측면이 내가 윈저체어에 빠지게 된 이유이다. 이것은 내가 생각하고 일하는 방식과 완벽하게 일치했고, 이후 의자를 만들 때 영향을 주었다. 취미로 의자를 만드는 것이 여가 시간의 대부분을 차지하기 시작했고, 미국에서 이 시기에 2년 동안 두 번째 수업을 들었다. 안타깝게도 과수사업은 쇠퇴하기 시작했고, 2001년에 농장은 문을 닫았다. 그러나 농장의 문을 닫은 것을 한 번도 후회한 적이 없었다. 오히려 이 결정이 거꾸로 윈저체어에 나의 모든 시간을 쏟을 수 있는 계기가 되었다.

열흘간의 정식 교육과 15년간의 스스로의 견습 기간이 나를 지금의 여기로 데려온 것이다. 나는 지금도 여전히 배우고 있다!

윈저체어는 형식 면에서 일반 가구를 만드는 것보다 좀 더 유기적이고 예술적(조각적)인 면이 있다. 윈저체어는 다른 가구 작업과 달리 평이 잘 맞거나 직각이 잘 유지되어야 하는 것에서 자유롭기 때문이다. 게다가 제작자의 느낌을 잘 살려서 만든 윈저체어는 가장 좋은 형태와 기능을 결합한다. 실험과 개발의 범주 또한 무한하다. 과연 목공으로 무엇을 더 바랄 수 있을까?

윈저체어를 만드는 것과 가구(캐비닛메이킹)를 만드는 것의 비교는 사과와 오렌지를 비교하는 것과 같다. 가구제작에서는 나무를 결합하는 방식에 90%, 나무의 모양을 다듬는 것에 10%를 할애한다. 반면, 윈저체어는 의자의 모양을 다듬는 데 90%, 결합에 10%를 할애한다.

의자는 개인이 만들 수도 있고, 사람의 손을 덜 빌리고 공장에서 기계로 생산될 수도 있고, 또한 사람과 기계의 모든 조합 사이에서 생산될 수도 있다. 흥미로운 지점은 기계로 만든 의자의 '품질'이 어떤 점에서 핸드메이드 의자를 능가하게 될 것인가 하는 것이다.

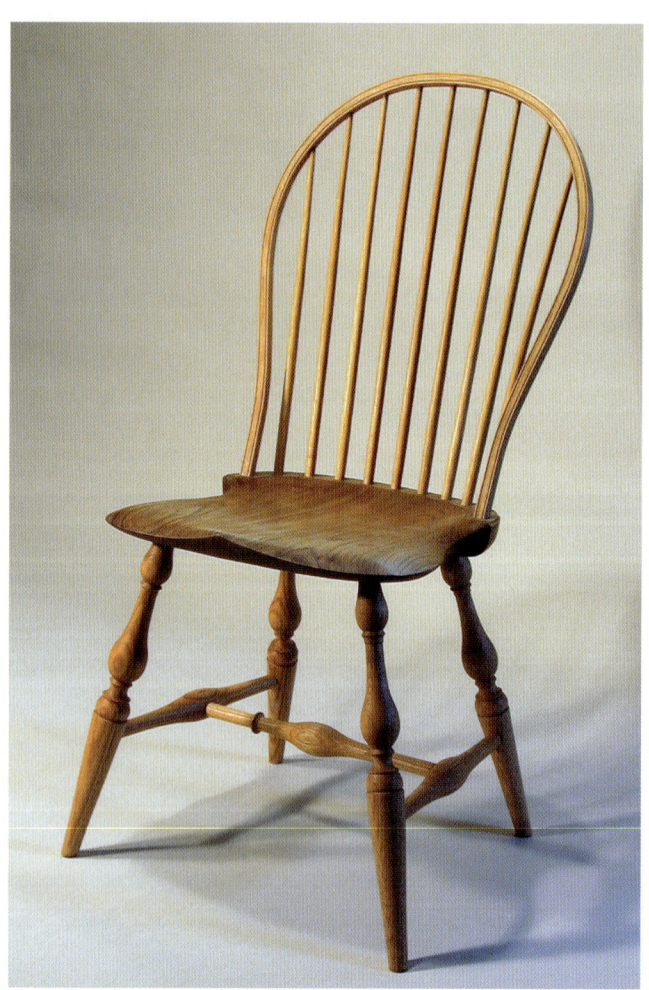

데이비드 소여의 벌룬백 윈저체어(데이비드 소여 제공).

하지만 의자에 적용하는 '품질'이란 것은 결합의 구조적 건전성, 각 부분과 전체 모양의 완성도, 그리고 마감 등 정의하기 어려운 부분이 있다. 무엇보다 중요한 것은 오랜 시간이 지나도 의자가 부서지지 않고 사람의 몸을 잘 지탱하는 것이다. 의자는 결합의 품질에 달려 있고, 그러면 우리는 모양과 마감의 특징으로 그 의자를 판단할 수 있다. 윈저체어 제작이 "10%의 결합과 90%의 모양 다듬기"라는 것에 동의한다면, 이 지점이 기계로 생산되는 윈저체어보다 개인이 만드는 것의 성공비결일 것이다.

처음으로 윈저체어를 만들 때, 가능한 한 실수 없이 의자를 완성하는 것이 중요하다. 이 과정에는 무수한 단계가 있어서 불가피하게 실수를 하게 되겠지만, 결국은 내 몸이 본능적으로 이 과정을 잘 수행해 나가게 될 것이다. 핸드메이드 의자에서 이러한 실수가 없어질 때까지, 기계로 만들어진 의자의 품질이 우월하다고 여겨질 수 있다.

기계로 만들어진 의자의 품질은 오리지널 디자인, 상품의 오차 범위, 마지막에 의자를 조립하는 사람의 기술에 달려 있다. 이러한 의자는 최고의 미적인 상태를 추구하기보다는 경제적 타협의 생산물이 될 수밖에 없다. 개인이 만드는 것은 미적으로 완벽성을 추구할 시간과 기회가 있다. 실제로 개인 생산자들은 미적 완벽성을 추구하기 위해 부단한 노력을 해야한다. 이것이 바로 개인 생산자들의 작업이 대량 생산 제품과 구별되는 것의 전부이기 때문이다!

이 책은 우아하고 구조적으로도 매우 안전한 의자를 만드는 것을 격려하려는 나의 욕망과 윈저체어 제작의 대부분을 다룰 것이다.

1장	우선 정의로 시작하여 어떻게 윈저체어가 영국과 미국에서 역사적으로 그리고 디자인적으로 진화해왔는지에 대해 간략하게 설명할 것이다.
2장	윈저체어를 만드는 데 필요한 재료, 즉 전통적인 재료와 비전통적인 재료를 언급한다. 최소한의 목록과 함께 이상적인 도구와 장비가 상세하게 설명될 것이다.
3장	의자 만드는 방법, 즉 의자 만들기의 각 단계에 요구되는 기술을 설명할 것이다. 당면한 계획에 따른 선택과 선별 그리고 수공구 사용의 중요성을 설명할 것이다.
4장	두 개의 영국식 윈저체어의 규격과 설계를 설명할 것이다.
5장	두 개의 미국식 윈저체어의 규격과 설계를 설명할 것이다.
6장	1700년대 중반에 만들어진 웅장한 영국 암체어를 자세히 들여다본다. 제작자가 의자에 남긴 다양한 공구 자국을 통해 배운다. 마지막으로 제작자의 철학에 대해서는 현대의 제작자에 대한 의미와 함께 이야기할 것이다.
7장	의자 구성 요소의 상대적인 각도와 모양은 우리가 그것을 보는 방법에 어떤 영향을 미치는가? 의자의 보디랭귀지에 대해 논의하고, 자신의 의자를 디자인하는 것에 대한 지침이 주어진다.
8장	암체어를 넘어서, 책의 나머지 부분에 묘사된 것과 같은 기술을 사용하여 훨씬 더 다양한 것들을 만들 수 있다.

이 책의 구조

나는 이 책을 다양한 경험을 가진 독자들을 염두에 두고 썼으며, 이 책이 다양한 방식으로 이용될 거라 확신한다. 여기서 나는 윈저체어에 대해 중요한 모든 것을 압축적으로 설명하고, '의자를 만드는 방법'과 관련하여 더 많은 것을 알려주려 할 것이다. 각 장에 대한 간단한 설명을 보고, 독자는 자신이 관심 있는 장을 골라 읽으면 된다. 앞에서부터 쭉 읽는 전통적인 방식으로 억지로 책을 읽지 않기를 바란다!

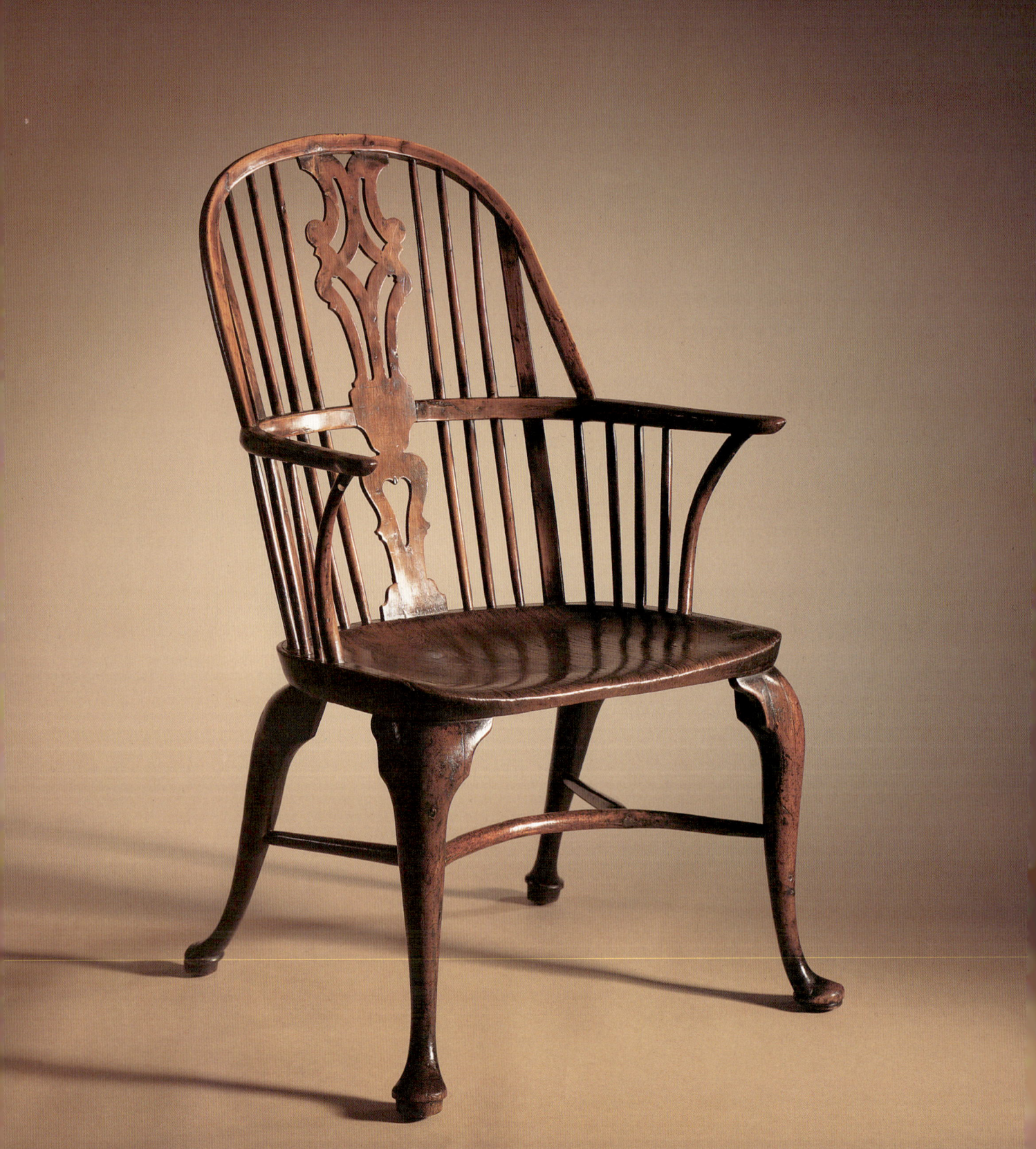

CHAPTER 1

윈저체어의 역사

윈저체어란?

윈저체어는 단단한 나무 좌판에, 아래와 윗부분, 즉, 다리와 뒷부분을 만들어 각각 끼워 연결한 것이다. 좌판 말고는 윗부분과 아래 구성 요소 사이의 연결이 없다. 윈저체어에 대한 다소 형식적인 정의는 스타일보다는 구조의 형태를 언급하게 된다. 사람들은 자신이 상상한 윈저체어의 모습이 바로 윈저체어 그 자체가 아니라 단지 하나의 예에 불과할 수 있다는 것에 실망한다. 의자 뒤의 스핀들, 스팀벤딩한 보우나 스플랫이 윈저체어의 일부를 형성할지는 모르지만 그것이 윈저체어인 것은 아니다.

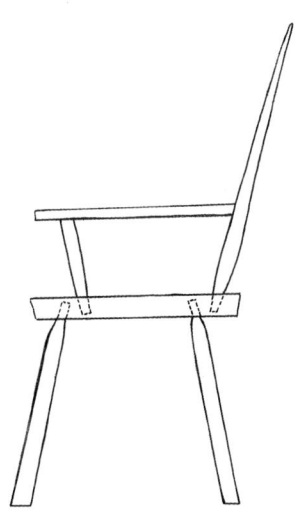

윈저체어는 단단한 나무의 좌판과 다른 구성 요소들을 좌판의 위와 아래에 끼우지만 이 구성 요소들 사이의 직접적인 연결은 없다.

일단 윈저체어의 정의를 받아들이면, 정의에서 자유로워지고, 윈저체어의 구조 방식의 가능성들이 더 분명해질 것이다. 윈저체어가 가장 흔하지만, 윈저체어만 이러한 방식으로 만들어질 수 있는 유일한 제품은 아니다. 8장에서 비슷한 기술을 이용해서 만든 몇 개의 가구를 살펴볼 것이다. 윈저체어와 같은 구조적 형식을 이용하는 것은 상상력과 이런 방식에 익숙하고 '관습적'인 접근 방식보다는 윈저체어와 같은 방식으로 목공의 문제를 해결하려는 사람으로 제한된다.

초기 윈저체어와 스툴

고대 이집트는 3000년 전에 윈저체어의 방법을 이용해서 스툴을 만들었다. 그렇게 새로울 건 없지만! 단순했던 도구가 발전하면서 사람들은 판자에 막대기를 끼웠을 것이다. 이렇게 같은 길이의 막대 세 개를 판자에 균일한 간격으로 끼운, 모든 면에서 안정적인 '우유 짜는 스툴'을 만들었다. 이집트 스툴은 높이가 다양했는데, 때론 다리가 쭉 뻗은 모양이고, 어떤 시기에는 곡선이었다. 그리고 좌판의 두께도 변했는데, 어떤 경우에는 의자를 더 편하게 하기 위해 좌판을 파기도 했다. 이러한 몇몇 변수에도 불구하고 활용 가능한 스툴의 스타일은 방대했다. 또한 이집트인들은 나무를 돌리며 깎는 것을 배웠기에 윈저체어를 만드는 데 필요한 모든 기술을 갖고 있었다고 할 수 있다. 그러나 우리가 아는 한 이집트인들이 자신들의 스툴을 의자로 바꾸지는 않았다!

1484년 플로렌스에 있는 보티첼리 스튜디오의 윈저체어 그림이 오늘날 우리가 인지한 최초의 윈저체어 그림이다. 이 의자는 두꺼운 D 모양의 좌판에 다리 세 개가 꽂혀 있는데, 두 개의 다리는 앞에, 하나의 다리는 뒤에 있다. 상부 구조물에는 회전 스핀들 8개에 'U'자 모양의 팔걸이가 있다. 이 그림은 좌판 상단에 구멍이 있는 것을 보여주는 첫 번째 그림 중 하나이다. 이러한 아이디어가 그 당시 이탈리아에 영향을 주지는 않았으며, 영국에서 이러한 의자의 인기는 200년이 지난 후에 시작되었다.

가장 초기의 '윈저체어'와 스툴은 다리에 가로대가 없었으며, 각각의 다리는 좌판에 장부로만 독립적으로 고정되었다. 이러한 의자는 연결을 튼튼하게 하기 위해서 두꺼운 좌판과 튼튼한 장부

가 필수적이었다. '윈저' 스타일의 가구에서 가로대가 사용된 첫 번째 기록은 1661년 네덜란드의 그림에서부터 등장한다. 잘 뻗은 세 개의 다리를 세 개의 가로대로 연결하고 있는 둥그런 스툴을 볼 수 있다. 순전히 둥그렇게 깎인 가구가 수직의 부재들을 고정하는 수평 부재들에 전적으로 의존했기 때문에, 이 관습이 더 일찍 발전하지 않았다는 것은 놀라운 일이다.

1660년 영국의 왕정복고는 의자의 변화에서도 볼 수 있는데, 이는 주로 참나무 좌판에다 찰스 2세가 대륙에서 가져온 목선반으로 깎거나 곡선 스타일로 하는 결합 방식의 변화를 상징하는 것이었다.

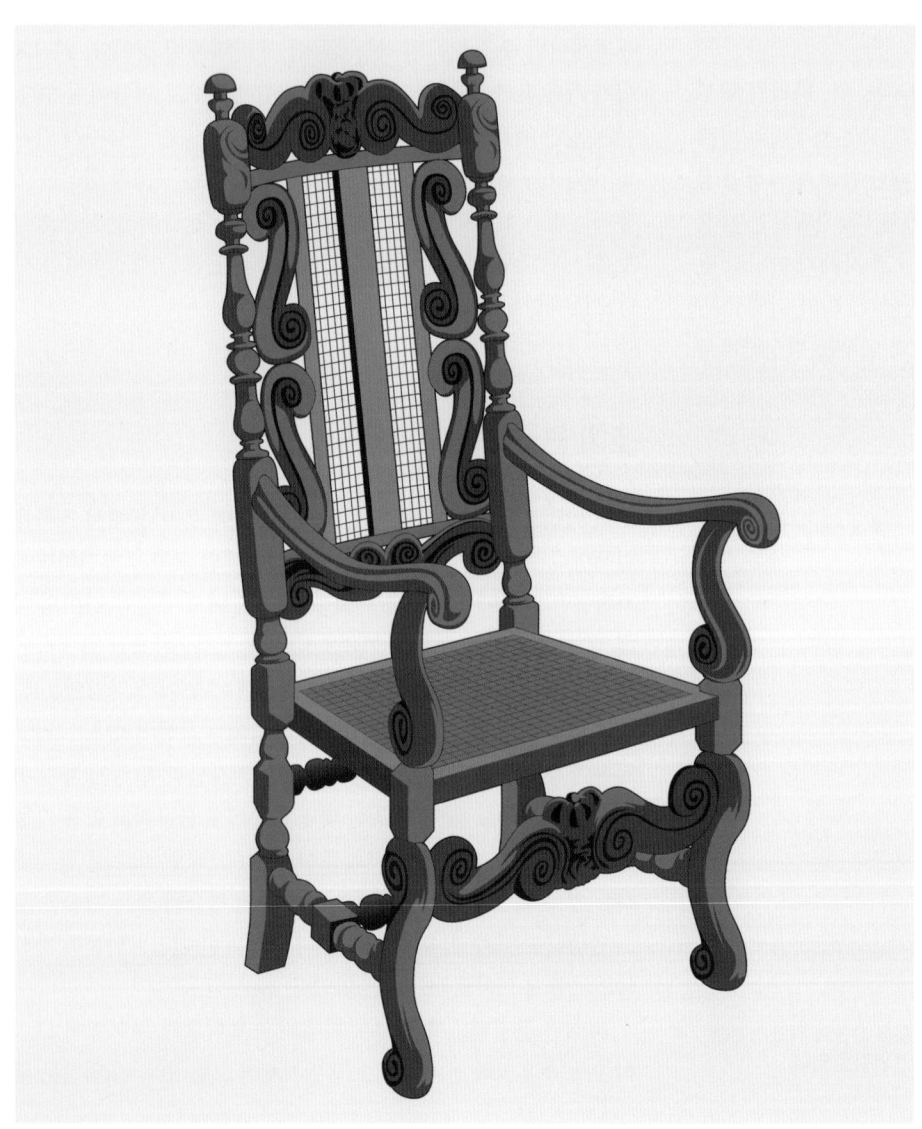

왕정복고 의자, 1685~1693년. 호두나무로 카빙과 목선반을 함. 줄기로 만든 좌판.
(원서에는 빅토리아앨버트박물관[Victoria and Albert Museum, London]에 소장되어 있는 의자의 사진을 수록하였지만, 저작권 문제로 일러스트로 대체한다.)

목수는 가구 제작자 쪽으로, 의자는 점차 목선반을 깎는 이들이나 의자 제작자들에게로 그 주도권이 넘어가기 시작했다. 왕정복고 이후, 과한 곡선과 나무줄기로 좌판을 만든 의자가 유행했고, 1700년 초부터 사람들의 관심이 멀어지자 우드터너(목선반으로 나무를 깎는 이들)나 체어메이커(의자 제작자)가 대신 원저체어를 만들기 시작했다.

원저체어에 대한 최초의 언급은 1718년, 바스지역 근처 더럼 공원의 정원에 있는 것으로 묘사된다. 그러나 이것은 오늘날 우리가 알고 있는 원저체어의 형식이 아니라 바람과 햇빛을 막기 위해 회전 가능한 널빤지로 만든 의자를 지칭하는 것이다. 무엇보다 정원(Formal garden)과의 연관성은 우리가 알고 있는 초기 원저체어의 발달에 매우 중요했다. 왜냐하면 이것들은 아마도 1710년경에 나타나기 시작한 포레스트 의자의 형태로 현대 원저체어의 앞선 모습이었을 것이다. 포레스트 의자는 나무껍질이 있는 나뭇가지로 만들어졌고, 현존하는 의자 중 가장 원초적인 형태가 남아 있는 의자이지만, 우리에게는 원저체어에 대한 이해를 돕는 매우 의미 있는 것이었다.

고인 에번스는 원저체어의 원저가 원저성 주변에서 보이는 의자에서 비롯되었다고 말한다. 아무도 어디서 그 이름이 유래했는지 알지 못하지만, 원저체어가 원저 타운에서 만들어졌다는 증거는 없고, 가장 초기의 의자들이 대부분의 우드터너들이 등록된 런던에서 만들어졌다는 것은 사실일지 모른다. 이러한 생각은 1730년 신문광고를 보면 알 수 있다. 이 신문광고는 가장 초창기의 원저체어 광고인데 여기에서 존 브라운은 "모든 종류의 원저가든체어, 다양한 사이즈, 색을 칠할 수도 안 칠할 수도 있음"이라고 광고했으며, 그의 작업실은 런던 세인트 폴 처치야드에 있었다.

아무튼 이 의자에 붙은 '원저'라는 이름의 기원에 대한 진실이 무엇인지 알 수는 없지만, 어떤 상품이 그 상품이 만들어지지 않은 곳에서 이름을 얻은 또 다른 예가 있다. 스틸리톤치즈는 영국 캠브리지쉐어의 한 마을의 이름을 따서 불렸는데, 그 마을의 그레이트 노스 로드에 위치한 술집에서 처음 이 치즈가 팔렸다. 이 치즈는 레스터셔의 멜튼 모브레이 근처에서 유래되었고, 결코 스틸리톤에서 만들어지지 않았으나, 상품 마케팅에서 그 이름을 얻게 되었다. 두 번째는 파나마모자이다. 이 모자는 모두 에콰도르에서 만들어졌지만, 파나마 운하가 만들어질 당시에 노동자들이 내부분이 이런 스타일의 모자를 쓰면서 파나마모자라 불렸다. 하지만 상품이 만들어진 곳이 이름이 붙여진 바로 그 장소는 아니었다.

초기 사용과 스타일

원저체어가 우리에게 친숙한 콤브백 형태를 띠게 되자, 귀족의 정원에 필수적인 가구가 되었다. 이 의자는 대부분 녹색으로 칠해져서 정원의 다른 것들과 자연스럽게 어울렸고 또한 비바람으로부터 의자를 보호할 수 있었다. 그 의자들은 정원에 오래 머물지 않았다. 1736년 바이런 경이 죽었을 때, 그의 집 실내에 다음과 같은 원저가구가 있었다.

레드 갤러리	더블 원저 4개
그레이트 갤러리	트레블 4개와 싱글 6개
리틀 갤러리	원저 4개
블루 갤러리	트레블 1개와 싱글 1개

귀족들이 원저체어를 자신들의 가구로 사용하고 지지를 표명함으로써 원저체어의 인기는 향후 150년간 급속도로 상승한다. 부와 권력을 가진 이들의 후원으로 원저체어는 더 인기 있는 의자가 되었다. 사람들은 귀족들이 좋아하는 것을 따라하길 원했고 이로 인해 원저체어는 모든 이들이 원하는 의자가 되었다. 그러나 원저체어 성공의 비밀은 그것이 만들어진 방식에 있었다. 의자의 섬세한 모양을 보면, 초기에는 아마 견습공의 도움을 받아 한 명의 장인이 의자를 만들었다는 결론에 이르게 된다. 견습공의 도움으로 인해 의자의 각 부분을 대량으로 생산하는 것이 가능해졌고 이렇게 쌓여 있던 각 부분들로 의자를 조립할 수 있었기 때문에 가격을 크게 낮출 수 있었고 규모의 경제가 이루어질 수 있었다. 이러한 일련의 과정이 한순간에 일어난 것은 아니지만, 규모의 경제가 구현된 의자 공장은 1790년까지 존재했다.

18세기 초기에 원저체어의 가격은 러쉬좌판의자와 가구 제작자의 의자 사이에서 책정되었다. 대략 전자의 두 배이고 후자의 반값이다. 이 가격은 조각된 좌석의 안락함과 아웃도어 의자로서의 초기 원저체어의 독특한 위치와 더불어 원저체어가 틈새시장을 채웠다는 것을 의미했다. 원저체어는 우연한 기회에 발전했다기보다 이 틈새시장을 채우기 위해 사업가에 의해 의도적으로 만들어진 것이 아닐까? 그것을 알기에는 우리에게 주어진 역사적 기록은 너무 적다. 우리가 말할 수 있는 것은 원저체어의 발전은 원저체어가 존재한 첫 80년 동안 일어났고, 그 후에는 기본적인 의자 패턴이 재활용되고 변형되었다는 것이다.

제조업의 진화(발전)

화석 기록에서 생물학적 진화에 대해 연구하는 것처럼 역사적인 기록을 토대로 윈저체어의 진화를 연구하는 것은 도전으로 가득 차 있다. 두 경우 다 현존하는 것과 많은 차이가 있고, 과도기의 형태는 매우 드물게만 남아 있다. 또 다른 공통적인 특징은 폭발적인 진화의 기간 후에 상대적 안정성과 혁신이 부족했다는 것이다.

윈저체어의 가격이 처음으로 떨어진 것은 각각의 파트를 만들기 위해 노동 분업을 하면서 시작되었다. 상대적으로 숙련이 덜 된 사람들은 의자의 좀 덜 중요한 부분들을 만드는 데 전문가가 되었고, 그래서 각각의 부분들은 가능한 한 최대한 효율적으로 만들어야 했다. 이 각각의 부분들이 전문화되면서 부속품들은 사실상 상품의 한 품목이 되었고, 이것은 윈저체어의 가치 손실로 이어졌다. 트럼블이라는 사람은 1775년 미국 필라델피아에서 의자를 만들었

는데, 손으로 깎아 만든 40만 개의 히코리나무 스핀들을 광고했다. 스핀들을 직접 깎은 사람이라면 누구나 이 일의 양을 알 수 있다. 나무를 쪼개서 만들어 논 시간을 포함해서 스핀들당 5분으로 가정하면 3,333시간, 아무것도 하지 않고 83주하고도 40시간. 그것도 한 사람이! 19세기에 하이위컴(High Wycombe) 숲에서 일하는 보더들은 자신들의 생산활동으로 제대로 된 보수를 받지 못했다. 아마도 그들과 공장들 사이의 관계는 현대에는 슈퍼마켓과 거기에 물건을 대는 사람들과 비슷했을 것이다.

산업혁명이 진행됨에 따라, 기계는 점점 더 중요한 역할을 했고, 점차적으로 인간을 대체하고 비용을 더 많이 절감하게 되었다. 이러한 발전이 진행됨에 따라 의자의 미적 가치가 점차 쇠퇴하게 된다. 예를 들어 영국에서 윈저체어가 무거워지는 경향이 있었다면, 미국에서 윈저체어는 더 단순한 디자인을 추구하고, 의자를 더 매력적으로 만들기 위해 페인트와 장식을 더 추구하게 되었다.

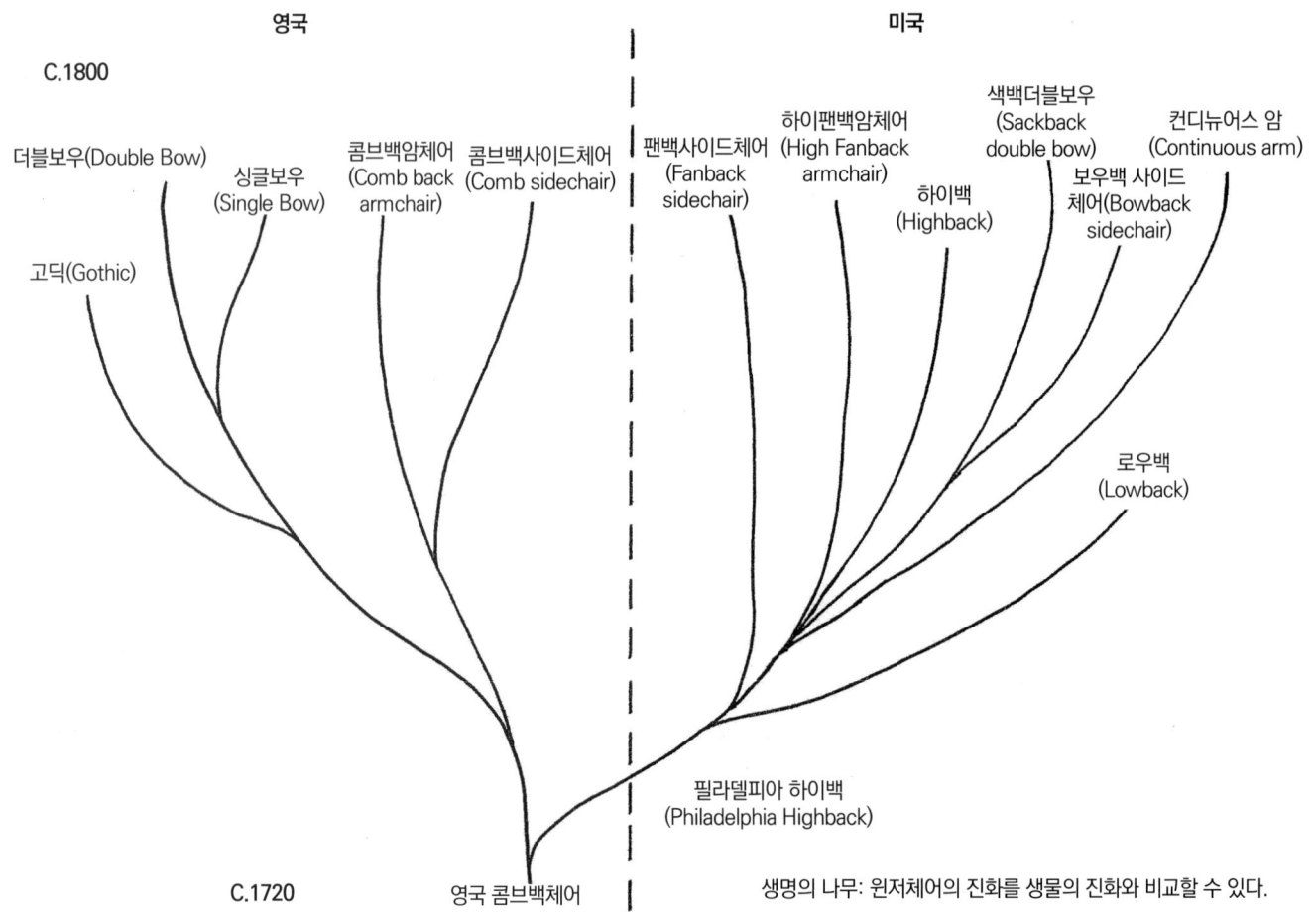

생명의 나무: 윈저체어의 진화를 생물의 진화와 비교할 수 있다.

한 사람이 만든 의자와 비교했을 때, 원저체어는 끼우는 부분이 여러 사람들에 의해 만들어졌기에 매번 동일한 품질로 만드는 것이 매우 어려웠다. 그러나 오늘날의 제작자들에게 불행한 현실은 이렇게 저렴한 의자를 손으로 만들어야 하고 그것이 구조적으로 튼튼하기도 해야 된다는 것이다. 비록 편안함과 미적인 퀄리티에 대해서는 보장할 수 없지만, 그럼에도 불구하고 시장에서는 그 정도로 충분할 수 있다.

우리가 지금 잘 알고 있는 첫 번째 원저체어는 영국에서 만들어졌다. D자 모양의 좌판과 스팀벤딩한 암 그리고 등을 형성하는 크레스트에 긴 스핀들을 꽂은 모양이었다. 긴 스핀들 앞부분의 암은 작은 스핀들이 지지한다. 초기에 만들어진 원저체어의 대부분은 다리 사이에 가로대가 없었다.

미국의 원저체어

원저체어는 영국에만 국한되지 않았다. 패트릭 고든(펜실베니아 주지사)의 유언에 원저체어가 포함되어 있었던 1736년 이전에 원저체어는 대서양을 건너 필라델피아까지 갔다. 1740년경까지 필라델피아에서는 자신들의 의자를 생산하지는 않은 것 같지만, 첫 번째 의자는 그들의 사촌이라 할 수 있는 영국 의자들과 놀랄 만큼 닮았다. 그들의 선조 의자들과 구별되는 가장 분명한 특성은 목선반으로 깎은 다리의 모양이 크게 달라졌고 의자 다리의 각도가 점점 벌어졌다는 것이다. 후자의 특징은 원저체어의 역사 속에서 계속해서 미국과 영국 의자를 구별짓게 했다(7장 참조). 이후 얼마 되지 않아 등이 높은 의자가 만들어지기 시작했는데, 등이 낮은 의자 또한 발전하기 시작했다. 특기할 만한 점은 보우의 제작 방식이다(좌판을

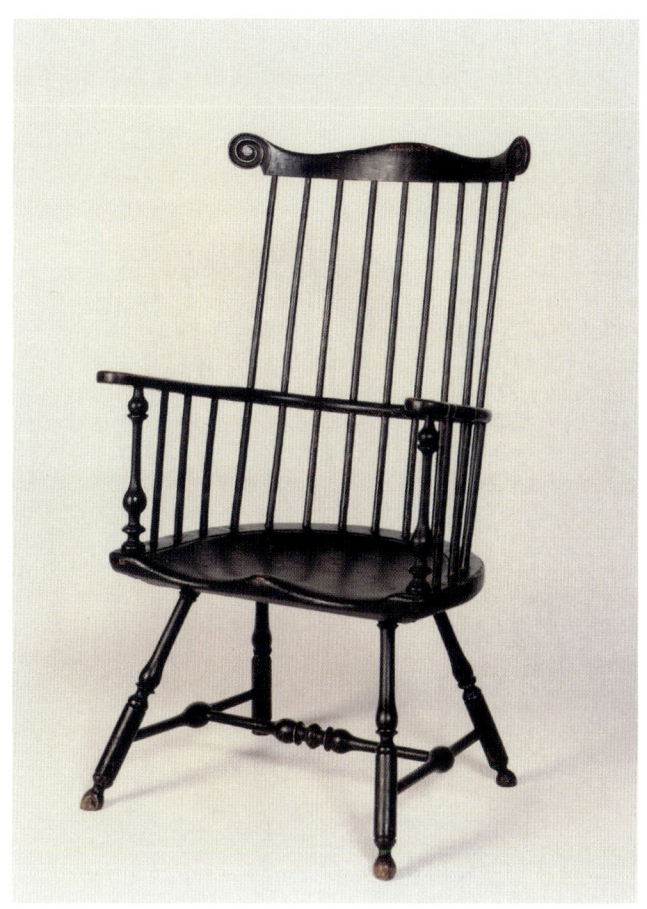

필라델피아 하이백체어(찰스 산토어 제공).

초창기 영국 콤브백 원저체어(1700~1750년).
느릅나무 좌판, 스핀들과 암보우는 불루레나무, 다리는 참나무, ㄱ린컬러 페인팅.
(원서에는 빅토리아앨버트박물관[Victoria and Albert Museum, London]에 소장되어 있는 의자의 사진을 수록하였지만, 저작권 문제로 일러스트로 대체한다.)

포함한 의자 하부 구조와 암포스트는 거의 변하지 않았다). 하나의 긴 나무를 스팀벤딩하여 보우를 만드는 대신 세 조각의 나무를 이어 붙여 보우를 구성하고 각각의 조각이 짧은 스핀들에 의해 지지되도록 만들었다.

1750년 즈음 영국에서는 윈저체어에 굽은(카브리올) 다리와 밸러스터 스플랫(baluster splats)이 적용되기 시작했다. 이러한 장식적 요소는 이전의 가구 제작자의 의자에서 취한 부분이고, 이는 생산 비용을 상당히 증가시켰을 것이다. 이때까지 의자들은 주로 실내에서 사용되었지만, 의자의 시장은 귀족계급에서 전문직과 상인계급으로 확장되었다. 반면 미국에서도 유사한 방식으로 시장이 발전했지만, 이러한 새로운 특징들은 수용되지 않았다. 스플랫은 이때부터 영국 의자에서 관습적으로 필수적인 요소가 되었지만, 굽은 다리를 사용하는 것은 점차 줄어들었다. 이 값비싼 다리는 가격을 낮추고 시장을 확장하기 위한 일련의 노력과는 일치하지 않았다.

존 피트(1714~1759년)는 윈저지역 근처에 있는 슬로우에서 검증된 윈저체어로는 가장 오래된 의자를 이 시기에 만들었다. 존 피트의 의자는 독특하게 조각된 카브리올 다리로 인해 같은 기간의 다른 의자들과 차별화되었고, 이후 10년 동안 다른 의자들은 그의 스타일을 따르게 되었다.

이후의 발전은 비슷한 시기 영국의 더블보우체어이다. 크레스트는 장부로 맞추어 끼우고, 스핀들의 윗부분에 꼭 맞게 끼운 두 번째 스팀벤딩 보로 대체되었다. 스핀들과 각 끝에 리본 슬랫에 의해 지지되는 크레스트 스타일은 1750년도 영국 의자의 일반적인 모습이었다. 이러한 얇은 평면의 직사각형 조각은 최초의 더블보우에 포함되었지만, 불필요하고 비용을 가중시키고 복잡하기 때문에 빠르게 사라졌다.

1760년대에 필라델피아에서 더블보우체어가 유행했는데, 현재까지 대서양의 양쪽 스타일은 꽤 다르게 발전했고, 미국의 의자는 영국 것보다 전반적으로 가벼워졌다. 일반화하기에는 무리가 있지만, 내 생각에 미국에서 더블보우체어 구성 요소 사이의 간격을 보여주지만, 영국에서 더블보우체어는 구성 요소 그 자체가 눈길을

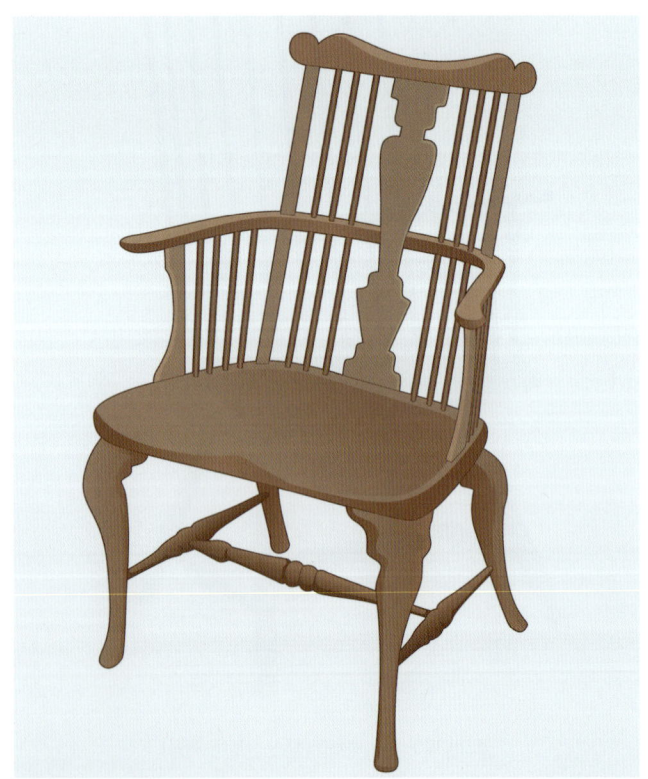

'피트'체어. (원서에는 크리스티이미지(Christies's Images Limited)의 사진을 수록하였지만, 저작권의 문제로 수록하지 못하고 일러스트로 대체한다.)

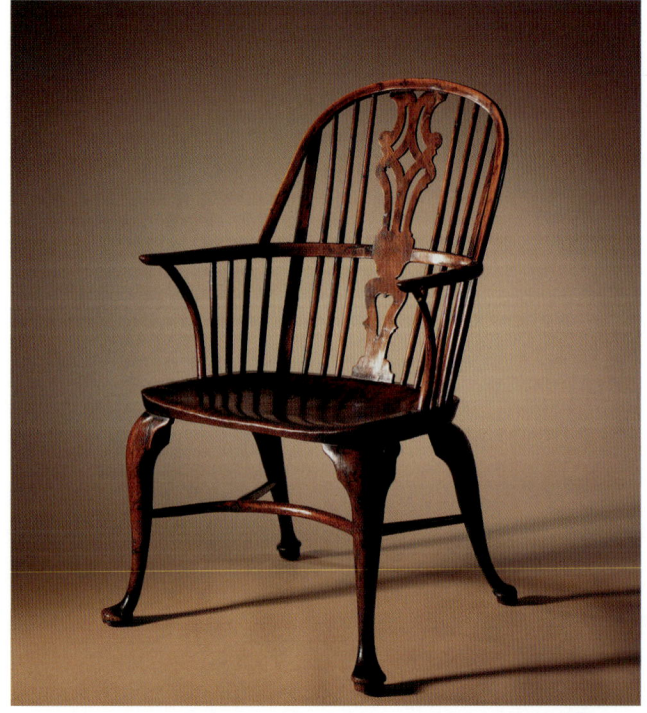

영국식 암체어. 느릅나무, 주목나무, 과실수. 네 개의 카브리올 다리, 크리놀린 가로대, 리본 슬랫, 무늬가 있는 스플랫으로 만들어진 독특한 의자 (마이클 하딩힐 제공).

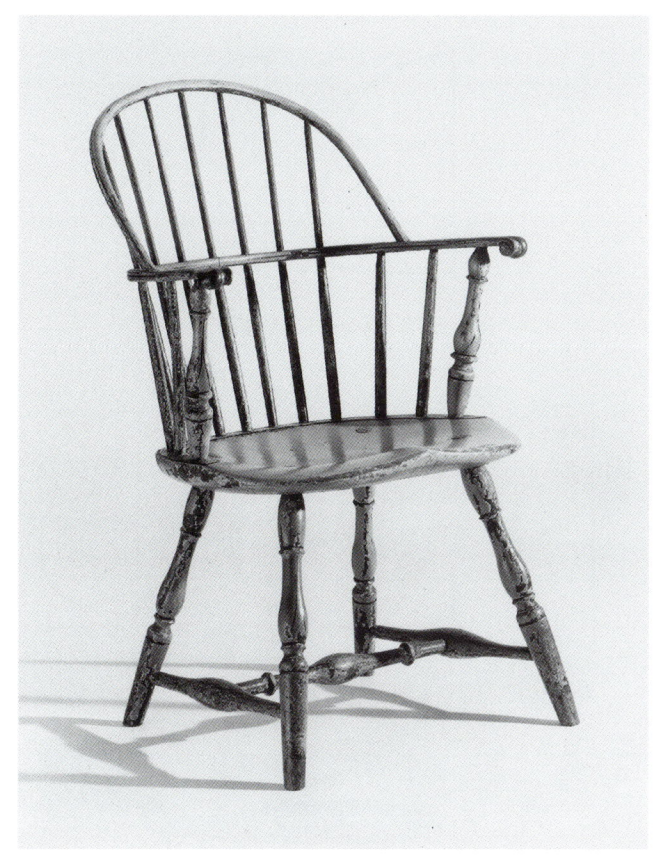

미국식 더블보우체어(찰스 산토어 제공).

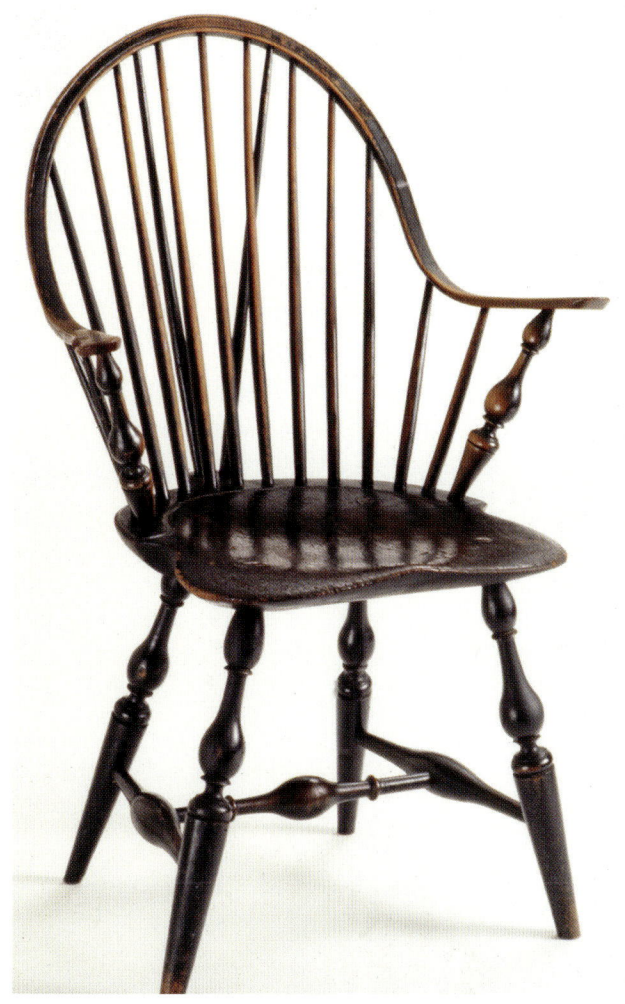

뉴욕의 컨티뉴어스암체어(빈터투어 박물관 제공).

끈다. 영국에서는 잠시 고딕 스타일의 의자가 유행이었던 적이 있었는데, 이것은 등이 뾰족한 것으로 구별되지만, 가끔 둥근 등과 모든 스핀들이 뚫린 스플랫으로 대체되어 생산되기도 했다.

18세기 말로 접어들면서 거의 모든 영국식 의자에 스플랫을 뚫게 되었고, 제작자들은 스플랫에 동시대의 많은 패턴을 넣기 시작했다. 가장 일반적으로 알려진 패턴은 세기말에 유행하면서 주된 모티프가 된 바퀴 모양을 이용한 것이다. 오늘날 영국에 있는 많은 사람들에게 윈저체어 그림을 요청하면, 그들은 아마도 '휠백체어(wheelback)'를 묘사할 것이다.

미국에서 윈저체어 제작은 필라델피아에서 뉴욕, 보스톤 그리고 이들 도시의 주변 지역까지 퍼져나갔다. 미국에서 가장 큰 발전은, 1790년 즘 뉴욕시티에서 컨티뉴어스암체어가 탄생한 것이다. 스팀벤딩을 이용해 하나로 모든 스핀들을 함께 묶은 모양은 베게르체어의 물 흐르는 듯한 모양에 영감을 주었을 수도 있다.

영국과 필라델피아에서 첫 번째 사이드체어는 암체어와 동일한 패턴의 발전과정을 보이는 1750년에 만들어진 팬백체어였다. 이 영국의자의 등은 주로 스플랫과 스핀들 그리고 두 개의 바깥쪽 리본 슬랫이 수평의 크레스트에 모두 꽂혀 있었다. 종종 이 의자는 두 개의 스핀들을 의자 좌판 뒤에 끼워 넣었다. 초기 형태에서 의자의 다리는 카브리올(굽은 다리) 스타일이었으나, 시간이 지날수록 균일한 형태로 변했다.

1770년대에 헨지와 트럼블이 필라델피아에서 만든 우아한 팬백의자는 초기의 프로토타입에서 그들의 디자인으로 발전했다. 이후에 이 의자는 백포스트와 스핀들이 크레스트를 잘 지지하는 것으로 바뀌었다. 보우백체어는 1770년 즘 영국과 미국에서 발전했다. 영국보다 미국에서 눈에 띄게 나타났지만 말이다.

좌판의 모양은 시간이 지남에 따라 두 나라에서 모두 변화했다. 영국에서는 D자 모양의 좌판이 더 직사각형으로 빠르게 바뀌었고, 앞다리 부분은 볼록해지면서 발전했다. 반면 미국에서는 기본적인 D자 모양의 좌판에서 타원형으로 그리고 방패 모양으로 진화했다. 타원형과 방패 패턴은 지금까지도 잘 이용되고 있는 모양이다.

이 팬백 의자의 구조적 단순성 그리고 내수 시장과 수출을 통해 영국과 미국에서의 놀라운 성공을 생각하면, 이 의자가 영어권 국가에서만 성공한 듯 보이는 것은 매우 이상해 보인다. 고인 에번스는 초기 윈저체어 이전에 북부 이탈리아에서 발전한 스가벨로 의자가 있었던 것을 발견했다. 물론 이 의자가 윈저체어의 정의에 맞을 수 있지만, 평평한 좌판과 등은 일반적으로 윈저체어라고 지칭하는 것과는 다르다.

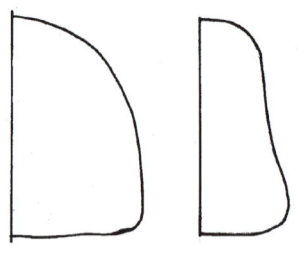

영국식 좌판 모양의 발전.

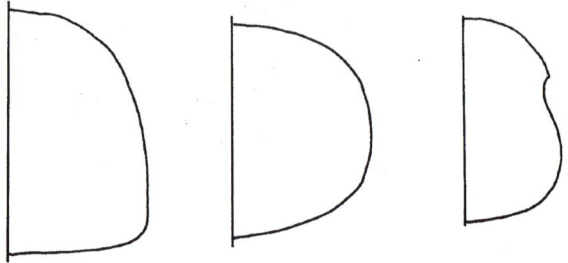

미국식 좌판 모양의 발전('D' 모양에서 타원형과 방패 모양으로 바뀜).

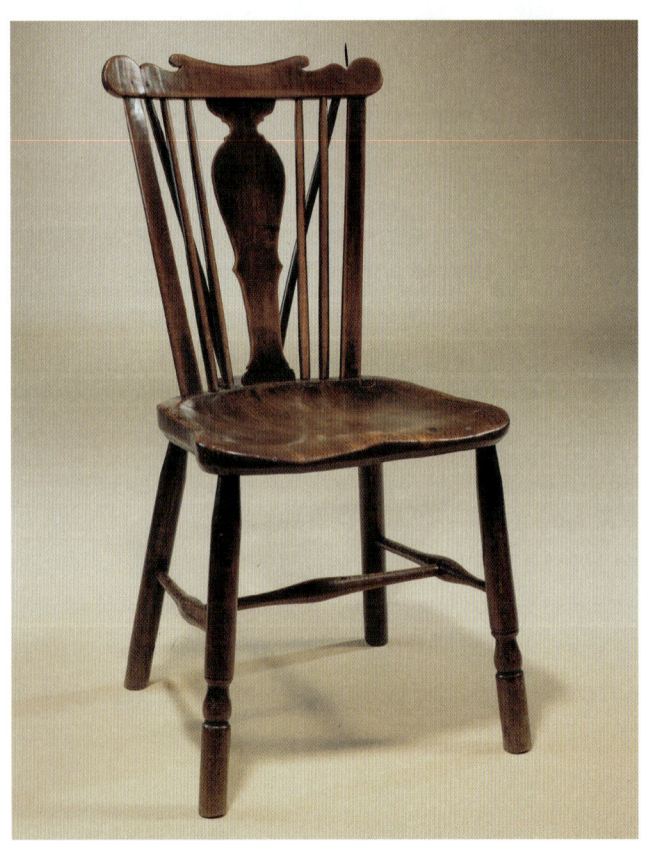

영국식 팬백사이드체어(마이클 하딩힐 제공).

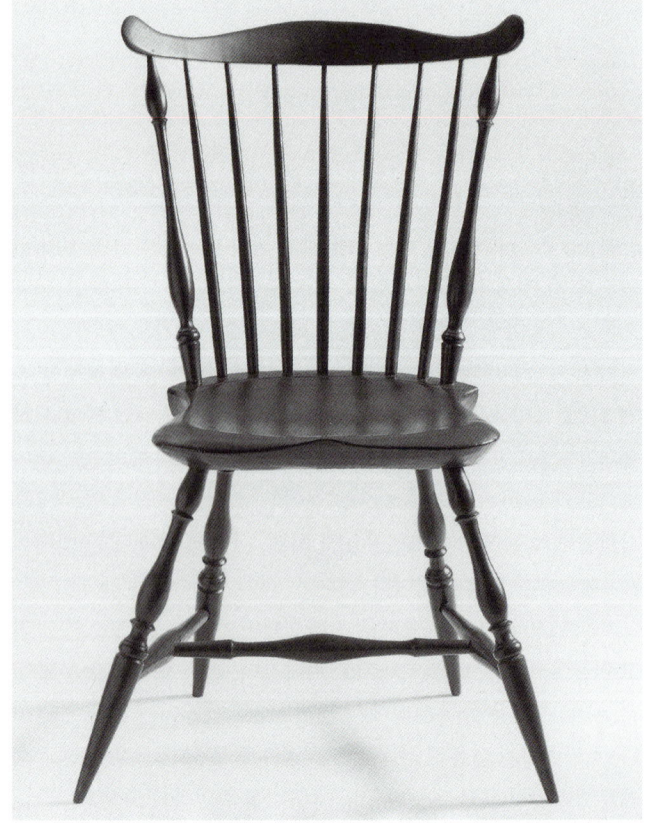

미국식 팬백사이드체어(낸시 고인 에번스 제공).

오늘날 윈저체어의 생산

하이위컴에 있었던 마지막 윈저체어 생산업체는 20세기에 문을 닫았지만, 나는 마을의 뒤 숲에서 일하던 보더(일꾼)를 기억하는 사람들을 만날 때마다 놀라곤 한다. 이 보더들이 우리가 기억하는 마지막 사람들이었을 테지만, 그들은 여전히 우리의 관심 속에 있으며, 우리 문화사의 일부로 기억되고 있다. 이 집단적 기억은 아마도 의자 만드는 사업에서 창출된 엄청난 홍보 때문이며, 또한 쉘 필름 유닛과 같은 기관에서 수많은 흑백 영화를 제작하고 일꾼(보더)들의 삶을 기록한 것에서 기인하기도 한다.

아무런 보호 장비도 갖추지 못하고, 어떤 날씨든 일을 해야 하는 보더의 생활은 매우 힘들었을 것이다. 이런 생활은 영국 전역에 있는 터너(가리꾼: 목선반으로 작업하는 사람들)에게서 그대로 재현된다. 특히 여름철에 일이 매우 힘들었다는 것은 누구나 잘 알 수 있을 것이다.

영국과 미국에서 개인들이 윈저체어를 소유하게 된 방식은 다르게 드러나는데, 영국의 고급 수제 윈저체어 시장은 고급 가구를 감상하고 구입할 수 있는 이들에게 한정되어 있기에 그 규모가 작다. 그러나 여러 윈저체어 업체들이 반 공장형식의 산업으로 생산하는 아주 좋은 품질의 복제품들로 인해 윈저체어 시장이 살아나고 있다. 반대로 미국에서는 윈저체어가 출세를 상징하는 가구로 드러난다. 할리우드 블록버스터를 주의해서 보면, 거의 모든 영화에서 하나 혹은 그 이상의 윈저체어를 볼 수 있다. 반대로 영국 영화에서는 시대물을 제외하고는 사실상 윈저체어를 볼 수 없다. 해리포터 전체 시리즈에서 오직 한 편에서만 그것도 아주 어두운 곳에서 잠깐 나온다! 대서양 양쪽에서 윈저체어의 가치는 그 인기를 가늠하는 척도이다. 영국의 옥션에서 사상 최대의 입찰가는 약 2만 파운드(한화 3,100만 원)였고, 반면 미국 윈저체어는 종종 50만 달러(한화 약 5억 7,000만 원)에 거래되는 것으로 알려져 있다.

영국에선 윈저체어에 색을 칠하는 전통이 미국에서처럼 큰 반향을 일으키지 않았다. 1700년대 초에는 모든 윈저체어에 칠을 했으나 실내로 윈저체어를 들이면서 영국에서는 더 이상 하지 않게 되었다. 왜 미국에서는 여전히 이런 전통이 존재하는가에 대한 여러 이론이 존재하지만 영국에는 이러한 이론이 없다. 아마도 미국 가정은 거실에 나무가 더 많이 노출되어 있어서 칠이 된 의사가 선체적인 외관을 밝게 했을 것이다. 또 다른 가능한 설명은 의자는 주로 여러 종류의 나무로 만들게 되고, 미국에서 좌판의 목재(소나무나 툴립나무)는 특별히 매력적이지 않기 때문에, 의자의 전체에 색을 칠하면 통일감을 줄 수 있다. 반면 영국의 윈저체어는 좌판으로 항상

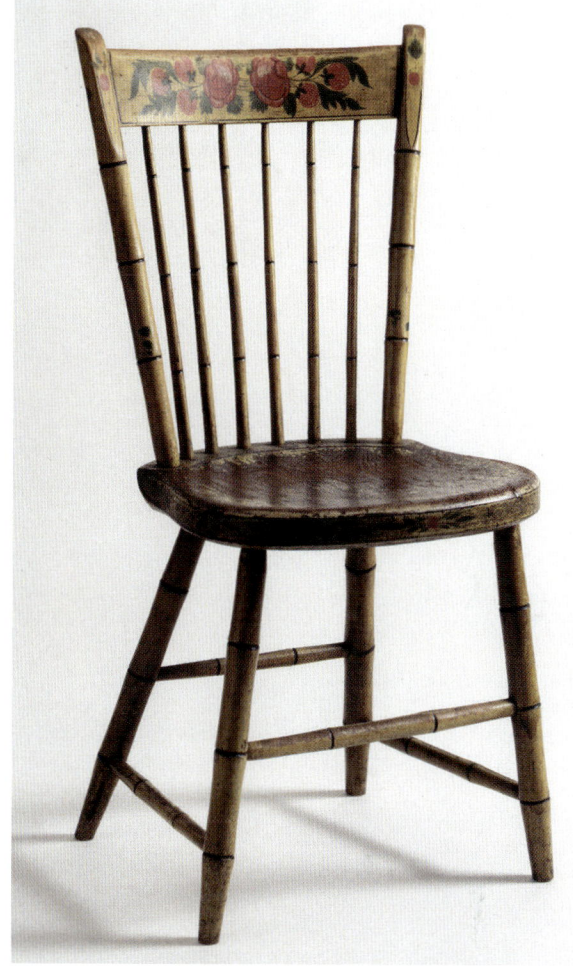

페인트 칠한 윈저체어(빈터투어 박물관 제공).

느릅나무 그리고 주목나무와 같은 나무를 사용한다. 이들 나무는 그 자체로 매우 매력적이기 때문에 색을 칠할 필요가 없다.

이유야 어떻든, 영국인의 눈에 과장된 것처럼 보이는 갈퀴 모양 구성과 가벼운 구조, 더불어 칠을 하느냐 마느냐가 미국과 영국의 윈저체어를 구분하는 유일한 특징이다. 개인들은 어떤 전통을 따를지 결정해야만 한다. 둘 사이엔 미묘한 차이가 아주 많고 잘 보이지 않더라도 잘 알고 있는 누군가의 눈에는 거슬릴 수 있기에 이 두 스타일을 동시에 같이 작업하긴 어렵다. 나는 이 책이 이제 막 윈저체어를 시작하려는 사람들에게는 윈저체어를 만드는 데 도움이 되길 바라고, 이미 윈저체어를 만들고 있는 사람들에게는 유용한 정보가 되길 바란다. 또한 영국과 미국에서 서로 다른 스타일의 윈저체어가 만들어지는 계기가 되길 바란다.

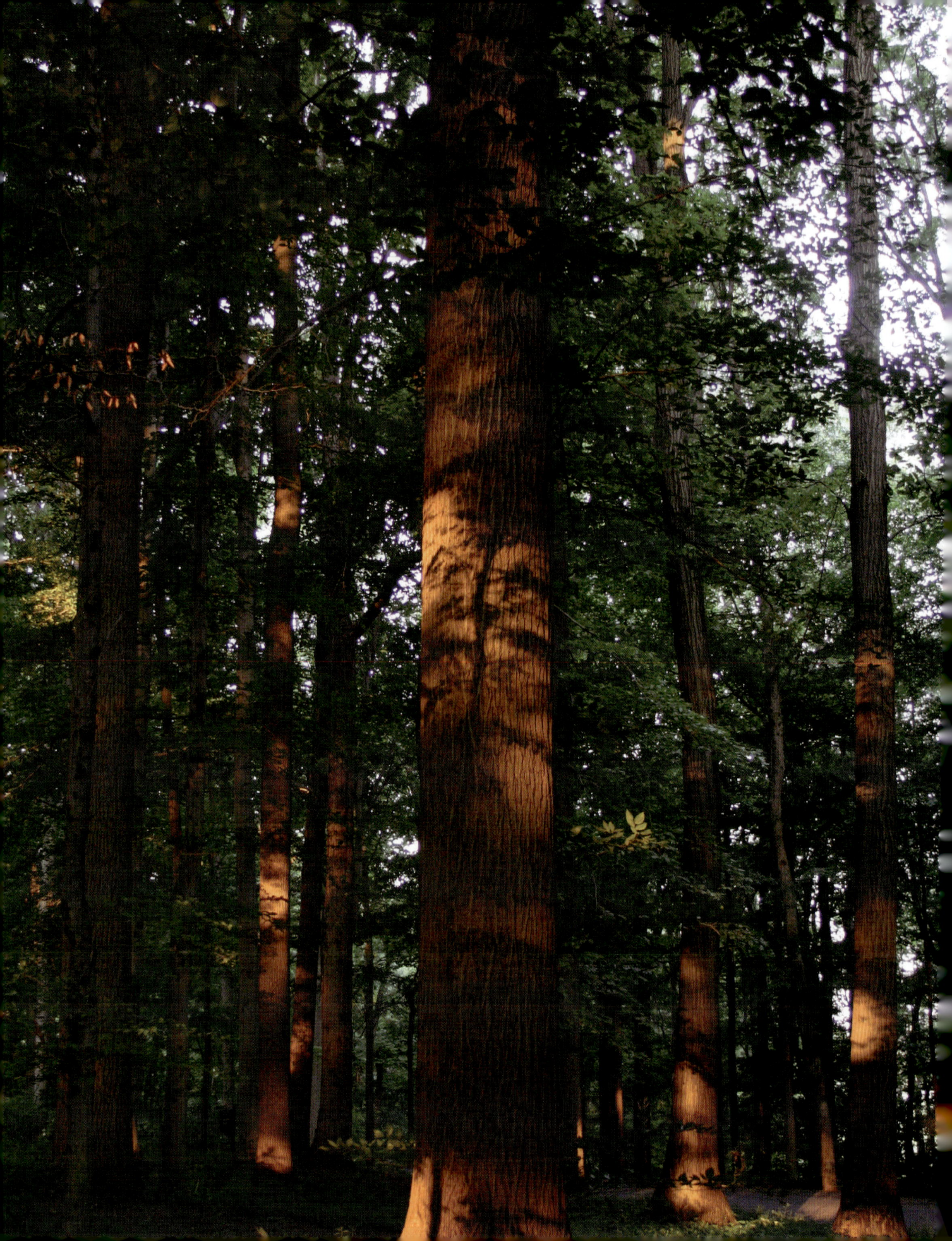

CHAPTER 2

재료, 장비, 도구

나무

원저가구의 정의에는 나무라는 한 가지 재료만을 사용한다는 의미가 포함되어 있다. 금속이나 플라스틱으로 만든 원저체어를 상상해 볼 순 있지만 그러기 위해선 원저체어의 결합방식이 아니라 금속의 경우 용접을 많이 하고 반면 플라스틱은 일반적으로 용접이나 접착 혹은 틀에 재료들을 부어서 찍어내는 몰드와 같은 방식을 취한다. 원저체어를 만들 때, 금속이 전혀 사용되지 않는다고 말할 순 없지만 옛 의자에서 금속이 사용된 경우는 거의 항상 암등받이나 암포스트에 부착하는 것과 관련 있다.

원저체어를 딱딱한 나무 좌판으로 된 의자로 정의하지만, 몇몇 의자는 좌판에 천을 씌우는 소파 형식으로 디자인하기도 했다. 이러한 경우, 의자 제작자는 좌판을 파느라 힘들이지 않아도 되고, 좌판의 모양을 만들기 위해 노력하는 대신 좌판에 푹신한 충전제를 넣어 편안하게 하는 것에 신경 쓰게 된다. 다행인 것은 나무만을 재료로 사용한다는 것이 단 하나의 나무 종만을 의미하는 것은 아니라는 사실이다. 각 나무의 종들은 그 자체로 단단함, 색깔, 나뭇결, 강도, 밀도 등의 독특한 조합을 가지고 있다. 이 변화의 범주에서 단점이라면 각 역할에 이상적인 단 하나의 나무는 없다는 것이다. 금속이나 플라스틱 의자는 항상 같은 재료를 사용하여 만들 수 있지만, 예전의 원저체어에서 단일 종의 나무로만 만든 것은 찾을 수 없다.

200년 전에 의자 제작자들이 선택한 나무는 어쩔 수 없이 자신이 살고 있는 지역에서 자란 나무였다. 지금은 수입목에 너무 익숙해져서 가구와 그 지역에서 자란 나무 사이의 연결고리를 알 수 없게 되었지만, 운송비용을 고려하면서 이러한 추세는 역전되기 시작하고 있다. 또한 짚고 넘어가야 할 점은, 지역에 기반을 둔 제품을 만드는 것에는 뭔가 매력적인 점이 있다는 것이다.

아쉽게도, 완전히 자신의 지역에서 자란 나무로 만들어진 원저체어를 만드는 것이 불가능하지는 않지만, 쉽지도 않다. 자신이 사는 지역 밖에서 자란 수입 목재를 사용하는 것을 최소화하려는 노력은 가치 있는 일이며, 자신의 작품을 마케팅할 때 중요한 열쇠가

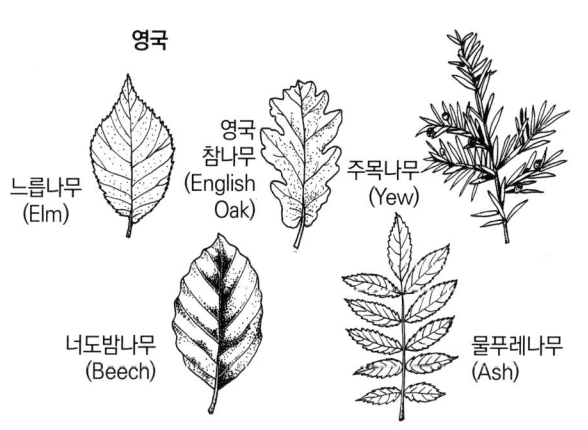

영국

느릅나무 (Elm)
영국 참나무 (English Oak)
주목나무 (Yew)
너도밤나무 (Beech)
물푸레나무 (Ash)

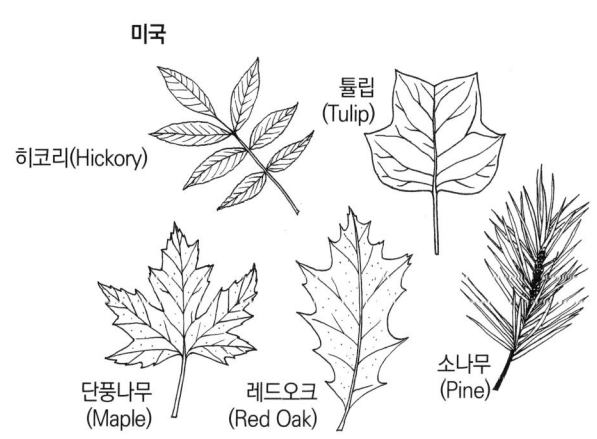

미국

히코리(Hickory)
튤립 (Tulip)
단풍나무 (Maple)
레드오크 (Red Oak)
소나무 (Pine)

될 수 있다.

영국: 전통적인 나무

좌판용 나무

옛날 영국 윈저체어에서 한 가지 변하지 않는 모양은 좌판이 느릅나무로 되어 있다는 것이다. 다른 곳은 다양한 모양으로 변했지만 나무 좌판은 여전히 그대로이다. 왜 그랬을까? 느릅나무는 네덜란드 느릅나무병이 돌기 전, 영국 전역, 특히 울타리에서 볼 수 있는 가장 광범위한 자생수종이었지만 가구 만들기에 적합한 나무는 아니다. 오히려 집을 짓거나 배를 만드는 데 적합하다. 그래서 오크처럼 둥치가 큰 나무들보다 저렴하다. 느릅나무는 관, 건물 측면에 비를 막는 판재, 왜건 바퀴의 축 등에 사용되었고, 이러한 용도는 높은 가격을 받기 어렵다.

느릅나무의 매력을 반감시키는 특징은 바로 불안정성이다. 느릅나무는 변형되기 쉽고 습기엔 드라마틱하게 나무가 뒤틀린다. 가구 제작자들은 이러한 나무를 꺼린다. 지금의 제작자들은 가구의 합판으로만 이 나무를 사용한다. 그러나 윈저체어 같은 유연한 구조에서는 느릅나무의 이러한 불안정성이 극복될 수 있다. 의자의 완전한 상태를 해치지 않고 좌판이 '변형될' 수 있으며, 좌판이 뒤틀려도 여전히 그 기능이 만족스러운 낡은 윈저체어를 볼 수 있을 것이다. 옛 의자에서 심하게 뒤틀린 것의 가장 일반적인 원인은 습기이다. 아마 이 의자들은 처음으로 중앙난방이 되는 집안에 놓였을 것이고, 심지어 라디에이터 근처에 놓였을 것이다.

느릅나무는 산림용 나무가 아니었기에 개인들이 어디서건 충분히 구할 수 있었고, 이런 이유로 느릅나무로 윈저체어를 만드는 것을 선호하게 되었다. 느릅나무 한 그루를 베면 20~40개의 좌판을 만들 수 있었고, 이것으로 한동안은 나무 걱정 없이 계속 만들 수 있었다. 산림을 경영하는 입장에서는 숲의 일부만을 벌채하게 되면 남은 나무들의 가치가 절하되기에 나무를 조금만 베지 않는다. 때문에 많은 나무를 필요로 하지 않는 개인들은 나무를 수급하기가 쉽지 않았다. 반면 들판에 있는 나무들은 주변 목재의 가치에 영향을 미치지 않기 때문에 소규모의 사용자들에게 상대적으로 이상적이었다. 초창기에 윈저체어의 성공은 부분적으로 느릅나무를 좌판용 나무로 선택한 것에서 기인한다. 왜냐하면 느릅나무의 무늬와 색깔은 다른 자생 나무보다 확실히 좋기 때문이다. 나뭇결은 옅은 갈색부터 짙은 갈색까지, 때로는 뚜렷한 녹색 줄무늬가 있는

거친 소용돌이 패턴을 띠기도 한다. 요즘은 네덜란드 느릅나무병의 피해로 인해 느릅나무가 점점 희귀해지고 있다. 하나의 판으로 좌석을 만들기에 충분히 넓은 적절한 대안을 찾는 것이 매우 어렵다. 오늘날 사용되는 가장 일반적인 대안은 애쉬이며, 느릅나무와 비교해서 시각적으로는 별로다.

목재를 선택할 때 고려해야 할 것은 비용과 색상뿐이 아니다. 느릅나무 좌판을 깎아본 사람은 누구나 그 노력을 알듯이 느릅나무는 거칠고 결이 혼재되어 있다. 그러나 이 특성은 쪼개짐이 판 전체에 쉽게 영향을 주지 않는다는 것을 의미한다. 이것은 좌판에 다리를 끼우고 쐐기로 고정할 때 중요하게 생각할 부분이다. 아마도 나중에 느릅나무를 좌판에 이용한 이유를 생각했을 때 알게 된 일일 것이다.

느릅나무는 종에 따라 상당히 다르다. 예를 들면, 와치느릅나무(울무스 글라브라)는 곧은 결이며, 영국의 느릅나무보다 밀도가 높고 단단하다. 영국 느릅나무는 놀라울 정도로 부드럽고 작업성이 좋지만, 거친 결은 수공구로 작업할 때 여전히 어려울 것이다.

좌판 이외의 다른 파트용 나무

오래전부터 좌판 말고 의자의 다른 부분을 만들기 위한 나무는 매우 다양했다. 가장 좋은 목재로는 주목을 이용했는데, 주목은 시간이 지나면서 황색으로 빛나는 멋진 색을 만들어 낸다. 잘려진 주목은 암과 스핀들 그리고 카브리올 다리나 터닝에 필요한 넓은 부분을 만드는 데 이용했다. 암은 스팀벤딩한 후 모양을 만들었다. 이 암을 따라 소나무의 옹이를 볼 수 있으며, 더 심하게는 나무의 한 부분이 비어서 움푹 패여 있거나 끝부분이 나이테로 둘러싸여 있기도 하다. 가끔 하얀 변재 부분이 보일 때도 있다.

템즈밸리와 하이위컴 주변에서 만든 빅토리아 윈저체어의 목선반용 나무 중 많은 부분이 너도밤나무로 만들어졌다. 이 너도밤나무는 석회가 풍부한 칠터스에 많다. 너도밤나무는 잘 깎기에 목선반용 나무로 적합하다. 또한 나뭇결의 섬세한 아름다움을 잘 드러낼 수 있다.

윈저체어를 만들기 위해 사용하는 또 다른 대중적인 나무로는 애쉬(물푸레나무)가 있다. 애쉬 또한 깔끔하게 잘 깎기고, 매우 단단하고, 암, 보우, 크레스트, 활모양처럼 휘어진 가로대, 암포스트와 같은 것으로 벤딩할 수 있다. 영국에서 애쉬는 가장 빨리 자라는 나무 중 하나이고, 넓은 고지대에서 자유롭게 뿌리내리고 자란다. 나무가 다 자라기 전에 사용할 수 있고, 의자를 만들기에 충분한 두께

로는 8~9in(20~23cm)면 된다. 빽빽하게 서 있는 물푸레나무의 자태는 윈저체어를 만들 아이디어의 원천이다. 나무들은 햇빛을 향해 서로 경쟁하면서 곧게 자랄 것이고, 우거진 나뭇잎은 아랫부분에 있는 가지에 그늘을 드리우게 하여 나뭇가지는 빠르게 떨어지고 불필요한 가지는 정리된다. 이렇게 되면 길고 쭉 뻗은 옹이가 없는 나무가 된다. 물푸레나무는 느릅나무처럼, 삼림지대에서 관리되는 나무가 아니었기에 초기 제작자들이 더 쉽게 구할 수 있는 나무였다.

초기 윈저체어는 다리와 암 부분을 만들기 위해 종종 체리나무와 호두나무를 썼으며, 다른 부분을 만들기 위해서는 지역에서 흔히 볼 수 있는 오리나무와 자작나무를 사용했다. 체리나무는 초기 윈저체어에서 일반적인 나무였는데, 18세기의 템즈밸리엔 과수원이 많았다. 이것은 윈저체어가 지역에서 자란 나무를 이용했다는 아주 좋은 예이다.

체리와 호두나무는 아름다운 자연색이고, 멋스러운 나무 무늬 그리고 깎기 좋은 질감을 지니고 있다. 이러한 나무를 사용했다는 것은 초기 윈저체어가 아름다운 색과 멋스러움을 지니고 있었음을 보여주는 확실한 증거다. 반면, 오래된 물푸레나무 의자는 약간 회색빛이 돌고 색이 좀 바래는 경향이 있다.

미국: 전통적인 나무

좌판용 나무
윈저체어 좌판용으로 가장 일반적인 나무는 소나무와 포플러였다. 밤나무와 라임나무 같은 대체 가능한 나무도 몇 있었으나 이런 나무는 일반적이지는 않았다. 소나무와 포플러는 영국의 느릅나무보다 더 부드럽고 쉽게 쪼개졌고, 때문에 작업성이 훨씬 좋았다. 갈라지는 문제를 줄이기 위해 두꺼운 판자를 선택하고 다리와 스핀들을 위한 구멍과 좌판 가장자리 사이의 간격을 더 많이 띄웠다. 이 방법은 만약 갈라지기 시작해도 좌석의 가장자리까지 오지는 않을 것이다. 소나무와 포플러는 옹이가 거의 없어서 좌판으로 만들 넓은 판을 얻을 수 있었다. 이것은 좌판을 만들기에 최적화된 조합이다. 하나 기억할 것은, 18세기에 미국의 인구는 영국에 비해 여전히 적었고 영국의 오래된 삼림 관리지와 달리 많은 삼림이 여전히 개발되지 않았다는 것이다. 넓은 나무 판재를 자유롭게 얻을 수 있다는 것은 정말 대단한 일이다. 많은 삼림이 적어도 한 번은 베어지고 다시 심어졌기 때문에 이런 나무를 얻는다는 건 오늘날에는 오직 꿈에서만 가능하다. 그러나 초기의 제작자들은 목재를

베고 운반할 수 있는 기술이 기초적인 수준이었고, 자신들의 지역에서 자란 목재만을 사용할 수밖에 없었기 때문에 당시 그들만의 방법으로는 그 모든 것을 가질 수 없었다.

두꺼운 좌판과 작업성이 용이한 부드러운 나무로 인해 미국의 제작자들은 의자의 좌판을 그들의 사촌 격인 영국의 의자보다 더 드라마틱하게 조각할 수 있게 되었다. 보우백체어와 컨티뉴어스 암체어에서 보이는 조개 모양 좌판은 나무가 쉽게 깎이지 않았다면 생산하기에 경제적이지 않은 매우 복잡한 입체적 모양이다. 비교적 부드러운 좌판의 나무를 선택한 것이 나중에 미국 윈저체어 성공에 핵심적인 역할을 했다고 말하는 것이 무리로 보이진 않는다. 이는 편안하고 매력적이며 복잡한 좌판의 모양이 경제적으로 채택될 수 있었기 때문이다.

모양을 내기가 수월한 부드러운 나무는 필연적으로 그에 상응하는 문제점이 있다. 소나무의 결은 매력적이라 할 수 있지만 느릅나무의 퀄리티까지는 아니고, 만약 색을 칠하지 않는다면, 소나무 의자는 우아한 디자인과는 거리가 멀었을 것이다. 포플러는 정의할 수 없는 나뭇결을 가지고 있고, 크림색의 변재와 비교해 심재에 짙은 녹색이 있다. 초기 영국 윈저체어에서 받아들인 것으로 보이는, 윈저체어에 칠을 하는 전통은 소나무와 포플러 나무에서 보이는 그저 그런 나뭇결을 커버하기에 안성맞춤이다.

좌판 이외의 다른 파트용 나무
좌판이 아닌 다른 나무는 두 가지 목적으로 이용되었다. 모양을 내거나 스팀벤딩을 하거나(스핀들, 암, 크레스트 그리고 보우), 그리고 터닝용(다리, 가로대 그리고 암포스트).

메이플은 가장 일반적인 목선반용 나무로, 쉐이빙이나 벤딩용 나무가 물관 구멍이 크고 결이 도드라지면서 거친 질감을 보이는 것과 비교해, 결이 매끈하고 그 결을 따라서 매우 딱 맞는 정교한 디테일을 연출할 수 있었다. 쉐이빙이나 벤딩용 나무는 매우 정교한 디테일을 연출하려고 할 때 부서지는 경향이 있었다. 메이플은 영국의 너도밤나무와 매우 흡사하다. 영국과 미국 각 나라에서 이 나무들이 주로 목선반용이었다는 것은 당연한 듯 보인다.

벤딩과 스핀들용 나무로 가장 일반적으로 이용하는 나무는 히코리, 오크(참나무) 그리고 애쉬이고 드물게 너도밤나무와 같은 나무를 사용하는 경우도 있다. 이 나무들은 북미 북동부 지역에서 광범위하게 자랐기 때문에 의자 제작에 쉽게 이용될 수 있었다. 이 나무들은 쉽고 정확하게 쪼개졌고, 본래의 강인한(toughness) 성질

은 스핀들과 의자를 결합할 때 스핀들이 부러지지 않을 수 있게 했다.

강도(toughness)는 미국 의자의 가장 중요한 성격이다. 이는 미국 의자가 같은 등급의 영국 의자에 쓰이는 나무에 비해 더 적은 양을 사용하게 했다. 영국의 윈저체어가 나무의 두께에 더 치중한 반면, 미국은 견고함을 위해 강도와 구조에 의존했다. 애쉬, 히코리, 오크는 이러한 접근에 가장 적합한 나무들이었다.

전통적으로 쓰지 않았던 나무

현재의 제작자로서 우리는 우리의 선조보다 광범위한 종류의 나무를 자유롭게 선택할 수 있다. 스코틀랜드 북부지역과 같이 나무가 거의 자라지 않는 지역에 산다면 지역의 나무는 아무것도 사용할 수 없을 것이다. 반드시 오래된 의자를 만드는 방법을 따를 필요는 없지만, 그것들을 공부하면서 얻을 수 있는 모든 교훈을 무시하는 것 또한 어리석은 일일 것이다.

어떤 작업을 하든 완벽한 나무를 찾는 게 쉬운 것이 아니라는 걸

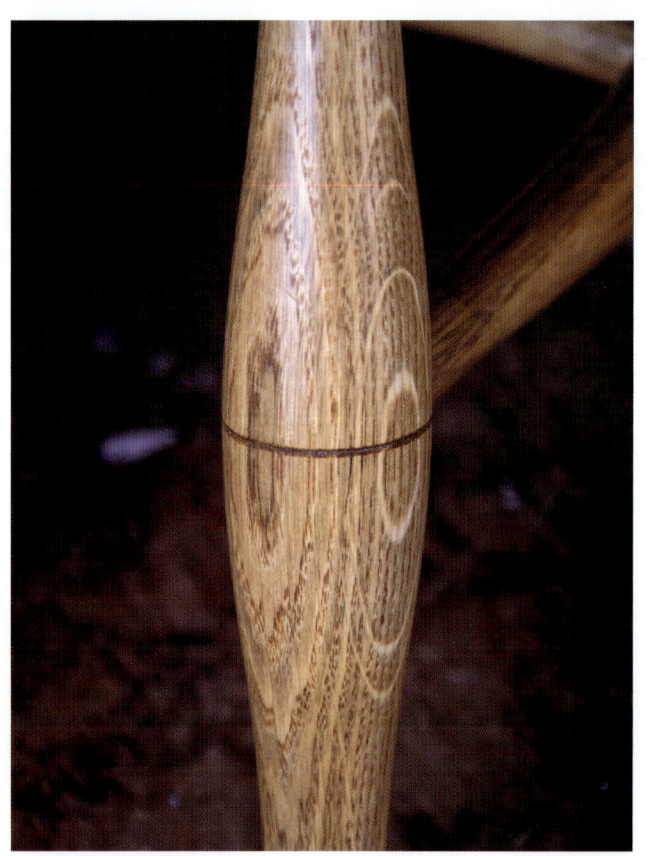

방사세포와 나이테가 서로 직각으로 보인다.

잊지 말자. 좋은 나무도 있고 좋지 않은 나무도 있다는 걸 생각해야 한다. 일단 나무를 선택하면, 의자 제작자들은 나무의 좋은 면에 집중하려 하고, 그 나무들이 의자의 건전성을 해칠 만큼의 구조적 문제를 야기하지 않는다면 그 결점은 그대로 안고 간다. 잘못된 방식으로 만든 것이 바로 드러나면 좋을 테지만, 안타깝게도 잘못된 부분이 몇 년간은 드러나지 않을 수도 있다.

대안적인 나무

나의 경우 의자 제작 초기에는 플라타너스를 이용해서 터닝을 했다. 우리 지역 제재소에서는 제재하고 남은 플라타너스를 길이 60~90cm 정사각 2in(5cm)로 제재해서 나와 같은 터너들에게 꽤 합리적인 금액으로 팔았다. 이 나무는 매우 쓸모 있고 너도밤나무와 비슷하게 생겼으며, 무엇보다 쉽게 구할 수 있다는 점이 매력적이었다. 터닝은 정말 즐거웠고, 잘 연마된 도구로 다리와 암포스트를 의도한 대로 정확한 디테일로 연출할 수 있었다. 무늬 결이 좋지 않은 것은 터닝으로 고칠 수 있었고, 그것을 괜찮게 만들 수 있는 스테인 방법을 찾아냈다. 이것은 또한 칠도 잘 되었다.

플라타너스를 터닝 파트로 이용하던 시기는 그리 오래가지 못했다. 왜냐하면 제재소는 곧 값싼 정사각 나무의 생산을 포기했고 나는 다른 종으로 눈길을 돌렸지만, 그럼에도 불구하고 나는 플라타너스가 의자의 다리용으로 매우 적합한 하나의 대안이 될 수 있다고 확신했다.

오크는 영국에서 윈저체어를 만들 때 사용하는 전통적인 나무는 아니지만, 내가 파는 거의 모든 의자는 좌판을 빼곤 모두 오크를 이용해 만든다. 오크는 내가 사는 웨스트 서섹스에서 주로 자라는 나무로 아름다운 색감과 무늬 결이 좋다. 오크나무는 그 자체의 자연스러운 매력이 있기에 오크로 만든 의자엔 색을 입힐 필요가 없다. 반면 색을 칠한 애쉬가 항상 딱 그렇게 보이듯, 애쉬로 괜찮은 색을 얻기는 좀 힘들다.

오크는 방사조직이라고 불리는 물관이 방사 모양으로 뻗어나간 흔치 않은 독특한 특징이 있다. 나무가 방사 모양으로 나뉘면, 방사조직이나 그로 인한 무늬가 노출되어, 사람들이 좋아하는 무늬 결의 오크를 얻을 수 있다. 이 방사조직은 가로대로 가장 매력적인 모양이지만 스핀들과 보우로는 그다지 눈에 띄지 않는다. 그러나 이 부분은 터닝에서 가장 좋은 효과를 준다. 결이 드러나는 대부분의 나무들이 고리 모양이나 눈매와 같은 것을 드러내게 되는데, 이것을 터닝할 때, 90도에서 이 면들은 나무의 세포 관의 라인이 쭉

수종	용도	장점	단점
느릅나무 (Elm)	좌판	색상과 나뭇결이 매력적임.	불안정함. 주변에서 쉽게 구할 수 없음.
너도밤나무 (Beech)	목선반용	잘 쪼개짐. 결이 촘촘해서 세부 표현에 유리.	색상과 결에 매력이 없음(방사세포가 도드라짐에도 불구).
서양주목 (Yew)	좌판 외 모두	색상과 가공성이 좋음.	구하기 어려움. 변재가 너무 하얗고 큰 나무는 결함이 있는 경우가 많음. 분진이 유독함.
물푸레나무 (Ash)	모두 가능	강하면서도 잘 쪼개짐. 스팀벤딩이 매우 잘 되고 반쯤 말렸을 때도 잘 깎임.	색상. 섬유가 질겨서 꼬인 결의 경우 깎기 어려움. 큰 나무에서 얻은 목재가 작은 나무에서 얻은 것보다 약함.
벚나무 (Cherry)	목선반용, 스플랫, 좌판	색상이 점점 더 좋아짐. 목선반 가공성이 좋음.	넓은 판재가 드물고 잘 갈라짐. 비쌈.
흑호두나무 (Black walnut)	좌판	색상.	무름. 넓은 판재가 드물고 비쌈.
호두나무 (English walnut)	보우	벤딩이 잘 됨.	구하기 어려움.
개버즘단풍나무 (Sycamore)	목선반용	결이 촘촘하고 단단해서 세부 표현에 유리.	색상과 결에 매력이 없음.
유럽밤나무 (Sweet chestnut)	목선반용, 스핀들, 보우	잘 쪼개지고 나무를 구하기 쉬움. 스팀벤딩이 가능하며 잘 깎임. 암모니아 퓨밍도 가능.	무름. 결이 곧고 옹이 없는 나무를 3ft(90cm) 이상 길이로 구하기 어려움.
참나무 (Oak)	좌판 외 모두	색상과 나뭇결이 매력적임. 잘 쪼개짐. 잘 깎임. 물푸레나무만큼은 아니지만 스팀벤딩 잘 됨. 구하기 쉬움.	비쌈. 건조에 따른 수축이 심하고 갈라지기 쉬움.
소나무 (Pine)	좌판	결이 좋은 나무를 고르면 좌판으로 적합. 작업성이 좋음.	강도가 비교적 약하고 나뭇결 무늬가 과함.
포플러 (Poplar/Tulip)	좌판	작업성이 좋고 저렴함. 페인트칠이 잘 됨.	강도가 약하고 무름. 스테인이 잘 안 먹음. 심재가 초록색인데 갈색으로 변하기도 함.
히코리 (Hickory)	스핀들, 보우	물푸레나무와 마찬가지로 강함. 벤딩 잘 됨.	
단풍나무 (Maple)	목선반용	매우 단단하고 결이 촘촘해서 디테일을 훌륭하게 표현할 수 있음.	색상과 무늬가 매력이 없음. 페인트칠에 좋음.

뻗은 걸 볼 수 있다. 오크는 방사조직과 물관 구멍 둘 다 잘려 나가기 때문에 터닝의 네 면에 눈매를 드러낸다. 신경을 쓰지 않으면 오크를 터닝할 때 곧은결 면과 무늬결 면을 혼동하기 쉽다.

오크(참나무)는 패턴과 자연스런 색감 등 의자 제작에 적합하다. 또한 스팀벤딩이 잘 되고 스핀들의 모양을 만들기가 쉽지만, 만약 건조되지 않은 (젖은) 오크로 다리를 터닝하면, 마르면서 갈라지는 경향이 있어서 완벽하다고 할 순 없다. 다음 장에서 설명하겠지만, 습식 샌딩이 이러한 경향을 감소시키기는 한다. 이것은 또한 길이 방향보다 폭 방향이 더 많이 줄어든다. 모든 나무가 지닌 결점이 있지만 이러한 결점을 그 자체로 이해하는 법과 이러한 결점과 함께 작업하는 법을 배워야 한다.

비치와 체리나무 또한 방사조직이 잘 보이지만, 이 나무들은 오크에 있는 것보단 훨씬 곱고 오크에서 보이는 것처럼 거친 표식이라기보다는 매우 미세한 반점으로 보일 수 있다.

이것은 눈에 띌 만한 방사조직이 없는 애쉬나 다른 나무의 사용을 매도하는 것이 아니라, 단지 자신이 사용하는 목재의 모든 특징들을 인식하고 최대한 활용해야 한다는 것을 이해해야 한다는 것이다.

밤나무는 윈저체어를 만들 때 사용할 수 있는 또 다른 나무이다. 밤나무 숲은 내가 사는 지역에 많이 있다. 이 나무는 주로 울타리를 만들 때 사용되었지만, 이젠 이 용도로는 거의 사용되지 않고, 최근엔 지팡이를 만들기 위해 사용하는 소수의 양을 제외하곤, 펄프용으로 벌목되고 있다. 그러나 많은 진취적인 이들이 목재의 새로운 용도와 시장을 개발하려 하고, 이 중 가장 유망한 것 중 하나가 탄소중립난방을 위한 고품질의 우드칩을 생산하는 것으로 보인다. 나는 이런 목재에서 터닝하기 매우 좋은 나무를 찾았고, 이 나무들은 최소한으로만 수축하는 우수한 품질이다. 또한 옹이가 없고 스팀벤딩하기에 충분한 길이를 찾을 수 있다면, 쉽게 스팀벤딩이 가능하다. 단점이라면, 매우 쉽게 쪼개지고(이건 장점이 될 수도 있다), 비교적 부드럽다는 것이다.

전통적으로 사용하는 나무가 아닌 다른 나무로 윈저체어를 제작하면서 얻는 여러 교훈이 있다. 특히 내가 살고 있는 지역에서 자라난 나무를 가지고 실험을 해보는 것은 가치 있는 경험이다. 대부분의 나무들은 적어도 윈저체어의 한 부분에는 적합할 것이고, 만약 자신이 사용할 나무가 이미 준비되어 있다면 훨씬 더 쉽게 윈저체어를 만들 수 있을 것이다. 나무는 가까운 곳에서 수급하고, 의자 제작은 환경적으로 더 지속 가능한 활동이 될 것이고, 나무의 가격은 조금은 더 쌀 것이다. 더 중요한 것은, 지역 고객들이 지역 재료로 만들어진 가구를 환영할 것이라는 점이다.

생나무 혹은 건조된 나무?

대다수 목공인들은 아마도 이 질문을 결코 진지하게 생각해보지 않았을 것이다. 건조목은 제재소나 목재 가게에서 구할 수 있기에 누구나 즐겨 사용한다. 그리고 대부분의 현대 목공 작업은 건조목의 편리함에서 벗어나기가 쉽지 않다. 건조목은 기계 가공이 가능하고 오차 범위 내에서 수축 팽창으로 인한 치수의 변화를 유지할 수 있고, 오랫동안 저장할 수 있으며, 또한 목재상에서 쉽게 구할 수 있다. 왜 사람들은 살아 있는 생명체가 있을 것 같은 수축하고 갈라지고 나무껍질이 붙어 있는 생나무를 쓰려 할까? 한 가지 대답은 처음으로 윈저체어를 만들었던 사람들이 이 나무를 사용했고, 그래서 우리 또한 그렇게 한다는 것이다. 만약 자신의 의도가 옛날 의자를 그대로 따라 하는 것이라면, 작업 방식 또한 따라 해야 하고, 옛 도구와 작업 방법을 연구하면서 만족을 할 것이다. 자신이 정통파라면, 전동공구는 사용하지 않으려 할 것이다. 그러나 완벽하게 그대로 하고 싶다면, 어떠한 인위적인 열이나 빛도 포기해야 한다!

이 접근법은 다소 극단적이며, 예전의 의자 제작자의 작업 방식과 생활을 따라하기 위해 자신의 라이프 스타일도 변화해야 한다는 것을 의미한다. 역사 애호가들은 이러한 방식을 추구하고 싶어 할 수 있다. 그리고 이를 통한 배움은 심오할 수 있다, 만약 초기 의자 제작에서 단서를 찾고 해석할 수 있는 지식을 갖출 충분한 시간이 주어졌고 이를 가지고 의자 제작을 할 수 있다면 말이다. 하지만 여러분의 작업실에 최신식 전동공구가 갖추어져 있다면, 이 공구들로 윈저체어를 만들겠다고 할 수 있고, 건조목 또한 사용할 수 있다. 건조목은 바로 작업 가능하기 때문이다. 이것은 매우 유용한 접근법이지만, 오리지널 윈저체어의 생명력을 느낄 수는 없을 것 같다.

그린우드로 작업하기

젖은 나무나 그린우드로 작업하는 것에 이점이 많다는 것은 앞으로도 설명하겠지만, 가장 중요한 것은 좋은 윈저체어를 생산할 수 있는 중요한 부분이라는 것이다. 이것은 하나의 생활 방식을 선택하는 문제가 아니라, 가장 좋은 의자를 만들기 위해 추구해야 하는 합리적인 결정의 문제다. 많은 이들이 지난 40년간 그린우드워킹을 활성화시키기 위해 노력해왔고, 그중 영국의 목선반 애호가들이 오늘날 우리의 인식을 깨우기 위해 그 누구보다 더 많은 일을 했을 것이다. 하이워컴 숲 근처에 살던 보더들의 삶을 재현한 모습은 많은 사람들이 그린우드워킹을 하고 싶게 하는 데 영감을 주었다. 보더들은 숲 근처에서 목선반으로 의자의 다리와 가로대를 깎았다. 그러나 목선반을 이용하는 모습이 그린우드워킹에 대한 관심을 집중시키는 것엔 성공했지만, 사람들에게 그린우드워킹은 숲에서 전기 없이 일하는 것이라는 인식을 갖게 했다. 이러한 접근법은 많은 사람들에게 적합할 순 있으나, 전동공구도 갖추어져 있고, 난방이 잘 되는 작업실에서 라디오로 음악을 들으면서 그린우드로 작업을 하는 것이 훨씬 합리적으로 보인다. 그리고 이것이 내가 일하는 방식이다.

그래서 여러분은 어떻게 그린우드로 작업할 것이고 왜 그렇게 하려는가? 그린우드의 작업은 세 단계의 프로세스가 있다. 우선 장부를 오버사이즈로 만들어서 모양을 잡고, 그다음 그것을 건조하고, 마지막으로 장부를 적절한 사이즈로 만드는 것이다. 그린우드로 의자의 다리를 만들고 건조하는 데는 며칠이 걸릴 수 있지만, 나무를 잘라서 바로 목선반으로 의자의 다리를 만드는 건 같은 날 할 수 있다. 또한 나무에서 완성된 의자 사이의 기간은 3일 정도로 줄 수 있다. 대신 건조된 목재를 구입해서 사용하면, 시간이 절약될 수 있지만 이 시간은 비용에 반영된다.

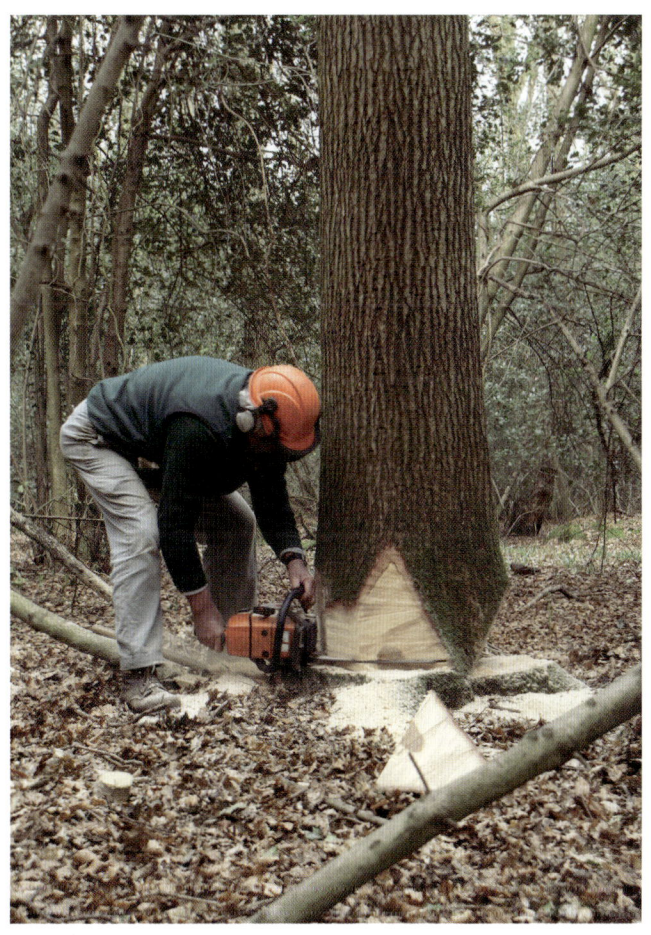

오크 밑동 자르기.

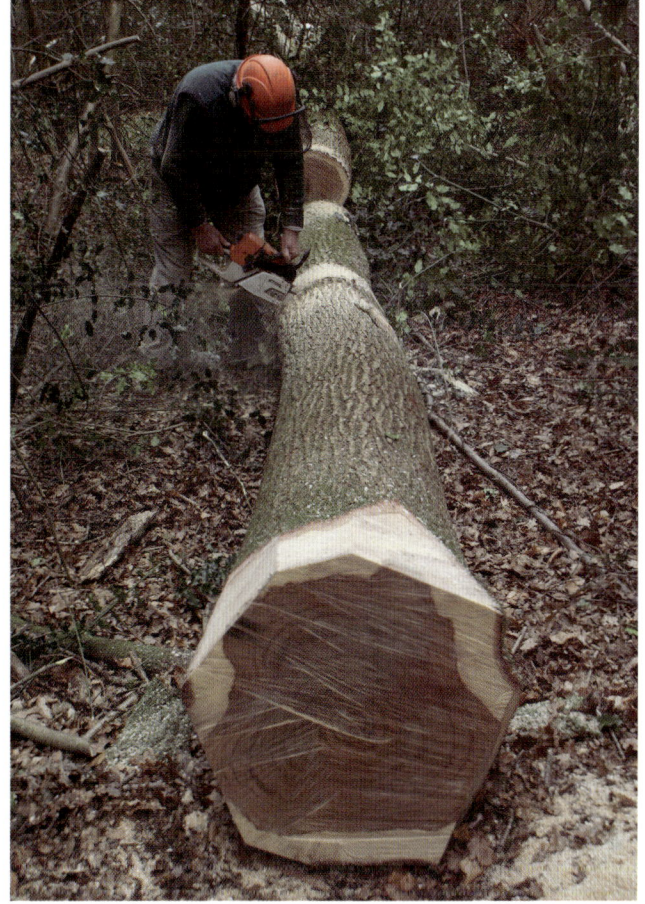

약 12in(30cm)의 버팀목을 제거한 후, 2.3m 길이의 의자제작용 나무를 생산함. 완벽한 표본은 아니지만 괜찮음. 총 부피 0.7m³. 문 기둥용으로 같은 나무에서 2.4m 구간 두 개도 가져옴.

그린우드 사용의 이점은 네 개의 주요한 범주로 나눌 수 있다.

- 구매와 비용
- 최소한의 먼지
- 톱질보다 나무를 쪼개서 사용하기
- 모양을 다듬기 쉬운 점

구매와 비용

그린우드는 별도의 과정 없이 산림에서 직접 구입하기 때문에 건조된 나무를 켜는 것보다 훨씬 저렴하다. 산림 소유주는 목재상이나 제재소와 직접 거래할 수 있다는 이점이 있다. 반면 단점은 자신이 가장 좋은 나무만을 찾아서 쓴다는 것이다. 그러나 여러분이 괜찮은 나무만을 고집하지 않고 나무를 사용할 수 있다면, 장점은 취하고 단점은 극복할 수 있을 것이다.

자신이 찾고 있는 것을 정확히 찾을 수 있고, 좋은 가격을 지불할 가치가 있다면, 그곳을 단골로 삼으면 된다. 단골 가게 주변뿐만 아니라 여러분이 하는 일에 관심을 갖고 이해해주는 누군가와 좋은 관계를 유지한다는 것은 의미 있는 일이다. 예를 들어, 만약 판매점 주인들이 우리가 말하는 '곧게 뻗은 나무(straight)'의 의미를 제대로 이해하지 못하고, 그것이 왜 그렇게 중요한지 이해하지 못하면, 좋은 나무를 얻을 수 없다.

가장 이상적인 상황은 숲에 가서 나에게 필요한 나무를 가져오는 것이다. 완벽한 나무를 찾고 싶겠지만, 그런 나무를 찾지 못하고 조금은 타협해야 한다고 해서 실망할 필요는 없다. 윈저체어로 만들 수 없는 나무를 빼고는 어느 선에서 자신과 타협해야 하고, 경험이 쌓이면서 좋은 나무를 고를 수 있게 될 것이다. 아무튼 할 수 있는 최선을 다해 나무를 골라야 한다.

결론적으로 그린우드워킹에 '완벽한' 나무는 어떤 나무일까? 첫째, 곧게 뻗는 나무여야 한다. 만약 비스듬하게 자란 나무라면 나무의 한쪽 면은 눌려 있고 다른 한쪽은 팽팽하게 늘어나 있을 것이다. 건조되면서 이런 나무는 휠 가능성이 있고 이런 나무로 의자 다리를 만들면 반드시 문제가 생긴다.

둘째, 나선형으로 자란 나무는 피해야 한다. 어떤 나무는 2.5~3m 이상 45도까지 뒤틀릴 수 있다. 나무껍질을 보면 이런 나무인지 아닌지 알 수 있다. 다른 모든 것이 완벽해도 뒤틀린 나무는 안 된다. 뒤틀린 나무는 다리와 스핀들과 같은 짧은 부분에서는 괜찮을지라도 1.5m나 혹은 더 긴 길이인 보우(bows)를 만들 때는 일을 매우 어렵게 만든다.

마지막으로 나무를 살 때, 길이 방향의 표면에 옹이가 없어야 한

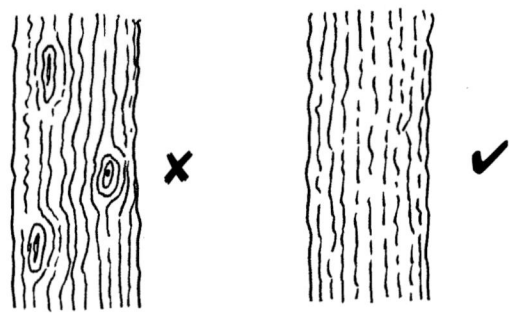

옹이는 결을 굽게 하고 나무를 쪼개서 모양을 만들 수 없다.

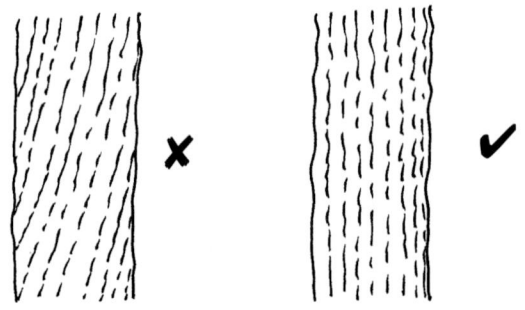

나무껍질에 나선형 무늬가 있는 것은 피해야 한다.

옆으로 기울어져 있지 않은 나무여야 한다. 기울어진 나무는 한쪽은 장력을 받고 다른 쪽은 압축되며 자라난 상태다.

다. 옹이는 겉으로 가장 분명하게 보인다. 옹이(나뭇가지가 형성된 부위)는 좀 멀리 있는 그 주변부까지 틀어지게 한다. 애쉬는 자라는 몇 년 동안 이 옹이 부위의 틀어짐이 계속되는 반면, 오크는 훨씬 더 빨리 퍼진다. 아무리 옹이가 작을지라도 문제를 일으킬 수 있다. 오크나무는 종종 나뭇가지에서 자라난 새싹 부위로 인해 나무에 작은 옹이를 만든다. 이것들은 단지 표면에만 있는 것이 아니라, 상당 부분의 나무 깊이에까지 있다. 이런 작은 옹이가 일반적인 가구 작가들에게는 나무의 특징을 살릴 수 있는 부분이지만, 그린우드 워커에게는 반드시 피해야 할 부분이다.

아무리 작더라도, 옹이가 있는 부분은 약하다. 예를 들어 옹이가 있는 부분이 스핀들과 같이 매우 미세하거나 스팀벤딩을 하는 보우와 같이 크게 스트레스를 받는다면 문제가 될 수 있다. 할 수 있다면 옹이는 다 피하는 것이 좋다.

만약 산림 주인이 여러분이 원하는 나무를 줄 수 없다고 한다면, 나무 외과의사(tree surgeon)를 구해 보라. 교외 정원사는 여러분이 찾는 나무를 절대 찾을 수 없다. 대신 시골에서 일하는 사람을 찾아라. 왜냐하면 겨울에 쓸 장작이 윈저체어에 더 적합하기 때문이다. 그들은 산림에 접근할 수 있고, 그들이 여러분의 일에 흥미를 보인다면 필요로 하는 종류의 목재를 찾아줄 것이다.

마지막, 최후의 수단으로 제재소로 가서 장작더미를 훑어볼 수 있게 부탁을 해라. 제재소에서는 괜찮은 나무를 얻기 위해 노력이 많이 들 것이다. 제재소는 이윤을 추구하기에 어쩔 수 없이 가장 비용이 많이 드는 옵션이긴 하다.

사실, 원하는 나무가 자신이 생각하는 것만큼 중요하지 않을 수도 있다. 가장 중요한 건 나무의 질이다. 질이 좋은 나무를 잘 선택했다면 버려지는 것이 거의 없을 것이다. 반면 질이 떨어질수록 버려지는 것이 많아지고, 나무는 곧 자산이 아니라 부채가 된다.

최소한의 먼지

젖은 나무로 작업하는 동안에는 먼지가 전혀 나지 않는다. 깎인면은 깨끗한 절삭면을 만들고, 톱으로 작업을 하더라도 톱밥은 축축하고 무거워서 공기 중에 날리지 않는다. 밴드쏘는 젖은 나무로 벤딩할 나무를 만들 때 제일 좋다. 이때 밴드쏘에서는 먼지가 나지 않는다. 목선반을 돌릴 때도 먼지가 나지 않고 젖은 나무 찌꺼기만 생긴다.

젖은 나무를 밴드쏘로 작업하기

밴드쏘는 매우 유용한 기술로 어려움이 없는 것은 아니지만 금세 적응할 수 있고, 밴드쏘를 자주 사용하는 것이 좋다. 젖은 나무는 성긴 날의 밴드쏘로 자를 수 있다. 그러나 나무가 정사각이 아닌 경우엔, 밴드쏘의 정반과 접촉하는 표면에서 나무가 회전하면서 칼날을 걸리게 하거나 적어도 속도를 늦추게 할 위험이 있다.

지속적으로 밴드쏘를 사용하면, 젖은 톱밥이 톱날 안쪽에 모이면서, 톱날 바퀴를 지날 때마다 압축된다. 톱날 바퀴에 젖은 톱밥이 너무 많이 쌓이면, 날이 바퀴 위에서 움직이기 시작하게 되고 결국 날이 바퀴에서 떨어지면서 메탈 가드가 손상될 것이다. 건조목으로 된 좌판을 몇 개 잘라내면 톱밥이 쌓이는 것을 막아주기 때문에 이런 문제가 생기지 않을 수 있다.

결국엔, 젖은 톱밥 때문에 가드가 막히고 마찰량이 증가하게 된다. 날 뒤쪽 가장자리에 비즈 왁스(beewax)를 발라주면 괜찮아질 것이다. 주의할 것은 큰 밴드쏘보다 작은 밴드쏘가 이러한 모든 문제

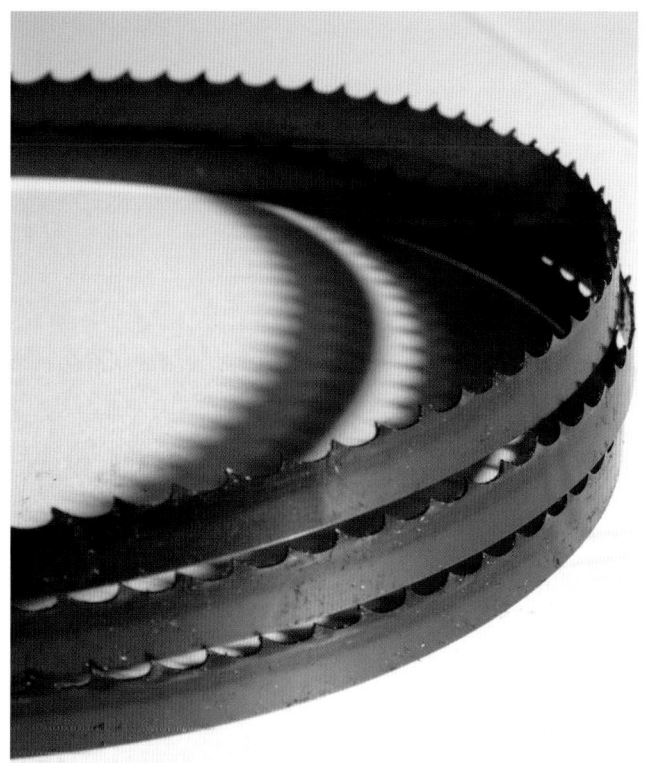

12mm 날, 인치마다 세 개의 이가 있고, 젖은 나무를 자르기에 적합한 스킵투스(skip-tooth) 모양이다.

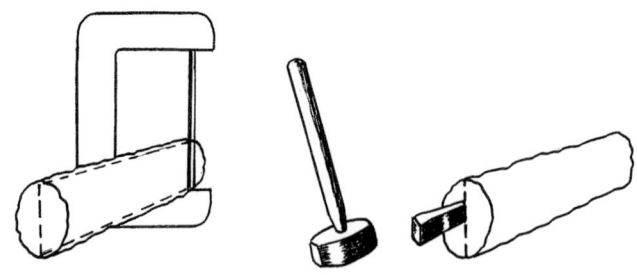

밴드쏘나 쪼개는 툴로 나무를 바꿀 수 있다.

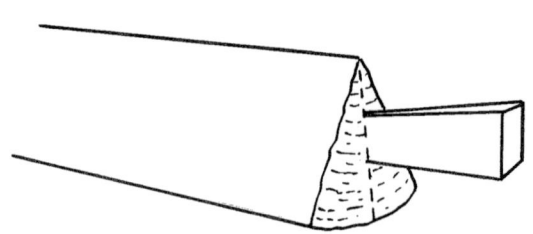

나무를 쪼갤 때는 쐐기로 절반을 쪼개는 것이 가장 좋은 선택이다.

에 더 민감하다는 것이다.

목선반을 돌리고, 톱질을 하고, 모양을 다듬은 후의 부재는 의자를 조립하기 전에 먼지를 최소화하면서 깔끔하게 만들어야 한다 (이 기술은 다음 장에서 기술하기로 하겠다). 스포크쉐이브로 조심스럽게 마감한다면, 스핀들은 샌딩이 전혀 필요하지 않다. 스팀벤딩한 파트는 최소한의 샌딩으로 스크레이프하고 모양을 다듬는다. 목선반은 나무가 젖어 있을 때(먼지가 없다) 샌딩하고, 건조된 나무의 경우 아주 짧게 샌딩해야 한다.

처음부터 작업장에 먼지가 생기지 않도록 하는 것이 중요하다. 그린우드워킹은 먼지를 최소화할 수 있는 작업방식이기에 먼지로 인한 건강 문제가 생길 위험이 별로 없다.

쪼개는 것 대 톱질하기

건조목으로 작업할 때 톱은 항상 대략적인 치수를 맞추는 용도로 쓴다. 반면 그린우드 작업에서는 정확한 길이로 자를 때 톱을 사용하고, 나무를 쪼개서 치수를 줄인다. 통나무에서 시작해서 다리나 보우, 스핀들과 같은 부분으로 만드는 것은 드로우나이프나 스포크쉐이브, 목선반 같은 각각에 맞는 적합한 도구를 사용해서 모양을 만든다. 오크와 같은 나무들은 정확하게 작은 크기로 쪼갤 수 있지만, 애쉬와 같은 나무는 어디를 쪼개야 할지 알기가 쉽지 않기에 나뭇결을 따라 대략 쪼갠 후 나중에 모양을 다듬어서 다 만든 후에 톱으로 자르는 것이 더 낫다.

결을 따라 나무를 쪼개는 것은 그린우드워킹에 가장 중요한 과정이다. 나무의 길이가 결 방향으로 되어 있으면 강도가 매우 높을 것이다. 그것은 또한 결 방향으로 잘린 나무가 아닌 것보다 더 정교하게 만들 수 있다는 것을 의미한다. 모든 의자가 무게와 외관이 좋고 가벼울 필요는 없지만, 필요 이상으로 무거운 것은 의자에 좋지 않다. '덜어낼수록 좋다'는 윈저체어를 만들 때 명심해야 할 원칙이며, 그린우드로 의자를 만들면 이런 이상을 실현하기 쉽다.

통나무처럼 큰 뭉치는 3kg씩 짧은 망치와 쐐기나 프로를 이용해서 쪼갤 수 있다. 처음엔 몽둥이로 치고 나서 비틀고 쪼갠다. 이 도구들을 사용하는 방법에 대해서는 다음 장에서 설명할 것이다.

마른나무와 젖은 나무 중 모양을 만들기 쉬운 것

건조된 오크는 단단하고 잘 알려진 것처럼 세월이 지날수록 더욱 단단해진다. 잘 알려지지 않은 것은 오크가 신선하고 젖었을 때다. 스핀들을 만들면서 처음으로 젖은 오크를 드로우나이프로 깎았을 때 나무의 텍스처가 당근 같은 채소와 비슷했고, 날을 나무에 갖다 대자 탁탁 소리를 내는 것 같았다.

모든 나무가 이렇지만은 않지만, 젖었을 때 모양을 내기가 더 쉽고 훨씬 부드럽다. 건조된 나무에서 대패로 모양을 잡기 위해 몇 분이 걸릴지 모르는 것을 젖은 나무에서는 드로우나이프로 몇 초 안에 완성할 수 있다. 만약 정말로 평평한 표면을 얻기 원하면, 젖은 나무에서도 대패를 이용하면 되지만 아마도 건조해졌을 때는 더 이상 평평하지 않을 것이다!

젖은 나무로 모양을 만들 때의 속도와 편리성은 그린우드 작업을 선호하게 되는 괜찮은 논거다. 더욱 중요한 것은 최종 생산물이 마치 수작업으로 만들어진 것처럼 보일 것이라는 사실인데, 이것은 기계에 기반하고 있는 세계에서 상당한 경제적 가치를 지닌 특징이다.

부드러운 나무로 작업하는 것의 또 다른 이득은 도구를 자주 연마할 필요가 없다는 것이다. 의자를 만드는 데 시간이 문제가 되지 않는다면 다시 연마하는 것은 작은 불편이지만 판매용으로 의자를 만드는 것이라면 시간의 절약은 돈의 절약이다. 초기에는 장인들이 사용했던 날물의 품질 특히 강철의 질은 지금처럼 좋지 않았다. 장인들이 부드러운 나무를 주로 사용했던 이유도 도구를 자주 연마하지 않으면서 괜찮은 퀄리티로 모양을 만들 수 있는 유일한 방법이었기 때문일 것이다. 이 책은 좌판을 제외한 의자의 모든 부분을 그린우드로 만드는 것에 대해 설명할 것이지만, 오래된 영국 의자의 느릅나무 좌판은 젖어 있고 부드러운 상태에서 자귀로 깎은 후, 사용하기 전까지 말리기 위해 그냥 두었다는 증거가 있는데, 이것은 맞는 말인 것 같다. 특히 여러분이 느릅나무 좌판을 자귀로 깎아본 적이 있다면, 이건 정말 어려운 작업이다! 만약 나무의 모양을 다듬는 것을 나무가 마르기 전에, 그리고 나무의 두께에 맞춰 수분을 맞추면서 한다면 좌판은 꽤 평평하게 유지될 것이다. 그러나 이미 부분적으로 말라 있으면, 윗면을 파내 젖은 나무가 드러나서 좌판의 밑부분보다 윗부분의 나무가 더 줄어들어 좌판이 윗면으로 말리는 원인이 된다.

그린우드 건조하기

젖은 상태에서 모양을 만든 각 파트들은 의자를 조립하기 전에 건조되어야 한다. 이 과정은 여러분이 원하는 만큼 단순하거나 정교할 수 있다. 건조용 장(만약 있다면, 가정용 온수실린더 주변)은 훌륭한 건조 공간이지만, 일반적으로 잘 사용하지 않는다. 시간이 문제가 되지 않는다면, 건조하고 가급적이면 따뜻한 곳에 의자의 각 파트들을 두면, 건조룸과 같은 효과를 얻을 수 있지만 시간이 더 오래 걸릴 것이다. 차고 건조한 공기가 이 장에 들어갈 수 있게 하고 따뜻하고 습한 공기가 빠져나갈 수 있도록 출구 구멍이 있는지 확인해야 한다. 장과 온도조절기의 단열 모두 에너지 사용을 줄일 것이다. 이런 것들만으로는 불완전하다고 느낀다면 이게 그리 필요하다고 생각하진 않지만 제습기도 장 안에 넣을 수 있다. 마지막으로, 내부의 온도를 모니터하기 위해 음식의 온도를 체크하는 온도계를 장의 측면을 통해 삽입하는 것은 좋은 것 같다.

그럼에도 불구하고 모든 나무가 갈라짐 없이 같은 비율로 건조되지는 않는다. 예를 들어 애쉬와 젖은 밤나무는 50도까지 보관된

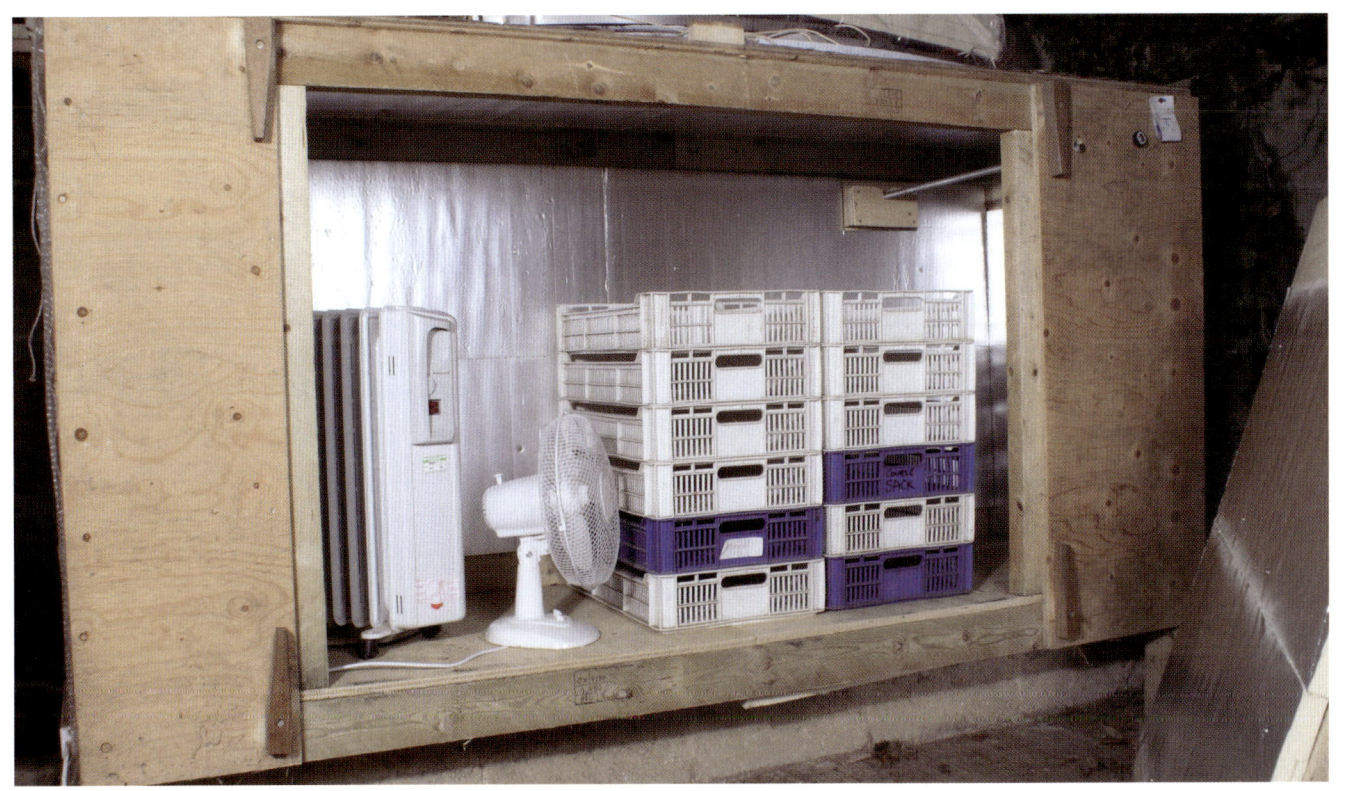

건조장, 보온을 위해 단열한다. 기름 난로로 열을 공급하고, 팬은 공기를 순환시키기 위해 필요하다.

산성목재

오크와 같은 나무는 강철에 영향을 미치는 산성을 포함한다. 한참 오크로 작업을 하면 그 도구는 검푸른 색을 띠게 되고 이것은 손에도 묻게 된다. 사실, 하루 동안 오크를 터닝하고 나면, 이후 손가락 끝에서 색이 빠지는 데는 이틀이 걸릴 수 있다! 어떤 사람들은 자신들의 날물이 참나무의 탄닌산에 의해 상할 것이라고 걱정하지만, 건조한 곳에 도구를 둔다면 사용 후에도 도구를 닦을 필요가 없다.

단열장과 제습기를 사용해서 별문제 없이 매우 잘 건조될 수 있다. 그런데 오크는 이런 조건에 잘 반응하지 않는다.

오크의 다리는 갈라짐을 최소화하기 위해 약 3주 이상 건조해야 한다. 햇빛을 가리고 지나치게 건조한 바람을 피해서 한 주는 밖에서, 한 주는 차고 건조한 방에서, 그리고 마지막 한 주는 따뜻하게 건조한 방에 두어야 한다. 쪼개 놓은 부분의 바깥쪽이 안쪽보다 더 빨리 마르고 수축하기 때문에 갈라짐이 있지만, 시간이 지남에 따라 전체 두께가 마르면 이러한 현상들은 사라질 것이다. 시행착오는 아마도 나무를 건조시키는 여러분만의 시스템을 개발하기 위한 가장 좋은 가이드일 것이다. 그러나 건조 중에 있는 것들의 무게를 정기적으로 재는 것은 건조가 어떻게 진행되는지에 대한 가이드를 줄 것이다.

나무의 저장

그린우드 작업의 주요 특징이 젖은 나무를 사용하는 것이라면, 저장의 주요 목적은 나무를 사용하기 전까지 수분을 유지하는 것이다. 그린우드를 보관하는 것의 가장 큰 문제는 태양과 바람이다.

나무를 사용할 장소와 가까운 곳에 보관하고 차량으로 쉽게 접근할 수 있는 장소에 보관하는 게 이상적이다(트레일러로 나무를 집으로 가져오는 경우). 젖은 나무는 꽤 무겁기 때문에 다치지 않도록 매우 주의해야 한다. 만들려는 의자의 수와 물리적으로 처리할 수 있는 나무의 크기에 따라 각각의 통나무의 크기를 선택해야 한다. 윈치와 같은 보조 기구로 큰 통나무들을 옮길 수 있지만, 통나무를 제대로 컨트롤하지 못하면 다칠 위험이 있다.

북향의 벽에 가까이 나무를 저장하는 것은 직사광선의 양을 최소화하는 좋은 방법이다. 이게 불가능하다면, 다른 방법으로 그늘을 만들어야 한다. 방수포로 나무를 덮는 것만으로는 충분하지 않다. 이것은 건조한 바람을 막아주지만, 시트 아래에 (따뜻하고 습한) 공기를 만들어서 햇빛으로 인한 열을 방지하지 못하면 목재를 부패시키는 주 원인인 곰팡이가 좋아하는 완벽한 환경을 만들어 주는 것이다!

처음 나무를 집에 가져오면, 나무의 마구리면으로 수분이 빠지는 것을 최소화하기 위해 페인트를 칠한다. 이건 가장 기본적인 예방인데, 만약 이걸 하지 않으면 통나무에서 많은 양의 수분이 빠지게 될 것이고, 칠하지 않은 모든 마구리면에서 갈라지는 현상이 발생할 것이다. 그러면 이러한 갈라짐이 통나무에서 발생하게 되고, 통나무를 필요한 길이에 딱 맞게 잘라 둔 경우는(예를 들어 보우백체어의 보우의 1.5m) 위험하다. 건조해서 갈라진 부분을 사용하지 못하게 되면 보우백체어의 보우와 같은 주요 부분을 만들 수 없다.

갈라진 이후까지 통나무를 시트로 덮어두지 말아야 한다. 나무의 마구리면이 칠해졌다면 그늘에 두고, 몇 달간 좋은 상태를 유지시켜야 한다. 제재소를 생각해보면, 그들은 가을에 나무를 사서 다음 여름이 올 때까지 나무를 자르지 않는다. 대신 나무를 비바람에 노출시킨다. 그러나 한번 쪼개 둔 통나무는 노출된 표면에서 수분이 매우 빨리 증발하기 때문에 이를 방지하기 위한 시트가 필수적일 수 있다.

오크는 건조되고 단단할 때 모양을 내기가 훨씬 더 어렵기에 가능한 사용하기 전까지 젖은 상태를 유지하는 것이 좋다. 반면 애쉬는 자연적으로 수분이 좀 사라졌을 때 작업하기가 더 낫다. 나는 애쉬는 수분 함량을 낮추기 위해 공기 중에 그냥 두고, 한 주 후나 혹은 내가 사용하고 싶을 때 애쉬 통나무를 쪼개는 걸 좋아한다.

가능한 한 저장한 목재를 흙에 닿게 하지 말아야 한다. 흙에 있는 곰팡이와 박테리아는 나무를 너무 좋아한다. 절대 곰팡이와 박테리아에게 기회를 주어서는 안 된다. 만약 흙 위에 나무를 두어야 한다면, 땅에서 몇 센티 띄워 받침대에 올려놓는 것이 좋다. 이러한 방식은 또한 나무껍질을 깨끗하게 유지하는 데 도움을 주고, 통나무를 체인쏘로 자를 필요가 있을 때 중요할 수 있다.

마지막으로 갓 베어 낸 통나무는 여전히 살아 있다는 것을 잊지 말아야 한다. 가끔 방수포 아래 있는 통나무를 며칠이 지나서 보면, 통나무의 길이를 따라 새싹이 나 있는 걸 발견하곤 한다.

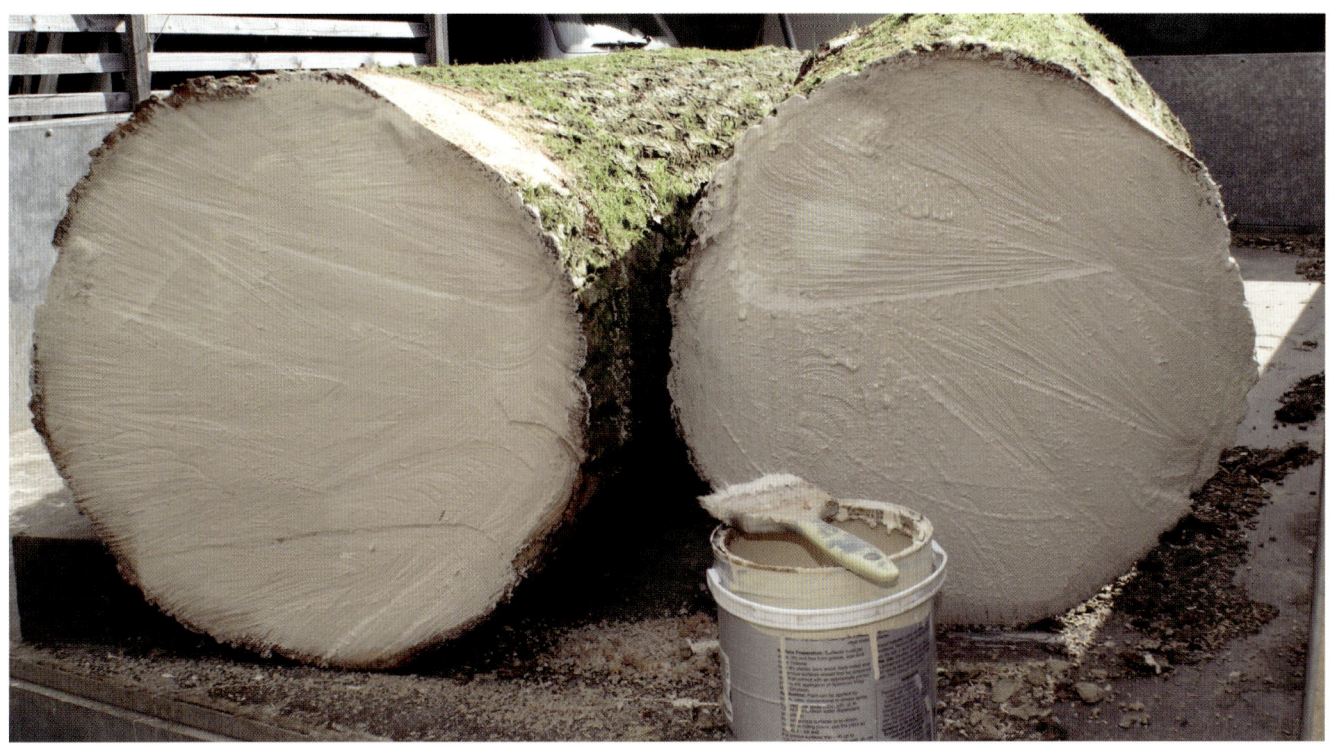

잘린 부분의 수분 손실을 줄이기 위해 벌채 후 1시간 이내에 가정용 에멀젼 페인트를 오크나무의 끝에 칠한다.

쓰레기

나무로 무엇인가를 만들다 보면 항상 쓰레기가 생기고, 그린우드의 작업도 예외는 아니다. 쓰레기는 젖어 있고, 다양한 모양과 크기가 나온다. 오늘날 사람들은 자신의 활동이 환경에 영향을 미친다는 것을 잘 알고 있기에, 쓰레기를 다루는 것에 대해 진지하게 고민한다. 나무를 베었을 때, 나무의 맨 윗부분뿐 아니라 의자로 만들 나무의 몸통도 사용되기를 바란다. 큰 나무라면, 기둥은 첫 번째 가지 너머 줄기에서 만들어질 수 있고 나머지는 땔감으로 사용될 가능성이 가장 높다. 만약 나무를 공급받아야 하는 곳이 숲관리위원회(FSC)에 속한 곳이라면 나무를 한 번 자른 후에는 반드시 새로운 나무를 하나 심어야 한다. 그런데 자신이 산림의 소유주라면 나무의 나머지 부분은 자신의 책임이 아니다.

버려진 나무의 양은 당신이 산 나무의 종류와 질에 의해 좌우된다. 오크는 나무껍질 아래 하얀 변재가 있는데, 의자를 만드는 데는 필요 없고 버려지는 것들이다. 변재는 심재보다 더 약하고, 곰팡이와 벌레에 취약하다. 반대로 애쉬는 변재 부분이 명확하지 않고, 나무껍질까지 사용할 수 있다.

오크 통나무에서 변재의 비율은 둘레가 증가할수록 감소하므

로, 작은 통나무보다 큰 것을 구입하는 게 더 좋다. 산림 주인은 오크가 다 자라기 전에 베는 것을 좋아하지 않을 테고, 따라서 선택의 여지가 없을 것이다! 만약 나무를 각재로 구입한다며, 쓰레기를 신경 쓸 필요가 없는데, 대부분의 쓰레기는 제재소에서 알아서 하기 때문이다. 그러나 그린우드를 사용하는 사람들은 자신들이 쓰레기를 다 처리해야 한다.

쓰레기는 다양하게 생기는데, 그중에 다른 것들로 폐기하기가 더 쉬운 것이 있다.

단단한 나무: 끝이 말라 있어서 통나무에서 잘라 낸 것, 쓸모없는 부분. 옹이 때문에 길이에 영향을 미치는 것, 그리고 너무 얇게 쪼개져서 사용할 수 없는 나무. 이 모든 것은 필요한 경우 취급할 수 있는 길이로 자를 수 있고, 건조되면 땔감으로 쓸 수 있다.

변재와 나무껍질: 프로로 쪼갠 불규칙한 모양의 조각들. 이것들은 건조시켜 태우거나 퇴비로 만들 수 있다.

깎은 것들: 드로우나이프나 스포크쉐이브로 깎고 난 쓰레기. 이것들은 얇아서 빨리 마르지만 둥글게 말리기 때문에 부피를 많이 차지한다. 이것은 두거나 태우는 것이 쉽지는 않지만 할 수 없는 건 아니다.

톱밥: 터닝에서 나온 쓰레기. 이 쓰레기는 생나무에서 나온 것이어서 젖어 있고, 서로 빡빡하게 뭉쳐 있어서 잘 마르지 않는다. 동물의 집에 깔아주는 용도로는 습해(먼지를 걱정하지 않아도 되지만)서 못 쓰고, 적은 양은 음식을 훈제하는 용도로 사용할 수 있지만 의자에서 나오는 톱밥의 양보다 더 많이 처리할 수는 없을 것이다. 아마 가장 잘 이용하는 것은 토양의 퇴비로 사용하는 것이다. 나무가 분해되기 위해서는 질소가 필요하고, 동물의 배설물은 그 과정을 도울 것이다. 일부 이용자들은 수분 손실을 줄이고 잡초 성장을 줄이기 위해 톱밥을 화단에 직접 뿌려 놓지만, 이것은 토양과 자라는 식물에서 질소를 빼내게 된다.

결론적으로 말해, 그린우드 작업을 하기 전에 어떻게 쓰레기를 처리할지 생각해야 한다. 아무튼 곧 쓰레기에 압도당하게 될 거다.

작업장

작업장의 가장 필수적인 요소는 좋은 조명, 그리고 그림자를 줄이는 데 도움을 줄 수 있는 길이가 긴 형광등이다. 아주 밝은 빛을 얻기는 어렵지만, 세밀한 작업을 할 때 이 조명이 있는 걸 매우 고맙게 생각하게 될 것이다. 자연조명은 이익이지만 직접적인 자외선은 피해야 한다. 자외선은 매우 어두운 그림자를 드리우고 자외선에 노출된 나무는 건조하고 온도가 올라가서, 휘고 갈라지게 된다.

북향의 창문을 제외한 모든 창문에 블라인드를 치면 매우 좋을 것이다. 형광등을 선택한 경우, 훨씬 더 쾌적한 작업 환경을 만들 수 있고, 실내와 실외에서 색상이 동일하다는 장점이 있는 '자연광' 튜브를 선택하는 것이 확실히 좋다.

형광등 아래서만 터닝하는 것은 빛의 섬광 효과로 터닝하는 작업물을 특정한 회전에서 정지된 것처럼 보이게 할 수 있어서 위험성이 있다. 백열등을 추가하는 것이 이 문제에 도움이 될 것이다.

자신에게 필요한 공간의 크기를 확정하는 건 쉽지 않다. 누군가에겐 작은 차고면 충분할 것이고, 만약 매우 깔끔한 사람이라면 아마도 일을 훨씬 덜 처리할 수 있을 것이다. 자신의 작업장에서 큰 아이템은 작업대일 가능성이 크다. 작업대에서 60cm의 정사각 의자를 만드는 것이 가능해야 한다. 작업대의 크기가 어떻든 간에 벽보다는 작업장의 중앙에 둘 수 있는 것이 가장 좋다.

만약 일 년 이상을 작업할 계획이 있다면, 작업장의 단열은 더위와 추위를 막는 필수적 요소이다. 작업장은 반드시 건조해야 한다. 단열과 건조는 에너지 사용을 최소화하고 결로 위험이 없는 쾌적한 작업 환경을 제공한다.

환경이 좋지 않으면 예상치 못한 결과가 있을 수 있다. 옷을 잘 껴입는다면 추운 작업장에서 일하는 것도 가능하지만 접착제와 나무는 10도 이상이 되지 않으면 잘 결합하지 않는다.

만약 자신의 작업장에서 많은 시간을 보낼 계획이라면, 좋은 바닥은 필수적이다. 어쨌든, 넘어지는 사고가 나지 않기 위해 바닥을 평평하게 만들겠지만, 장기적으로 볼 때 나무 바닥이 콘크리트보다 더 따뜻하고 더 편안할 것이다.

의자 제작의 모든 작업이 작업장에서만 이루어지는 것은 아니다. 나무를 쪼개는 과정은 대형 망치를 휘둘러야 하기 때문에 넓은

나무 쓰레기 종류

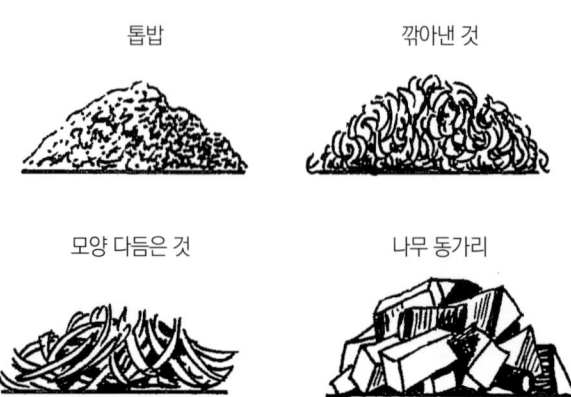

톱밥   깎아낸 것

모양 다듬은 것   나무 동가리

나무 동가리, 모양 다듬고 남은 것, 깎아낸 것들이 쓰레기가 될 것이다.

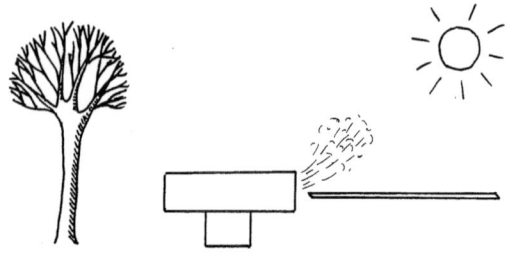

스팀벤딩은 작업장의 습기를 막기 위해 야외에서 하는 것이 가장 좋다.

공간이 필요하다. 스팀벤딩을 하는 과정에서는 많은 양의 수증기가 나오기 때문에 건조해야 하는 작업장에 피해를 줄 수 있다.

만약 날씨가 좋다면 밖에서 이러한 작업을 하지 않을 이유는 없지만, 비바람을 막아줄 공간이 있다면 일 년 내내 계속해서 의자 제작을 할 수 있을 것이다.

도구와 장비

작업대

작업대는 모든 작업장의 중심에 있다. 작업대는 견고해야 하며 정확한 높이에서 의자 각 부분을 쉽게 고정할 수 있도록 설계해야 한다. 의자를 만들 때는 툴 트레이가 없이 상판면 전체가 평평한 것이 낫다. 모든 위치, 모든 코너를 활용해서 작업할 수 있기 때문이다.

작업대 디자인

작업대의 디자인은 만들거나 사거나 매우 많지만, 처음부터 시작하는 거라면, 아래의 디자인을 이용해서 자신의 작업대를 만들라고 하고 싶다. 이 디자인은 간단하고 빠르게 그리고 경제적으로 만들 수 있는 작업대이다. 이 작업대의 모양은 수년간 의자 제작을 하

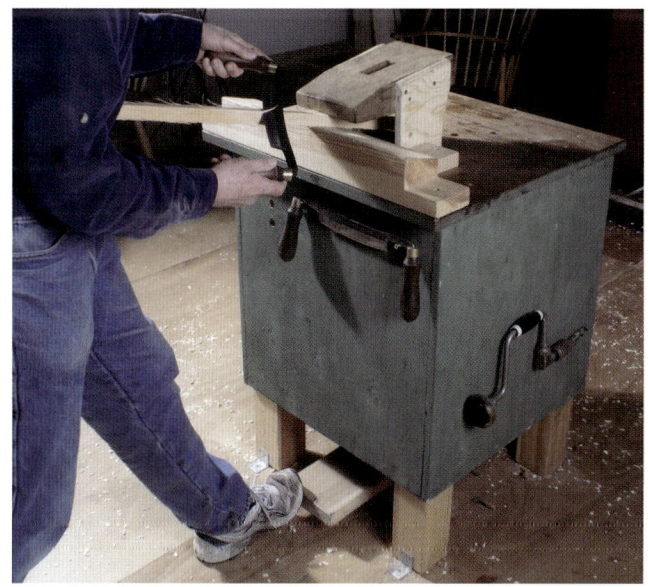

이 작은 작업대에는 (분리할 수 있는) 쉐이브호스가 장착되어 있다. 스핀들은 서 있는 동안 깎을 수 있고, 같은 메커니즘으로 수평과 수직을 모두 물릴 수 있다.

면서 가장 이상적이란 생각이 들었다.

이 작업대의 중요한 특징은 매우 단단하고 사방이 널찍하게 돌출되어 있는 합판으로 된 박스 구조라는 것이다. 합판과 소나무, 많은 나사못(모두 건축업자가 쉽게 구할 수 있음)을 사용하여 몇 시간 안에 조립할 수 있다. 바이스를 붙이는 건 벤치를 만드는 것만큼 시간이 걸릴 수 있다.

윗부분은 25mm WBP합판으로 되어 있다. 한 장으로 적당하고, 두 장은 사치이다. 만약 1,200 × 1,200mm 작업대(혹은 더 작은 것)를 계획했는데 8 × 4 원장 합판을 사야 한다면, 반으로 잘라서 상판을 두 겹으로 만들도록 한다. 이것은 작업대에 무게감을 줄 것이고, 밑에 있는 판을 보호하기 위해 버려지는 판으로 여길 수 있다. 나는 12년 동안 열심히 사용했음에도 불구하고 거의 바꿀 필요가 없지만 말이다.

다리는 4 × 4in p.a.r(planed all round) 소나무, 중간 지지대는 2 × 2 소나무로 만든다. 합판은 18mm 미송합판으로 하는 것이 좋다. 이것은 한쪽 면만 좋은 것은 상대적으로 저렴하고, 손톱으로 쉽게 자를 수 있다.

50 × 5mm의 나사못을 사용해서 두 합판 끝을 연결하고, 18mm 합판 두 개를 더해서 이것들을 같이 연결한다. 2 × 2in로 벤치(각 다리 사이) 윗부분을 돌려 상판을 나사로 고정할 수 있게 에이프런을 만든다.

각 다리에 최소 5cm의 돌출부를 남기고 에이프런에 나사를 조이고, 긴 쪽 다리에 바이스를 장착한다.

다 만든 벤치가 꽤 무거워도, 격렬하게 나무를 깎는 도중 다리가 움직이지 않게 작은 브래킷으로 바닥과 다리를 붙이면 좋을 것이다.

바이스

벤치와 마찬가지로, 바이스도 매우 다양한 범주가 가능하다. 비정형 모양의 작업물을 잡기에 가장 이상적인 것 중 하나인 가변형 바이스는 패턴 메이커스 바이스다. 조는 평행하게 왔다 갔다 할 수 있어야 하고, 수직면에서 회전할 수 있어야 하고, 작업물 전체가 수직에서 수평으로 돌아갈 수 있어야 한다. 표준 목공 바이스를 사용할 수도 있지만 패턴 메이커스 바이스가 지닌 극강의 가변성은 정말 좋고, 처음 바이스를 사는 것이라면 주의 깊게 생각해볼 만하다.

많은 체어메이커들이 쉐이브호스를 이용해서 나무를 잡는다. 개인적으로 나는 서서 하는 걸 더 좋아하고 이 방법으로 더 효율적

으로 작업할 수 있다. 무엇을 만들 건, 작업대는 언제나 사용하는 반면 쉐이브호스는 사용이 제한적이다. 좌판을 쉐이핑할 때, 작업대에 수평으로 안전하게 고정되어야 한다. 내 작업대 디자인의 돌출부는 상부에 클램프로 고정할 수 있고, 종종 작업대의 한 귀퉁이를 가로질러 고정할 수 있다. 스피드 클램프는(실리콘 총과 같은 원리로 사용하는) 저렴하고, 강하고, 한 손으로 사용이 가능하고, 종종 다시 클램핑이 필요할 때 좋다. 그러나 종종 클램프가 작업에 방해가 되기도 해서 벤치독을 사용하는 것이 좋다. 모서리에서 대각선으로 위치를 찾고 윗부분에 필요에 따라 새 구멍을 뚫는다. 합판의 상판에 새 구멍을 뚫는 것에 대해 거리낌이 없어야 하지만, 캐비닛 제작자의 벤치 상판에도 그렇게 하려면 대단한 확신이 필요할 것이다.

도구와 장비

당신이 이미 목공인이라면 몇 개의 수공구가 추가로 필요할 것 같은데 여기에 너무 많은 걸 투자하지 않아도 된다. 하지만 윈저체어가 첫 번째 목공이라면 작업장을 어떻게 차려야 하는지에 대해 주의 깊게 생각해볼 필요가 있다.

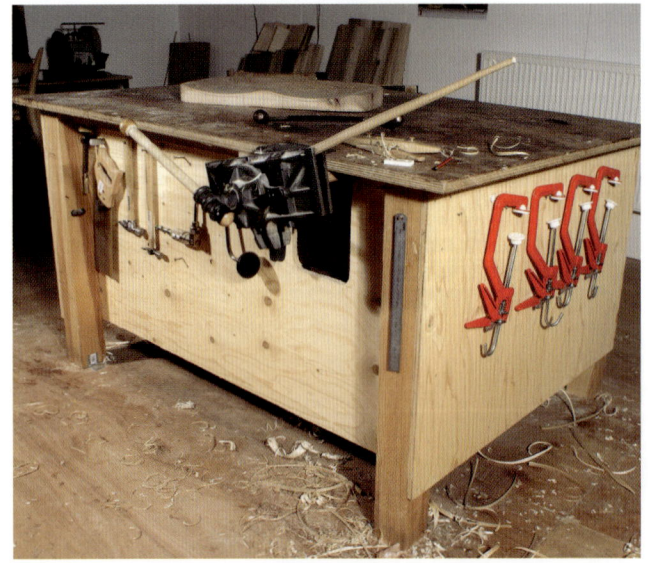

의자 제작에 적절한 작업대를 간단히 만든다.
합판 상단에 장착된 패턴 메이커의 바이스.

수공구 혹은 전동공구?

전동공구로 하는 것과 수공구로 하는 것. 게으른 걸까? 아님 좋은 아이디어일까? 이 책에서는 손으로(수공구로) 윈저가구 만들기에 대해 이야기하겠다. 수공구 말고 다른 건 어떨까? 이 질문은 '왜 전기를 이용하나요?'와 같은 원리의 질문이다. 답은 목적이 무엇인지에 따라 다를 수 있다. 최고의 가구를 만들려고 하거나 혹은 환경 및 라이프스타일에 대한 관점과 일치하는 특정한 방식을 선택하거나. 내가 선호하는 것은 전자의 방식이고, 나는 최고의 의자를 만드는 데 도움이 되는 도구라면 무엇이든 사용할 것이다.

전동공구를 사용할지 말지에 대한 질문은 해묵은 논쟁이고, 일반적으로 모든 논의는 '18세기의 제작자들도 가능했다면 지금의 우리가 사용하는 것들을 사용했을 것이다' 라는 말로 끝난다. 그들은 돈을 벌기 위해 의자를 만들었기 때문이다. 당시의 제작자들이 전동공구를 사용할 수 없었다는 것이 우리에게 좋은 것일 수 있는데, 그들이 전동공구를 사용했다면 아마도 당시의 제품은 지금의 것에 비해 좋지 않았을 것이다. 이전에는 손으로만 이루어졌던 공정을 기계화하는 것과 만약 1700년대에 기계와 전기가 사용 가능했다면 (만약 그 제품이 발전했다면) 제품이 어떠했을지 생각해보는 것은 전혀 다른 일이다.

윈저체어는 수공구로 생산되었고, 윈저체어의 매력은 바로 이 사실에서 비롯된다. 기계공학적 '완벽함'이 결여되어 있다는 것이 오히려 인간의 눈에 만족을 준다. 그러므로 오래된 의자의 본질을 포착하기 위해서, 심지어 새로운 디자인에서도 자신이 사용하는 기술을 신중하게 선택해야 한다. 나는 윈저체어를 만들 때 절대 지그를 사용하지 말라고 한다. 지그는 동일한 모양의 부속을 반복해서 만들게 한다. 이 규칙을 어기고 내가 사용하는 유일한 지그는 좌판에 다리, 팔걸이, 보우의 구멍을 똑같이 뚫기 위해 각도에 맞게 기울어지는 테이블 위에 드릴프레스로 구멍을 뚫는 지그다. 다른 모든 과정은 눈과 손으로 하고, 밴드쏘, 목선반 그리고 일부 구멍을 뚫기 위한 무선드릴의 사용도 그렇게 한다.

실제로 이 철학적 원칙의 또 다른 예는 좌판을 파낼 때다. 자귀는 나무를 걷어내기 위해 사용하는 전통적인 공구이지만, 힘든 육체노동이고 하드우드는 더 어렵다. 만약 하나 이상의 좌판을 만들 거라면, 그라인더로 하면 매우 빨리 할 수 있다. 나는 느릅나무 좌판을 12분 안에 완벽하게 팔 수 있는데, 자귀로 열심히 노동을 해서

오직 좌판의 윗부분만을 파내는 데는 20분이 걸린다. 전동 글라인
더(Arbortech)는 자귀와 같은 방식으로 – 훨씬 빨리 – 눈과 손으로만
한다. 반면 이러한 도구의 단점은 큰 실수를 아주 빠르게 만든다
는 것이다.

어떤 도구를 선택할지는 경험이 많이 쌓이면서 바뀌겠지만, 그
것이 결과에 대한 타협이 아닌 변화이면서 의자를 만드는 시간을
줄이고 기술을 향상시킬 수 있다면, 그 변화는 좋을 것이다.

밴드쏘

내가 이미 제안했듯, 밴드쏘는 체어메이커에게 매우 유용하다. 물
론 밴드쏘 없이 작업할 수는 있지만, 밴드쏘가 있다면 거의 매번
사용하게 될 것이고, 작업시간을 절약할 수 있게 된다. 밴드쏘는
50mm 두께의 하드우드(좌판)를 쉽게 자를 수 있어야 한다. 아무튼
최고의 조언은 '클수록 좋다'는 것이다. 생나무를 자를 계획이 있
다면 이가 성긴 날을 사용해야 한다. 성긴 날은 톱날이 부재에 끼는
것을 막아준다. 밴드쏘는 아래와 같이 사용할 수 있다.

- 좌판을 자를 때
- 사이즈에 맞게 보우의 부재를 자를 때
- 생나무를 길이별로 자를 때
- 다리의 장부를 다듬을 때
- 쐐기를 만들 때
- 다리 부재를 같은 크기로 준비할 때
- 다리의 장부에 벌림쐐기를 넣기 위해 톱 길을 넣어줄 때
- 크레스트의 모양을 만들 때

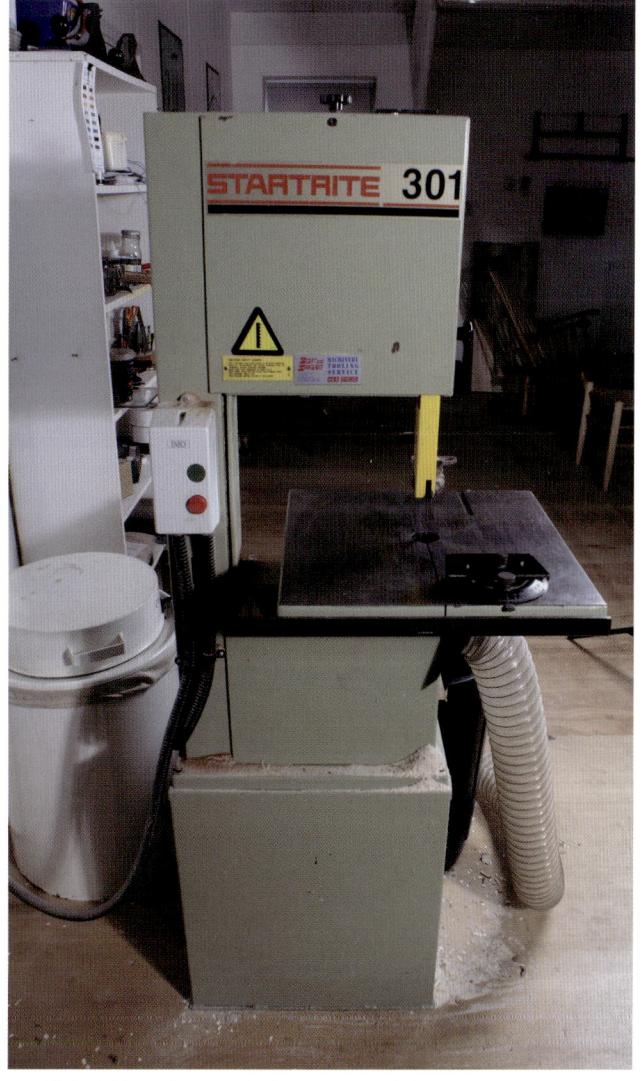

최대 절단 높이가 15cm인 밴드쏘. 이것은 지난 15년 동안 안정적으로
작동했다. 디 크고 디 강력힌 기계가 좋다.

드릴프레스

밴드쏘와 마찬가지로 드릴프레스가 없어노 의자를 만들 수 있다. 그러나 드릴프레스가 있으면 더 정확하게 의자를 만들 수 있고, 많은 시간을 절약할 수 있다. 좌판의 주요한 구멍을 뚫는 데 사용하고, 스핀들 샌더를 끼워서 크레스트와 보우의 표면을 매끄럽게 할 수도 있다. 테이블과 드릴이 직각이 되는 것이 드릴프레스의 주요한 특징이다. 기둥과 드릴 사이가 적어도 15cm는 되어야 한다. 메인 베어링에 유격이 있다면(드릴 비트를 척에 물린 상태에서 비트를 까딱일 수 있다면 베어링에 유격이 있는 것이다) 그 기계는 사지 말아야 한다. 다시 한

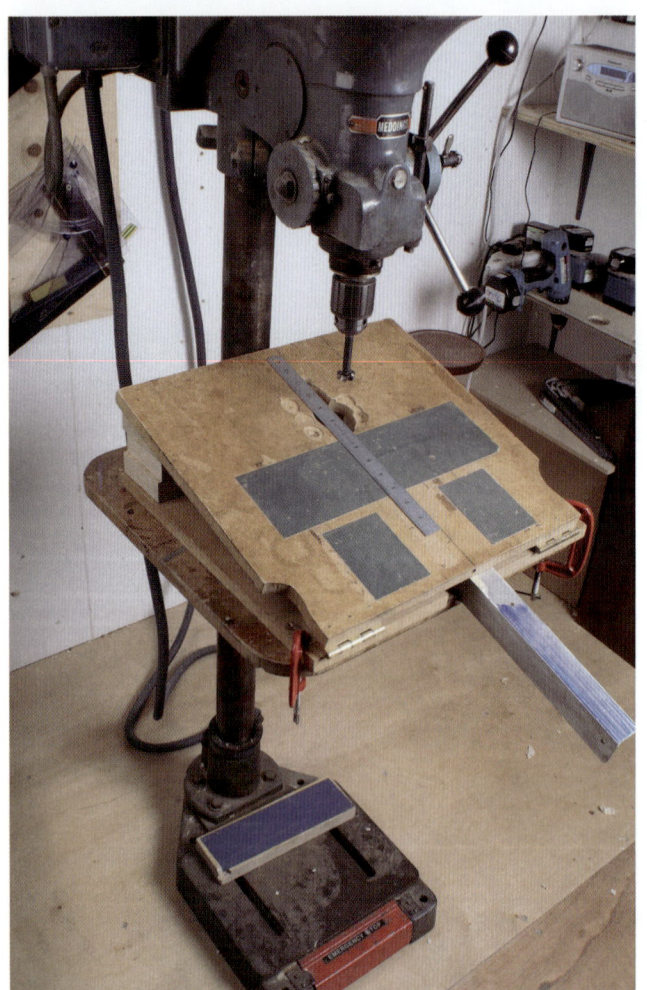

테이블에 고정된 간단한 틸팅테이블이 있는 무거운 작업용 드릴프레스. 나무 블록을 안팎으로 움직여 각도를 조정한다. 간단하지만 효과적이다.

번 말하지만 '클수록 좋다'는 기계를 선택할 때 가장 중요한 기준이다.

틸팅테이블은 두 개의 힌지로 결합된 MDF와 같은 단단하고 안정적인 재료의 시트로 구성되어야 한다. 틸팅테이블은 드릴의 수평 테이블에 고정되어야 하고, 나무 블록으로 정확한 각도로 조절해야 한다. 블록의 한쪽 면에 사포를 붙이면 드릴링 중에 미끄러지지 않는다. 경사면에 둔 각도기를 사용해서 각도를 설정하고, 드릴 비트의 곧은축에 맞춘다. 각도에 맞춰 자른 쐐기를 사용하는 등 더 정교하게 각도를 설정하는 방법이 있겠지만 블록이 잘된다는 것에 만족하게 될 것이다.

틸팅테이블에는 중심선 표시가 필수적이며 드릴 비트가 이 중심선상에 오게끔 테이블을 드릴프레스에 고정해야 한다. 중심선을 틸팅테이블의 가장자리 너머까지 연장해놓으면 테이블보다 큰 좌판에 구멍을 뚫을 때 편리하다. (사진의 알루미늄 막대 참고)

목선반

의자의 다리를 깎는 데 대형/고사양 목선반을 사용할 필요는 없다. 다리는 최종 두께가 2in(5cm)를 넘지 않을 것이고, 백포스트의 길이는 아무리 길어봐야 30in(75cm)를 넘지 않을 것이다. 이게 최소한의 필요조건이다.

- 회전축의 높이가 2~3in(5~7.5cm) 이상일 것
- 24~30in(60~75cm) 길이까지 돌릴 수 있어야 함
- 450w 모터일 것
- 세 단계의 속도가 있을 것

큰 목선반은 무게가 있어서 밸런스가 잘 맞지 않게 물린 작업

목선반칼이 없으면 목선반은 무용지물이다.

기본적인 도구	선택적 도구
¾in 러핑가우지	스핀들가우지(큰 것)
파팅툴(Diamond-shaped)	스핀들가우지(작은 것)
스큐치즐	볼가우지(작은 것)

물의 떨림도 줄여줄 것이다. 큰 목선반은 강한 모터를(750w나 그 이상) 가지고 있어서 공격적인 가공 시에도 속도 변동이 좀처럼 없다. 속도가 지속적으로 변동하는 것은 목선반의 기본과는 거리가 멀다. 대부분의 의자를 만들 때 1,500~2,000rpm이면 충분하고, 반면 400rpm 정도의 느린 속도는 트래핑 플레인 작업에 적합하다. 선택할 수 있다면 다시 말해 의자의 부속보다 더 많은 것을 목선반을 이용해서 깎기를 원한다면 가장 크고 무거운 목선반을 선택해라.

다른 큰 기계

원저체어의 좌판을 만들 때는 17in(43cm)나 이보다 좀 넓은 너비의 판이 필요하다. 이러한 너비의(50mm 두께) 판을 찾기가 쉽지는 않을 것이다. 이러한 너비를 얻기 위해서는 두 개나 혹은 그 이상의 제재목을 집성해야만 한다. 이 일을 전적으로 손으로 할 계획이 아니라면, 보드/좌판의 두께를 맞추고 결합하기 위해 몇 개의 큰 기계가 필요할 것이다. 만약 이 기계가 없으면, 좌판 집성은 주변에 있는 목수의 도움을 받는 것이 낫다. 의자 만드는 것에 집중할 수 있도록 말이다.

결합은 비스킷이나 목심으로 보강하면 안 되는데, 좌판을 팔 때 비스킷이나 목심이 드러나기 때문이다. 결과적으로 결합의 강도는 두 표면이 접착제 그 자체만으로 얼마나 완벽하게 잘 맞느냐에 달려 있다. 제재소에서 바의 상판이나 테이블을 원하는 고객을 위

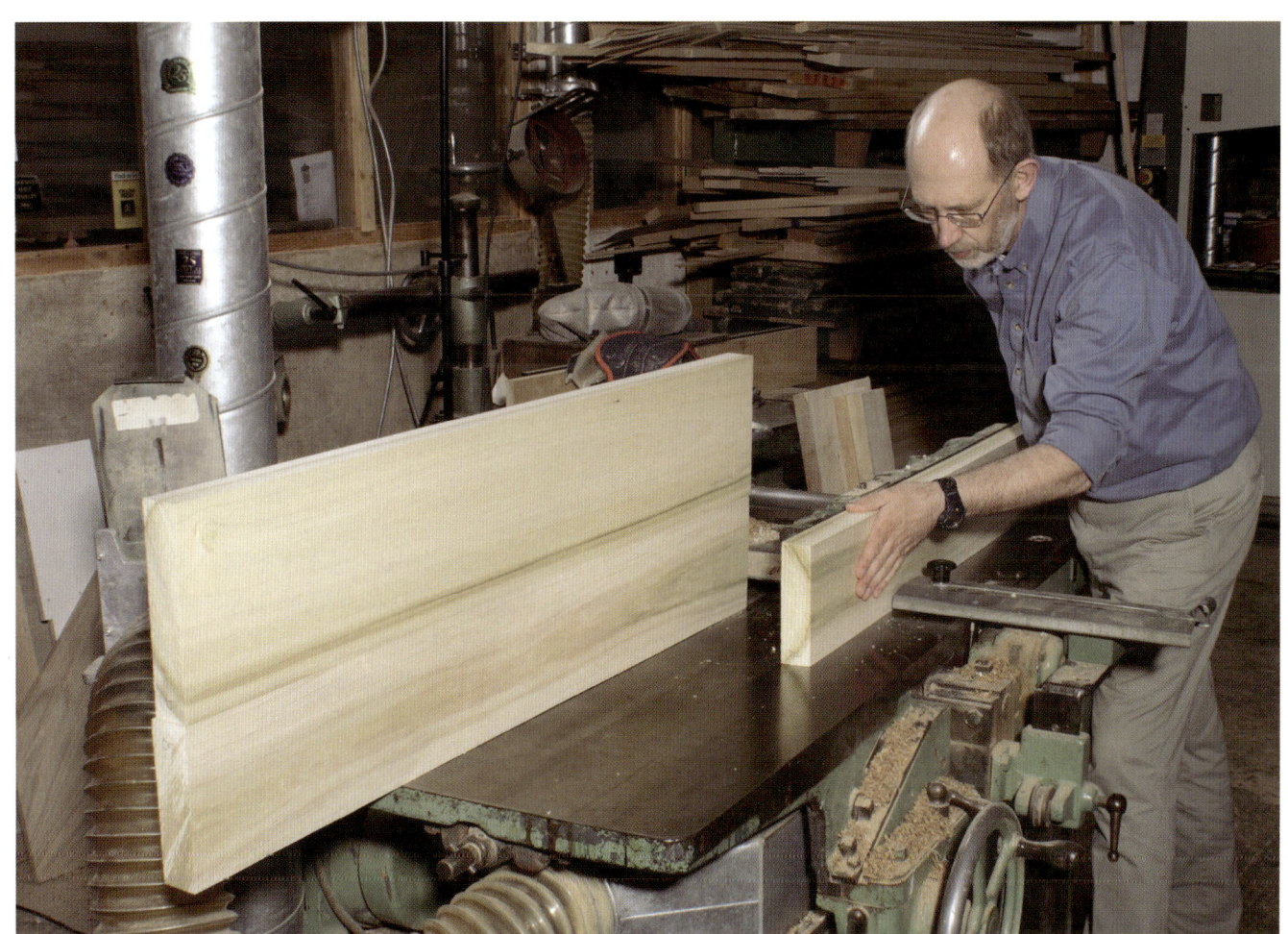

좌판용 포블러나무 집성하기. 가능하면 결과 색을 맞추는 것에 신경을 쓰는 것이 좋다.

물끓이개

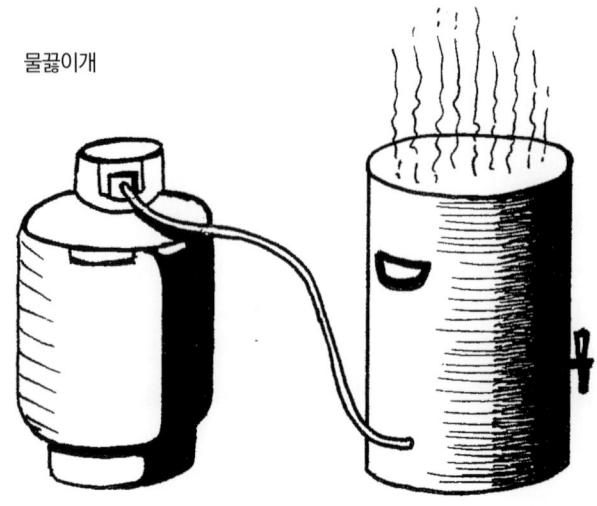

20ℓ의 물을 저장할 수 있는 물끓이개(tea urn)를 이용해 4~5시간 지속적
으로 스팀을 나오게 할 수 있다. 전기나 가스로 물을 끓일 수 있다.
가스는 이 장비를 독립적으로 사용할 수 있게 한다.

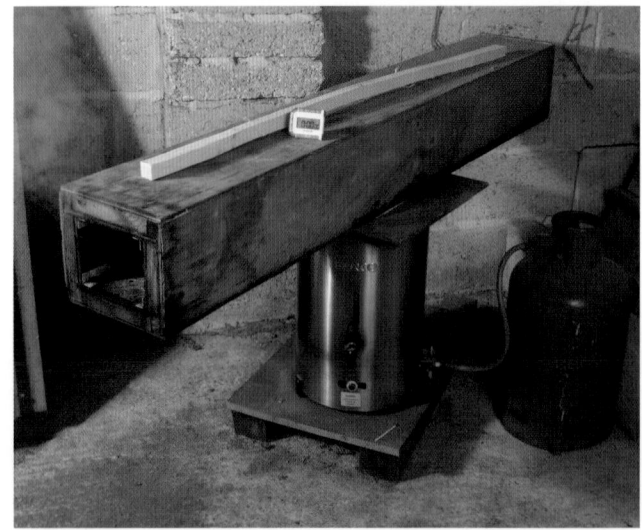

가스식 물끓이개에서 발생한 증기가 그 위에 올려둔 스팀박스로 바로 공급된다.
암 부재를 찔 준비를 마쳤다(타이머 포함).

해 넓은 판을 만들어 주기도 하는데 이들 판재는 사용 중에 의자 좌
판이 받는 수준의 압력을 받는 일이 좀처럼 없다. 따라서 제재소에
좌판 집성을 의뢰하고자 한다면 해당 업체의 작업 품질 수준을 면
밀하게 확인해야 한다. 제재소에서는 접착 표면적을 최대한 늘리
기 위해 핑거 타입의 결합을 하라고 설득할지도 모른다. 좌판의 속
을 파내고 모양을 다듬는 과정에서 판재 사이에 보기 흉하게 그 결
합이 드러날 것이기에 무슨 수를 쓰든 이런 경우를 피해야 한다. 자
신이 좌판을 직접 집성할 수 없다면, 기술이 좋은 목수에게 맡기는
것이 가장 좋은 해결책일 것이다.

18in 수압대패와 20in 자동대패는 집성한 좌판의 두께를 맞추기
에 가장 이상적이지만, 12in 수압/자동 복합기로 부재를 준비하고
이후에 손대패로 단차를 맞춰도 된다.

스팀 제너레이터

스팀벤딩에서는 스팀이 제일 중요한 요소이고, 이 스팀을 만드는
데는 다양한 방법이 있다. 우선 벤딩 시 100도의 스팀이 유지될 수
있게 해야 한다. 만약 스팀 과정에서 열 손실이 크거나 스팀이 충분
하지 않으면 벤딩이 성공할 수 없다.

아주 작은 파트를 스팀벤딩할 때는 주전자로도 충분히 스팀을
만들 수 있지만, 물의 양이 많지 않고, 마르면서 주전자가 탈 위험
이 있고, 또한 스팀벤딩을 하는 동안 물을 다시 채워야 하는 것도
좋지 않다. 물이 끓는 데 시간이 걸리고 끓는 동안 온도가 잠깐 내
려가서 타이밍을 잡기 어렵다. 끓는 물로 채울 수 있지만, 이것은
말하기는 쉽지만 실행하기는 어렵다. 탱크는 큰 것이 좋다.

벽지 스트리퍼는 스팀을 만들기 위해 자주 고려되는 가정용 장
비로, 꽤 많은 양의 스팀을 만들지만 제한된 시간 동안만 그렇다.
대용량 스트리퍼라도 약 한 시간밖에 사용할 수 없다. 만약 한 시
간 안에 하나만 스팀벤딩할 생각이라면 괜찮겠지만, 실패하게 되
면 바로 바꿀 수 있게 한번에 연달아서 스팀벤딩을 하는 것이 좋은
계획이며, 다음에 또 만들 의자를 위해 스페어로 가지고 있으면 좋
다. 장비를 세팅하는 데 시간이 오래 걸릴 수 있고, 특히 장비를 계
속 사용할 수 없는 경우, 그렇기에 그 시간에 가능한 한 많이 벤딩
을 해 두는 것이 좋다.

약 20리터 들이 물끓이개(tea urn)가 이 문제를 푸는 좋은 해결책
이다. 이것은 가스나 전기로 작동시키고, 끓으면(끓기 시작하는 데 한

시간 이상이 걸린다는 것에 유의) 4시간 또는 그 이상 동안 스팀을 발생시키킨다. 열원의 출력은 약 3kw가 이 목적에 적합하다. 스팀박스는 밑부분에 있는 구멍을 통해 스팀을 직접 공급받을 수 있도록 물끓이개 위에 둔다.

스팀박스 만들기

요즘엔 많은 사람들이 그린우드 작업을 할 때, 시중에 있는 스팀박스를 구입하는 것이 가능해졌다. 그러나 스팀박스 만들기는 매우 간단하고 돈도 별로 들지 않는다. 이음매가 없어서 플라스틱 관이나 강관으로 만드는 일이 흔하고 스팀은 한쪽 끝으로 들어간다. 만약 파이프를 이용하려면 단열을 생각해봐야 한다. 이것이 메탈 파이프라면 안전과 필요한 온도를 위해 매우 중요하다. 플라스틱 파이프는 가열될 때 처지는 경향이 있으므로 플라스틱 파이프를 길이를 따라 지지해야한다. 관의 직경은 최소 6in는 되어야 하지만, 8in가 더 좋다.

스팀박스는 18mm 합판 한 장으로 간단히 잘 만들 수 있다. 250×1,680mm로 4개를 자르고 나사못으로 박아서 박스를 만든다. 먼저 가장자리를 평평하게 하여 딱 맞도록 한다. 욕실 실리콘으로 실링을 하면 결합에 더 좋을 것이다. 한쪽 끝은 판으로 막고, 다른 한쪽은 움직일 수 있게 뚜껑을 만든다(스팀으로 인해 팽창하기 때문에 너무 딱

맞게 뚜껑을 맞추지 말아야 한다). 스팀이 들어가는 구멍은 사용하는 제너레이터에 따라 적절히 뚫는다.

이 디자인은 많은 양의 벤딩을 잘할 수 있고, 특히 각 세션이 끝날 때 건조할 수 있기에 좋다. 그러나 시간이 지나면서 합판에 점점 구멍이 생기고, 열 손실이 늘어남에 따라 박스 내부의 온도를 필요한 수준으로 유지하는 것이 어려워질 것이다. 좀 더 오래 사용할 수 있는 정교한 버전은 합판을 한겹 더 대서 만들 수 있다. 합판 사이에 폴리에틸렌 필름이나 단열재 등을 넣으면 더 효율적인 스팀박스가 될 것이다. 스팀박스를 얼마나 자주 사용하느냐에 따라 스팀박스의 길이를 정하면 된다. 처음에는 간단하게 만들고, 경험과 지식이 쌓이면서 점차 자신에게 맞게 바꾸어가는 것이 좋다.

브레이크

때때로 '라이빙 브레이크'라고 불리는 브레이크는 톱질하거나 쪼개기에 편안한 높이로 긴 나무를 잡을 수 있도록 해주는 것이다. 특히 나무의 쪼갤 방향을 찾을 때 유용하다.

의자 제작과 관련한 다른 모든 것과 마찬가지로, 브레이크를 만드는 데는 셀 수 없이 많은 방법이 있다. 고정식 브레이크를 만드는

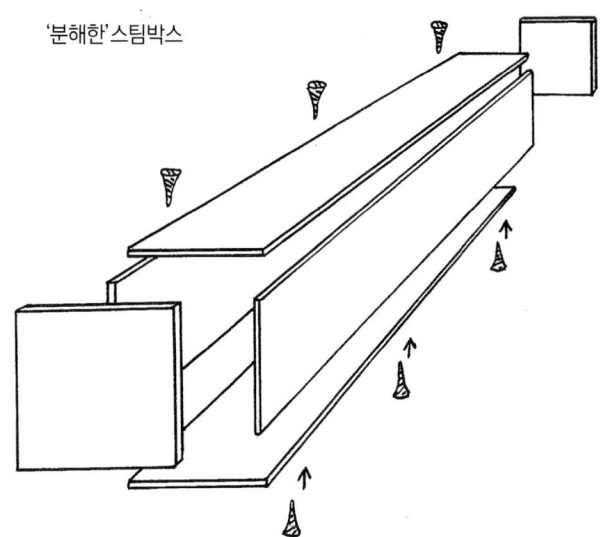

스팀박스는 8×4 시트 합판을 나사못으로 박아서 간단히 만들 수 있다.
단열은 성능을 향상시킨다.

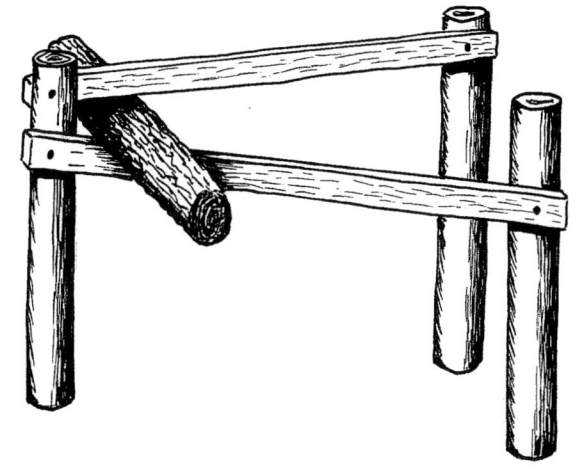

그린우드 작업에 브레이크는 필수다. 나무가 엉뚱한 방향으로 쪼개지려고 할 때 그 방향을 조절하기 위해서는 나무를 고정한 채 한쪽으로 누를 수 있어야 하는데 이는 브레이크가 있어야 가능하다.

가장 단순한 방법은 3개의 기둥을 지면에 안전하게 두고 이 기둥들 사이에 두 개의 막대를 붙이고, 그 끝은 두 개의 다른 수직 기둥에 붙이는 것이다. 앞에 있는 막대는 편리한 높이에서 지면과 수평으로 있고 반면 뒤 막대기는 세 번째 기둥에 올려져 있는 앞 막대기에서 갈라지고, 뒤 막대기 아래에 작업물을 고정시키고 앞의 막대기 위로 받친다. 뒤의 막대기를 위로 올리고 수평으로 갈라지게 하는 이유는 다양한 모양과 크기의 작업물을 브레이크로 잡기 위해서이다.

브레이크를 이동 가능하게 하려면, 4×4in와 4×2in 페팔레트로 만들면 좋다. 브레이크는 그린우드워킹을 잘하기 위해 정말 필수적이다.

수공구

'언제나 다른 길이 있다!' 다행히 윈저체어 제작은 상대적으로 많은 기술을 필요로 하지 않는다. 대부분의 작업은 몇 가지 다른 방법으로 할 수 있다. 예를 들어 좌판을 파는 것은 자귀, 인쉐이브, 트레비셔로 할 수 있다. 인쉐이브 없이도 쉽게 할 수 있고, 자귀를 살 필요도 없다. 시간이 많다면 트레비셔로 다 파도 된다. 손가락이 엄청 아플 테지만 나무가 너무 딱딱하지만 않다면 충분히 가능하다.

만약 이러한 도구를 사고 싶지 않다면, 좌판은 조각도와 나무망치로만 팔 수 있다. 둘 다 좌판이 아니더라도 의자의 다른 부분을 만들 때 필요할 것이다. 그래서 이것들을 구입하면 유용할(꼭 필요한 게 아닐지라도) 것이다. 그러나 좌판을 파는 작업에 특화된 세 가지 도구로 시작할 경우 보다 상당한 노력과 시간이 걸린다. 만약 한정된 돈을 가지고 있다면, 최소한만 구입하고 점차적으로 특정 작업을 더 쉽고 효율적으로 만들 수 있는 특수 도구로 업그레이드 하는 것이 좋다.

쪼개는 공구

슬레지 해머는 두꺼운 나무를 쪼개기 위해 반드시 필요하다. 머리 부분은 3kg이면 충분하고, 해머의 전체 길이가 약 22in(55cm)가 되도록 핸들을 짧게 하면 좋다.

나무를 쪼개려면 적어도 3개의 금속제 쐐기가 필요하다. 쐐기의 경사(벌어진 각도)는 완만해야 한다. 쐐기의 경사가 가파르면 나무에 잘 박히지 않으며, 해머로 때릴 때 쐐기가 오히려 나무 밖으로 튕겨 나올 것이다. 금속제 쐐기로 벌린 틈에 나무로 만든 더 큰 쐐기를 박아 넣어서 나무를 완전히 쪼갤 수 있다(쪼갠 면을 넘나드는 나무 섬유들로 인해 금속제 쐐기만으로는 쪼개기가 어렵다). 나무 쐐기는 밴드쏘나 체인쏘로 만들어서 쓸 수 있다.

일단 목재의 큰 부분들을 쐐기로 쪼개고 나면, 프로로 더 섬세하게 쪼갤 수 있다. 프로는 날에 직각으로 손잡이가 달려 있는 도구다. 클럽으로 날 뒷쪽을 때려 날을 나무의 마구리면에 박아 넣은 뒤 손잡이를 이용해서 날을 비틀면 틈이 벌어지며 나무가 결을 따라 쪼개진다. 날이 잘 연마되어 있을 필요는 없는데, 자르기 위한 도구가 아니라 쪼개기 위한 도구이기 때문이다.

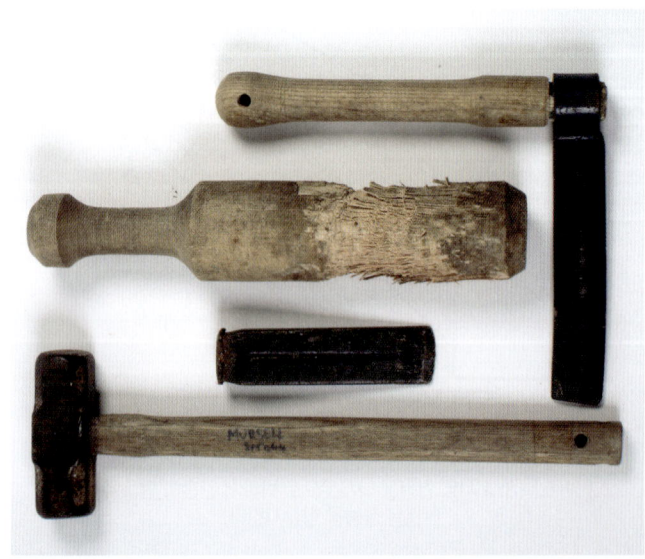

쪼개는 공구: 슬레지 헤머, 쇠쐐기, 클럽(club), 프로(froe).

드로우나이프

이름만 들어도 드로우나이프가 어떤 도구인지 알 수 있을 것이다. 칼날처럼 날카롭게 연마한 길쭉한 날 양쪽으로 손잡이가 달려 있어 두 손으로 잡아당기며 나무를 깎을 수 있다. 드로우나이프의 날은 양면에 모두 베벨(경사면)이 있어야 한다. 시중엔 다양한 스타일의 드로우나이프가 있는데, 좋은 것도 있지만 어떤 것은 전혀 쓸모없기도 하다.

예를 들어, 베벨이 한쪽으로만 되어 있고 직선 날의 드로우나이프는 구매할 가치가 없다. 만약 넓은 나무 조각을 매끄럽게 하기 위해 사용하는 경우, 날이 곧다는 것은 나무의 전폭을 깎는 것을 의미하는데, 이것은 바람직하지 않을뿐더러 너무 넓으면 당길 수도 없다. 곡선 날은 가볍게 깎을 때 넓게 깎는 범위를 줄여주면서 날의 움직임을 도와 얇게 깎을 수 있게 한다. 베벨이 날의 한쪽면(주로 날의 윗쪽)에만 있는 날은 끌처럼 작용한다. 나무에 한 번 찍히면 더 깊게 파고드는 경향이 있고, 깎는 도중에 깎는 깊이를 조정하는 것이 거의 불가능하다.

드로우나이프의 날은 얇게 단조한 것이 이상적이다. 철판에서 오려서 만든 것은 좋지 않다. 날 양면의 베벨은 윗쪽의 경사를 아랫쪽보다 조금 더 크게 만들어 쓰되, 날 연마 자체가 원만한 바깥곡으로 되어야한다. 이런 날은 깎는 도중 표면의 안팎으로 이동이 가능하고, 스핀들과 같은 얇은 부분을 깎을 때 컨트롤하기 매우 좋다.

스포크쉐이브

스포크쉐이브는 드로우나이프에 비해 한번에 깎을 수 있는 양은 적지만 컨트롤하기는 더 쉬운 도구다. 따라서 드로우나이프로 가능한 한 많은 나무를 깎아낸 후에 마무리 용도로 사용하는 것이 좋다. 그러나 건조목의 경우에는 스포크쉐이브로 초벌과 마무리를 다한다.

절삭 각도를 낮춰서 나무로 만든 스포크쉐이브는 그린 우드로 의자를 만들기에 완벽한 도구다. 필요에 따라 많은 양을 아주 빠르게 깎아낼 수도 있고 섬세하게 깎아서 매끄러운 표면을 만들어낼 수도 있다. 나무 스포크쉐이브는 손가락 끝으로 날 주변의 몸체를 쥐고 사용한다. 그러면 날이 나무를 어떻게 깎고 있는지를 직접 느낄 수 있다. 손잡이는 장식에 가깝다. 손잡이를 잡고 사용하지 않도록 한다.

저렴한 금속제 스포크쉐이브는 잘 되지 않고, 의자 제작자의 작업장에 걸맞지 않은 도구다. 반면 괜찮은 나무 스포크쉐이브 한두 개는 가구 만드는 목수에게 있어 좋은 대패와 마찬가지로 의자를 잘 만드는 데 있어 필수적이다.

전동공구 사용이 늘어나면서 나무 스포크쉐이브는 거의 잊혀진 도구가 되어 가고 있으며, 이를 잘 사용하는 방법을 아는 사람도 드물어지고 있다. 중요한 것은 날 주위로 도구를 가볍게 잡고, 날 앞쪽의 스포크쉐이브 바닥면이 깎고자 하는 나무와 항상 닿아 있도

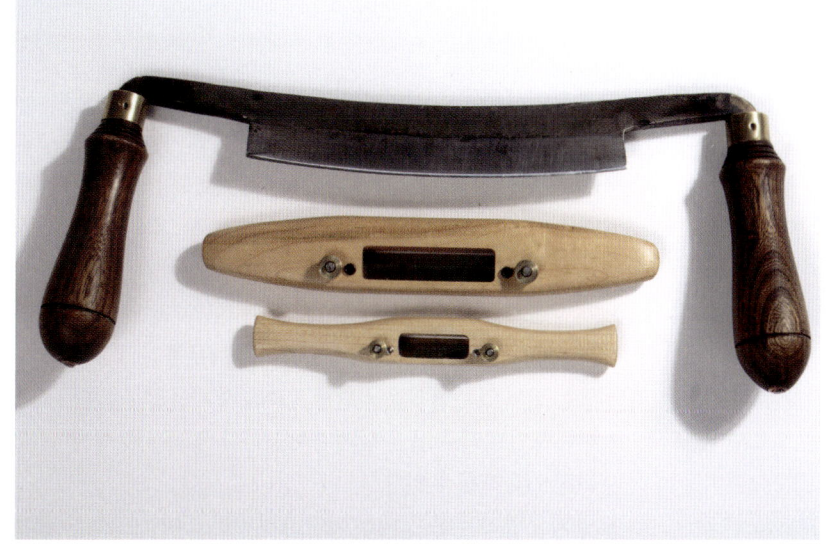

쉐이빙 도구: 드로우나이프와 스포크쉐이브. 이 중 스포크쉐이브는 저자가 만든 것이다.

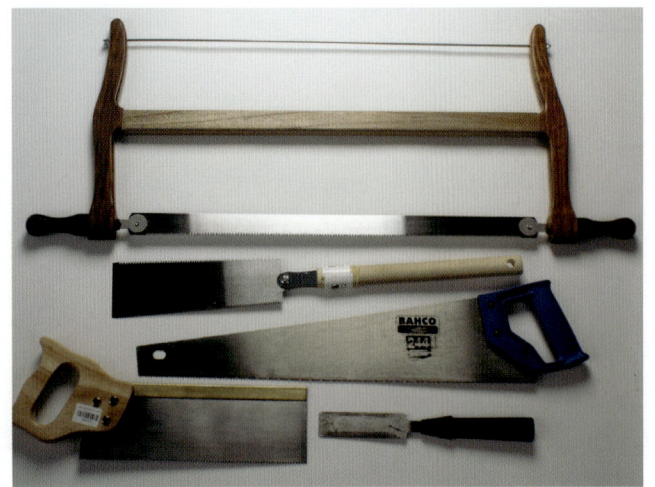

원저체어 제작에 사용되는 톱의 종류.

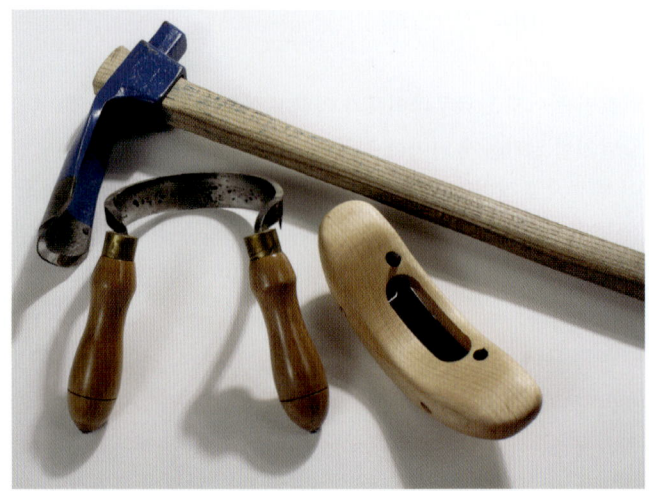

파는 도구: 자귀, 스코프(인쉐이브), 트레비셔.

록 하는 것이다. 나무를 깎을 때 이 닿아 있는 느낌에 집중한 채 날이 그 뒤를 가볍게 따라간다고 상상해보라. 이 방법을 사용하면 대단히 정교하게 날 깊이를 세팅하지 않고도 얇게도 두껍게도 깎을 수 있다.

스포크쉐이브 만들기

의자를 만들기 시작한 무렵 나무로 만든 스포크쉐이브의 중요성을 바로 인식하게 되었다. 현대식 스포크쉐이브는 괜찮은 것을 찾기가 어려웠던 반면 전통적인 스포크쉐이브는 날과 몸체나 손잡이의 구멍이 잘 닳는 경향이 있었다. 그래서 나에게 맞는 스포크쉐이브를 만들기로 했다. 그것은 전통적인 디자인을 조금 바꿔서 의자 제작에 가장 적합한 도구를 만들 수 있는 기회였다.

전통적인 디자인에는 문제점이 몇 가지 있는데, 첫째로 손잡이가 밀기에만 적합하다는 것이다. 당겨서 깎는 것이 가능하긴 하지만 이때 손잡이는 오히려 거추장스럽기만 하다. 나는 날에서 멀리까지 뻗어 있는 손잡이를 없애버리고 날 바로 앞과 뒤의 몸체를 잡고 사용할 수 있도록 했다. 이렇게 하면 날로 깎는 느낌을 훨씬 더 잘 느끼고 작업에 반영할 수 있다.

전통적인 스포크쉐이브는 몸체의 뒷부분에 빈 공간을 둬서 깎여 나온 나무가 빠져나오기 좋게 만들어져 있다. 문제는 그로 인해 사용성이 제한된다는 것이다. 나는 깎여 나온 나무가 스포크쉐이브의 뒷쪽이 아니라 위로 빠져나가도록 디자인을 바꿨다(몸체 뒷쪽의

빈 공간을 없앴다). 이렇게 하면 날 바로 뒤에 엄지를 놓고 밀어서 깎을 수 있고, 당겨서 깎을 때는 다른 손가락을 그 자리에 둘 수 있다. 스포크쉐이브의 몸체가 날 뒷면 전체를 받쳐 줘서 날 떨림 경향도 준다.

전통적인 스포크쉐이브는 날을 구멍에 꽉 맞게 끼워서 고정하는 방식이다. 그러나 시간이 지남에 따라 구멍이 헐거워져서 날을 고정하고 조정하기가 점점 어려워진다. 내 스포크쉐이브는 번데기 너트와 나사를 이용해서 날 고정 및 조정을 보다 편리하고 안정적으로 할 수 있도록 했다.

톱

의자 제작에서 톱은 부재를 길이에 맞춰 자르기 위한 역할이다. 원저체어에서는 결구 부위를 톱으로 가공하지 않기 때문에 요구되는 사양이 까다롭지는 않지만 다양하게 갖추고 있으면 유용하게 쓸 수 있다.

- 체인 톱으로 빠르게 자를 수 있지만(이웃이 있다면, 전기 체인 톱이 덜 시끄럽다), 성긴 이를 지닌 활톱은 젖은 통나무를 자르기에 좋다.
- 좁은 날이 있는 틀톱은 좌판을 잘라낼 때 사용할 수 있다.
- 하드포인트 목수 톱은 언제나 유용하다. 젖은 나무를 매우 효과적으로 자를 수 있다.
- 일본식 당기는 톱은 매우 깔끔하게 잘리고 아마도 장부 톱보

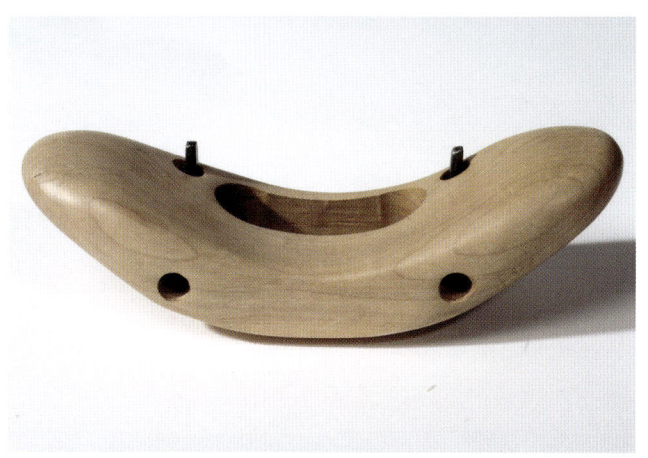

트레비셔-좌판의 속을 파내기 위해 고안한 일종의 곡면 스포크쉐이브. 45페이지에 소개한 스포크쉐이브와 마찬가지로 저자가 디자인한 제품이다.

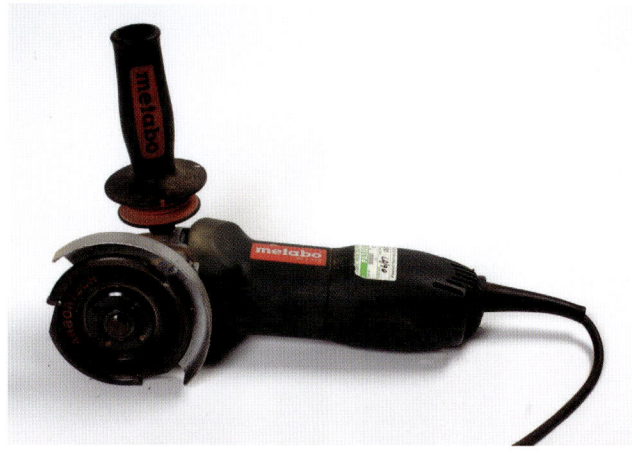

전동 그라인더: 앵글 그라인더에 아보텍(Arbotech) 날을 끼우면 자귀로 하는 수고를 덜어준다.

다 더 유용할 것이다. 크고 작은 버전이 모두 유용하다.
* 관통 장부의 돌출된 촉은 톱으로 가능한 한 평평하게 정리할 필요가 있다. 목심 자르기 전용 톱이 좋은데 일본식 톱 가운데 작고 유연한 것도 쓸 만하다.

파는 도구

자귀

곡면 자귀는 좌판을 파기에 완벽하다. 이 자귀는 나무를 많이씩 제거하고, 연습만 한다면 좌판의 표면을 매끄럽게 만들 수 있다. 이렇게 하면 트레비셔로 할 작업이 거의 없다. 개인적으로 나는 긴 손잡이가 있는 자귀를 선호하는데, 다리를 벌리고 서서 다리 사이로 자귀를 움직이며 사용한다. 다른 이들은 손자귀를 좋아하지만 큰 자귀는 나무를 한번에 더 많이 제거할 수 있기에, 훨씬 더 빨리 작업할 수 있다. 이것은 잠재적으로는 가장 위험한 도구일 수 있다. 안전하게 사용하는 방법은 다음 장에서 이야기할 것이다.

자귀를 새로 사면 날 바깥쪽에 작은 베벨을 원만한 바깥곡으로 연마해줘야 한다. 이 베벨이 있어야 자귀가 나무 표면을 깎고 들어갔다가 오목하고 깔끔한 단면을 남기고 표면에서 빠져나올 수 있다. 날의 연마된 모양에 따라 이상적인 회전 반경과 진입 각도를 찾는 것이 자귀질의 핵심이다.

스코프

스코프는 드로우나이프의 곡선 버전으로 자귀질한 나무 표면을 깔끔하게 정리하기 위해 사용한다. 좋은 트레비셔가 있다면 스코프는 필요 없다. 날 연마 방식은 드로우나이프나 자귀와 같다.

트레비셔

트레비셔는 나무 좌판을 파기 위해 만든 곡선의 우드 스포크쉐이브이다. 날 앞에 넓고 깊은 코가 좌판을 팔 때 컨트롤하기 쉽게 되어 있다. 트레비셔는 가끔 결을 가로질러서 할 때 더 잘 된다. 결 방향이 일정하지 않다면, 결이 뜯기지 않는 적당한 방향을 찾을 필요가 있다.

트레비셔는 거칠게도 얇게도 잘 깎을 수 있고, 트레비셔를 사용한 후엔 최소한의 스크레이핑만 필요하게 될 것이다. 윈저체어를 만들기 위해 사용하는 수공구 가운데 가장 유용하고 작업을 즐겁게 해주는 필수적인 도구다.

그라인더

앵글 그라인더에 장착된 원형 날은 자귀를 대신할 수 있다. 조심해서 시용해야 하고, 그라인디는 좌판의 모양을 다듬는 데 매우 효과적이지만, 시끄럽고 여기저기가 지저분해질 것이다. 보호복(안면 보호 마스크, 귀마개, 산업용 마스크, 장갑, 팔 토시)을 잘 갖추어야 한다. 그

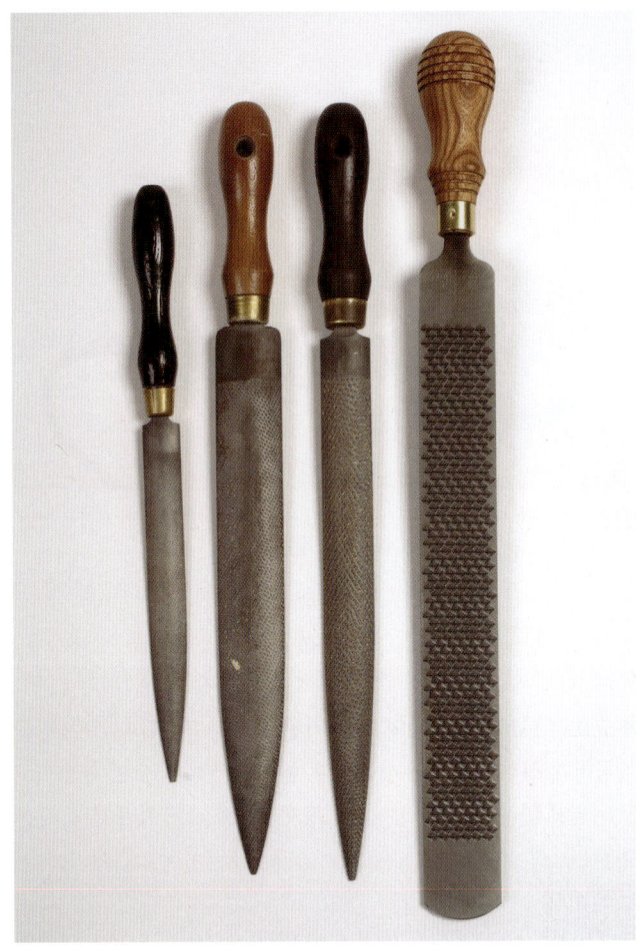

줄: 빠르게 남은 것을 제거하기 위한 거친 줄과, 마감을 위한 핸드컷 줄.

스크레이퍼: 날을 잘 세울 수 있다면 작업장에서 가장 유용한 도구이다.

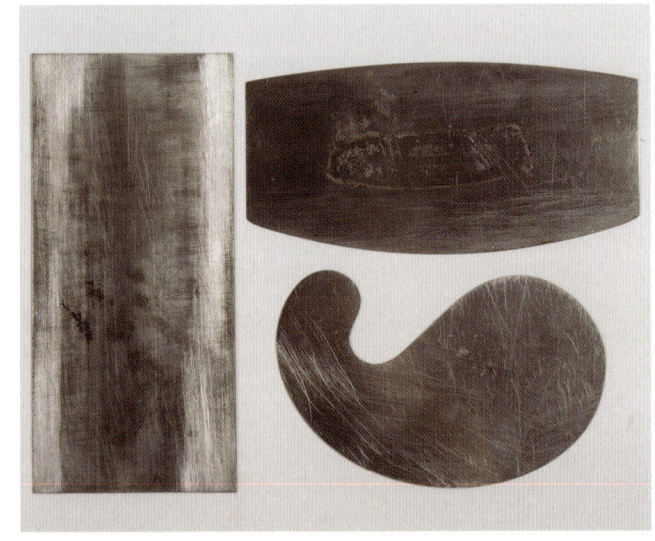

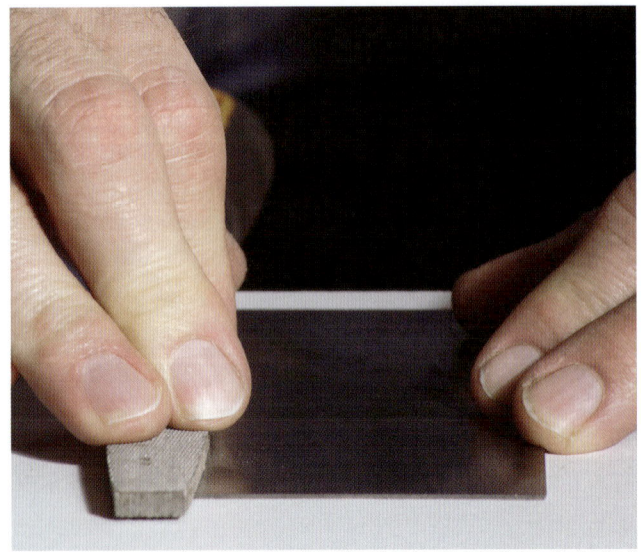

스크레이퍼 날 연마: (a) 파일을 완전히 평평하게 유지하면서
스크레이퍼의 기존 버를 제거한다.

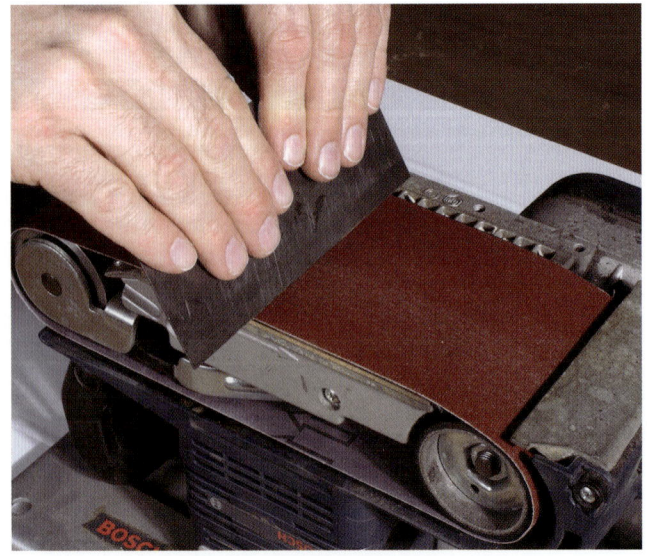

(b) 벨트 센더를 이용해 모서리를 비스듬하게 간다.
(약 45도의 경사면을 만든다.)

렇지 않으면 안전상으로도 위생상으로도 좋지 않은 경험이 될 것이다. 좌판을 하나만 만든다면, 수공구로 하는 시간과 별로 차이가 나지 않겠지만(최소한 셋업하는 시간), 의자를 세트로 만들어야 한다면 작업장에서 그라인더는 매우 필요할 것이다. 잘 잡고 사용하면 작업이 잘될 것이다. 내가 의자를 제작하던 초창기엔, 조립 후 좌판 위로 튀어나온 장부 촉을 다듬기 위해 그라인더를 이용했다. 단 한 번의 미끄러짐으로도 몇 시간 동안의 작업이 허사로 돌아갈 수 있지만 그런 일은 결코 일어나지 않았다!

줄

하드우드 좌판의 모양을 다듬을 때 줄을 스포크쉐이브와 함께 사용하면 매우 효과적이다. 줄은 나무를 빠르고 정확하게 제거할(특히 마구리면) 수 있고, 정교하게 세팅된 스포크쉐이브는 표면 마무리를 잘할 것이다.

기계로 만든 줄은 눈이 매우 거칠며 많은 양의 나무를 빨리 제거하는 데 탁월하다. 반면 손으로 두드려 만든 줄은 스크레이퍼로 줄 자국을 금세 없앨 수 있을 정도로 고운 표면 가공이 가능하다. 가구제작자가 사용하는 줄은 보우백체어 좌판의 아랫면과 같은 오목한 표면을 가공하기에 완벽하다.

스크레이퍼

스크레이퍼는 작업장에 있는 것들 중 가장 저렴하지만 잘 연마할 수 있다면 가장 효과적인 도구 중의 하나다. 곡선과 직선 스크레이퍼 두 개 다 의자 제작에 필수적이다.

스크레이퍼 연마하기

스크레이퍼 작업 후 샌딩으로 표면을 다시 잘 다듬는 것을 전제로 스크레이퍼에 보다 공격적으로 작업할 수 있는 버(burr)를 빠르고 효과적으로 만드는 방법을 소개한다.

줄이나 더 빠르게는 벨트샌더로(100~120방) 스크레이퍼의 한쪽 모서리에 베벨(경사면)을 만든다. 이때도 버가 생기긴 하지만 이 버는 약해서 쓸 수가 없다. 다음으로 베벨을 아래로 한 상태에서 작업대 가장자리의 1in 이내에 스크레이퍼를 평평하게 잡는다. 버니셔를 가지고 수평면에서 아주 조금 각을 올리고 아래로 힘을 주어 누르면서 베벨의 뒷면을 따라 앞뒤로 문지른다. 이것은 첫 번째 버를 제거하고 가장자리를 경화시키는 정말 중요한 단계다. 마찰의 양이 증가하는 것을 느끼면 바로 그만둔다. 베벨이 작업대쪽을 향하게 해서 스크레이퍼를 바이스에 약 2.5cm가 나올 정도로 물린다. 작업대 위의 한 손은 버니셔 끝의 한쪽을 잡고, 다른 손은 핸들을 잡는다. 가장자리 아래쪽으로 적당한 힘을 주어서, 가장자리를 따

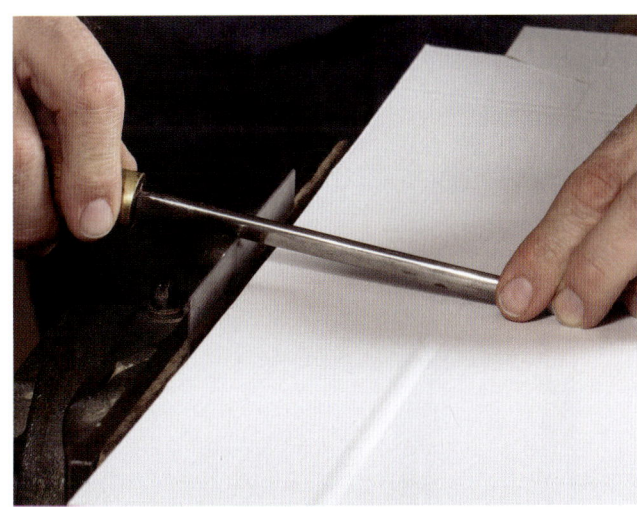

(d) 버 만들기: 스크레이퍼를 바이스에 물리고(베벨이 작업대 쪽을 향하게) 버니셔를 약간 기울인 채 강하게 문지른다. 버니셔의 끝을 작업대에 닿게 해서 작업하면 각도 유지와 안전에 도움이 된다.

(c) 버니셔로 날 끝을 강하게 문지른다. 베벨(경사면)을 아래로 향하게 놓은 상태다.

라 버니셔를 민다. 단번에 가장 효과적이고 눈에 보이는 에지를 만들 수 있다.

재연마를 할 때는 작업대의 평평한 곳에 스크레이퍼를 두고 버를 줄로 긁어낸다(줄을 평평하게 유지하는 데 주의를 기울여야 한다). 그런 다음 버를 만들기 전에 베벨을 다시 연마한다. 만약 베벨을 벨트샌더에 갈아놓았다면, S자 모양의 스크레이퍼도 이 방법으로 연마하면 쉽다. 곡선 스크레이퍼는 베벨을 작업대 바깥쪽으로 향하게 하여 그것을 바이스에 잡는다. 이것 이외에는 동일한 방법으로 한다.

연마재

연마재는 먼지를 최소화하기 위해 가능한 한 적게 사용해야 한다. 샌딩 전에 마감을 잘한다면 샌딩하는 데 시간을 낭비할 필요가 없을 것이다. 사포가 아무리 비싸더라도 다른 도구에 비하면 가장 경제적인 선택이다. 150×100mm 세 세트(120, 180, 240번)의 사포로 의자 하나를 완성하는 데 충분하다. 사포의 장점 중 하나는 어떠한 손상도 없이 목선반에서 젖은 나무를 샌딩할 수 있다는 것이다.

드릴과 비트

보우백체어에는 26개의 구멍이, 색백체어에는 45개의 구멍이 있다. 좌판이나 각 파트에 드릴로 구멍을 뚫는 것은 의자를 만드는 데 매우 중요한 부분이고, 적합한 비트를 선택하면 작업이 쉬워질 것이다.

포스트너 비트: 드릴프레스로 좌판의 주요한 구멍을 뚫을 때 가장 알맞다. 포스트너 비트는 구멍을 깔끔하게 뚫고 비스듬히 뚫을 때도 옆으로 미끄러지지 않는다. 작은 비트로 깊은 구멍을 뚫는 경우 구멍과 비트의 틈새가 나무 부스러기로 꽉 채워져버리기도 하는데 이 나무 부스러기를 적절히 제거해주지 않으면(중간중간 비트를 들어준다. 밖으로 완전히 빼낼 필요는 없다.) 과열로 인해 비트가 망가져버릴 것이다. 포스트너 비트는 비싸지만, 잘 관리하며 사용하면 그 값어치를 한다.

오거 비트: 브레이스(수동 드릴)나 또는 전동 드릴에 끼워서 사용할 수 있는 짧은 패턴의 비트다. 나사산이 나 있는 긴 포인트 부분이 비트를 나무로 끌어당겨 각도로 구멍을 뚫을 수 있게 한다. 보우에 바깥쪽 스핀들을 꽂아 넣을 구멍을 큰 각도로 뚫어야 할 때 매우 유용하다. 큰 각도로 뚫을 때 나무가 터지는 것을 방지하기 위해 비트의 날을 날카롭게 유지해야 한다. 깊은 구멍이 있는 샹크는 톱밥이 드릴 위로 나올 수 있도록 해서, 드릴로 나무를 뚫는 동안 비트를 청소할 필요가 없다. 때때로 이 비트들은 드릴에 명시된 것보다 약간 구멍이 더 큰 것도 있다. 이것은 윈저체어에는 문제가 되지 않는다. 왜냐하면 장부는 모두 큰 사이즈로 만들기 때문이다(3장 참조).

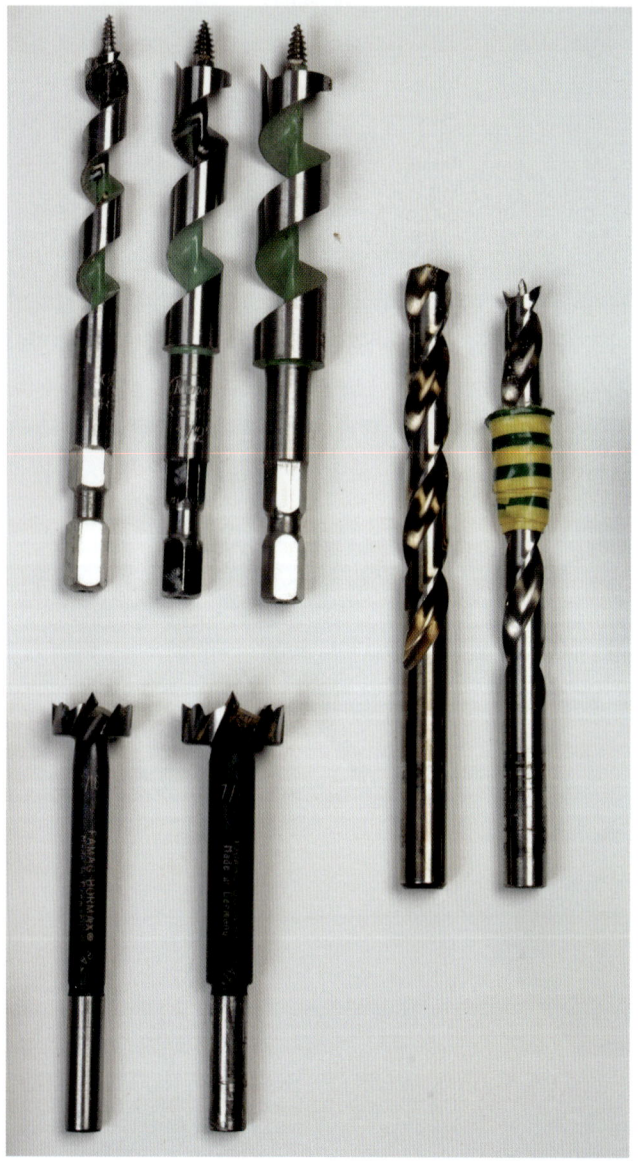

다양한 드릴 비트: 오거, 포스트너, 트위스트 드릴, 브래드 포인트.

트위스트 드릴: 일반 드릴 비트다. 좌판에 깊이 표시 구멍을 뚫을 때 사용한다.

브래드 포인트: 중심을 먼저 뚫어주는 포인트 날이 있어서 여타 비트에 비해 작업의 안정성이 높지만 90도 이외의 각도로 뚫을 때는 나무 표면이 심하게 터지는 경향이 있다.

망치

다양한 종류의 망치가 의자를 만드는 데 이용된다. 나는 나무망치를 사용하지 않지만 한쪽은 단단하고 다른 쪽은 부드러운, 교체 가능한 헤드가 있는 나일론 샤프트 망치를 선호한다.

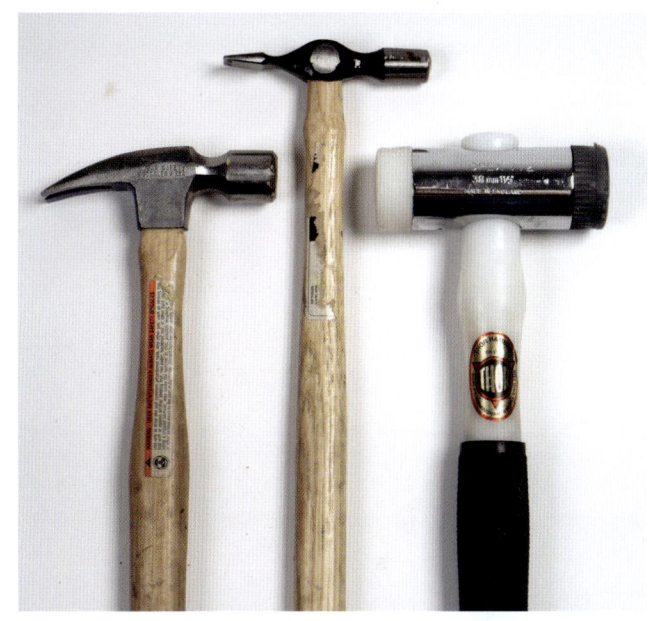

원저체어를 만들 때 유용한 망치의 종류. 단단하고 부드러운 면이 있는 플라스틱 망치는 나무 망치보다 더 다용도로 쓰일 수 있다.

원저체어를 만들 때 필요한 최소한의 도구		
밴드쏘(필수적인 것은 아니나 매우 추천한다. – 밴드쏘가 없다면 좌판을 자를 때 보우쏘를 사용해도 된다.)	드릴프레스와 틸팅테이블(필수적인 것은 아니나 매우 추천한다.)	목선반
프로	클럽	수준기
손톱	자귀	베벨게이지
망치	줄	직각자
24in 자	러핑가우지(3/4″)	각도기
스피드 클램프	파팅툴	드로우나이프
드릴 비트(파운드법): 포스트너: 7/8, 11/16, 5/8 오거: 5/8, 1/2, 3/8	스큐치즐	스포크쉐이브(중/소)
	캘리퍼스(x 5)	트레비셔
	브레이스	슬레지헤머
드릴 비트(미터법): 10.5mm, 11.5mm	충전 드릴(예를 들어 14v)	쐐기(2-3)
	스크레이퍼	프로
	베 ㅣ셔	

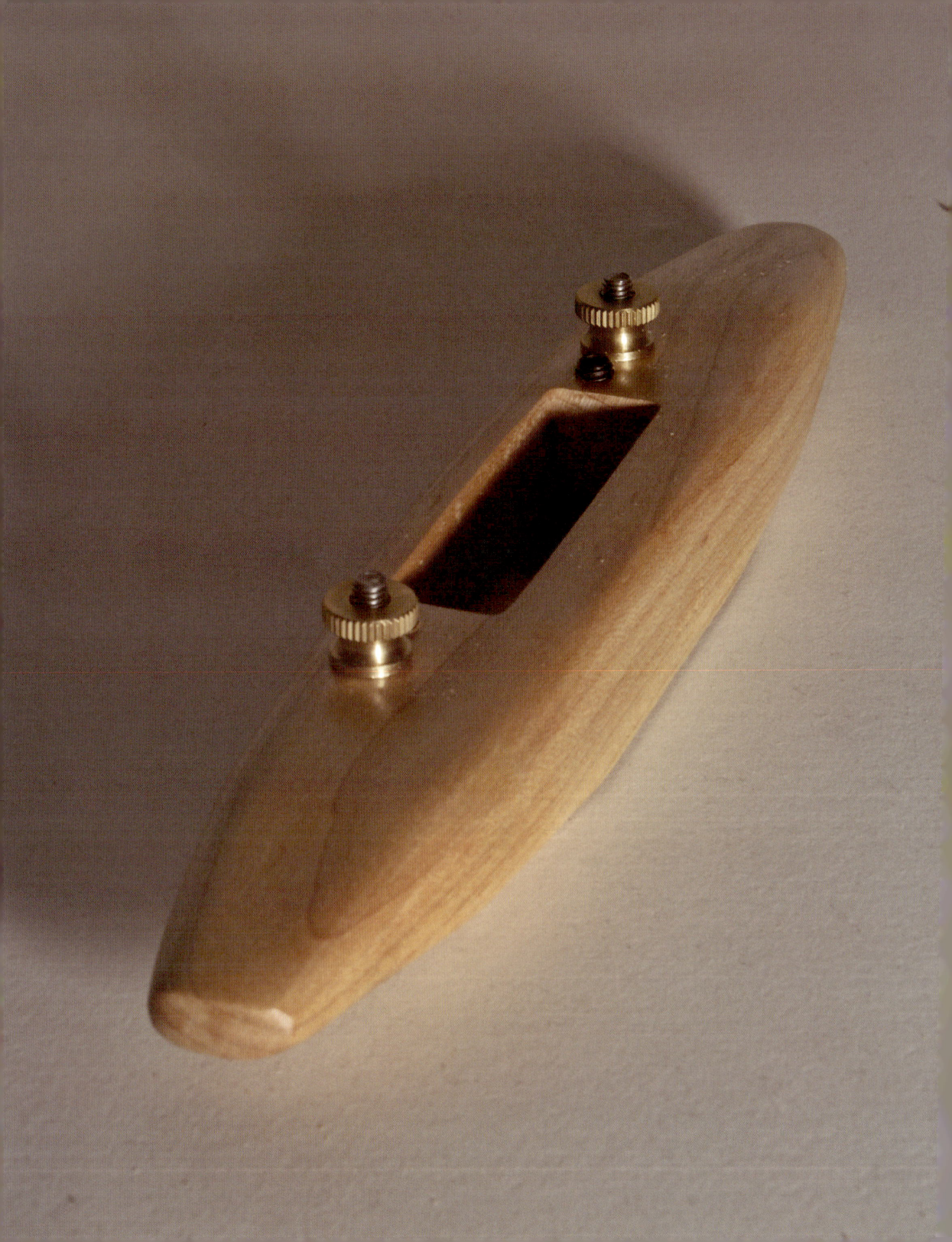

CHAPTER 3

만드는 과정과 방법

스팀벤딩

목공인이라면 평생에 한번쯤은 시도해보게 되는 것이 스팀벤딩(수증기로 나무를 쪄서 구부리는 기법)이다. 스팀벤딩을 하지 않고도 윈저체어를 만들 수는 있지만 대안이라고 할 수 있는 적층벤딩(얇은 나무 판을 겹쳐 붙여서 나무를 구부리는 기법) 대비 스팀벤딩이 더 간편하고 시간도 덜 든다.

스팀벤딩에 필요한 요소는 열과 수분이다. 수분은 나무에 이미 포함되어 있으므로 나무를 가열해서 나무 내부 수분의 온도를 100도 가까이 올리면 벤딩 가능한 조건이 성립한다. 나무를 다른 방식으로 가열할 수도 있으나 뜨거운 스팀을 이용하는 것이 나무의 수분 손실을 방지할 수 있어 좋다. 나무를 물에 담가 삶아도 된다. 단 스팀을 이용하는 것 대비 에너지 낭비가 많고 작업이 번거롭다. 물푸레나무(Ash), 참나무(Oak), 유럽 밤나무(Sweet Chestnut)가 잘 구부러지는 편인데 다른 하드우드 수종도 얼마든지 시도해볼 수 있다.

이 책에서는 건조시키지 않은 상태의 나무, 즉 그린우드를 쪼개서 벤딩 재료로 쓴다. 그린우드를 구하기 어렵다면 결이 곧은, 자연 건조(air-dried) 방식으로 근래에 건조한 나무를 결에 맞춰 켜서 사용해도 된다. 단, 아무리 잘 맞춰서 켜도 쪼개는 것만큼 결 방향을 잘 맞출 수는 없기 때문에 보우의 어딘가에는 결이 짧게 들어갈 수 있고(short grain) 이 부위는 구부리는 도중에 터질 가능성이 높다. 인공 건조한(kiln-dried) 나무는 사용하지 않는 편이 낫다. 건조 과정에서 나무가 쪄지면서 물성이 바뀐 상태여서 벤딩이 잘 안될 확률이 크다.

스팀벤딩에서 가장 중요한 것은 결이 곧고 옹이가 없는 나무를 구하는 것이다. 목선반으로 깎을 부재라면 작은 옹이 정도는 괜찮지만 벤딩을 할 때는 아무리 작은 옹이도 결과에 악영향을 준다.

쪼개는 방향을 컨트롤하기

나무를 쪼갤 때 쪼개지는 방향을 잘 컨트롤하는 것이 중요하다. 결을 따라 쪼개는 것은 당연한데 구체적으로는 나이테나 방사세포로 구분되는 면을 넘나들지 않고 여기에 나란히 쪼개야 한다. 최종적으로 전체 길이에 대해 결이 쭉 이어져 있지 않으면 그 나무는 쓸 수가 없다.

나무는 반반으로 쪼갠다. 프로의 양쪽에 나무가 비슷한 정도로 남게끔 프로의 위치를 잡고 쪼개기 시작한다. 양쪽이 똑같은 정도로 뻣뻣해야 똑바로 쪼개지기 때문이다. 그러나 아무리 주의해도 쪼개지는 방향이 한쪽으로 치우치기 마련이다. 그럴 때는 쪼개지는 방향을 틀 수 있어야 귀한 나무를 못 쓰게 되는 일이 없다.

쪼개지는 방향을 트는 법을 살펴보자. 나무를 브레이크에 끼우고 프로를 나무가 쪼개진 끝까지 최대한 밀어 넣는다. 나무를 통째로 누르는데 갈라지길 바라는 방향으로 누른다. 그 상태에서 프로를 틀어서 나무를 더 쪼갠다.

쪼개지는 방향이 제대로 돌아왔다면 나무를 누르는 힘을 풀고 그냥 프로로 계속 쪼개면 된다. 방향이 다시 틀어지면, 이 방법으로 계속 방향을 조정해준다.

이건 사실 해봐야 아는 일이나 나무를 얼마나 세게 눌러야 하는지는 그때그때 나무 종류나 크기 등의 상황에 따라 다르다.

암이나 보우의 벤딩에 필요한 장비는 다음과 같다:

- 벤딩 틀
- 벤딩 스트랩: 스테인리스 스틸로 만들면 가장 좋다.
- 페그와 쐐기
- 스팀박스와 스팀 발생기

벤딩 재료 준비하기

이 책에서는 벤딩 재료를 준비하는 여러 방법 가운데 두 가지를 소개하고자 한다. 첫 번째는 수공구만을 이용하는 방법이다. 의자를 하나만 만들고 보우도 하나만 벤딩한다면 이 방법을 이용해도 좋다. 두 번째는 밴드쏘를 곁들여 사용함으로써 수고를 줄이는 방법이다. 의자를 여러 개 만들어야 하거나 당장은 하나를 만들더라도 같은 의자를 다음에 또 만들 일이 있다면 이 두 번째 방법을 이용해서 여러 개의 부재를 한꺼번에 준비/벤딩한 뒤 잘 된 것을 골라서 사용하는 것이 좋다. 스팀벤딩의 성공 확률은 100%가 아니다. 따라서 여러 개 중 실패한 것은 버리고 잘 된 나머지는 다음번에 만들 의자를 위해 남겨두면 된다.

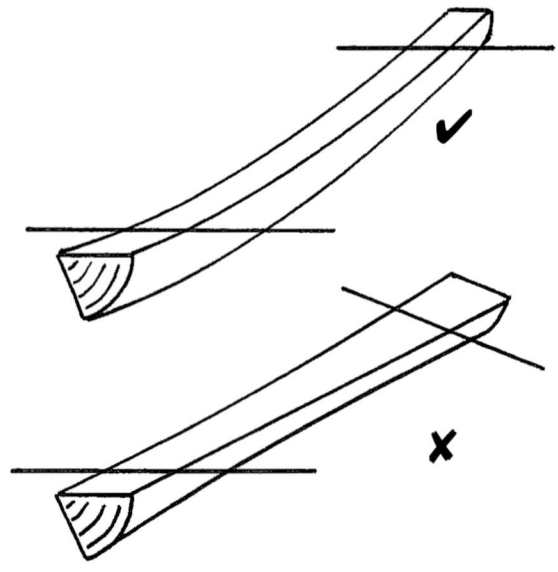

길이 방향으로 굽은 나무는 벤딩에 사용할 수 있다.
그러나 비틀어진 나무는 사용하지 않는 것이 낫다.

방법 1 (수공구만으로 작업하기)

나무를 필요한 길이로 자른다. 가지고 있는 나무가 그때그때 다르겠지만 여기서는 반지름이 4~5in(10~12cm) 정도 되는 통나무를 ¼로 쪼개 놓은 것에서 시작해보기로 한다. 쐐기와 해머(sledge hammer)를 이용해서 나무를 한 번 더 쪼갠다. 그러면 단면이 ⅛원이 된다.

이때부터는 프로(froe)와 브레이크를 이용해서 나무를 쪼갤 수 있다. 최종적으로 필요한 부재 크기에 최대한 가까워지도록 쪼갠다. 이때 나무의 결을 따라서 쪼개는 것이 중요하다.

이제 다듬을 차례. 먼저 기준면 두 개를 정한다. 서로 직각으로 만들기 좋은 두 면을 찾으면 된다. 나무가 휘어 있을 수도 있는데 어차피 벤딩을 할 것이므로 휜 것은 상관없다. 차후 벤딩을 할 때 원래 휘어 있던 방향으로 하면 된다. 면은 주로 드로우나이프로 다듬는다. 결에 나란하게 평평하게 깎되 나무의 전체 길이에 걸쳐 두 기준면이 서로 직각이 되도록 한다. 면을 직선 반듯하게 만들기 위해 결을 가로질러 깎아서는 안 된다. 마무리 단계에서는 드로우나이프 대신 스포크쉐이브를 사용할 수도 있다.

직각 관계의 기준면 둘이 평평하게 다듬어졌다면 나머지 두 면을 다듬을 차례. 기준면에 선을 그어서 가공할 두께를 표시한다. 드로우나이프로 이 선까지 맞춰 깎되 이제 모든 면이 서로 직각을 이루도록 한다(단면이 정사각형, 또는 직사각형이 되도록). 여기까지 했으면 보우를 벤딩할 준비가 끝났다.

이 방법으로 보우를 만들 재료를 준비하려면 드로우나이프로 깎기에 앞서 통나무를 쪼개는 과정을 거쳐야 한다. 이때 보우의 최종 두께 대비 여유를 두고 나무를 준비해야 하기에 보우 재료 하나를 만들기 위해서도 꽤 많은 나무를 깎아내 버리게 된다. 숙련도에 따라 다를 수는 있지만 어쨌거나 상당한 양이다. 반면 밴드쏘를 곁들여 사용해서 부재를 준비하면 나무 낭비도 줄일 수 있고 힘도 덜 든다.

방법 2 (밴드쏘를 곁들여 사용해서 작업하기)

앞서와 마찬가지로 ¼로 쪼개 놓은 나무로 작업을 시작한다. 우선 드로우나이프로 두 면 중 더 나은 쪽을 골라 결을 따라 평평하게 다듬는다. 나무의 길이 방향으로 면이 굽은 것은 괜찮지만 비틀어져서는 안 된다. 또한 나무의 방사 평면(반지름을 포함하는 평면)과 최대한 딱 맞게 다듬는다. 지금의 목표는 밴드쏘를 이용해서 나무를 최대한 결에 맞춰(쪼갠 것 못지않게 결과 나란하게) 켜는 것이다. 그를 위한 준비에 충분한 주의를 기울이지 않을 거라면 애초에 그린우드 통나무를 사용할 이유도 없으며 그럴 바에야 아무 건조목 판재를 골라서 테이블쏘로 켜서 사용하는 것이 낫다. 벤딩은 당연히 안 되겠지만 말이다.

면 정리가 끝나면 정리된 면의 가장자리에서 나무껍질을 제거한다. 껍질이 떨어져 나간 표면은 나무의 결과 정확하게 일치할 수밖에 없다. 따라서 이 표면과 앞서 다듬은 면이 만나서 이루는 모서리는 결 방향과 꼭 맞는 기준선이 된다. 이제 나무를 밴드쏘로 켜면 된다. 앞서 만든 기준선과 나란히 켜면 정확히 결대로 켜진다. 이때 밴드쏘의 일반 펜스보다는 포인트 펜스를 만들어서 이용하는 것이 낫다. 나무가 휘어진 경우에도 두께를 일정하게 맞춰서 켤 수 있기 때문이다. 조금만 연습하면 휘어진 나무도 일정한 두께로 쉽게 켤 수 있다. 첫 번째 커팅은 결과 나란한 직각 모서리를 확보하기 위한 것이다. 같은 방식으로 몇 차례 더 켜면 벤딩에 사용할 수 있는 부재를 금세 얻을 수 있다(사진 및 그림 참조).

이 방법으로 작업하는 데 있어 나무의 크기에 특별한 제약은 없다. 밴드쏘의 사양을 고려하되 스스로 안정적으로 다룰 수 있는 크기면 된다. 이 방법의 장점은 무엇보다 효율성이다. 작업 속도가 빠르고 힘이 덜 들며 나무 낭비가 적다.

밴드쏘로 켠 단면은 드로우나이프로 다듬은 면에 비해 거친데 이를 지금 말끔하게 다듬을 필요는 없다. 표면이 거칠다고 해서 벤딩이 잘 안되거나 하지 않는다. 스팀벤딩은 결과가 보장되는 종류의 작업이 아니다. 아무리 잘 준비하고 실행해도 실패하곤 하는데 어떤 때는 이유를 도저히 알 수 없는 경우도 있다. 따라서 벤딩 이전에 들이는 노력은 최소화하고 벤딩을 잘 해서 건조까지 마친 뒤 정성을 들여 다듬는 것이 좋다.

스팀벤딩의 성공률을 높이는 방법 중 하나가 벤딩 스트랩을 이용하는 것이다. 나무를 구부리면 구부리는 안쪽에서는 나무가 압축되고 바깥쪽에서는 나무가 늘어나는데 문제는 주로 나무가 늘어나는 바깥쪽에서 생긴다. 나무가 압축에는 강한 반면 인장에는 약하기 때문이다. 벤딩 스트랩은 나무를 구부리는 도중 나무의 바깥쪽을 감싸서 나무의 인장을 억제한다. 벤딩 스트랩을 사용하면

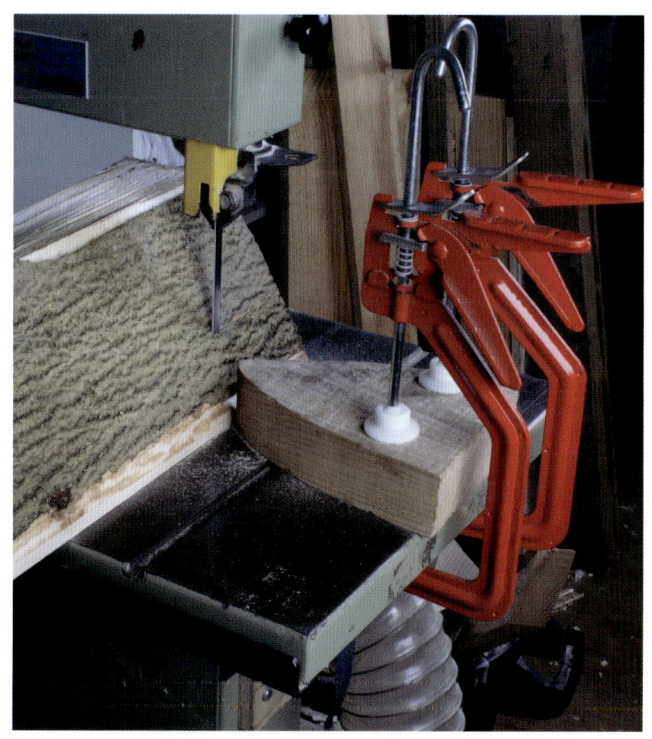

밴드쏘 테이블에 포인트 펜스를 고정해서 사용하고 있다.
포인트 펜스에 놓아 있는 무문의 나무썹실 벗겨 놓은 것을 잘 보자.
이렇게 하면 결과 나란한 기준면을 확보할 수 있다.

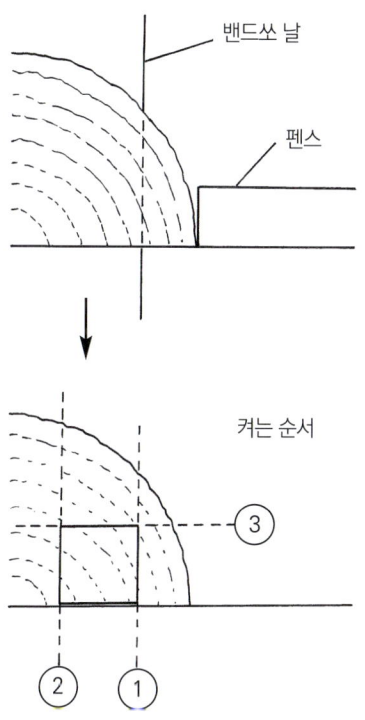

나무가 휘어진 상태라면 포인트 펜스를 사용하는 것이
일정한 두께로 켜기에 좋다.

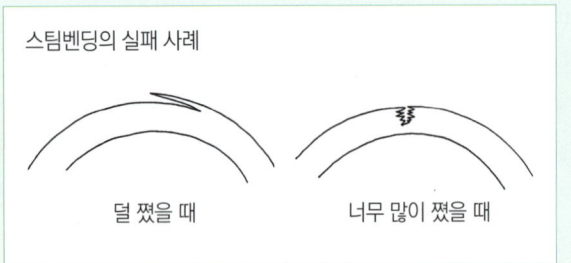

스팀벤딩의 실패 사례

덜 쪘을 때   너무 많이 쪘을 때

나무를 덜 찌면 결대로 분리되는 반면 너무 많이 찌면
나무가 끊어진다.

나무를 얼마나 오래 쪄야 할까?

이건 경험에 의해 알 수 있다. 만약 가구 공장에서처럼 제반 조건을 일정하게 유지할 수 있다면 몇 차례의 테스트를 통해 적합한 시간을 알아낸 후 계속 그 시간대로 찌면 된다. 그러나 작은 단위의 작업실에서 가끔 벤딩을 하는 상황이라면 매 벤딩에 대해 똑같은 조건을 만들어내는 것이 어렵다.

스팀박스 안의 온도를 100도에 가깝게 유지할 수 있고 스팀의 양도 모자라지 않다면 찌는 시간을 결정하는 데 있어 수종 및 함수율이 가장 큰 변수다. 일반적으로는 건조목(함수율 12%)이라면 두께 1in(2.5cm)당 1시간, 그린우드는 그 절반을 찌라고 이야기한다. 이를 기준으로 다양한 상황을 테스트해볼 수 있다. 벤딩에 적합한 함수율은 18% 정도로 본다. 잘 구부리기 위해 물푸레나무를 30분 정도 쪄야 했다면 같은 크기의 참나무는 10분 정도만 찌면 된다.

해보고 상황에 맞는 데이터를 쌓아가는 것이 가장 좋다. 하다 보면 나무를 덜 쪄서 벤딩에 실패하기도 하고 너무 많이 쪄서 실패하기도 한다. 덜 쪘을 때는 나무결 층이 박리되는 식으로 문제가 생긴다. 반면 너무 많이 찌면 섬유 세포들이 길이 방향으로 그냥 끊어져 버린다. 박리가 조금 일어난 것은 목공 본드로 다시 붙이면 된다. 그 외의 문제가 생기면 그 나무는 그냥 버리는 것이 낫다.

스팀벤딩 성공률이 높아지는 이유이다.

벤딩 스트랩은 스트랩의 양 끝에 작은 나무토막을 단단히 고정해서 만든다. 이 나무토막이 벤딩 도중 부재의 양 끝을 눌러 압축하는 역할을 한다. 벤딩 부재는 벤딩 스트랩의 내측 길이보다 약간 짧게 준비한다(긴 부재의 경우 ⅛in, 3mm 정도). 스팀박스에서 꺼낸 뜨거운 부재를 벤딩 스트랩에 맞춰 끼우느라 애먹지 않도록 말이다. 부재의 끝단은 안쪽으로 약간 경사지게 자른다. 그래야 스트랩의 나무토막이 부재의 바깥쪽에 먼저 닿아 압력을 가한다. 부재를 스팀박스에 넣기 전에 중심 위치와 구부리는 방향을 화살표로 명확하게

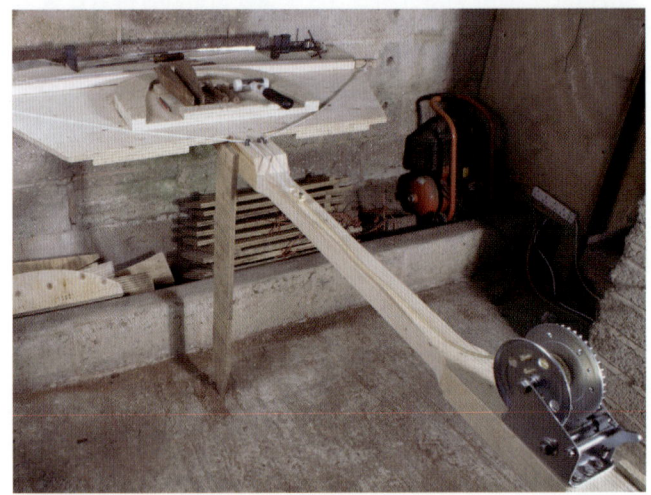

암을 벤딩하기 위한 지그. 윈치가 암의 양쪽 끝을 동시에 잡아당긴다.

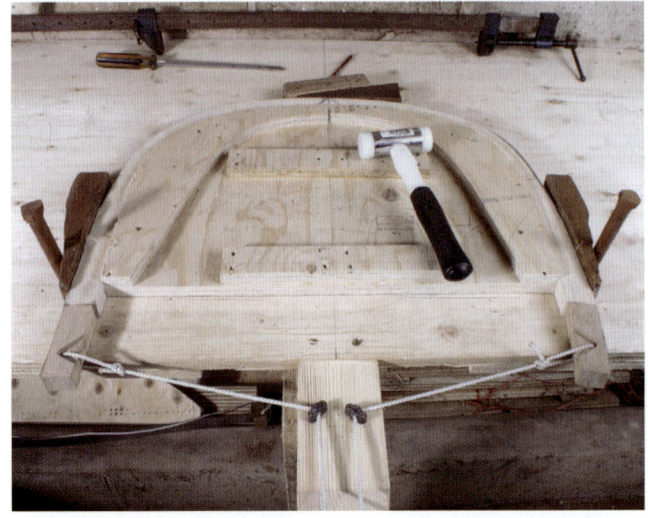

암을 구부려 놓은 모습. 페그와 쐐기를 이용해서 제자리에 붙들어 놓는다.

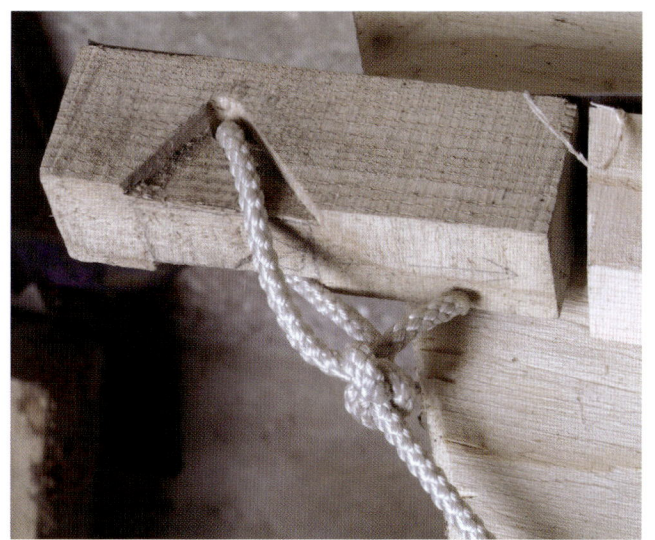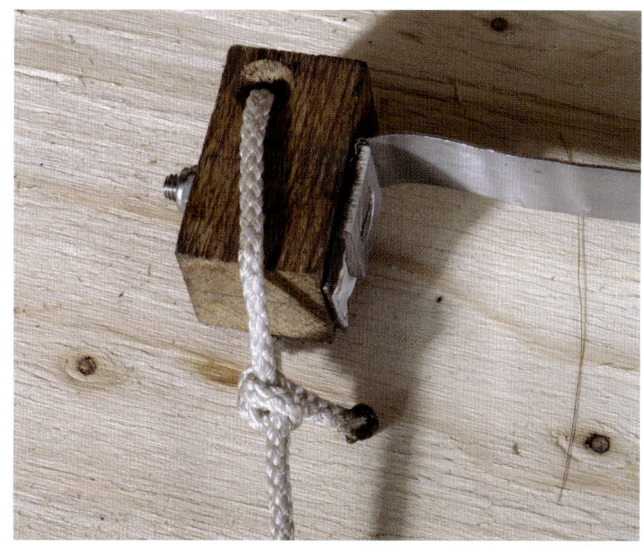

각기 다른 스타일의 벤딩 스트랩. 스트랩 끝에 나무 조각을 붙여 놓은 방식이 다르다. 벤딩 부재를 압축하는 역할은 같다.

물푸레나무와 참나무

물푸레나무가 참나무보다 더 잘 구부려진다. 베어서 어느 정도 수분이 빠진 후라면 그 차이가 더 크다. 그러나 참나무의 색상이나 결 패턴, 그리고 우수한 작업성을 고려하면 실패의 확률이 있더라도 참나무를 쓰고 싶어진다.

갓 베어낸 곧은 결의 영국 참나무는 벤딩에 최적의 나무다. 물론 물푸레나무처럼 확확 휠 수는 없지만 윈저체어의 구성 요소들이 휘어진 수준에서 벤딩하는 데는 아무 문제가 없다. 그러나 베어놓은 지 3개월이 지나면 벤딩이 잘 안되고 스팀으로 너무 오래 쪘을 때와 비슷하게 섬유질이 끊어지는 현상이 나타난다. 그늘에서 잘 덮어서 보관해도 마찬가지다. 원인은 곰팡이다. 100%에 가깝게 습도가 높은 환경에서 증식한 곰팡이가 나무의 섬유를 약하게 만든 것이다. 따라서 3개월 이상 둔 나무는 사용하지 않는 것이 좋다. 이건 사실 기온과도 상관이 있다. 겨울철엔 그보다 좀 더 보관해서 사용해도 무방하다.

표시한다.

부재를 스팀박스에 넣고 필요한 시간만큼 찐 뒤 꺼내서 벤딩 스트랩으로 감싼다. 이때 스팀뿐 아니라 응축수도 굉장히 뜨거우므로 손을 데지 않도록 주의한다. 부재의 중심을 벤딩 틀의 중심에 맞춰 쐐기를 이용해서 고정한다. 그런 다음 부드러운 동작으로 구부려서 부재를 틀에 밀착시켜 고정한다. 페그와 쐐기를 이용하면 된다. 윈치를 사용하면 부재 양쪽을 동시에 당겨서 휠 수 있지만 양쪽을 꼭 동시에 구부려야 하는 것은 아니다. 한 번에 한 쪽씩 구부려 고정해도 문제 될 것이 전혀 없다.

부재가 완전히 건조될 때까지 틀에서 빼서는 안 된다. 건조 전에 빼면 그 즉시 원래대로 펴지는데 이 부재는 다시 쓸 수 없다. 그런데 사실 부재를 벤딩 틀에 끼운 채 건조시키는 일은 거의 없다. 다음 벤딩이 기다리고 있기 때문이다. 그래서 보통은 벤딩을 한 몇 분 후에 부재의 양 끝을 끈으로 묶어서 펴지지 않도록 한 뒤 틀에서 빼서 말린다. 묶어 둔 끈이 헐렁해지면 부재가 완전히 건조된 것이다. 그러면 끈을 풀고 부재의 표면을 다듬어도 된다.

벤딩틀은 두께 18mm 일반 합판을 이용해서 만든다. 보통은 한 겹으로도 충분한데 두꺼운 부재를 벤딩하고자 하는 경우에는 합판을 두 겹 겹쳐서 만든다. 틀은 목표로 하는 최종 치수와 형태로 만들면 된다. 벤딩한 부재가 사후에 다시 조금 펴지는 현상, 즉 스프링백은 걱정하지 않아도 된다. 윈저체어 제작에서의 스팀벤딩은 대단한 정밀도를 요하는 작업이 아니다. 설사 스프링백이 있다고 해도 문제 될 것이 없다. 보우의 경우 조립할 때 약간 더 구부려서 좌판의 장붓구멍에 맞춰 넣으면 되고, 크레스트는 최종 휘어진 상태를 기준으로 스핀들을 맞춰 끼우면 된다(반면 적층벤딩으로 정확한 치수와 형태를 맞춰야 하는 작업에서는 스프링백을 잘 고려해야 한다).

스팀벤딩에서 스프링백을 그다지 신경 쓰지 않는 진짜 이유는 스프링백의 정도를 조절할 수 있어서다. 심지어 부재를 틀보다 더 구부러지도록 만들 수도 있다. 벤딩 후 부재를 틀에서 빼내면 부재가 원래의 모양대로 약간 펴진다(스프링백). 그런데 해당 부재의 건조 과정에서 부재가 틀 모양대로 다시 휘는 현상이 나타나는데 건조를 시킬수록 더 휘어서 벤딩 틀보다 더 심하게 구부러지기도 한다.

만약 보우가 너무 많이 구부려졌다면 젖은 천으로 감싼 뒤 막대 등을 이용해서 필요한 만큼 벌려서 밤새 내버려둔다. 아마도 딱 맞게 펴져 있을 것이다. 아니라면? '적셨다, 말렸다'를 반복해서 필요한 정도로 맞추면 된다.

벤딩을 마친 재료 다듬기

이제 다듬을 차례다. 벤딩을 마친 부재 표면의 밴드쏘 가공 자국 등 우둘투둘한 요철을 정리하고 모서리를 부드럽게, 또는 얼마간 둥글려서 원하는 모양으로 만든다. 부재를 의자에 조립할 수 있는 최종 상태로 만드는 것이 목표다. 캐비넷 스크레이퍼는 이런 일의 초반에 사용하면 좋은 도구다. 날이 잘 세워져 있고 목표를 갖고 작업하면 거친 표면을 매우 빨리 정리할 수 있다. 바이스 등을 이용해서 부재를 작업대에 잘 고정한 뒤 스크레이퍼로 깎아낸다. 밴드쏘 자국을 제거할 때는 스크레이퍼를 비스듬하게 틀어서 깎아야 한다. 그래야 스크레이퍼가 톱자국 틈에 빠지지 않고 여러 자국에 걸쳐 골고루 깎을 수 있다. 스크레이퍼를 틀지 않고 작업했다가는 표면

상태가 더 나빠질 수도 있다. 스크레이퍼 작업이 끝나면 사포로 표면을 정리한다(120, 180, 240번 사포 순). 스핀들 샌더가 있다면 이를 이용하는 것도 좋은데 40번 사포부터 시작하면 스크레이퍼를 사용하지 않아도 될 만큼 작업 속도가 빠르다. 단 너무 많이 갈아내지 않도록 주의한다. 보우나 크레스트가 너무 얇아질 수 있다.

드럼 샌더는 모서리를 둥글리고 부드럽게 만들기에도 아주 좋은 도구이며 작업 시간도 많이 절약할 수 있다.

원저체어를 구성하는 각 부분들을 만들기

터닝(목선반 가공)

터닝은 그 자체로 배움과 훈련을 요하는 목공의 한 분야다. 여러분이 목선반을 이용한 터닝 작업에 어느 정도 익숙하다는 것을 전제로 설명하겠으나 다리 등을 한 세트로 잘 만들기 위해 필요한 테크닉은 빠짐없이 짚어볼 것이다. 그린우드를 터닝하는 것은 참으로 즐겁다. 건조목을 사용하는 것에 대비해서 말이다. 깎을 때 먼지도 나지 않고 나무도 한결 부드럽다. 작업 속도도 빠르다. 모양에 따라 다르긴 하지만 나의 경우 다리 하나를 깎는 데 4분 30초에서 6분이면 충분하다.

나무를 필요한 길이로 자른다. 다리의 최종 길이에 1½in(40mm) 정도 여유를 두고 자르면 충분하다. 쐐기나 프로를 이용해 적당한 굵기로 쪼개고 뾰족한 모서리를 쳐내서 정사각형 각재 비슷하게 만든다. 수심(나무의 중심) 부위도 프로로 걷어낸다. 나무가 곧은 편이라면 2in(50mm) 정각재로부터 직경 1⅝~1¾in(45mm 안팎)의 다리를 깎을 수 있다.

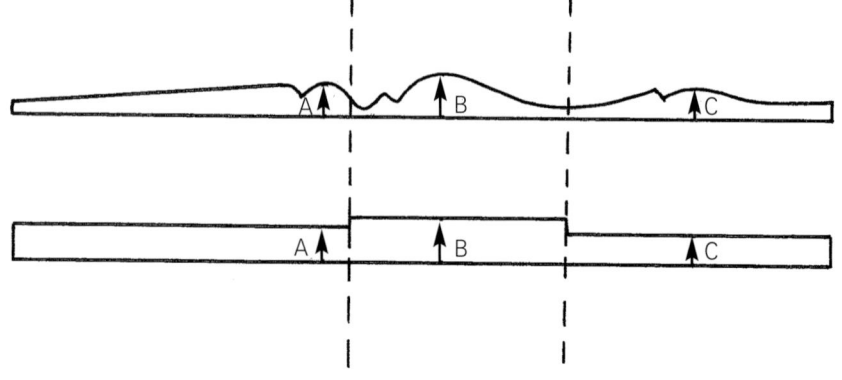

세부 모양을 깎기에 앞서 구간별 가장 두꺼운 위치의 직경에 맞춰 원통으로 먼저 깎는다.

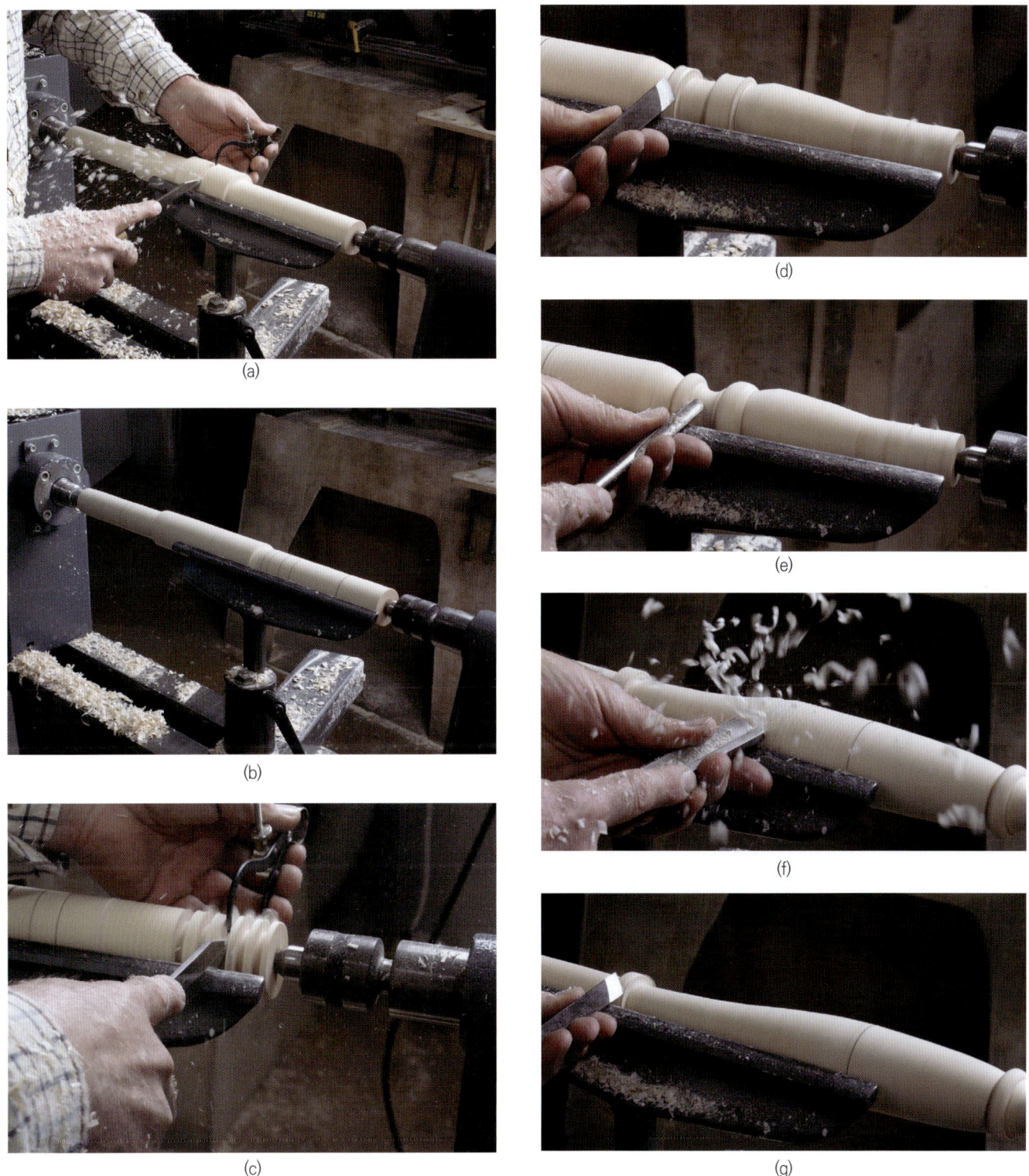

영국식 윈저체어의 다리 깎기 (a) 세 부분으로 나눠 원통 만들기 (b) 주요 포인트 표시 (c) 장부촉 크기 맞추기 (d)~(g) 세부 가공 및 전체적인 모양 다듬기.

초벌한 각재를 바이스에 물리고 드로우나이프로 모서리를 깎아 봉에 가깝게 다듬는다. 이는 주로 안전을 위해서다. 터닝 작업 시 목선반의 회전 속도는 2,000rpm에 이르는데, 이때 작업물의 표면이 들쭉날쭉하면 목선반 칼이 나무에 박히기 쉽다. 그로 인해 나무가 부러져서 목선반에서 이탈하는 상황은 상상하기도 싫다.

마지막으로 나무의 양쪽 중심을 잘 맞춰 목선반에 단단하게 물린다.

터닝 부재의 중심 맞추기

나무를 쪼개서 준비했다면 그 모양이 똑바를 수가 없다. 이런 나무를 선반에 물릴 때 중심을 잘 맞추지 않으면 나무가 회전할 때 진동이 생긴다. 떨림이 심하면 나무가 빠져서 튕겨 나오기도 하는데 작업자나 주변 사람이 크게 다칠 수도 있다.

정말 이상하게 생긴 나무도 회전 중심을 맞춰 고정할 수 있는 방법이 있다. 먼저 목선반의 주축 센터에 나무의 한쪽을 대략 중심에 맞춰 갖다 댄다. 다음으로 심압대를 움직여서 우선은 눈대중으로 나무의 반대쪽을 심압축 센터에 중심을 맞춰 고정한다. 그 상태로 나무를 돌려볼 수 있는데 손으로 몇 차례 돌려봐서 회전이 멈추는 상태를 관찰한다. 만약 같은 방향으로 계속 멈춘다면 회전 중심이 맞지 않는 — 아래쪽으로 무게가 쏠려 있는 — 것이다. 심압축 센터를 풀고 그쪽만 나무를 조금 올려서 고정한다. 다시 돌려봐서 나무

목선반 작업 속도

목선반 작업의 속도는 자신감과 기술 능력에 달려 있지만 작업 환경에도 적지 않은 영향을 받는다. 가능하면 목선반 바로 뒤, 작업을 하기 위해 섰을 때 작업자의 코앞에 목선반 칼과 캘리퍼스들을 놓아둘 수 있는 도구 거치대를 만들어보자. 뭐가 뭔지 한눈에 알 수 있도록 해야 하는데 도구의 손잡이를 서로 구분되게 교체하는 것도 좋은 생각이다. 캘리퍼스는 아마 다섯 개를 한 쌍으로 가지고 있을 텐데 눈에 띄게 라벨을 붙이고 일관되게 정렬해서 필요할 때 바로 손을 뻗어 사용할 수 있도록 해야 한다. 이렇게 해 두면 도구를 찾아 헤매는 시간을 생각보다 많이 줄일 수 있다. 거치대 설치에 한두 시간이 걸렸다면 향후 몇 년간 그보다 수십 배의 시간을 절약하게 될 것이다.

가 특정한 방향으로 멈추지 않으면 회전 중심이 맞춰진 것이다.

¾in(19mm) 러핑가우지를 이용해서 봉을 우선 만든다. 처음에는 가볍게 깎고 표면이 둥글어짐에 따라 깎는 깊이를 더해본다. 이 단계에서 직경을 재가며 깎을 필요는 없다. 다리의 가장 두꺼운 부위보다 두껍기만 하면 된다. 러핑가우지가 나무의 표면을 긁어내는 것이 아니라 깎아내도록 칼 받침대의 높이 및 칼을 대는 각도를 잘 맞춰서 작업한다.

다리 4개를 같은 모양으로 빠르게 깎기 위해서는 작업에 체계가 있어야 하고 그 방식이 완전히 습관화돼야 한다. 반복 연습을 통해 순서와 방식이 몸에 완전히 배면 작업 도중에 그에 대한 의식을 하지 않게 되는데 작업 속도가 빨라지는 것은 그때부터다. 온전히 나무를 깎는 일에만 집중할 수 있게 되기 때문이다.

우선 깎을 모양에 따라 다리를 2~3구간으로 나누고 각 구간을 원통으로 깎는다. 원통의 두께는 구간별로 가장 두꺼운 지점에 맞춘다(예시 그림 참고). 다리의 주요 포인트(최고점, 최저점, 변곡점 등)들의 위치를 부재에 연필로 옮겨 그린다. 포인트의 수는 구간별로 3개를 초과하지 않도록 한다. 이때 다른 막대 하나에 해당 위치들을 표시한 뒤 부재에 옮겨 그리면 편하다. 파팅툴과 캘리퍼스를 이용해서 주요 포인트의 직경을 치수대로 맞춘다. 마지막으로 러핑가우지 또는 스핀들가우지를 이용해서 나머지 부분을 모양대로 깎는다.

구간별 포인트의 수를 최소화하는 것이 작업 속도를 높이는 비결이다. 파팅툴과 캘리퍼스로 두께를 맞추는 데 시간이 제법 걸리기 때문이다. 같은 모양을 반복해서 깎다 보면 모양이 눈과 손에 익어서 적은 포인트로도 점점 더 비슷하게 깎을 수 있게 된다. 처음에는 다리를 깎아 놓은 모양이 제각각일 수 있는데 윈저체어의 다리는 서로 다른 각도로 서 있어서 어지간해서는 그 차이가 눈에 띄지 않는다.

장부축은 향후 건조 과정에서 수축할 것을 고려해서 약간 크게 남겨둬야 한다. 건조 후 최종 두께가 ⅞in(22mm)라면 젖은 나무 상태에서는 1¹⁄₁₆in(27mm) 정도로 깎아 놓으면 된다. 만약 실물 의자를 두고 똑같이 따라 만들고 있다면 건조에 따른 나무의 수축과 샌딩 손실을 고려, 각 부위 직경을 ¹⁄₁₆in(1.6mm) 정도씩 크게 깎아 놓도록 한다.

윈저체어의 다리나 포스트(기둥)를 깎을 때 스큐치즐을 사용할 필요는 없는 것 같다. 나는 러핑가우지로 최대한 깎은 뒤 표면 정리는 사포로 하는 것을 선호한다. 다른 이들, 특히 폴-목선반(pole lathe)으로 작업하는 이들은 스큐치즐로 표면을 매끄럽게 마무리하

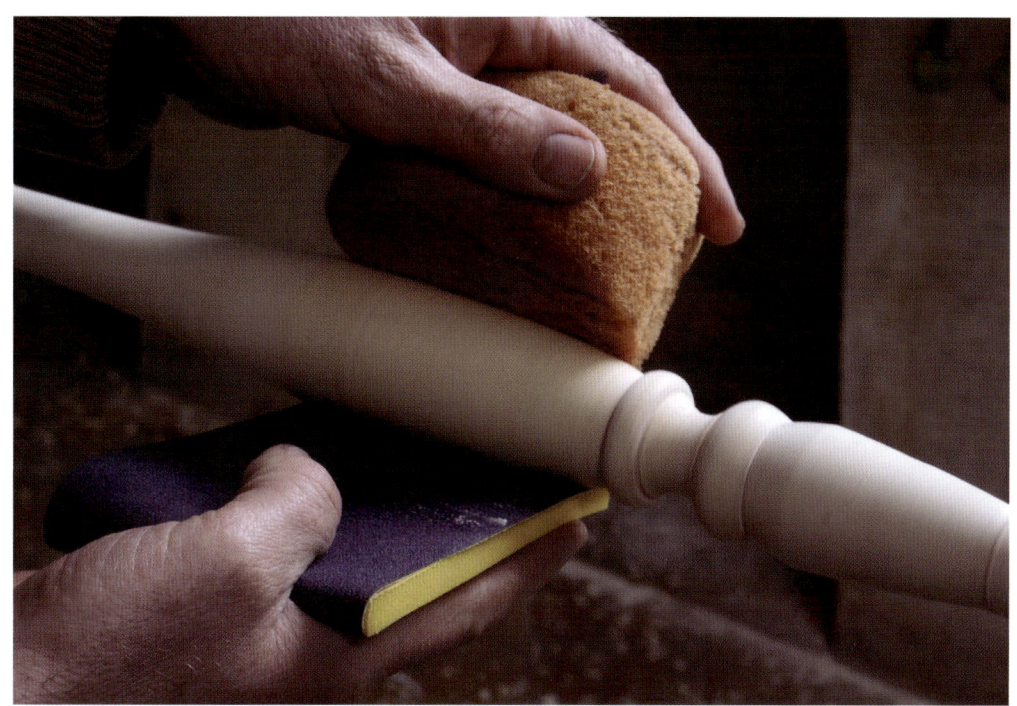

물 묻혀서 샌딩하기.
스폰지의 물을 짜서 나무를
지속적으로 적신다.
그러면 나무가루가
물과 함께 흘러나와
사포에 끼지 않는다.

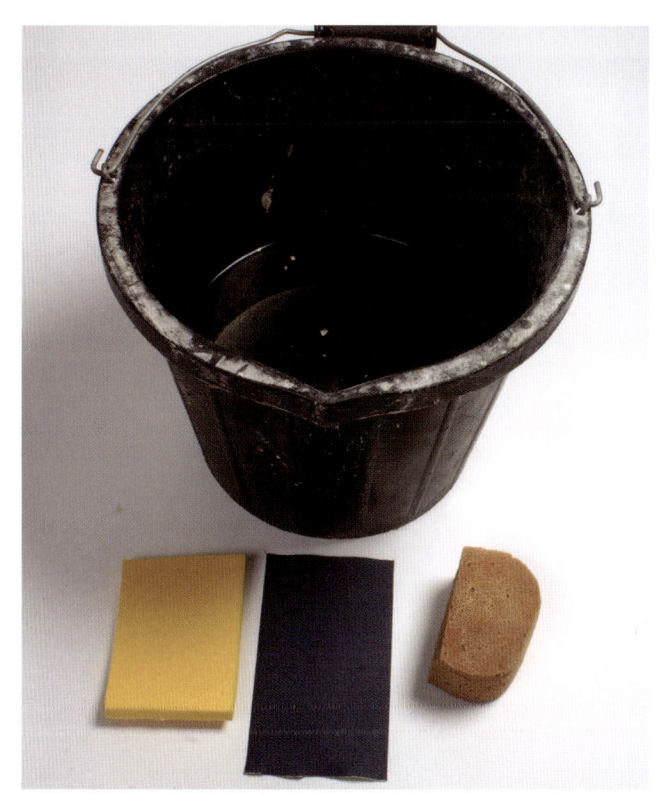

순비물: 불 양동이, 스폰지, 폼 패드, 천사포.

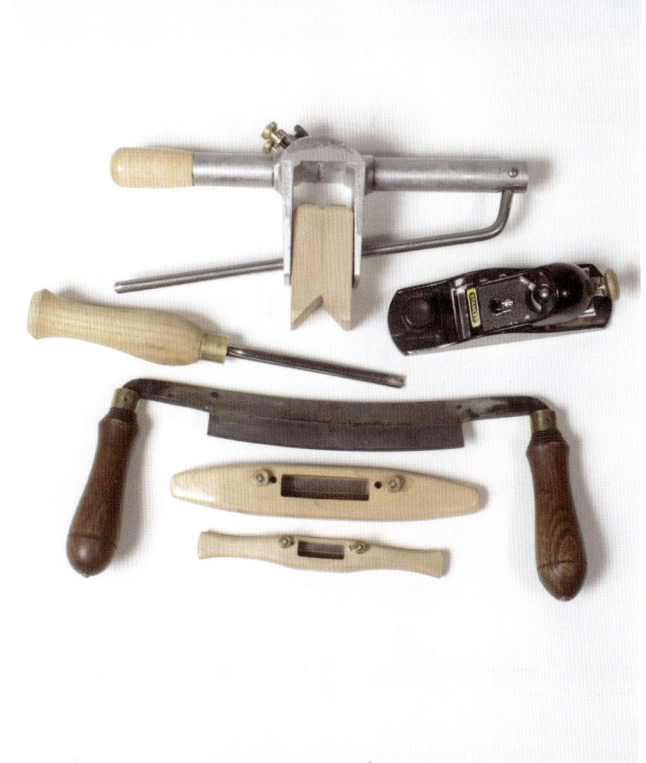

스핀들을 깎을 때 사용하는 도구들.

는 것을 선호할 수도 있겠다.

전통적인 방식은 아니지만 부재가 마르기 전에 사포로 면을 다듬어 놓으면 좋다. 빠르고 무엇보다 먼지가 나지 않는다. 사포(천사포), 패드, 스펀지, 물 양동이 하나가 필요한 전부다.

우선 툴레스트를 빼낸다. 목선반을 켜서 부재가 도는 상태에서 스펀지로 부재에 물을 골고루 묻힌다. 사포도 물에 적셔서 왼손에는 스펀지, 오른손에는 패드를 받친 사포를 쥐고 부재에 동시에 갖다 대어 샌딩한다. 스펀지의 물을 조금씩 짜서 지속적으로 부재를 적셔준다. 부재와 사포에 물기가 있어야 나무 가루가 구정물로 흘러나와서 사포가 떡지지 않는다. 사포의 입도를 120번, 180번, 240번으로 올려가며 반복해서 작업한다. 사포를 바꿀 때 부재 표면의 잔여물을 잘 닦아내주도록 한다.

240번까지 사포질을 마쳤다면 부재를 빼내서 건조시킨다. 참나무의 경우 이렇게 미리 샌딩해 두면 건조 과정에서 갈라지는 확률이 줄어든다. 나무 가루가 물관 구멍을 막아서 건조 속도를 늦추기 때문이다.

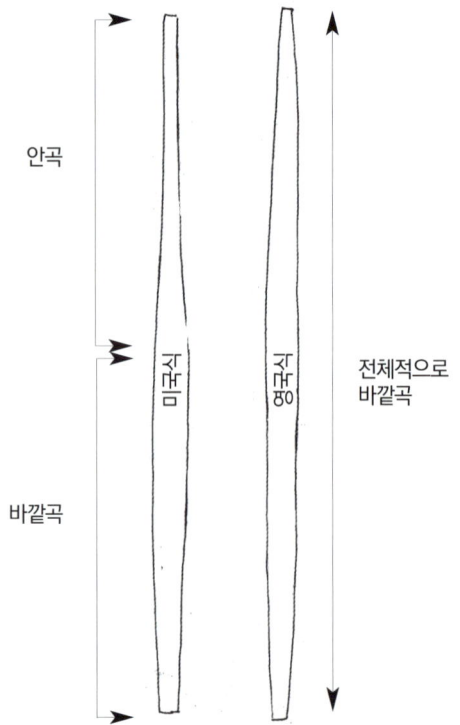

미국식 윈저체어의 스핀들에는 바깥곡과 안곡이 공존한다.
반면 영국식 스핀들은 전체 길이에 대해 바깥곡으로 되어 있다.

스핀들 만들기

윈저체어에서 가장 시선을 끄는 부위가 스핀들이다. 스핀들은 윈저체어를 대표하는 특징으로 여겨지기도 한다. 따라서 스핀들을 예쁘게 잘 깎는 것이 중요하다. 못난 스핀들이 우아하게 잘 빠진 스핀들보다 튼튼할 수는 있다. 그러나 누구도 못난 의자를 만들고 싶진 않을 것이다.

스핀들을 만드는 방식은 여러 가지다. 미국식 윈저체어의 스핀들은 보통 드로우나이프로 깎아서 만든다. 반면 영국에서는 목선반으로 스핀들을 깎는 것이 보편적이다. 목선반 작업은 고속에서 작은 볼가우지와 블록플레인을 이용하거나 저속에서 트래핑플레인을 이용할 수 있다. 윈저체어가 그렇듯 스핀들에도 우아함이 드러나야 한다. 나무를 불필요하게 두껍게 남기지 말고 곡선이 부드럽게 이어지도록 한다. 18세기에 만들어진 윈저체어를 보면 미국식이든 영국식이든 스핀들이 두꺼운 경우가 없다. 기계적인 완벽을 추구할 필요는 없다. 자동 제어 기계로 똑같이 만든 스핀들에는 생동감이 없다. 옛날 의자의 스핀들을 보면 서로 조금씩 다르고 약

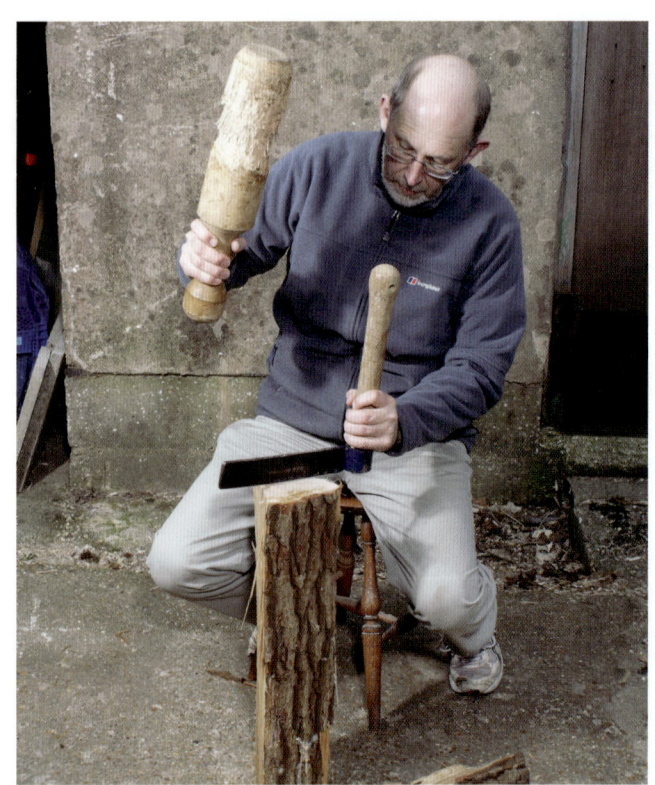

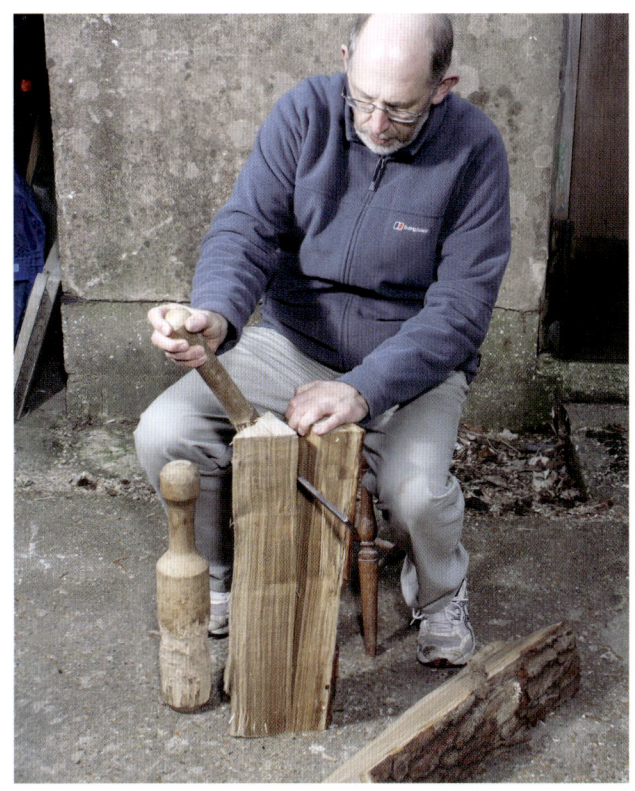

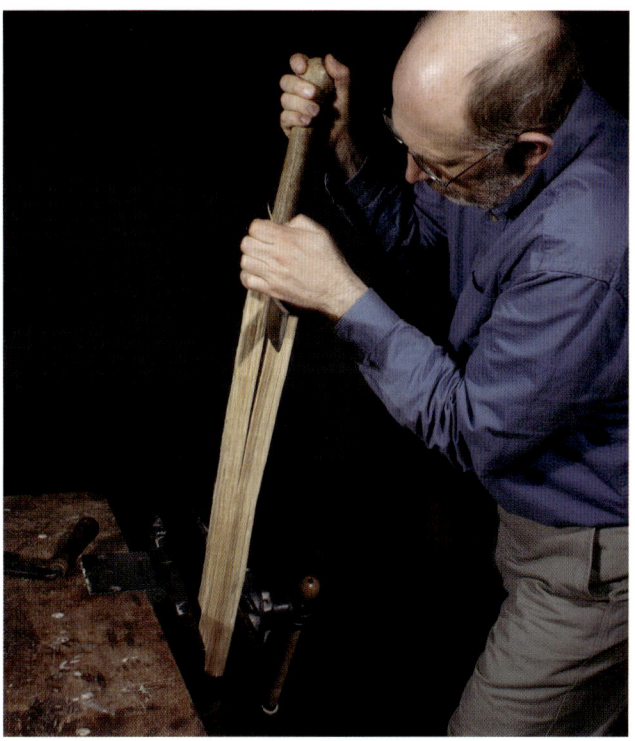

쪼개는 방향 조종하기: 바이스를 벌려서 브레이크로 사용한다. 나무를 몸 쪽으로 당기면서 프로를 틀면 나무가 쪼개지는 방향도 몸 쪽으로 틀어진다.

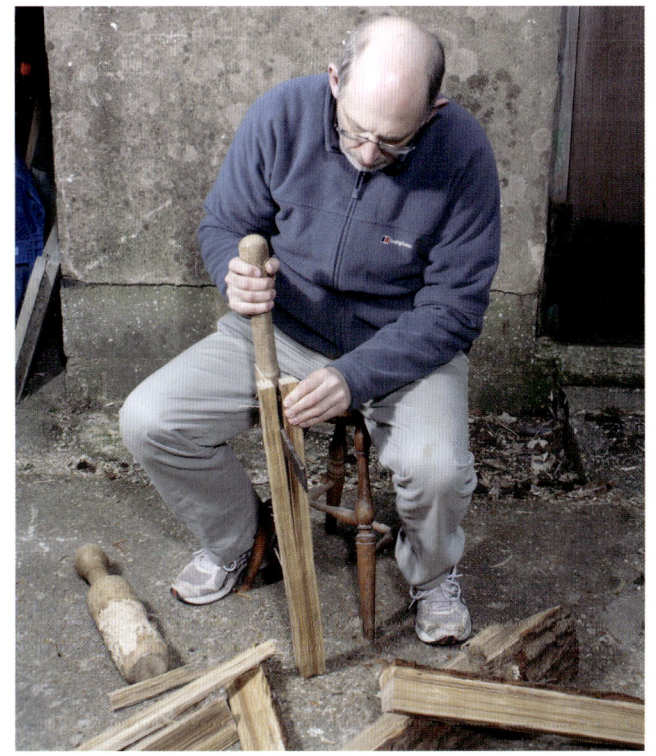

프로로 스핀들 부재 만들기.

단위를 섞어서 쓰는 것에 대해

가끔 인치와 밀리미터를 섞어서 쓰는 것이 합리적인 때가 있다. 건조 후 최종 ½in로 맞춰야 하는 장부촉을 건조 전에 ⅝in 템플릿 구멍을 이용해서 맞춰 두면 건조 후 추가로 깎아야 할 나무가 제법 많다. 반면 건조 후 최종 ⅝in로 맞춰야 하는 장부촉을 건조 전에 10.5mm로 깎아두면 건조와 함께 나무가 ⅝in에 거의 가깝게 수축한다. 그러면 아주 조금만 손봐서 구멍에 바로 끼울 수 있다. 게다가 ¹³⁄₃₂in 드릴 비트는 구하기 어려운데 10.5mm 비트는 구하기기 쉽다. 그렇다고 ⁷⁄₁₆in는 너무 크고 말이다. 그래서 어떤 때는 단위를 섞어서 쓰는 것이 도움이 된다.

간 구부러져 있기도 하다. 각 나무의 특징과 도구의 가공 조건이 만들어낸 불균일함들인데 이는 결과적으로 좋은 인상을 준다. 그러나 작업을 할 때는 완벽을 추구해야 한다. 그러면 이런 특징들이 저절로 생긴다. 일부러 이런 느낌을 살리려고 하면 과잉이 되기 쉽다.

스핀들의 모양

영국식 윈저체어와 미국식 윈저체어는 스핀들의 모양이 다르다. 보우에 끼워지는 방식이 다른 것이 그 원인 중 하나일 것이다. 영국식은 스핀들을 보우에 반다지 장부 맞춤으로 끼우는 것이 일반적이다. 반면 미국식은 스핀들의 장부촉이 보우를 관통하도록 한 뒤 벌림쐐기 처리하는 경우가 많다.

만드는 방식 외 두 의자의 가장 중요한 차이는 미국식 스핀들은 위로 올라갈수록 안곡이 지게 늘씬한 반면 영국식 스핀들은 전 구간에 걸쳐 도톰하게 바깥곡이 져 있다는 것이다. 이 늘씬한 안곡 라인은 미국식 윈저체어의 특징이라고도 할 수 있는데 스핀들뿐 아니라 다리에서도 잘 드러난다.

18세기 영국식 윈저체어의 스핀들 윗단은 암이나 보우의 장붓구멍에 비해 다소 두껍게 깎은 뒤 끝부분만 살짝 다듬어서 구멍에 맞춰 끼워 넣었다. 보우의 ½in(12mm)쯤 아래로부터 칼로 깎아서 맞춰 놓았는데 종종 스핀들의 한쪽 면만 깎기도 한다. 영국식이든 미국식이든 오래된 의자의 스핀들 아랫단은 구멍보다 약간 두꺼운 상태에서 드로우나이프로 각지게 깎아서(예를 들어 육각기둥으로) 좌판 구멍에 빡빡하게 끼워 넣은 경우가 많다.

스핀들 부재 준비하기

참나무로 스핀들을 만든다면 통나무를 쪼갤 때 필요한 사이즈에 최대한 맞춰서 쪼개야 한다. 그래야 나무도 덜 들고 나무를 깎는 품도 줄일 수 있다. 곧고 옹이가 없는 나무를 고르되 프로를 적절히 사용하면 재료와 시간 낭비를 최소화할 수 있다.

나무는 반반으로 쪼개되 갈라지는 방향이 목표 선을 벗어나지 않도록 갈라지는 방향을 제어할 수 있어야 한다. 그러기 위해서는 어떤 형태이든 브레이크를 활용하는 것이 필수다. 작업대의 바이스(죠를 벌려서)도 좋고 튼튼한 스툴의 가로대들도 훌륭한 브레이크가 된다.

물푸레나무로 스핀들을 만든다면 밴드쏘를 사용하는 것이 더 나을 수도 있다. 최대한 결이 곧은 나무를 선택해서 우선 ¼로 쪼개고(나무 둥치가 크다면 더 쪼개도 된다) 쪼갠 면 중 한쪽을 드로우나이프나

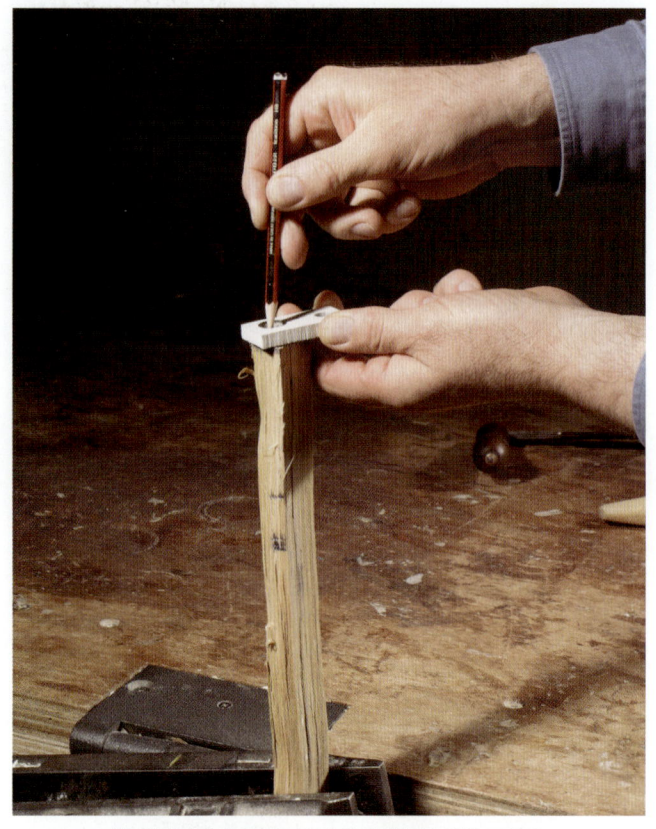

(a) 게이지를 이용해서 위 끝과 아래 끝에 원을 그린다.

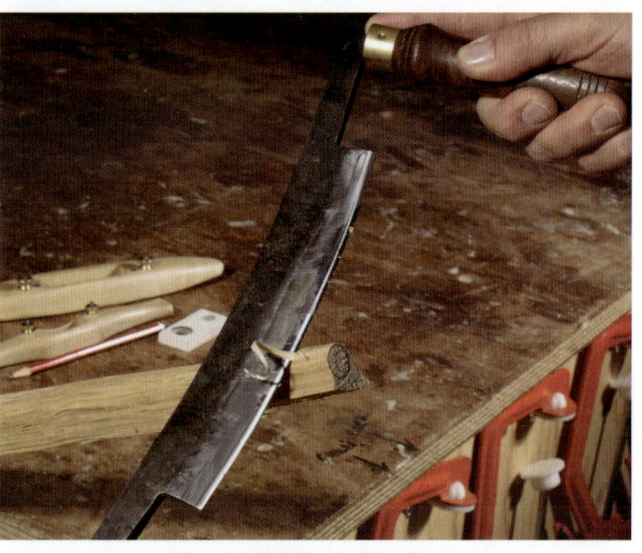

(b) 아래 끝에 그린 원을 향해 깎는다.

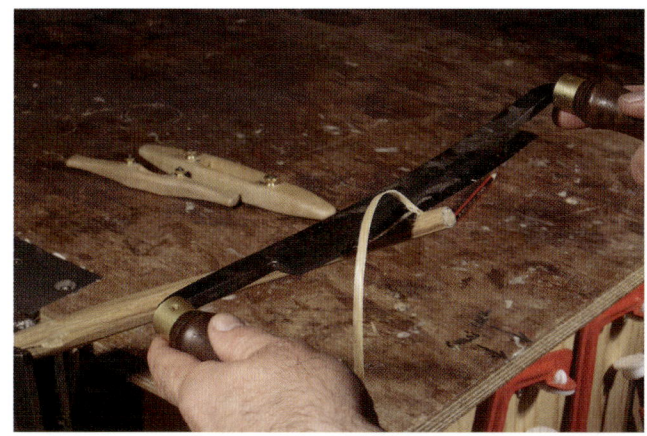

(c) 위쪽 원을 향해 깎는다.

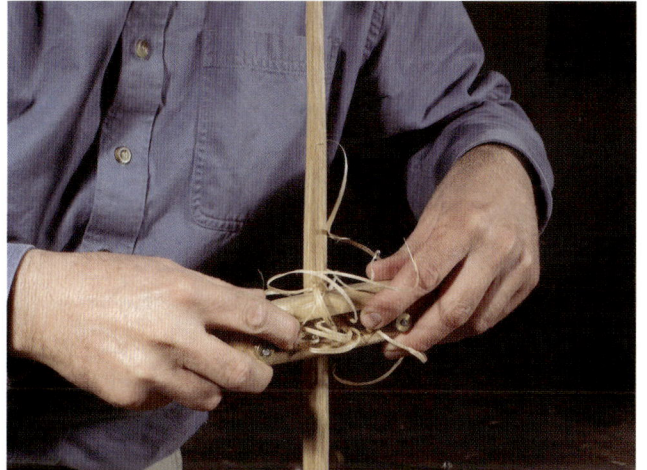

(d) 스핀들을 아름답게 깎는다.

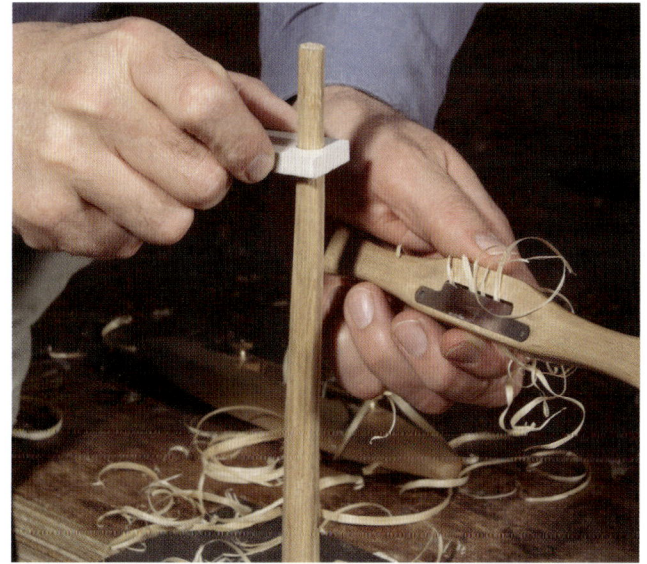

(e) 작은 스포크쉐이브와 게이지를 이용해서 위쪽 장부촉을 다듬는다.

대패로 평평하게 만든 뒤 평평하게 만든 면에 접한 쪽의 나무껍질을 벗겨낸다. 이때 껍질만 벗겨야지 그 아래의 나무를 깎아내지 않도록 주의한다. 밴드쏘를 이용해서 껍질을 벗겨서 드러난 나무의 외곽선과 나란하게 켜서 스핀들 부재를 준비한다. 이렇게 하면 쪼개서 만든 것 못지않게 결 방향과 나란한 스핀들 부재를 얻을 수 있다. ⅞in(22mm) 두께 정각재로 켜 놓으면 충분하다.

스핀들 깎기(그린우드)

미국식 보우백체어를 예로 스핀들을 깎는 법을 살펴보도록 하자.

준비해 놓은 부재를 필요한 길이에 맞춰 자른다(위쪽으로 약간 여유를 둔다). 양 끝단에 목표 크기 동그라미를 그린다. 합판이나 아크릴로 템플릿을 만들어 쓰면 편한데 구멍만 두 개 뚫려 있으면 된다(하

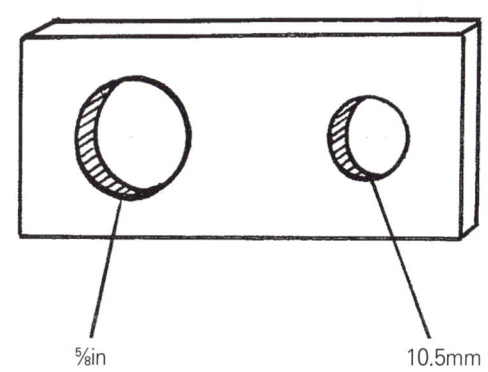

⅝in   10.5mm

드로우나이프와 스포크쉐이브

드로우나이프로 깎을 때는 스핀들을 수평, 또는 위로 비스듬하게 고정하고 깎는 것이 좋다. 고정 높이는 작업 중 어깨가 긴장되지 않는 정도로 한다. 스포크쉐이브로 깎을 때는 스핀들을 수직으로 물려 놓고 깎는 것이 좋다. 작업 도중에 스핀들을 옮겨 물리지 않고도 전체 모양을 한눈에 보면서 깎을 수 있다.

모양을 다듬을 때는 둘 중 어떤 도구를 사용하든 연속적으로 길게 깊게 깎는 것이 좋다. 반면 스포크쉐이브로 장부촉이 크기를 맞출 때는 짧게 짧게(5cm 이내로) 필요한 부위만 깎아야 한다.

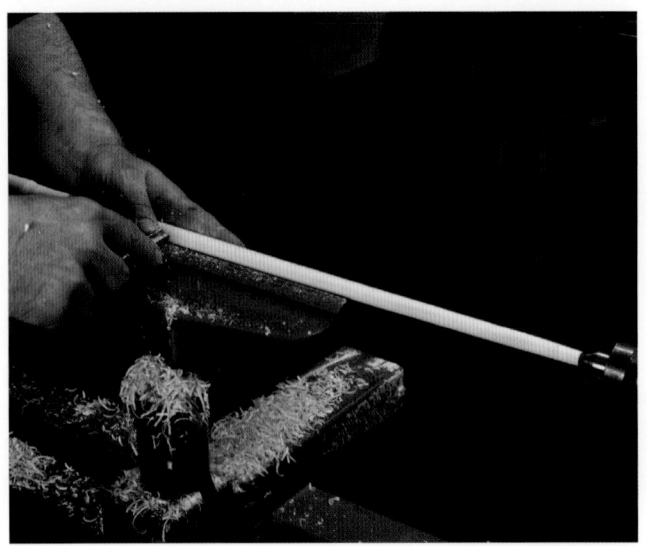

작은 볼가우지로 스핀들 깎기. 왼손으로 회전하는 스핀들을 전체적으로 지지
해줘야 한다.

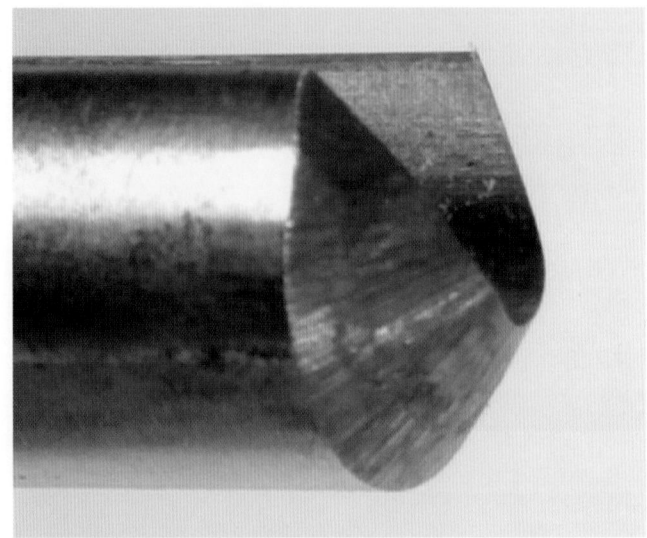

볼가우지를 고각으로 연마한 모습. 고각으로 연마하면 칼이 나무에 덜 박힌다.

단용 ⅝in(16mm), 상단용 10.5mm).

스핀들을 뒤집어서 바이스에 물리고 아랫부분을 먼저 깎는다.
드로우나이프로 스핀들의 중간쯤부터 깎아서 직경을 점점 줄여
나가서 하단 끝에서는 그려 놓은 동그라미와 대략 맞추면 된다. 깎
을 때는 튀어나온 모서리들을 깎아나가서 최종 동그라미에 맞춰
가는 것이 효율적이다. 마지막에는 스포크쉐이브를 이용해서 면
을 부드럽게 다듬고 선이 동그라미에 자연스럽게 이어지도록 정
리한다.

스핀들을 뒤집어서 이번에는 위쪽을 깎는다. 보우와 맞춤 결합
되어야 하기 때문에 위 끝단의 장부축에 해당하는 부분은 정확하
게 깎아야 한다. 드로우나이프로 스핀들의 아래에서 ⅓ 지점부터
깎아서 위쪽 끝까지 선이 길고 부드럽게 이어지도록 한다. 더 이상
나무를 깎아낼 것이 없다는 생각이 들 때쯤 스포크쉐이브로 바꿔
서 면을 정리한다.

스핀들의 모양 가공이 마무리될 즈음, 아마도 상단 끝을 동그라
미에 정확히 맞추지는 않았을 즈음, 스포크쉐이브를 작은 것으로
바꿔서 장부축이 될 부분을 템플릿 구멍(10.5mm)에 끼워보면서 정
확하게 깎는다. 구멍의 안쪽 면에 연필 칠을 해서 끼워보면 장부축
의 어디를 더 깎아야 하는지 알 수 있다. 축의 길이는 2in(50mm) 정
도로 하되 너무 꽉 껴서도, 헐렁하거나 쑥 빠져서도 안 된다. 끼우
거나 뺄 때 표면 간의 마찰력 정도만 작용하는 수준이 가장 좋다.

장부축 가공이 끝나면 축 바로 아래에 의도치 않은 어깨 턱이 만
들어져 있을 것이다. 스핀들이 전체적으로 장부축과 부드럽게 연
결되도록 스포크쉐이브로 정리해준다.

모든 윈저체어의 스핀들이 보우백체어의 스핀들 같지는 않다.
미국식 더블보우 색백 의자의 스핀들은 팔걸이를 관통해서 보우
까지 연결되는데, 따라서 팔걸이가 얹어지는 부분에 어깨 턱이 있
고 팔걸이부터 보우까지는 굵기가 거의 일정하다. 일정한 굵기로
깎는 요령은 장부축을 만드는 것과 마찬가지로 템플릿 구멍을 활
용하면 된다. 구간이 좀 길 뿐이다.

이제 스핀들을 건조시킨다.

영국식 윈저체어의 스핀들

영국식 더블보우체어의 긴 스핀들에는 어깨 턱이 없고 스핀들
이 가늘어지는 경사부에 암이 걸쳐져 있는 모양새다. 따라서 암
을 제 위치에 꼭 맞게 끼우려면 스핀들의 해당 위치 두께를 정확
히 맞춰야 한다. 이후 양 끝단의 장부축에 이르기까지 스핀들이 자
연스러운 곡선으로 연결되게끔 가공하되, 스핀들을 끼울 장붓구
멍 크기가 좌판 ⁷⁄₁₆in(11mm), 보우 ⅜in(9.5mm)라면 스핀들 양 끝단
두께는 이보다 약간 여유 있게 좌판 쪽은 ⁹⁄₁₆in(14mm), 보우 쪽은
⁷⁄₁₆in(11mm)나 그보다 약간 크게 가공해 둔다.

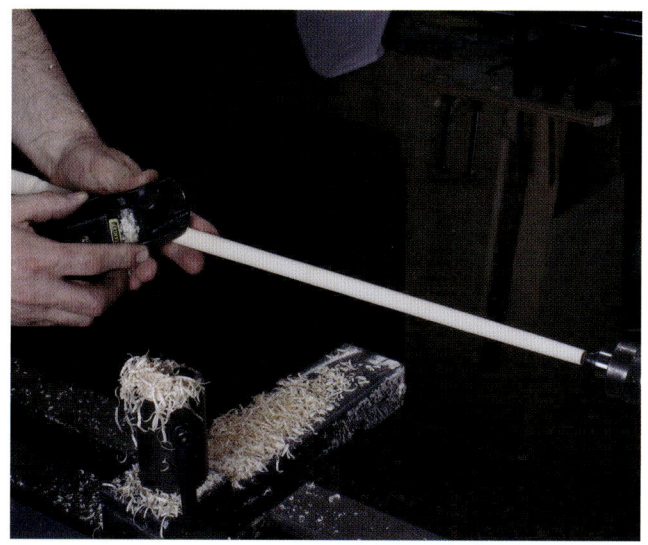

블록플레인으로 스핀들 깎기. 이때도 왼손으로 스핀들을 지지해서 떨림을 방지한다. 대패의 날입 크기로 깎는 양을 조절할 수 있다.

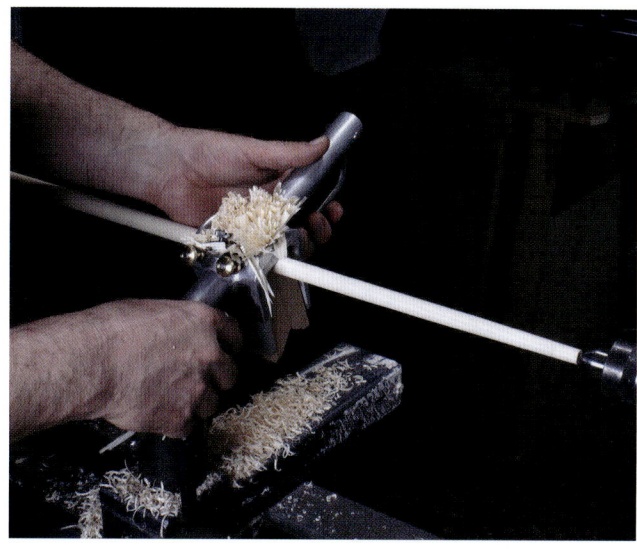

트래핑플레인: 나무를 400rpm으로 회전시키며 작업한다. 트래핑플레인을 이용하면 작업 속도가 빠르고 떨림이 거의 없다.

목선반으로 스핀들 깎기

목선반을 이용해서 윈저체어의 스핀들을 가공하는 작업은 결코 가볍게 볼 일이 아니다. 미국식 색백 의자의 스핀들은 암 위쪽이 너무 가늘어서 목선반으로 가공하는 것이 적절하지 않기도 하다(가능은 하지만 대단한 기술을 필요로 한다).

영국식 윈저체어의 스핀들은 목선반으로 깎는 데 밴드쏘로 켠 부재를 이용하는 것이 적당하다. 결이 완벽하게 곧지 않아도 된다. 나무가 젖어 있는 상태로 스핀들을 깎아 놓으면 건조 과정에서 약간 변형되기도 하는데 결과적으로 의자에 흥미를 더해 준다. 목선반 가공 전에 부재를 반쯤 말려서 사용하는 것도 좋다. 나무가 단단

해지면 목선반으로 가공할 때 진동이 준다.

목선반에 부재를 고정하고 속도는 2,000rpm 정도로 설정한다. 고각으로 연마한 작은 볼가우지로 스핀들 전체에 걸쳐 모서리를 제거한다(드로우나이프나 스포크쉐이브로 모서리를 먼저 제거한 뒤 목선반에 물리는 것도 좋다). 이후의 목선반 가공에서 왼손으로 스핀들을 지지할 수 있도록 하는 사전 조치다. 스핀들처럼 얇은 부재는 낭창낭창 떨려서 목선반 가공을 깔끔하게 하기 어렵고 진동이 심하면 부재가 목선반에서 튕겨 나오기도 한다.

볼가우지로 스핀들을 모양대로 깎는다. 왼손으로 지지한 상태에서 깎는 것을 연습해서 볼가우지로 목표한 모양·두께까지 깎는

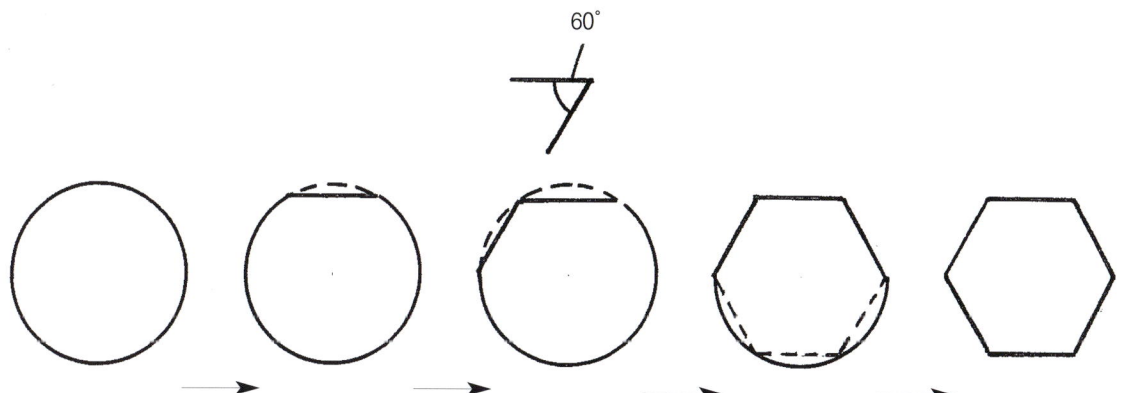

드로우나이프를 이용해서 장부촉을 육각기둥 모양으로 순차적으로 깎는다. 각 면은 인접한 면에 대해 60도씩 틀어져 있다.

다. 스핀들의 모양이 잡히고 나면 블록플레인을 이용해서 표면을 정리한다. 툴레스트를 빼내고 블록플레인을 사선으로 약간 틀어서 스핀들에 대고 깎는다(이때도 왼손으로 스핀들 뒤를 받쳐줘야 한다). 날의 깊이는 얇게 설정한다. 날의 깊이가 제한되어 있고 날의 앞뒤로 블록플레인의 바닥면이 스핀들을 지지해주기 때문에 안정적으로 작업할 수 있으며 날이 부재에 박히는 사고를 피할 수 있다. 깎는 도중에 주요 포인트에서의 스핀들 두께를 수시로 확인한다. 양 끝단의 장부촉을 차후에 별도로 수가공해야 하는 영국식 스핀들을 깎을 때는 이 방법이 이상적이다.

트래핑플레인(Trapping Plane)으로 스핀들 깎기

블록플레인 대신 트래핑플레인을 사용할 수도 있다. 트래핑플레인은 오직 이 목적을 위해 만들어진 도구다. 스핀들 재료로 준비해둔 반쯤 건조된 각재의 모서리를 드로우나이프로 어느 정도 깎아낸 뒤 목선반에 물린다. 회전 속도는 400rpm 정도가 적당하다.

부재의 길이를 따라가며 트래핑플레인으로 깎는다. 양 끝으로 갈 때 트래핑플레인을 조이면 조금씩 더 깎는다. 스핀들의 양 끝과 가운데의 치수를 재가며 깎는다. 디지털 캘리퍼스가 눈금을 즉각

읽을 수 있어서 편하다. 건조되면 줄어들 것을 고려해서 목표 치수에 약간의 여유를 둔다.

반쯤 건조된 나무는 완전 건조된 나무에 비해 부드러워서 트래핑플레인으로 깎기 수월하다. 또한 깎은 뒤 건조시킨 표면을 샌딩하는 쪽이 품이 덜 든다.

스핀들 하단 장부촉 맞추기

스핀들을 어떤 방법으로 깎았건 양 끝단의 장부촉은 대략만 가공해둔 상태일 것이다. 장부촉을 정확하게 다시 가공하는 것은 스핀들의 건조가 끝나 더 이상 수축이 일어나지 않는 시점이다. 원저체어 제작의 다른 모든 과정과 마찬가지로 장부촉을 가공하는 방법도 여럿이다. 그중 과거의 제작자들이 즐겨 쓴 방법은 장부촉 가장자리를 각지게 깎아서(예를 들어 육각기둥 모양으로) 각진 부분이 구멍보다 약간 큰 상태로 좌판의 장붓구멍에 꽂아 넣는 것인데 각진 부위가 주변의 구멍을 눌러 변형시키면서 아주 단단하게 고정된다.

스핀들의 아래 끝단으로부터 1in(25mm) 지점의 가장자리를 따라 선을 긋는다. 목표는 이 선 아래를 육각기둥으로 만드는 것이다. 스핀들을 바이스에 물린 뒤 드로우나이프로 윗면을 먼저 깎는

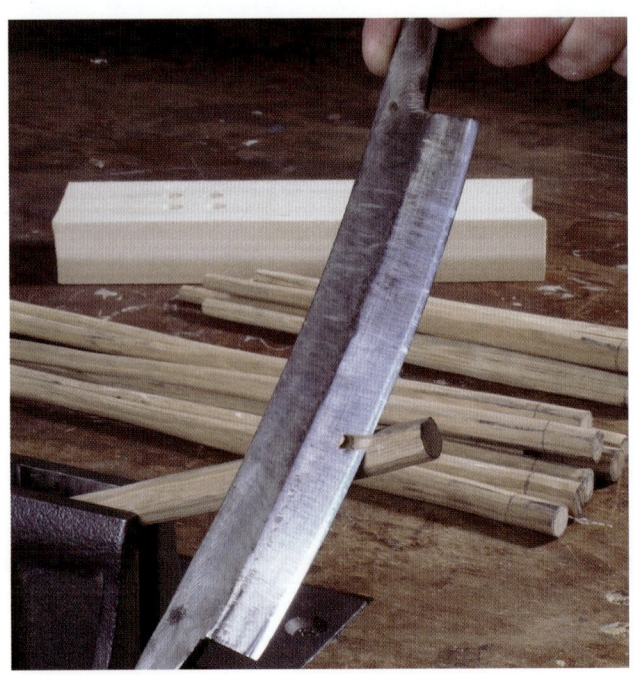

드로우나이프로 육각기둥 모양 장부촉 깎기.
6개의 면을 60도씩 틀어서 만든다.

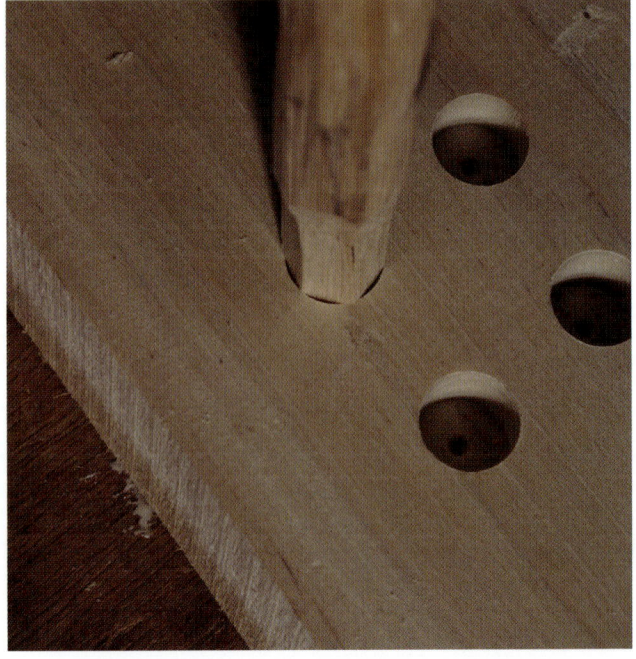

장부촉 테스트. 육각면과 구멍 사이에는 틈이 조금 있어야 한다.

다. 그어 놓은 선에서 시작해서 스핀들의 중심축과 평행하게 깎아야 한다. 깎은 면이 기울어져서 최종적으로 육각기둥이 아니라 육각뿔에 가까운 기둥이 만들어지면 좌판에 꽂을 때 장부촉이 쐐기처럼 작용해서 좌판이 쪼개질 수도 있다.

첫 번째 면을 만들고 나면 그 양옆을 60도씩 기울여서 깎아 육각기둥의 반쪽을 만든다. 그리고 스핀들을 180도 돌려서 첫 번째 면이 바닥으로 가게 한 뒤 또다시 윗면과 좌우 면을 깎는다. 이제 길이 1in(25mm)짜리 육각기둥 모양의 장부촉이 만들어졌다. 처음에는 육각기둥을 정육각으로 똑바르게 만들기 쉽지 않다. 여유분 스핀들을 이용해서 연습을 해보도록 한다.

좌판에 구멍을 뚫을 때 사용한(또는 사용할) 것과 동일한 드릴 비트로 자투리 나무에 테스트 구멍을 뚫어서 스핀들의 장부촉 크기를 맞추는 데 사용할 수 있다. 장부촉 끝부분의 육각형 모서리를 조금 깎아서 테스트 구멍에 맞춰본다. 이상적으로는 육각면 옆으로는 틈이 조금 있어야 하고 촉이 구멍에 쑥 빠져서는 안 된다. 장부촉 크기가 적당하다 싶으면 테스트 구멍에 끼워 넣어본다. 끝까지 들어가야 하고 빡빡하되 테스트 나무를 쪼개지 않으면 잘 가공된 것이다. 이 방식으로 장부촉을 만들기 위해서는 여러 차례 시도해보

고 결과를 평가해서 어느 정도까지 가공하는 것이 적당한지를 판단할 수 있어야 한다. 좌판 나무의 단단한 정도에 따라서도 판단이 달라질 수 있다.

이 방식을 숙달하려면 적잖은 연습이 필요하다. 처음에는 결과가 들쭉날쭉하고 느리겠지만 일단 터득하고 나면 대단히 빠르고 효과적인 방법이다.

장부촉을 가공하는 또 다른 방법은 테논 커터를 이용해서(주로 드릴에 물려서 사용) 구멍과 꼭 맞는 크기의 촉을 원통 모양으로 가공하는 것이다. 그러나 생각처럼 잘 되지는 않는데 테논 커터로 깎을 때 방향을 잘못 맞추면 장부촉이 틀어지기도 하고 커터 날의 연마와 세팅 과정에서 가공 치수가 달라져서 촉이 헐겁게 되거나 구멍에 들어가지 않기도 한다.

나는 단순하고 원초적인 방법, 즉 각지게 깎아서 맞추는 것을 더 좋아한다. 약간의 기술과 늘 쓰는 드로우나이프 말고는 아무것도 필요하지 않으니 말이다.

스핀들 상단 장부촉 맞추기
미국식 윈저체어는 여기서 스핀들 상단의 장부촉을 가공하면 된

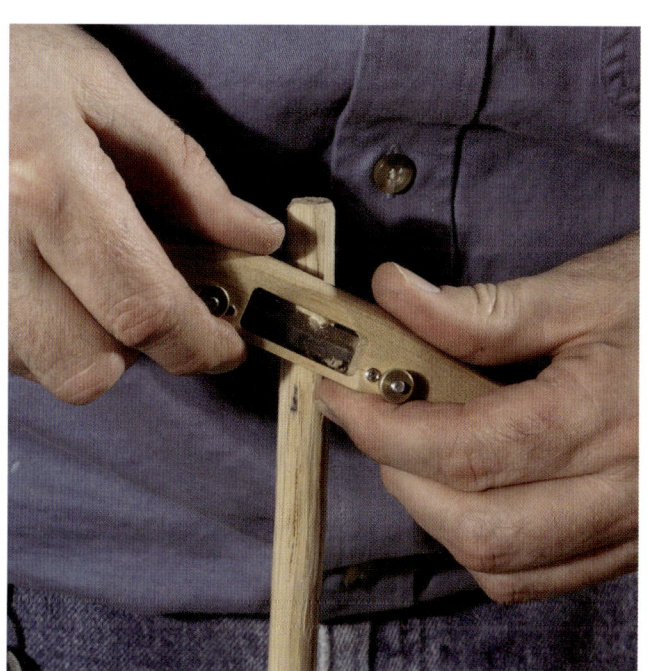

장부촉 가공이 끝난 뒤 어깨 턱을 제거하는 모습. 작은 스포크쉐이브를 사용한다.

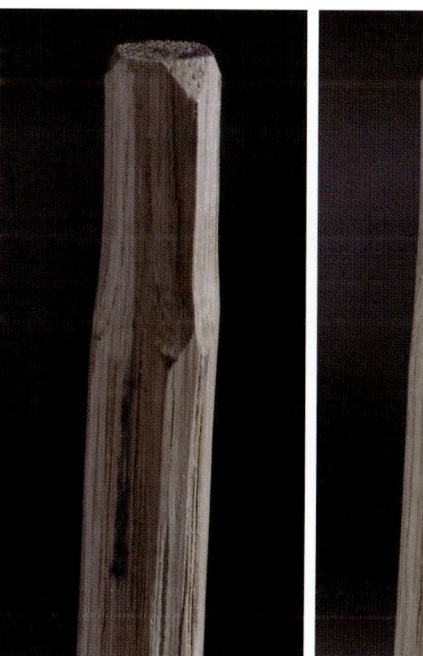

육각기둥 모양이 장부촉을 만들고 나면 어깨 턱이 생기는데 스핀들과 전체적으로 부드럽게 이어지도록 다듬어주어야 한다.

다. 스핀들이 보우나 팔걸이를 관통하기 때문에 장부촉의 위치가 중요하지 않아서다(크레스트에 꽂아 넣어야 하는 장부촉 제외). 반면 영국식 윈저체어의 스핀들 상단 장부촉은 의자 제작이 더 진행된 후 의자의 제작된 크기를 반영해서 위치를 잡아 가공해야 한다.

앞서 젖은 상태에서 깎을 때 스핀들 상단 크기를 잘 맞춰 뒀다면 지금쯤 크기가 딱 맞게 줄어들어서 수정할 부분이 거의 없을 것이다. 예를 들어 10.5mm로 깎아 두면 건조 후에 ⅜in(9.5mm)에 거의 맞춰지는데 작은 스포크쉐이브로 살짝 더 다듬어서 게이지의 9.5mm 구멍에 딱 맞추면 된다.

스핀들 표면 마감하기

스핀들의 표면은 스크레이퍼와 사포를 이용해서 정리할 수 있다. 다만 이렇게 하면 깎은 흔적, 즉 수작업의 느낌이 사라져버린다. 나는 깎아서 만든 스핀들에는 사포질을 절대 하지 않는다. 대신 작은 스포크쉐이브의 날을 아주 얇게 세팅해서 스핀들 표면을 마감한다. 자세히 살펴보면 칼로 손수 깎아서 만들었음을 알 수 있고 빛이 반사되거나 그림자 지는 모양도 흥미롭다. 드로우나이프나 큰 스포크쉐이브로 깎으면서 생긴 불균일한 면들과 선이 부드럽게 연결되지 않는 부분들을 다듬는다.

스핀들 하단의 육각기둥 모양 장부로 이어지는 부분에 특히 신경을 써야 한다. 육각기둥을 더 깎아서는 안 되며 기둥이 스핀들 아래쪽과 자연스럽게 연결되도록 기둥의 윗부분을 주의해서 다듬는다.

좌판 만들기

좌판은 윈저체어 구조의 근간이다. 모든 것들이 좌판에 꽂혀서 제 역할을 한다. 적당한 두께(1⅜~2in, 40~50mm)의 적절한 나무를 골랐다면 구조적으로 튼튼한 의자를 만들 준비는 된 셈이다. 그다음엔 여러 구멍들을 정확한 각도로 뚫고 좌판의 모양을 보기 좋고 앉기 좋게 다듬으면 된다.

좌판 외곽선 오리기

좌판의 외곽선은 두꺼운 마분지 템플릿을 이용해서 그린다. 템플릿은 반쪽만 그려서 활용하는 것이 좋다. 한쪽을 그린 뒤 뒤집어서 나머지 반을 그리면 정확한 좌우 대칭이 되기 때문이다. 나무에 중심선을 긋고 템플릿을 이용해서 좌판 모양을 그린다.

좌판에 나뭇결이 가로로 놓이게 할 수도 있고 세로로 놓이게 할 수도 있는데 좌판의 모양에 따라 방향을 결정한다. 좌판의 가로-세로 길이가 비슷하다면 나뭇결을 어떤 방향으로 쓰든 상관이 없다. 옛날 의자들을 살펴봐도 여기에 특별한 원칙이나 경향성이 없음을 알 수 있다. 그러나 좌판이 미국식 색백 의자처럼 좌우로 더 넓다면 결 방향도 좌우로 쓰는 것이 나무 수급의 측면에서 유리하다. 폭이 그 정도로 넓은 제재목은 귀하기 때문에 딱 그 나무가 필요한 상황과 작업을 위해 아껴둬야 한다. 좌판이 거의 정사각형에 가까운 사이드체어의 경우 결을 앞뒤로 배치하는 것이 보기에는 더 낫다.

외곽선 그림을 따라 밴드쏘로 오린 뒤 먼저 그려둔 중심선을 두께 면과 뒷면까지 연장해서 그린다. 이 시점에서 좌판의 위아래를 정한다. 나뭇결 모양과 옹이 등 결함 여부를 봐서 좋은 쪽을 위로 정하면 된다.

주요 구멍 뚫기

좌판 모양을 다듬기에 앞서 주요 구멍들을 미리 뚫어 놓는 것이 좋다. 다리 구멍 네 개와 보우나 백포스트, 또는 암포스트를 위한 구멍 두 개가 여기 해당된다. 스핀들 구멍은 지금 뚫지 않는다. 구멍을 뚫으려면 스핀들 각각이 기울어진 각도와 방향을 정확히 알아야 하는데 이 시점에서는 알기가 어려우며 스핀들에 대해서는 이런 접근 방법 자체가 적절하지 않다.

주요 구멍들을 미리 뚫는 이유는 좌판 윗면을 파내서 모양을 다

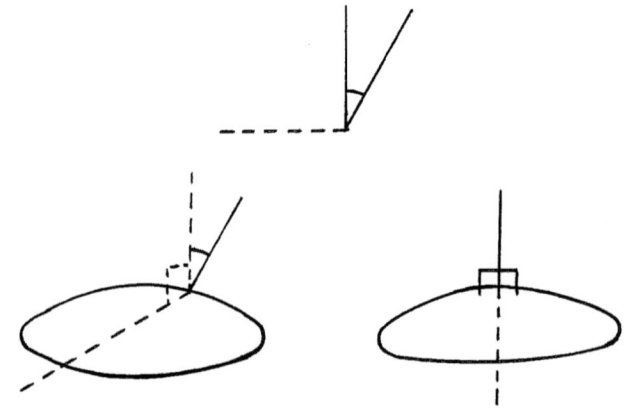

사이트라인은 다리 등의 요소가 기울어진 방향이다. 사이트라인을 포함하는 수직면을 생각해볼 수 있는데 다리는 그 면 안에서 특정 각도로 기울어져 있다.

든는 과정에서 좌판이 휘기 때문이다. 휘어진 표면에는 구멍을 잘 뚫기가 어렵다. 미리 구멍을 뚫어 놓음으로 인한 문제도 있다. 좌판이 휘면서 다리의 각도가 설계와 달라지는 것이다. 그러나 윈저체어 제작에서 이런 것이 문제가 되지는 않는다. 다리의 앞뒤 좌우의 대칭 관계가 눈에 띨 만큼 틀어지지는 않을 것이며 다리 사이의 가로대는 좌판의 변형이 멈춘 후 다리를 좌판에 꽂은 상태에서 다리에 구멍을 뚫고 맞춰 끼우기 때문이다.

윈저체어를 만들 때 평면에 수직으로 구멍을 뚫는 경우는 없다.

곡면에 수직으로 뚫는 일은 가끔 있지만 이건 또 다른 문제다. 좌판에 뚫어야 하는 구멍들도 당연히 수직이 아니다.

사이트라인(Sight Line)

우선 복합 각도(입체적인 각도를 파악하는 방식의 하나)는 잊어버리기 바란다. 평면에 구멍을 뚫을 때 유용한 접근일 수 있지만 곡면 등 다양한 상황에 적용하기는 어려우며 직관적이지도 않다.

윈저체어의 다리는 수직에 대해 어느 방향으로 얼마간 기울어져 있다. 다리가 기울어져 있는 이 방향으로 그은 선을 사이트라인이라고 한다. 사이트라인의 끝에서 다리를 바라보면 다리가 수직으로 서 있는 것처럼 보인다. 다리가 나를 향해, 또는 나와 멀어지는 방향으로 정면으로 기울어져 있기 때문이다. 한편 사이트라인과 직각이 되는 위치에서 다리를 바라보면 다리는 순수하게 왼쪽 또는 오른쪽으로만 기울어져 있다. 여기에 복합 각도는 없다. 따라

서 각각의 다리에 대해 사이트라인과 다리가 수직 대비 기울어진 각도를 알면 구멍을 정확한 방향·각도로 뚫을 수 있다.

좌판 밑면에 다리 구멍을 뚫을 위치를 표시한다. 도면이나 템플릿으로부터 옮겨 그리면 된다. 다음은 구멍별로 사이트라인을 그린다. 구멍 위치로부터 좌판의 테두리까지 쭉 긋는다. 각각의 구멍 옆에 다리가 기울어진 각도를 표시한다. 백포스트나 암포스트 등 상부 구조물을 위한 구멍은 좌판 위쪽에서 뚫는다. 따라서 좌판의 윗면에 구멍 위치와 사이트라인, 기울어진 각도를 표시한다.

초기 영국식 윈저체어와 미국식 윈저체어는 좌판에 다리를 연결할 때, 관통장부에 쐐기를 박는 것이 일반적이다. 따라서 좌판을

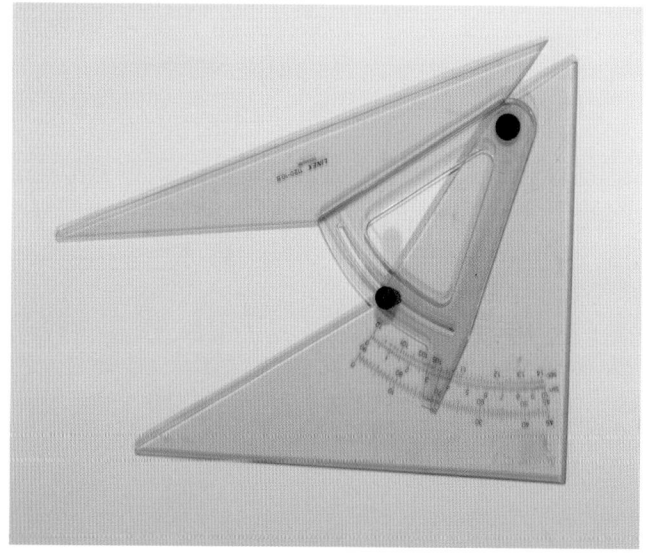

의자를 만들 때는 이런 모양의 분도기가 이상적이다.

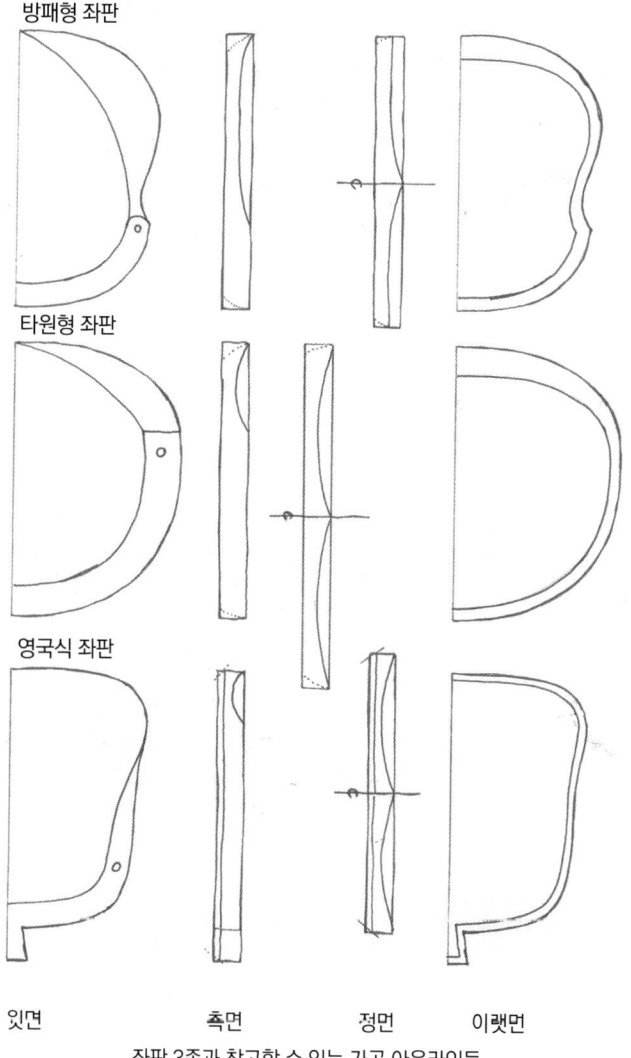

방패형 좌판

타원형 좌판

영국식 좌판

윗면 　　 측면 　　 정면 　　 아랫면

좌판 3종과 참고할 수 있는 가공 아웃라인들.

관통해서 다리 구멍을 뚫으면 된다. 만약 다리를 관통 장부가 아닌 반다지 장부로 처리하고 싶다면 좌판 윗면의 파낼 양을 감안해서 구멍 뚫는 깊이를 잘 정해야 한다.

좌판 모양을 다듬기 위한 사전 마킹

가장 먼저 그릴 것은 백플랫폼(스핀들이 꽂히는 좌판 뒤쪽의 평평한 부분)의 경계선이다. 이 부분은 깎지 않으며 따라서 좌판의 두께도 보존된다. 백플랫폼의 너비는 암포스트나 백포스트, 또는 보우의 위치에 따라 달라진다. 이들을 꽂아 넣을 구멍의 둘레로 평평한 면을 넉넉하게 확보하지 않으면 좌판을 파내는 중에 구멍이 노출될 수 있다. 플랫폼의 너비를 자로 재서 그리지 않도록 한다. 연필을 얼마간 튀어나오게 쥐고 손가락 끝을 가이드로 삼아 좌판의 뒤쪽 면으로부터 일정한 거리로 선을 긋다가 좌판 가장자리로 자연스럽게 연결해서 그린다.

다음은 좌판의 파낼 부위를 표시한다. 뒤쪽 가장자리는 백플랫폼의 경계선과 일치한다. 앞쪽은 만들려고 하는 의자가 미국식인지 영국식인지에 따라 달라진다.

영국식 좌판 속 파기

백플랫폼을 제외한 좌판의 윗면을 안쪽 위주로 전체적으로 파낸다. 영국식 의자의 앞다리는 좌판의 비교적 가장자리에 위치한다. 따라서 암체어든 사이드체어든 영국식 의자의 좌판은 양쪽 가장자리가 두툼해야 한다. 가운데를 다 파내고 나면 허벅지가 배기지 않도록 좌판의 앞쪽 가장자리를 부드럽게 다듬어 준다.

미국식 좌판 속 파기

영국식과 달리 미국식 의자의 앞다리는 가장자리로부터 얼마간 안쪽으로 들어온 지점에 위치한다. 따라서 가장자리가 아닌 앞다리가 꽂히는 지점 부근에서 좌판의 두께를 확보해야 한다.

방패형 좌판(Shield-type)의 경우 백플랫폼과 좌판 앞 끝을 연결하는 동그라미의 안쪽을 파내는데 이 동그라미를 경계로 안쪽은 안곡, 바깥쪽은 바깥곡을 이룬다.

영국식 좌판 가장자리

영국식 좌판은 가장자리 전체(또는 앞부분을 제외한 가장자리 전체)의 하단을 모따기 처리하고 나머지는 수직면을 그대로 살려 두는 것이 일반적이다. 이렇게 하면 좌판이 덜 두꺼워 보인다. 가장자리 상단은 미세하게 경사면 처리하거나 볼록한 장식(bead) 모양으로 다듬는다.

미국식 좌판 가장자리

미국식 좌판의 가장자리는 영국식과 사뭇 다르다. 모든 가장자리를 비스듬하게 다듬어서 수직면은 어디에도 없다.

좌판의 앞쪽 가장자리는 아래쪽을 경사지게 깎아 올려서 도톰한 윗면과 깎아지는 듯한 느낌의 선으로 만나게 한다. 그러면 대부분의 방향에서 보았을 때 좌판의 두께가 사라져 보이고 선만 남는다. 반면 뒤쪽은 두께감이 적당히 느껴지게, 의자의 구조가 튼실해 보이는 만큼을 남겨두고 불룩하게 깎는다.

좌판이 소나무 등의 소프트우드라면 드로우나이프로 깎고 다듬으면 된다. 반면 하드우드는 줄로 갈아내고 스포크쉐이브로 다듬

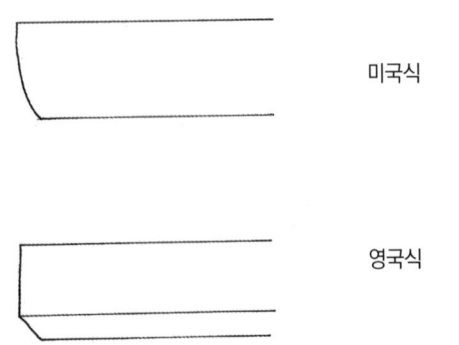

어떤 단면은 다른 단면보다 더 보기가 좋다. 위로 갈수록 각이 서는 곡면이 아래를 사분원으로 둥글게 처리하고 나머지 면을 수직으로 둔 것보다 매력적이다.

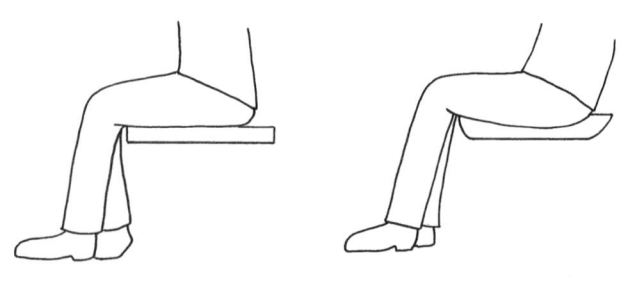

속을 파낸 좌판은 오랫동안 앉아있어도 편하다. 몇 군데 점이 아니라 넓은 면이 엉덩이를 받쳐주기 때문이다.

는 것이 낫다.

좌판과 편안함

나무로 된 보통 의자의 납작한 좌판에 앉으면 얼마간은 편안할지 몰라도(일단 앉았으니까) 금세 불편함을 느끼게 된다. 상체 무게가 엉덩이뼈 아래에 집중되면서 뼈와 좌판 사이의 살에 피가 통하지 않아서 생기는 현상이다.

반면 엉덩이 모양에 맞춰 속을 판 좌판은 나무라는 것이 믿어지지 않을 정도로 편하다. 몸무게가 어느 한두 지점에 집중되지 않고 넓게 분산되어 피의 흐름을 막지 않기 때문이다. 앉았을 때 두 엉덩이뼈 바로 아랫부분을 가장 깊게 파는데 뒤로 기대앉는 의자라면 좌판의 앞쪽보다는 뒤쪽의 백플랫폼에 가까운 지점일 것이다. 따라서 앞쪽 대비 뒤쪽 면을 더 가파르게 파내게 되는데(동일한 깊이를

더 짧은 거리에 도달해야 하므로) 꼬리뼈가 닿는 부근도 충분한 깊이를 확보해야 한다. 어쨌건 모든 방향으로부터 부드러운 곡면이 이어지게 한다.

좌판을 파내는 깊이는 어느 정도가 적당할까? 이는 선택의 문제다. 단, 나무 두께를 필요 이상으로 남겨두는 것은 좋지 않다. 의자를 많이 보고 또 만들어본 경험에 비춰볼 때 좌판에서 가장 얇은 부위의 두께를 ½in(13mm) 이상 남겨둘 필요는 없는 것 같다. 만약 좌판을 그 정도로 깊게 파고 싶지 않다면 애초에 얇은 나무를 선택하는 것도 좋다(보통 1¾~2in, 44~50mm). 일반적으로 의자는 가벼운 것이 좋다. 윈저체어에서 무게 비중이 가장 큰 것이 좌판이다. 따라서 의자의 건전성을 해치지 않는 범위에서 좌판의 두께를 줄여야 의자가 가벼워진다. 좌판을 파내기 전에 주요 지점 몇 군데에 드릴로 깊이 표시 구멍을 뚫어 놓으면 편리하다.

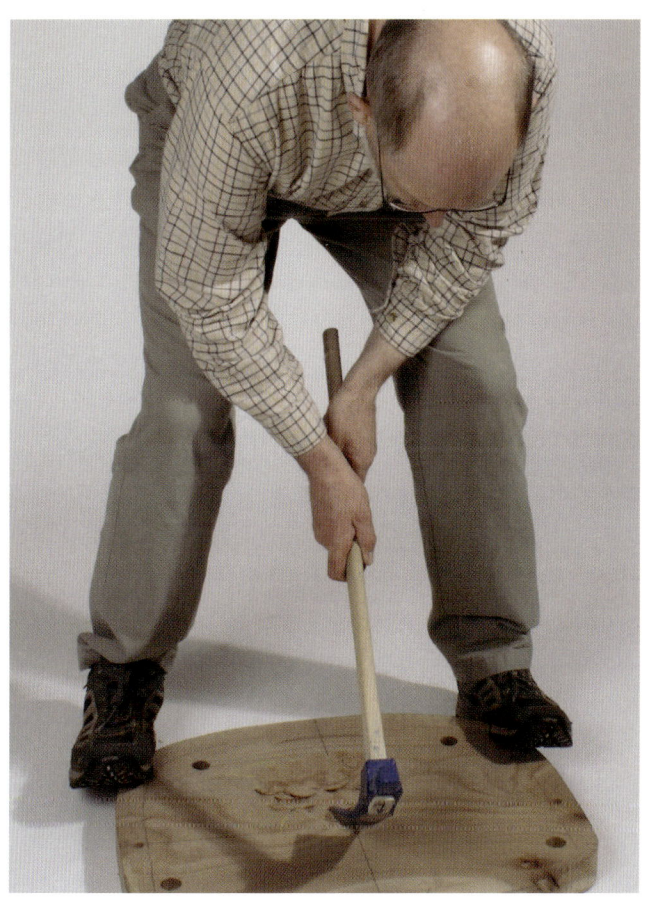

자세1: 무른 나무를 가공하거나 섬세한 작업을 하기에 좋다. 팔뚝을 허벅지에 대고 팔뚝과 손목만 이용해서 파낸다.

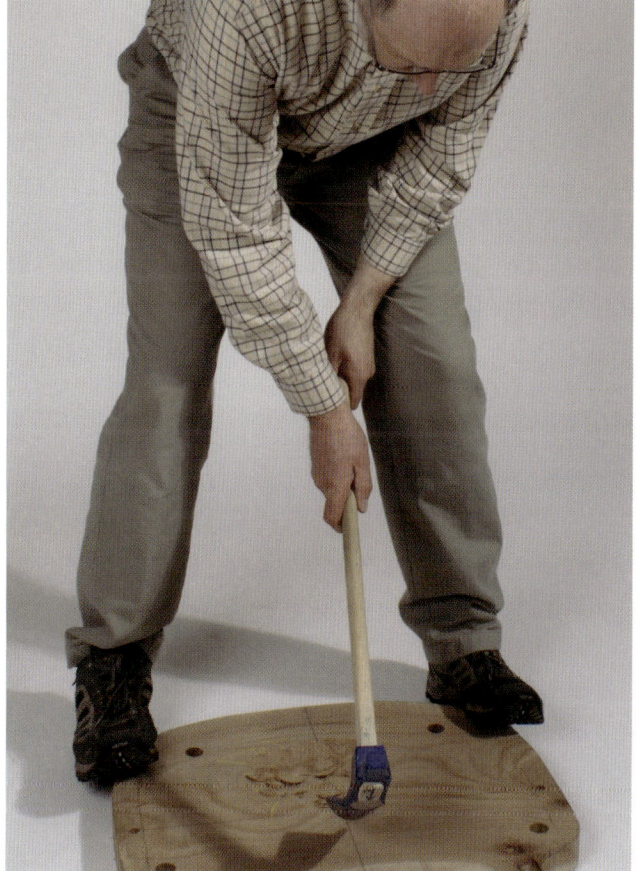

자세 2: 빠른 속도로 나무를 파낼 수 있다. 왼손을 허벅지 안쪽에 단단히 고정하고 여기를 중심으로 자귀를 회전시켜 나무를 찍어낸다. 좀 더 선 자세가 된다.

좌판 깎기

원저체어의 다른 부분들을 깎을 때와 마찬가지로 거친 도구로 할 수 있는 일을 최대한 한 뒤 다음 단계의 도구로 바꿔서 작업하는 것이 효율적이다.

좌판을 깎다 보면 각종 표시들이 다 없어지는데 백플랫폼과 좌판 앞 끝에 표시한 중심선이 지워지지 않도록 주의해야 한다. 차후 의자 조립 단계에서 보우나 암, 크레스트의 중심 위치를 맞출 때 꼭 필요하기 때문이다.

좌판 속 파기

좌판을 파낼 때 사용하는 도구는 자귀다. 좌판의 속을 깊이 표시 구멍의 바닥이 드러나 보일 때까지 자귀로 파낸다.

자귀는 여러 방식으로 사용할 수 있는데 등이 약하다면 의자에 앉아서 해도 된다. 나무를 안전하고 효율적으로 찍어내기 위해서는 자귀날에 대한 통제를 잘 유지하는 것이 필수적이다. 목표로 하는 지점을 정확히 찍어낼 수 있도록 연습하고(그렇지 않으면 좌판을 망칠 수 있다) 날이 엇나가 발이나 발목을 향하지 않도록 주의한다.

자귀질 동작의 방향과 범위를 제한하면 날 통제를 더 잘 할 수 있다. 팔을 몸의 어딘가에 붙여서 기대는 식으로 말이다. 나는 다리를 벌리고 서서 좌판을 발 안쪽으로 밟고, 무릎은 적당히 굽히고, 팔뚝을 허벅지 안쪽에 댄 자세로 자귀질을 한다. 자귀의 움직임이 제약돼서 안전하고 정확하게 찍어낼 수 있다. 게다가 허리도 덜 아프다. 자귀 자루 끝부분을 두 손으로 잡고 손목 움직임으로 자귀를 찍는다. 이렇게 하면 발이나 발목을 찍을 일이 없다. 팔뚝을 허벅지에 잘 붙이고 작업한다.

좌판을 밟고 선 위치를 앞뒤로 옮기거나 자루를 쥔 손의 위치를 조정해서 자귀날이 나무를 찍는 각도를 조정할 수 있다. 찍는다고 표현하긴 했지만 자귀로 깎아낸 자리는 자귀의 날 모양과 이동 궤적에 상응하는 깨끗한 곡면이 돼야 된다. 한 지점을 깎아내기 위해 자귀질을 여러 번 해야 할 수도 있지만 어쨌거나 최종 단면은 깨끗한 면이 돼야 한다.

자귀질을 서둘러서 해선 안 된다. 자귀는 꽤 무겁다. 중력이 허용하는 속도로 작업해야지 그보다 빨리 하려고 하면 순식간에 지친다. 진자를 연상하면서 그 리듬을 모방해보도록 한다. 중력을 거스르지 않고 중력에 숟가락을 얹는 식으로 한다. 골프채를 휘두르는 것과 비슷할 수도 있다.

깊이 표시 구멍 부근에서 시작해서 범위를 넓혀 나간다. 구멍 주

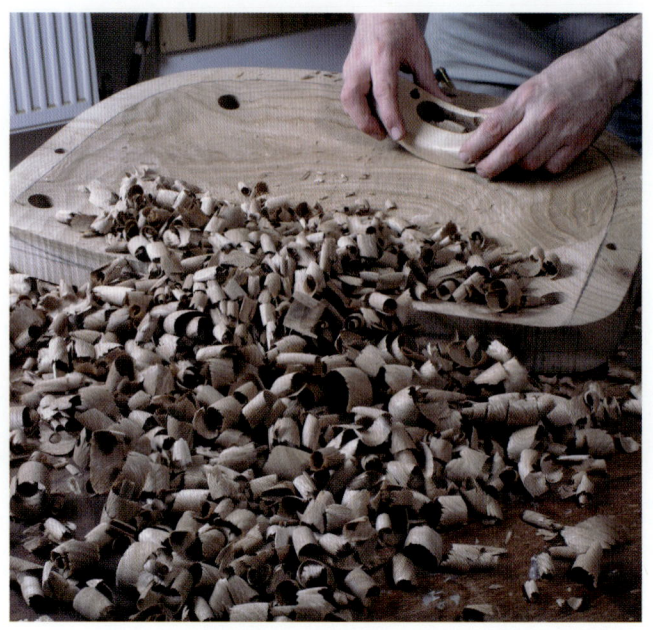

자귀 다음은 트레비셔다. 트레비셔는 빠르고 정확하게
좌판을 깎을 수 있는 도구다.

위로 동심원을 몇 개 그려 놓으면 도움이 된다. 결을 따라 깎는 것이 더 잘 되긴 하지만 어느 방향으로 깎더라도 매끈하게 잘 깎는 것이 중요하다. 구멍에서 시작해서 한 방향으로 몇 인치쯤 파낸 뒤 좌판을 180도 돌려서 반복한다. 타원이 점점 커지는 식으로 파내게 되는데 좌판의 가장자리로부터 절반 정도까지 파내고 나면 다시 가운데부터 시작해서 더 깊이 판다.

자귀의 역할은 전체적인 깊이를 파내는 것이다. 가운데는 깊이, 가장자리는 덜 깊이 파면 된다. 자귀로 면의 모양을 다듬으려고 해서는 안 된다. 자귀질이 끝난 뒤 트레비셔를 이용해서 더 빠르고 정확하게 다듬을 수 있다. 깊이 표시 구멍의 바닥이 드러날 때까지(없애면 안 된다), 백플랫폼 가장자리에서 ¼in(6mm) 앞까지, 좌판 앞쪽 가장자리에서 1in(25mm) 안쪽까지 자귀로 판다.

이제 트레비셔를 사용할 차례다. 트레비셔 날 앞쪽 바닥면이 좌판에 닿도록 해서 진자 운동처럼 앞뒤로 움직여 깎는다. 트레비셔는 양 엄지손가락으로 뒤를 받치고 바깥으로 밀면서 깎는다. 결을 가로질러서 깎으면 잘 깎인다.

자귀 자국을 제거하고 아래로는 깊이 구멍의 흔적이 없어질 때까지, 뒤로는 백플랫폼 표시선까지 다 깎는다. 좌판의 파낸 속을 전체적으로 원만한 곡면이 되도록 다듬는다.

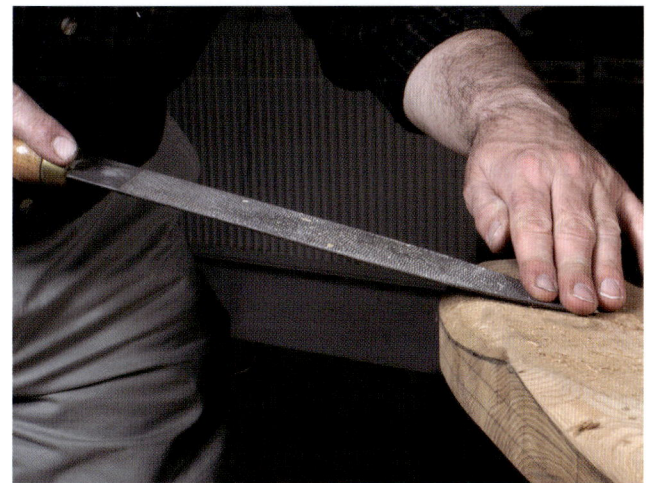

허벅지 자리 다듬기

어떤 스타일의 좌판이든 앞 가장자리 윗면을 얼마간 — 좌판을 앞에서 봤을 때 W와 비슷한 모양으로 — 깎아서 다리가 빠질 수 있는 공간을 확보해야 허벅지가 편하다. 좌판 전면에 깎아낼 목표 깊이를 선을 그어 표시한 후 윗면을 깎는데 영국식과 미국식의 깎는 범위가 조금 다르다.

영국식: 좌판 전면의 W라인 위쪽을 대략 45도로 모따기하듯 깎아낸(또는 갈아낸) 후 위쪽에 생긴 모서리를 다시 둥그스름하게 깎아 좌판 속 파기를 한 곡면이 전면의 W라인까지 부드럽게 이어지도록 한다.

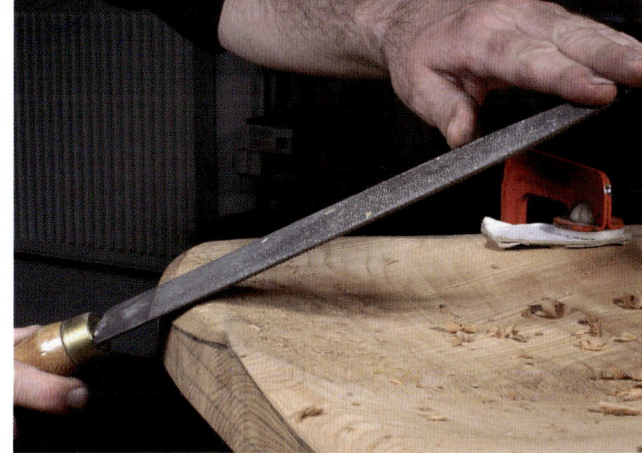

미국식: 백플랫폼을 제외한 좌판의 가장자리 전체를 바깥으로 비스듬히 깎아서 좌판 전면과 측면에 표시한 선까지 두께를 낮춘다. 윗면에 모난 부분이 없도록 줄이나 스포크쉐이브로 약간 불룩한 느낌이 들게 다시 다듬는다. 쉴드형 좌판의 경우 앞다리가 꽂혀 있는 부분 앞쪽을 주위보다 조금 더 낮춰주면 허벅지가 편안하다. 오벌형 좌판은 폼멜(좌판 앞 끝 중앙)과 백플랫폼의 중간 지점을 조금 더 낮춰준다.

이 작업을 위한 도구는 스포크쉐이브와 목공용 줄이다. 좌판이 소프트우드라면 바로 스포크쉐이브로 작업하면 된다. 하드우드 좌판은 거친 눈의 줄로 모서리를 깎아서 곡면 형태를 잡은 뒤 얇게 세팅한 스포크쉐이브로 면을 정리하는 것이 편하다.

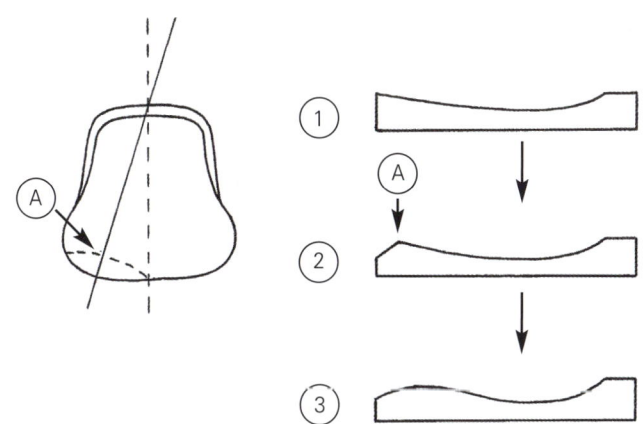

줄로 불룩하게 갈아내기. 곡면을 따라 줄을 신사처럼 움직여 작업한다.

좌판의 앞쪽 허벅지가 닿는 부분 가공하기.

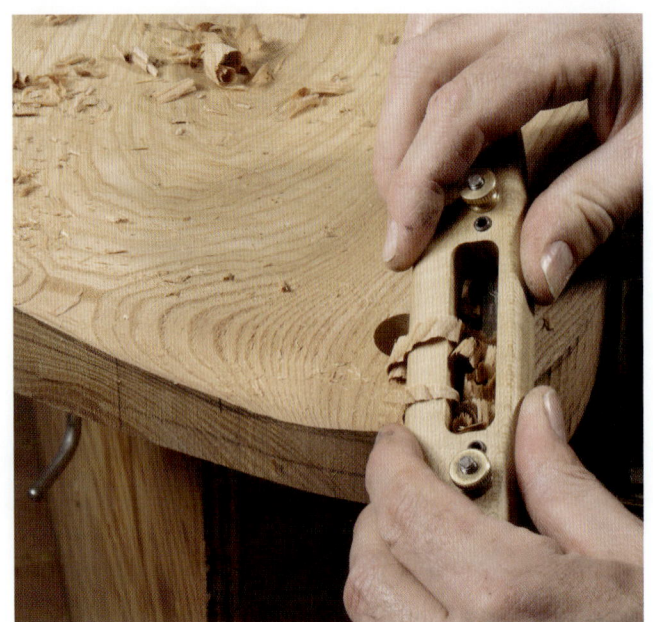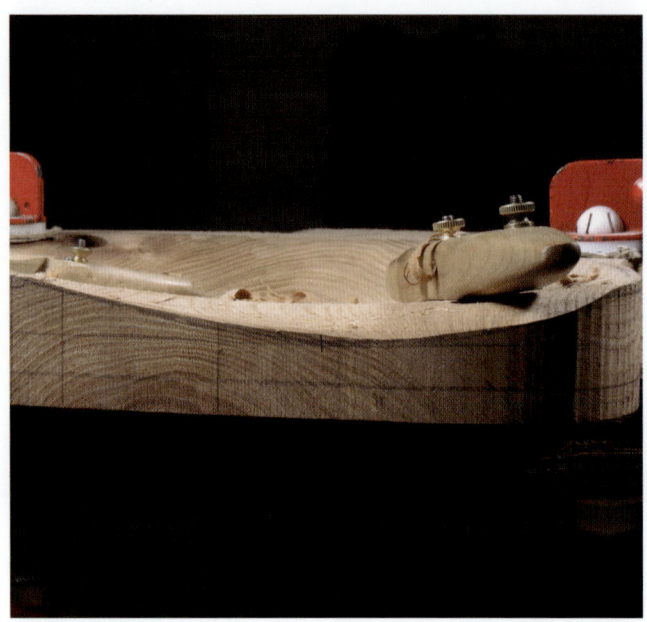

불룩한 면은 줄뿐 아니라 스포크쉐이브로도 다듬을 수 있다.

미국식 윈저체어의 좌판은 백플랫폼의 경계선을 아찔하게 떨어지도록 깎아야 한다. 특히 플랫폼 양 끝단에서의 선과 면 처리가 중요하다. 엉덩이를 위한 안곡, 허벅지를 위한 바깥곡, 그리고 백플랫폼으로 연결되는 안곡이 자연스럽게 만나도록 처리돼야 한다. 환도(조각도)로 깎은 뒤 스포크쉐이브나 줄로 연결면을 처리하는 것도 좋은 방법이다.

좌판 아래 가장자리
좌판이 소나무라면 드로우나이프로 깎고 다듬을 수 있지만 느릅나무라면 어림도 없는 이야기다. 영국식 좌판의 가장자리는 아래쪽 ½~¾in(13~19mm) 정도만 45도 모따기 처리하고 나머지 부분은 직각인 상태로 두게 된다. 직각 면에 남아 있는 밴드쏘 자국을 먼저 스핀들 샌더(40번 정도의 거친 사포)와 스크레이퍼로 정리한 뒤 스포크쉐이브로 모따기 가공을 하면 완벽하다.

미국식 의자의 좌판 앞쪽 가장자리는 수직 대비 45도 정도의 각도로 윗면과 만나도록 원만한 바깥곡으로 깎는다. 이렇게 하면 좌판 앞쪽이 허벅지를 받치기 위한 목적 말고는 구조적 역할도 없는 것처럼 두께가 얇아 보인다.

반면 백플랫폼 아래의 가장자리는 포스트나 스핀들을 든든하게 받칠 수 있다는 인상을 주어야 한다. 적당한 두께감이 느껴지도록 드로우나이프와 스포크쉐이브로 깎는다.

좌판 가장자리 밑단을 사분원 형태로 동그랗게 깎는 것은(나머지 부위는 수직으로 남겨둔 채) 좌판의 인상을 흐리게 한다. 내 생각에는 좌판 밑단에서의 곡면 각도가 수직 대비 60도를 넘지 않도록 하고 위쪽으로 차츰 각을 세워가며 깎는 것이 좋은 것 같다. 윗단은 45도로

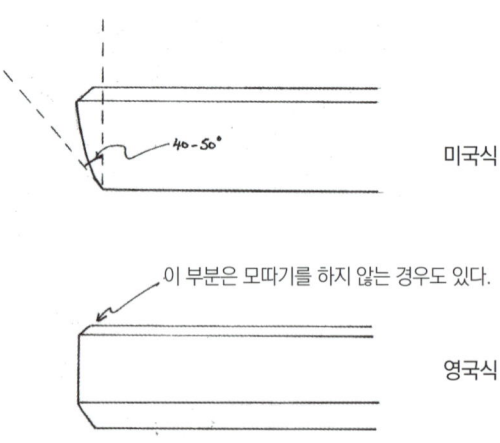

단면 중에 더 보기 좋은 것들이 있다.
위로 갈수록 세워지는 곡면이 아래를 사분원으로
둥글리고 나머지 면을 수직으로 둔 것보다 더 좋아보인다.

모따기한다.

표면 다듬기

좌판의 형태를 다 깎았다면 이제부터 표면을 정리한다. 앞서 트레비셔와 스포크쉐이브 작업에 주의를 기울였다면 이미 거의 손댈 필요가 없게끔 되어 있을 테지만 결이 맞지 않는 부위에서 뜯긴 자국이 있다면 지금 정리하면 된다.

아직 사포질을 할 때는 아니다. 날을 잘 세운 스크레이퍼가 뜯긴 자국을 포함한 흠집들을 제거하는 데 더 효과적이다. 스크레이퍼로 결 방향에 맞춰서 깎되 좌판을 파낼 때 생긴 물결 모양 굴곡을 모두 없앨 필요는 없다. 표면을 부드럽게 만들려고 하는 것이지 평평하게 만들려는 것이 아니다. 적당히 남아 있는 칼자국은 아름다울뿐더러 두드려 만든 구리 공예품처럼 사람이 손으로 만들었다는 분명한 표시가 된다. 소프트우드보다 느릅나무와 같은 단단한 나무에 오히려 무늬를 예쁘게 남길 수 있다. 이제 사포질을 할 차례다. 스크레이퍼 작업 후 남아 있는 약간의 거친 부분들을 사포로 제거한다. 나의 경우 좌판 하나를 사포질하는 데 10분 이상 쓰지 않는다. 시간이 그 이상 더 걸린다면 앞단의 작업들을 제대로 하지 않았다는 뜻이다.

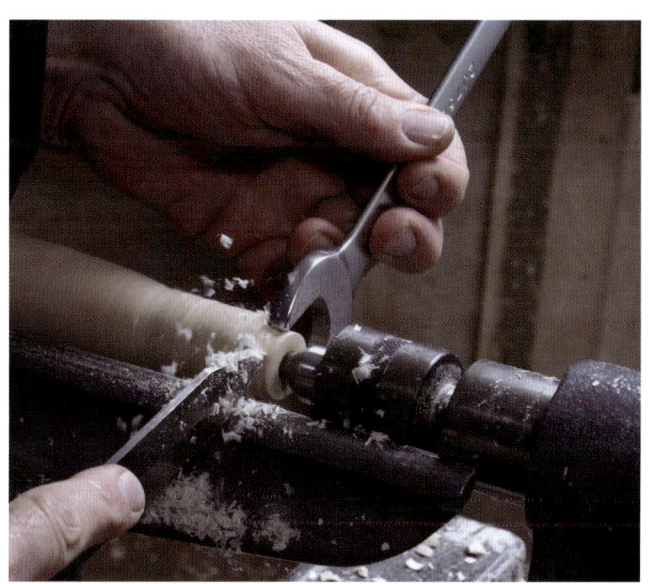

장부촉을 깎을 때 스패너를 캘리퍼스로 활용하기.

스툴 만들기

이제 의자의 하부 구조를 맞춰서 스툴로 조립할 수 있다.

다리 끼워보기

깎아 둔 다리가 다 말랐다면 좌판에 끼워 볼 수 있다. 다리와 가로대의 장부촉은 완전히 건조시켜야 하는 반면 중앙 가로대를 끼우기 위한 구멍을 뚫게 되는 측면 가로대의 불룩한 부분은 얼마간 덜 말라 있는 것이 더 좋다. 조립 후 이 부위가 추가로 건조되는 과정에서 수축하면서 장부 결합이 더 튼튼해지기 때문이다. 따라서 다리와 가로대는 통나무를 그때그때 필요할 때 쪼개서 깎아 쓰는 것이 더 좋다. 미리 많이 만들어 놓고 쓰면 전체가 균일하게 말라버린다. 어쩔 수 없이 미리 만들어 놓아야 한다면 굳이 잘 말리려고 하지 말고 사용하기 직전에 말려서 쓰도록 한다.

다리를 목선반에 물려서 가볍게 사포질한다. 앞서 습식 샌딩을 했다면 240번 사포로 단번에 끝날 것이다. 이제 장부촉 크기를 좌판의 구멍에 맞춘다. 장부촉의 크기는 버니어캘리퍼스로 잴 수도 있지만 구멍 크기와 꼭 맞는 스패너를 이용해서 점검하면서 깎으면 편하다. 스패너가 작아서 장부촉이 헐렁하게 가공된다면 철공 줄로 갈아서 구멍 크기에 꼭 맞는 스패너를 만들어 두도록 한다. 사실 장부촉 크기를 스패너에 아무리 잘 맞춰도 좌판의 구멍과는 잘 안 맞을 수 있다. 같은 드릴로 뚫어도 가공 편차가 생기기 때문이다. 촉은 구멍에 쑥 들어가거나 빠져서도 안 되지만 넣고 빼고 돌리는 것이 힘들 정도로 꼭 끼어도 안 된다. 미세한 굵기 조정은 사포로 한다.

좌판에 다리 4개를 모두 끼우고 각각의 다리를 돌려서 앞다리와 뒷다리의 '불즈아이(물관 구멍이 만들어내는 타원 무늬)'가 서로 마주보도록 한다. 그래야 다리가 건조/수축할 때 가로대와의 장부 맞춤이 더 단단해진다(구멍이 줄어드는 방향으로 더 많이 수축한다). 그 상태로 다리에 번호를 매기고 좌판과 다리에 끼우는 방향을 표시를 한다(다리를 뺐다가 똑같은 위치에 똑같은 방향으로 다시 끼울 수 있도록). 좌판 위로 튀어나온 장부촉의 둘레에 좌판 표면에 맞춰 테두리를 그리고 촉의 윗면에는 쐐기로 벌릴 자리를 표시한다. 쐐기의 방향은 좌판의 나뭇결과 직각이 되도록 맞춘다. 반대로 하면 쐐기를 박아 넣다가 좌판이 쪼개질 수 있다.

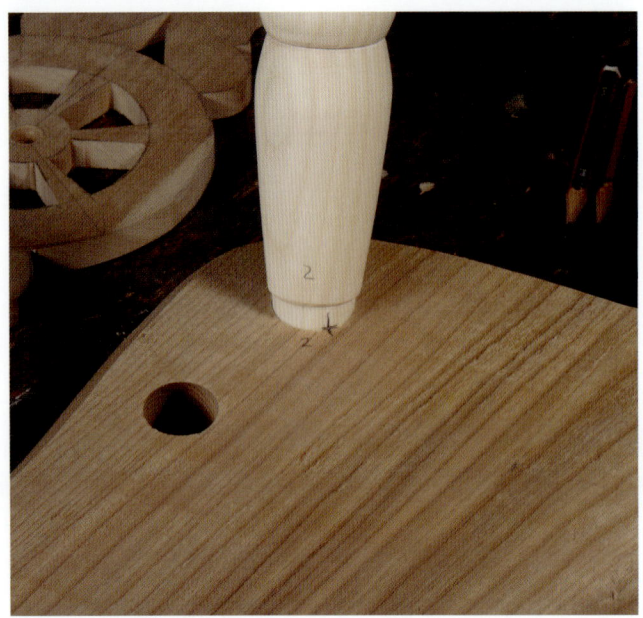

다리와 좌판의 구멍에 번호를 매기고 꽂는 방향을 알아볼 수 있도록 표시한다.

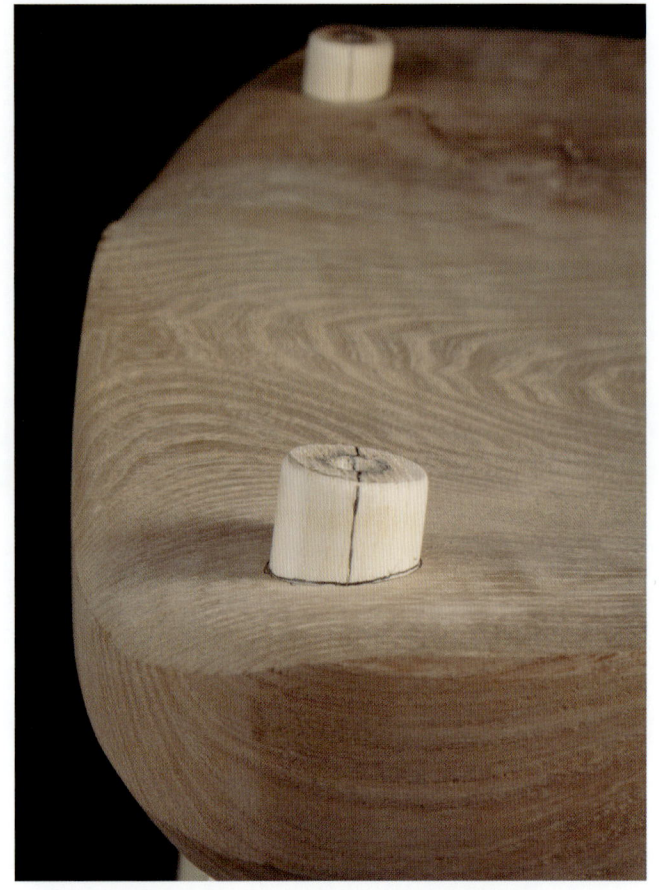

쐐기 자리는 좌판의 나뭇결과 직각으로 표시해야 한다.

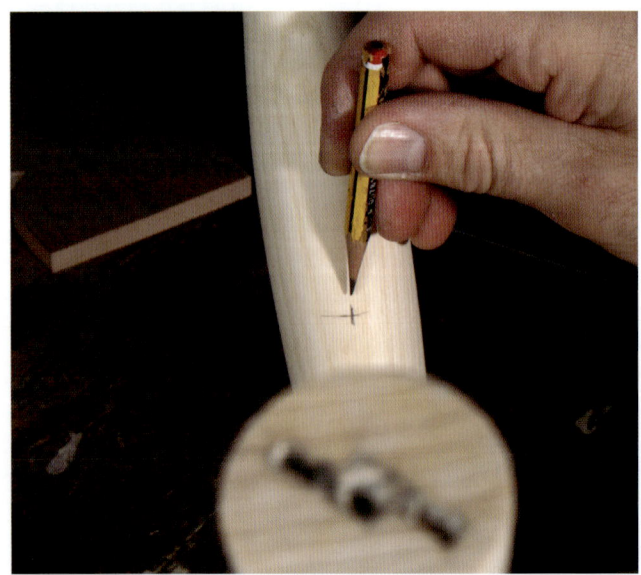

반대편 다리의 끝에서 바라보면 구멍을 뚫을 지점, 즉 다리 두께의 가운데를 찾기 쉽다.

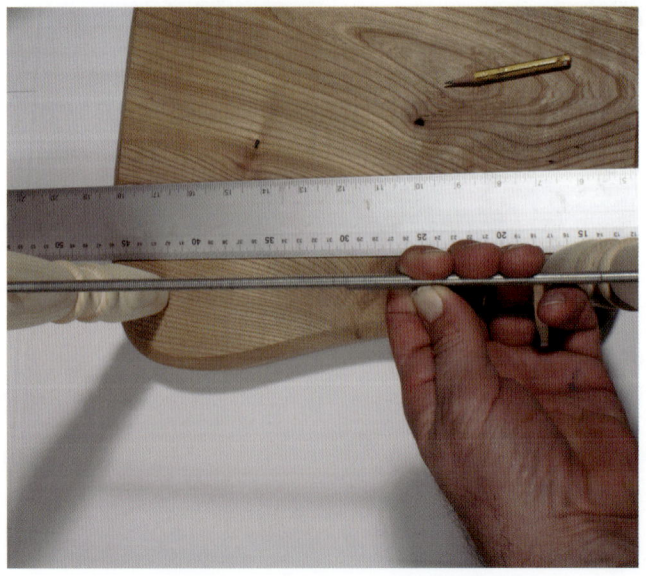

막대 두 개를 이용해서 가로대 구멍을 뚫을 방향을 찾는다.

다리를 빼서 좌판 위로 돌출되는 부분을 잘라내고 쐐기를 끼울 자리도 가른 뒤 다시 좌판에 끼운다. 밴드쏘를 이용하면 편리하다.

이제 다리에 가로대 구멍을 뚫을 준비가 되었다. 미국식 윈저체어는 다리에 가로대 구멍을 뚫을 위치(높이)가 정해져 있다. 만약 다리에 별다른 특색이 없다면 좌판에서부터 같은 거리만큼씩 떨어진 지점에 구멍 뚫을 높이를 표시하면 된다. 높이를 정하고 나면 가로대가 꽂히는 방향을 고려한 다리의 중심도 표시해야 한다. 맞은편 다리의 끝에서 구멍 뚫을 높이 표시선을 바라봤을 때 보이는 대로 다리 두께의 중심에 표시하면 된다. 높이와 중심 위치가 정해졌으니 이제 구멍을 뚫을 수 있다.

각도를 재서 다리를 바이스나 지그에 물려 놓고 뚫어도 되지만 다리가 좌판에 조립되어 있는 상태에서 바로 뚫는 것이 더 좋다. 간단하고 빠를뿐더러 각도를 재지 않았음에도 더 정확하다. 몸통이 짧은 전동 드릴에 짧은 비트를 물려 사용하는 것이 이상적이다. 다리에 표시한 구멍 위치에 드릴 비트를 대고 전동 드릴의 뒤쪽을 맞은편 다리의 구멍위치를 향하도록 정렬하면 완벽하다(드릴의 뒤에 센터 표시를 미리 해 둔다).

다리 사이에서 작업할 수 있을 만큼 짧은 드릴이 없다면 다른 방법을 써야 한다.

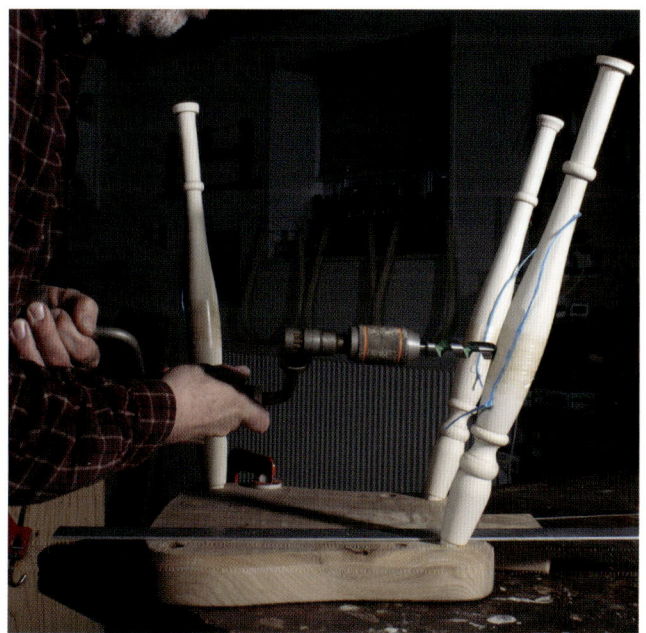

위에서 봤을 때 드릴을 좌판에 올려놓은 자와 나란하게, 옆에서 봤을 때 드릴을 다른 한 쌍의 다리에 표시된 두 구멍의 높이 표시에 맞춰서 정렬한다.

앞다리와 뒷다리가 같은 평면에 놓여 있다면 둘 중 하나를 뽑고 좌판에 뚫어 놓은 다리 구멍의 가장자리에 맞춰 자(또는 막대)를 하나 올려놓는다. 자의 방향이 구멍을 뚫는 방향이다. 다리의 구멍 위치 표시에 드릴 비트의 끝을 대고 위에서 봤을 때 드릴이 자와 나란하게 되도록 방향을 맞춘다. 구멍을 뚫는 각도는 옆에서 보고 맞춰야 한다. 도와줄 사람이 한 명 있으면 좋은데 다른 쪽 앞뒤 다리의 구멍 위치 표시에 맞춰 자를 대고 옆에서 봐주면 드릴의 높낮이 각도를 맞추기 쉽다.

혼자서도 할 수 있는데 일단 오거비트의 스크류 부분까지 뚫어서 드릴의 앞단 위치를 고정한 뒤 위에서 봤다 옆에서 봤다 하면서 좌판에 올려놓은 자와 다리의 구멍 위치 표시에 맞춰 댄 자에 드릴의 각도를 맞춘다. 조금만 연습하면 혼자서도 잘 할 수 있게 되는데 조금 어긋나게 뚫더라도 걱정할 필요는 없다. 윈저체어는 그런 면에서 상당히 너그러우니 말이다.

두 다리가 동일한 평면상에 있지 않다면 다리를 뽑기 전에 방향 기준선을 그어 둬야 한다. 위에서 내려다보며 양쪽의 구멍 위치 표시와 나란하도록 좌판에 선을 긋는다. 다리를 뽑고 그 선에 맞춰 자를 올려놓으면 그 다음부터는 앞에서 한 것과 같은 방법으로 할 수 있다.

구멍은 드릴 끝이 다리의 반대쪽으로 튀어나오지 않는 선에서 최대한 깊게 뚫는 것이 좋다. 다리에 뚫는 구멍 깊이는 ⅞in(22mm), 가로대에 뚫는 구멍 깊이는 ¾in(19mm) 정도가 일반적으로 적당하다.

구멍 뚫는 깊이는 드릴 비트에 마스킹테이프를 붙이거나 쇠톱으로 선을 그어서 표시할 수 있다. 테이프를 이용할 경우 테이프가 나무에 닿으면 밀려서 움직일 수 있으니 주의한다.

가로대 맞추기

다리에 구멍을 다 뚫었으면 양측 가로대를 끼워볼 차례다. 가로대 부재를 준비할 때 길이 여유를 두었으므로 의자에 맞춰서 길이를 자르는 것부터 시작한다. 똑같은 의자를 여러 개 만드는 경우에도 가로대의 길이는 의자마다 조금씩 다르다. 다리-좌판 결합부가 약간만 느슨해도 가로대 길이가 제법 많이 길어지기 때문이다. 게다가 다리에 뚫은 구멍의 깊이도 완전히 똑같지는 않을 것이다.

가는 막내(시름 4mm짜리 목봉이면 적당하다) 두 개를 마주 보는 구멍에 끼워서 겹쳐보면 두 구멍의 바닥 사이 거리를 알 수 있다. 각각

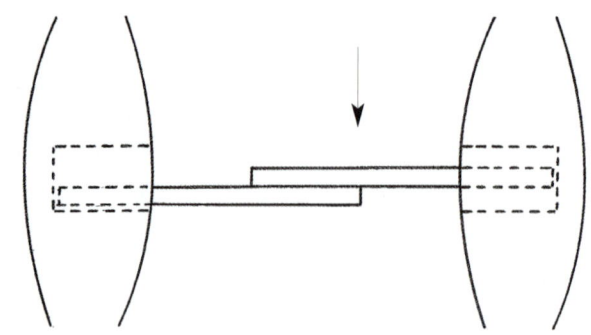

막대의 끝이 구멍 바닥에 닿게 한 상태에서 두 막대의 겹쳐진 부위에 표시를 하고 막대를 빼낸 뒤 표시가 일치하도록 다시 막대를 겹친 뒤 양 끝단의 거리를 재면 된다. 가로대의 길이는 이렇게 잰 거리에 ¼in(6mm)를 더해서 정한다. 그러면 가로대가 다리를 바깥으로 밀고 있는 모양으로 조립되어 차후 가로대 접합부의 본드가 떨어지더라도 가로대가 빠지지 않는다.

장부촉 가공

먼저 가로대의 중심을 표시한다. 미국식 의자는 모양상 가로대 중심이 정해져 있다. 영국식 의자라면 연필로 중심을 표시해준다. 다음은 가로대의 양 끝단 위치를 표시한다. 앞서 정한 가로대의 길이를 반으로 나눠서 중심으로부터 해당 거리만큼 떨어진 위치에 표시하면 된다. 마지막으로 양 끝단에서 안쪽으로 장부의 정해진 길이(예를 들어 측면 가로대는 ⅞in, 22mm)를 표시한다. 이제 가로대를 목선반에 물려서 표시된 대로 장부를 깎으면 된다.

막대 두 개를 이용하면 구멍 끝에서 다른 구멍 끝까지의 거리를 잴 수 있다. 겹쳐진 부분의 한쪽에 표시를 한 뒤 막대를 꺼내서 표시대로 맞춰 보면 된다. 가로대의 길이는 이렇게 측정한 길이에 ¼in(6mm)를 더해서 정한다.

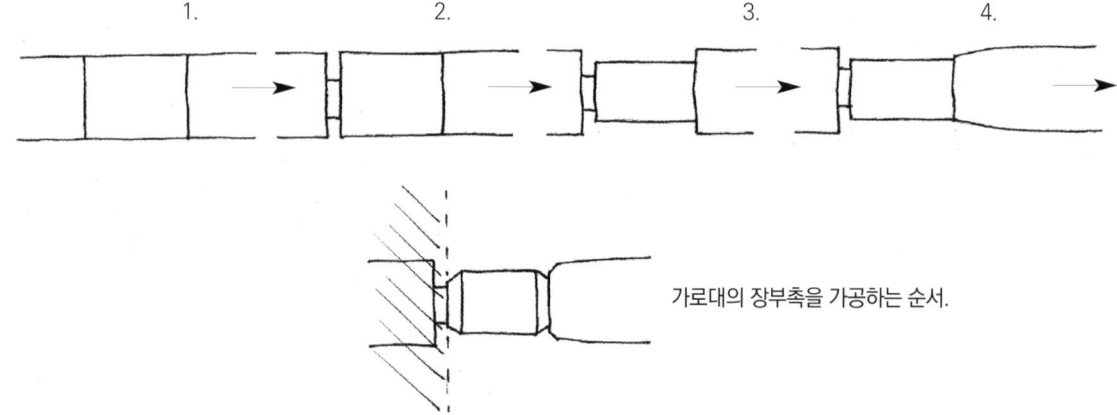

가로대의 장부촉을 가공하는 순서.

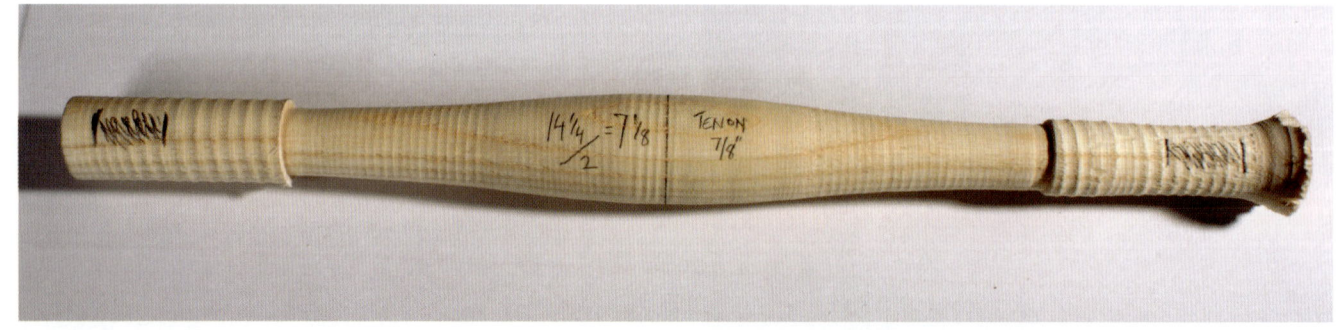

장부촉 가공을 위한 표시들 – 장붓구멍 사이의 거리: 14in(35cm), 가로대의 길이: 14¼in(35.6cm), 가로대 중심에서 끝단까지의 거리: 7⅛in(17.8cm), 장부촉의 길이: ⅞in(22mm).

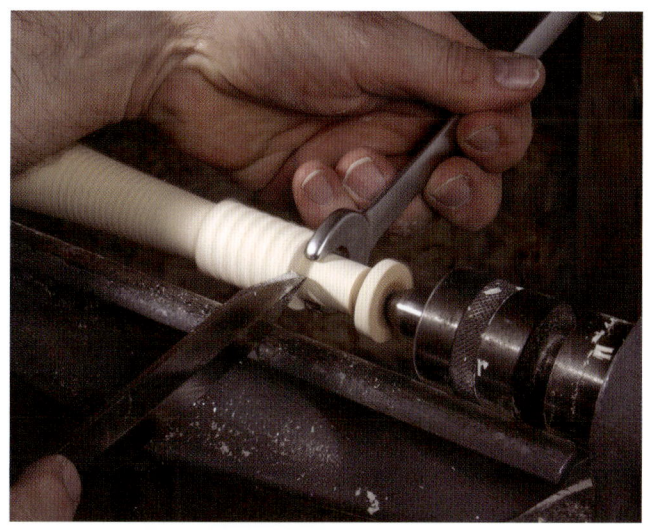

스패너로 장부촉 두께 맞추기.

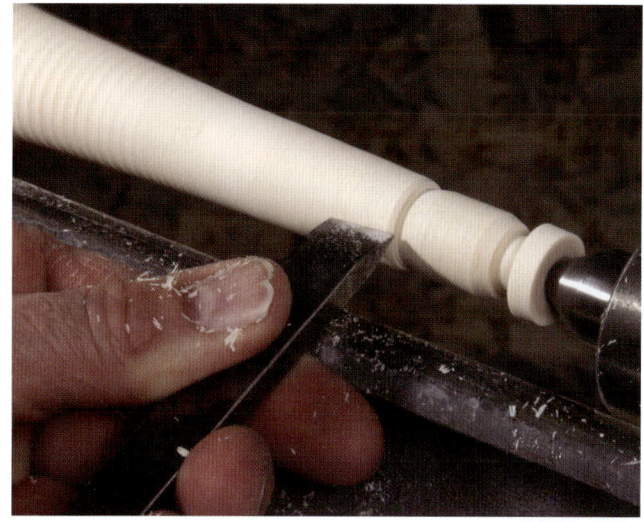

완성된 장부촉의 모양.

가로대의 장부는 약간 크게 가공한 뒤 구멍에 단번에 끼워 넣고 조립을 끝내는 것이 좋다. 한번 끼우면 빠지지 않기 때문에 사전에 가조립해 볼 수가 없는데 가로대나 장부 길이를 실수 없이 재서 가공했다면 문제될 것이 없다. 같은 치수의 드릴과 스패너를 이용해서 가공했을 때 구멍과 촉의 맞춰지는 정도를 시험해보되 스패너를 조금 넓혀서 촉이 구멍보다 약간 더 커지게 한다. 본 작업 전에 자투리나무로 연습해볼 것을 추천한다.

장부촉을 만드는 순서는 다음과 같다.

- 파팅툴로 가로대의 양 끝단을 정리한다. 끝단 바깥쪽에 맞춰 홈을 파되 장부촉과 구분될 수 있도록 조금 더 얇게 만들면 된다.
- 장부촉이 표시된 선까지 장부촉을 두께에 맞춰 가공한다. 스패너로 두께를 점검하면 편하다.
- 가로대가 장부촉에 자연스럽게 이어지도록 선을 정리하되 촉 옆에 어깨 턱을 약간 남긴다.
- 스큐치즐을 수직으로 세워서 장부촉의 앞뒤로 경사부를 깎는다. 장부와 연결되는 턱에도 경사부를 작게 깎아놓는다.
- 반대편도 동일하게 작업한다.
- 가로대를 사포질한 뒤(장부촉은 건드리지 않는다) 목선반에서 빼내고 불필요한 부위를 잘라낸다.

측면 가로대를 다리에 맞춰 끼우기

가로대의 장부를 구멍보다 크게 만들었기 때문에 구멍에 그냥 끼

웠다가는 다리가 길이 방향으로 통째로 쪼개질 수 있다. 나무가 결을 따라 잘 갈라지기 때문이다. 이 같은 상황을 방지하기 위해 장부촉의 양옆(불스아이가 있는 방향)을 조금 깎아낸다. 넓은 끌의 앞날 면을 잘 이용하면 수월하다.

다리의 구멍에 본드를 칠한 뒤 작업대에 뉘어 놓고 가로대를 맞춰본다. 장부촉의 납작한 면(앞서 깎아낸 면)이 다리의 옆을 보도록 방향을 맞춘다. 그래야 촉이 다리를 쪼개지 않는다. 가로대를 구멍의 각도에 대략 맞추고 망치로 때려 넣는다. 장부촉의 어깨 턱까지 구멍에 완전히 들어가서 장부촉과 어깨 턱에 깎아 둔 경사부가 다 잠기도록 한다.

맞은편 다리의 구멍에도 본드를 칠한 뒤 두 다리의 방향을 잘 맞

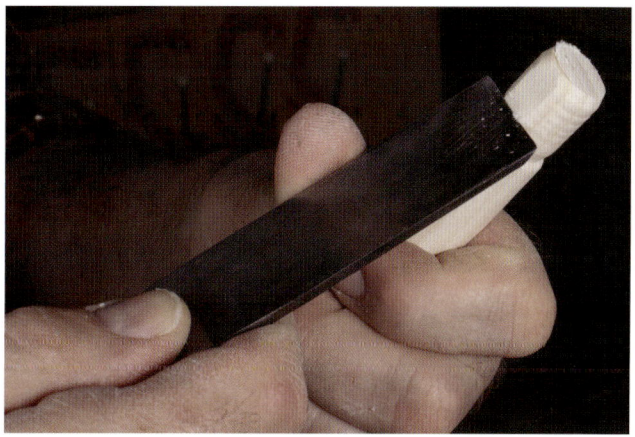

장부촉의 양쪽을 조금 깎아서 장부촉이 다리의 장붓구멍에 끼워질 때 다리를 쪼개지 않도록 한다.

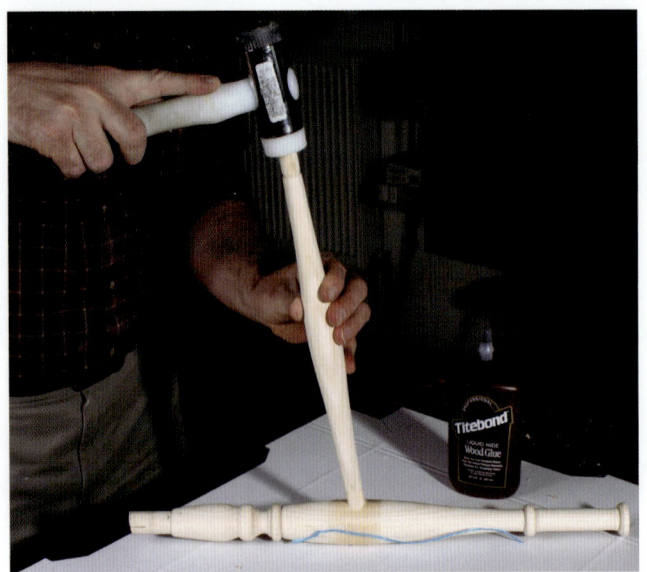

가로대를 다리에 박아 넣는다. 이때 장부촉의 '깎은 면'이 다리의 측면을 향하도록 한다.

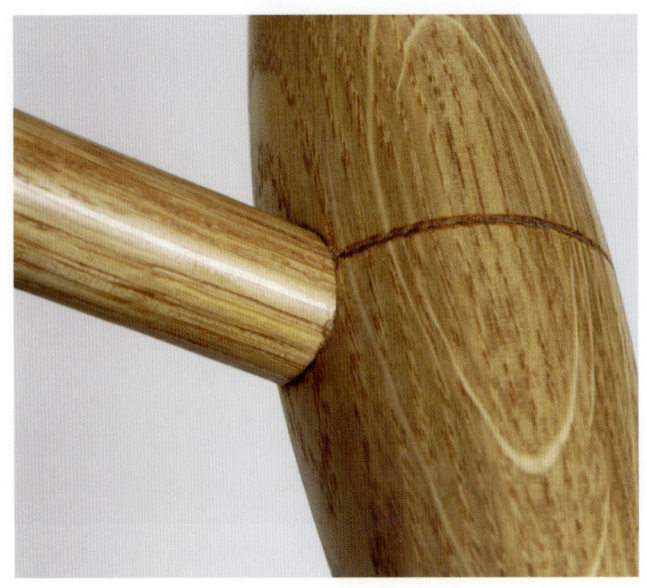

다리-가로대 결합부. 빈틈 하나 없다.

춰서 가로대 장부촉을 끼워 넣는다. 다른 한 쌍의 다리도 마찬가지 방법으로 조립하고 다리를 모두 좌판의 구멍에 끼워 넣는다. 좌판-다리 결합부에는 본드칠을 하지 않는다.

중앙 가로대를 측면 가로대에 맞춰 끼우기

측면 가로대를 끼운 것과 동일한 방법으로 중앙 가로대를 측면 가로대에 조립한다. 측면 가로대에 구멍을 뚫을 때 가로대에 수직한 방향이 아니라 좌판을 기준으로 좌우 수평하게 뚫는다는 점에 유의한다.

의자 하부 구조 최종 조립하기

다리 네 개와 가로대 세 개가 합쳐져서 한 덩어리가 되었다. 다리의 장부촉이 좌판의 구멍과 딱 맞게 정렬되어 보이지 않아도 걱정할 필요가 없다. 끼워 넣는 과정에서 전체적으로 조정이 된다.

　좌판의 구멍에 본드를 칠한 뒤 다리를 끼워 넣는다. 다리의 장부촉 어깨 턱이 좌판에 딱 붙게 끝까지 박아 넣는다. 의자를 뒤집어서 똑바로 놓고 쐐기에 본드를 묻혀서 좌판 위로 튀어나온 다리의 장부촉 틈에 박아 넣는다. 소리를 들어보면 끝까지 들어갔는지 알 수 있다. 쐐기가 벌리는 방향이 좌판의 결과 수직이라고 해도 쐐기를

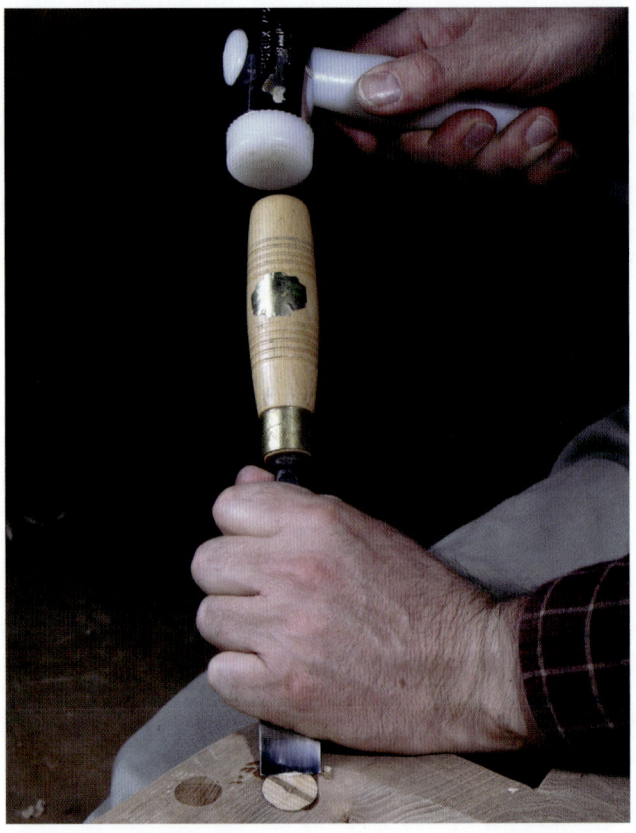

쐐기를 톱으로 잘라낸 후에 둥근끌을 이용해서 튀어나온 장부촉을 깎아낸다.

너무 세게 때려 넣으면 좌판이 쪼개질 수 있다. 특히 소나무나 포플러처럼 무른 나무를 사용하는 경우에 주의한다.

본드가 완전히 굳으면 튀어나온 장부촉과 쐐기를 톱으로 잘라낸 뒤 조각도로 정리한다. 좌판과 높이를 완전히 맞추고 싶으면 스크레이퍼와 사포로 면을 더 정리한다.

높이 및 기울기 맞추기

조립한 스툴을 바닥에 놓아보면 아마도 까딱거릴 것이다. 다리의 길이가 애초에 똑같지 않았을뿐더러 좌판과의 각도도 완벽하게 맞을 순 없기 때문이다(눈에 띌 정도로 틀어져 있지만 않으면 된다). 이제 좌판이 바닥을 기준으로 알맞은 높이에 적당한 기울기로 똑바로 놓이도록 다리를 잘라 맞출 때다.

잘 만들어진 의자의 좌판은 뒤쪽으로 조금 기울어져 있다. 앉았을 때 엉덩이가 자연스레 의자의 뒤편으로 미끄러져 안착되도록

하기 위해서다. 좌판의 앞뒤 기울기와 좌판을 파낸 모양 모두 여기에 관련이 있다. 이렇게 하면 앉은 이의 체중이 의자의 등받이 쪽으로 분산되어 좌판이 받는 부하가 줄어드는 장점도 있다.

좌판의 높이와 기울기를 맞추기 위해 필요한 도구는 다음과 같다.

- 쐐기 3개
- 막대형 수준기
- 24in(60cm) 직자
- 연필과 홀더(사진 참조)
- ½in(13mm) 두께의 나무 조각

우선 수평이 잘 맞는 바닥을 찾는다. 찾기가 어렵다면 작업대의 표면이 수평이 되도록 맞춰서 써도 된다. 여기에 스툴을 놓고 좌판의 좌우 수평을 먼저 맞춘다. 수준기를 좌판의 백플랫폼에 올려놓고 다리 밑에 쐐기를 박아 좌우 수평을 맞춘다.

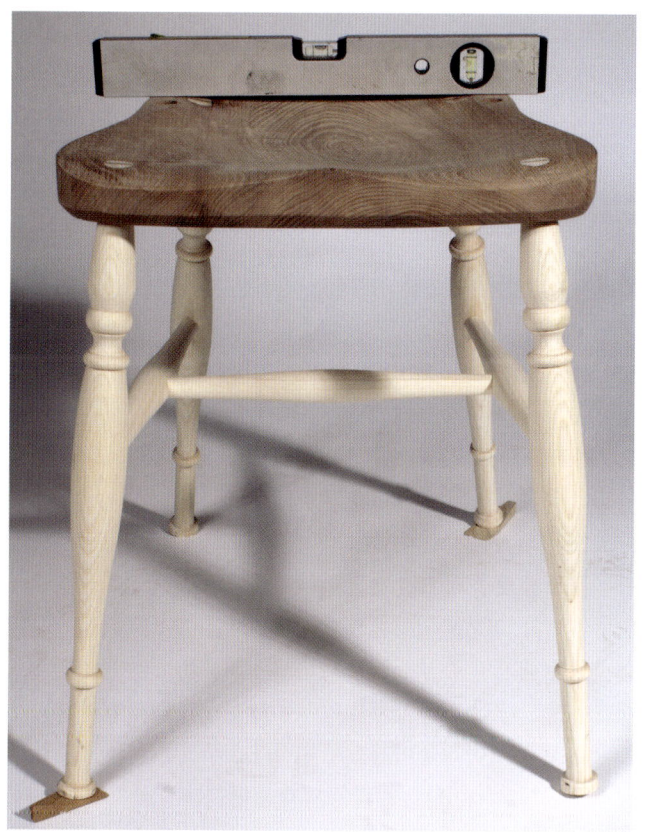

쐐기를 받쳐 의자의 좌우를 수평으로 먼저 맞춘다.

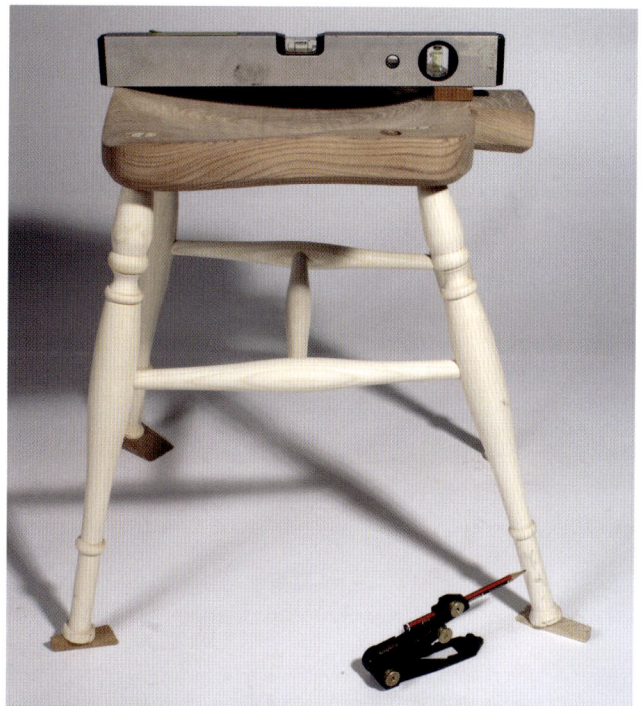

백플랫폼에 ½in(13mm) 두께 나무 조각을 올려놓은 위에 의자의 앞뒤로 수준기를 놓고 수평을 맞춘다. 다리를 잘라내야 할 높이에 연필 높이를 맞춰 다리의 둘레로 선을 그린다. 이 선대로 자르면 좌판의 기울기와 높이가 맞춰진다.

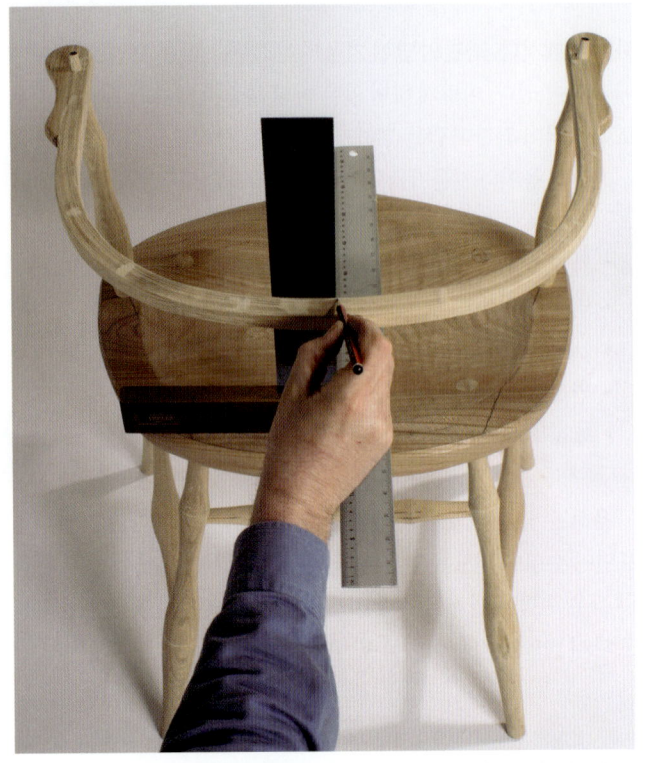

좌판의 중심선을 따라 직자를 놓는다. 직각자를 백플랫폼에 올려놓되 먼저 놓은 직자에 수직으로 맞닿게 한다. 암의 뒤쪽에서 쳐다봤을 때 직자와 직각자가 겹쳐진다면 그 겹쳐지는 지점이 암의 중심이다.

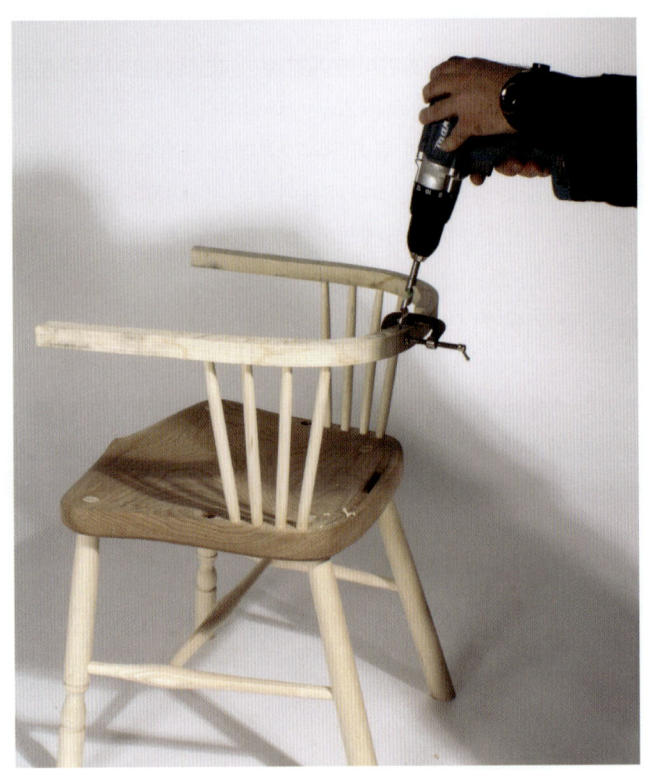

좌판의 스핀들 구멍 위치를 주시하며 암에 구멍 뚫기.

½in(13mm) 나무 조각을 백플랫폼에 놓고 수준기를 좌판의 중앙에 앞뒤로 올려놓는다. 뒤쪽에서는 나무 조각 위에 수준기가 놓이게 된다. 뒷다리는 그대로 둔 채 앞다리 아래의 쐐기를 조정해서 수평계가 수평이 되도록 맞춘다. 이제 의자의 좌우 수평과 앞뒤 기울기가 맞춰졌다.

다음은 좌판의 높이를 맞출 차례다. 좌판 앞 끝의 높이를 바닥에서부터 잰 다음 다리를 몇 밀리미터 자를지 정한다. 일반적으로는 좌판 앞 끝의 높이를 18in(45cm) 정도로 맞춘다. 잘라낼 길이를 계산한 후 연필 홀더의 높이를 해당 길이로 맞춘다. 연필 홀더가 없으면 나무토막을 잘라서 그 위에 연필을 올려놓고 사용하면 되는데 연필 높이가 잘라낼 길이와 같게끔 나무토막의 크기를 맞추면 된다. 다리의 둘레에 잘라낼 선을 표시하고 선에 맞춰 톱으로 자른다. 의자 높이를 맞추는 동시에 다리의 끝단이 마룻바닥에 딱 붙여진다.

마지막으로 다리의 끝단 둘레를 줄로 갈아서 모를 따준다. 그래야 단단한 바닥에서 사용해도 다리 끝부분이 부스러지지 않는다.

상부 구조 조립하기

윈저체어의 상부 구조를 조립하는 방식은 의자의 종류와 관계없이 동일하다. 암체어가 조금 더 어려울 수 있는데 이는 조립 요소가 많아서이지(암과 암포스트가 더해진다) 방식이 달라서가 아니다.

의자의 중심 찾기

거의 모든 의자는 사람과 같이 좌우 대칭으로 만들어진다. 의자의 상부 구조를 맞출 때 가장 먼저 해야 할 일도 좌우 대칭의 중심축을 찾는 것이다. 대부분 의자는 스핀들 개수가 홀수다. 따라서 가운데 스핀들을 대칭의 중심에 놓고 나머지는 좌우로 일정한 간격으로 배열하면 된다. 스핀들 개수를 짝수로 해야 앉았을 때 척추가 가운데 두 스핀들 사이에 놓이게 되어 편하다고 주장하는 사람도 있다. 그러나 실제로는 이렇든 저렇든 의자의 편안함에 별 차이가 없다. 우리가 의자에 늘 똑바로 앉는 것도 아니기 때문이다. 나는 의자의 중심에 스핀들이 있는 것을 더 선호한다. 의자가 더 균형 잡혀 보이기 때문이다.

보우나 암, 또는 크레스트의 중심을 찾는 법은 다음과 같다. 보우를 예로 들면, 우선 보우를 좌판에 꽂아서 제 위치에 고정한다. 긴 직자를 좌판의 중심선을 따라 놓고 직각자를 직자에 맞닿게 좌판의 백플랫폼에 올려놓는다. 보우의 위쪽에서 직자와 직각자를 동시에 내려다본다. 눈의 위치를 좌우로 옮겨 감에 따라 자가 놓여 있는 좌판의 중심선과 직각자의 수직선이 일치돼 보일 때가 있다. 보우에 이 위치를 표시한다.

동일한 과정을 자를 반대로 놓고 반복한다. 앞서 직자를 좌판 중심선의 오른쪽에 놓았다면 이번에는 왼쪽에 놓는 식으로 말이다. 자와 직각자의 수직선이 일치되어 보이는 위치를 보우에 한 번 더 표시한다. 만약 두 표시가 일치하지 않는다면 이는 좌판이 휘어서 다(좌판을 파내는 과정에서 좌판이 위로 말리는 모양으로 휘는 것은 자연스러운 일이다). 이 경우 두 표시의 가운데가 보우의 중심이다.

구멍을 똑바로 뚫기

많은 경우 윈저체어의 스핀들은 암이나 보우를 관통하는데(보우백 체어, 더블보우체어) 이 구멍들은 좌판의 장붓구멍들을 향해서 뚫어져야 한다. 이 일을 그냥 해보려 들었다가는 구멍을 뚫는 동안 목표로 하는 지점을 볼 수 없음을 알게 될 것이다. 똑바로 뚫기 위해서는 보다 체계적인 접근 방법이 필요하다.

드릴 비트 끝을 보우의 뚫고자 하는 위치에 올려놓는다. 드릴을

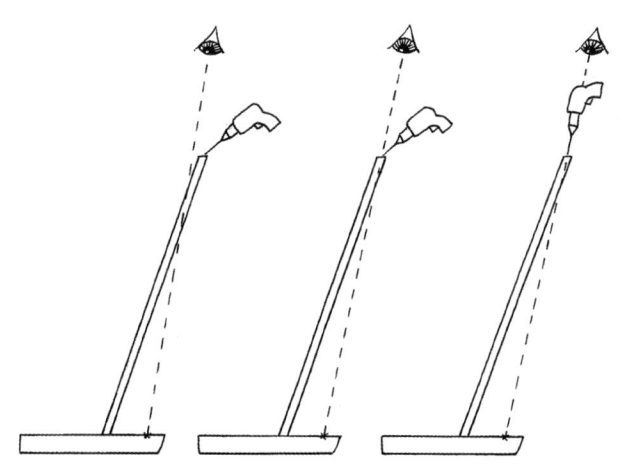

좌판의 표시를 주시하며 보우에 구멍 뚫기: 보우 앞으로 좌판의 스핀들 구멍 표시를 넘겨본다. 눈을 움직여 좌판의 스핀들 구멍 표시와 보우의 해당 스핀들 위치 표시를 시선상에 일치시킨다. 그 상태로 드릴을 들어 뚫는 방향을 시선과 맞춘다.

위에서 봤을 때

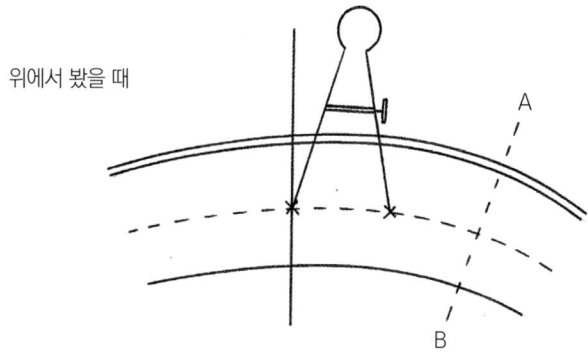

옆에서 봤을 때

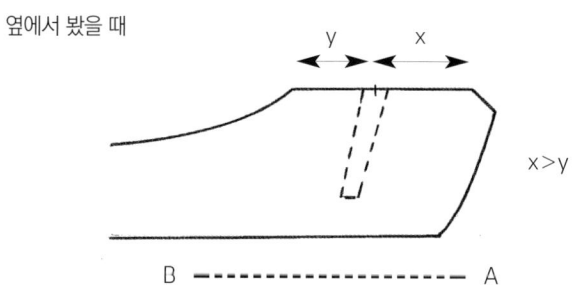

좌판이 무르고 잘 쪼개지는 나무라면 특히 더 스핀들 구멍 주위로 나무를 두껍게 남긴다.

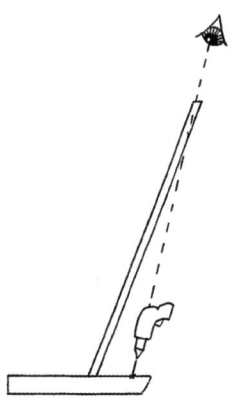

보우에 뚫어놓은 구멍을 통해 보면서 좌판에 구멍 뚫기: 비트의 끝을 좌판의 구멍 위치에 놓고 해당 스핀들의 자리를 위해 뚫어놓은 구멍을 통해 비트 끝을 볼 수 있게 시선을 맞춘다. 그 상태로 드릴의 뚫는 방향을 시선에 맞춰 정렬한다.

뒤로 젖혀둔 채 보우의 앞쪽으로 좌판의 목표 지점(여기서는 장붓구멍 또는 장붓구멍 위치 표시)을 내려다본다.

머리를 뒤로 움직여서 좌판의 목표 지점이 드릴 비트 끝 바로 아래에 놓이도록 시선을 맞춘다. 이제 눈과 드릴 비트 끝과 좌판의 목표 지점이 일직선상에 정렬되었다.

시선과 드릴 비트 끝의 위치가 바뀌지 않게 주의하면서 드릴을 앞으로 젖혀서 드릴 뒤편에 표시해둔 중심 표시가 드릴 비트 끝과 겹쳐지도록 한다. 이제 드릴도 정렬되었으니 구멍을 뚫으면 된다.

이 방법에 확신이 들지 않는다면 자투리 나무로 실험을 해보기 바란다. 완전히 이해가 돼서 확신이 생기면 모든 구멍을 정확하게 뚫을 수 있다.

이를 위해 전동 드릴 뒤편에 중심을 표시해 둬야 한다. 드릴 척에 길이가 긴 비트를 물리고 드릴 측면에 이 비트와 나란하게 자를 갖다 대 보면 중심이 어딘지 알 수 있다.

크레스트에 스핀들 구멍 뚫기

의자에 백포스트가 있어서 크레스트가 백포스트에 의해 지지되는 경우와 백포스트 없이 크레스트가 스핀들 위에만 올려져 있는 경우의 접근 방법이 다르다. 백포스트가 있다면 크레스트를 백포스트에 연결 고정하는 것이 먼저다. 백포스트가 없다면 크레스트를 가운데 스핀들에 고정한 뒤 다른 스핀들을 맞춰 끼운다.

스핀들만 있는 경우

크레스트의 아랫면에 중심을 표시하고(스팀벤딩 전 단계에서 표시해 뒀을 것이다) 작업대 위에 고정한다. 필요에 따라 쐐기를 박아서 크레스트의 앞뒷면이 작업대 면에서 수직이 되게 맞춘다(크레스트의 단면이 한쪽으로 기울어진 형태라면 스핀들이 수직으로 세워지는 각도로 맞춘다).

크레스트의 앞쪽에 직각자를 두 개 — 하나는 크레스트에 나란하게, 하나는 크레스트에 직각으로 — 놓는다. 두 직각자를 참고해서 드릴을 수직으로 세우고 필요한 깊이만큼 뚫는다(예를 들어 ¾in, 19mm).

크레스트의 아랫면에 두께 중심선을 따라 나머지 스핀들의 위치를 표시한다. 대부분의 경우 스핀들은 등거리다. 크레스트의 전면을 아래로 해서 양 끝이 작업대에 닿게끔 고정한다. 크레스트의 아랫면에 각각의 스핀들 위치 표시로부터 수직선을 내려 긋는다(작업대 면에 대해 수직으로). 수직으로 그은 선의 끝단을 크레스트 앞면

까지 연결해서 표시한다(앞에서도 볼 수 있도록).

크레스트를 가운데 스핀들에 연결해서 정위치시킨다. 가는 막대를 크레스트 전면에 그려 놓은 스핀들 위치 표시 중 하나에 맞추고 아래쪽 끝은 좌판의 해당 장붓구멍 위치에 맞춘 뒤 크레스트의 전면에 막대의 양 옆선을 따라 그린다. 이 선이 크레스트에 스핀들 구멍을 뚫는 방향이다. 순차적으로 모든 스핀들에 뚫는 방향을 표시한다.

가운데 스핀들 구멍을 뚫었을 때와 마찬가지로 크레스트를 작업대 위에 고정한다. 직각자는 뚫고자 하는 구멍 옆에 크레스트에 대해 직각으로 하나만 놓는다. 구멍 위치에 드릴 비트를 갖다 대고 앞뒤로는 수직으로(직각자 참고), 좌우로는 크레스트 전면에 표시한 스핀들의 방향대로 정렬한 뒤 구멍을 뚫는다.

동일한 방법으로 구멍을 다 뚫고 스핀들을 크레스트에 모두 끼운 뒤 좌판 위에 대어 보며 스핀들의 길이를 맞춘다. 스핀들 끝단의 높이가 가지런해야 한다. 그래야 스핀들 하단의 장부촉이 좌판에 골고루 깊게 꽂힌다.

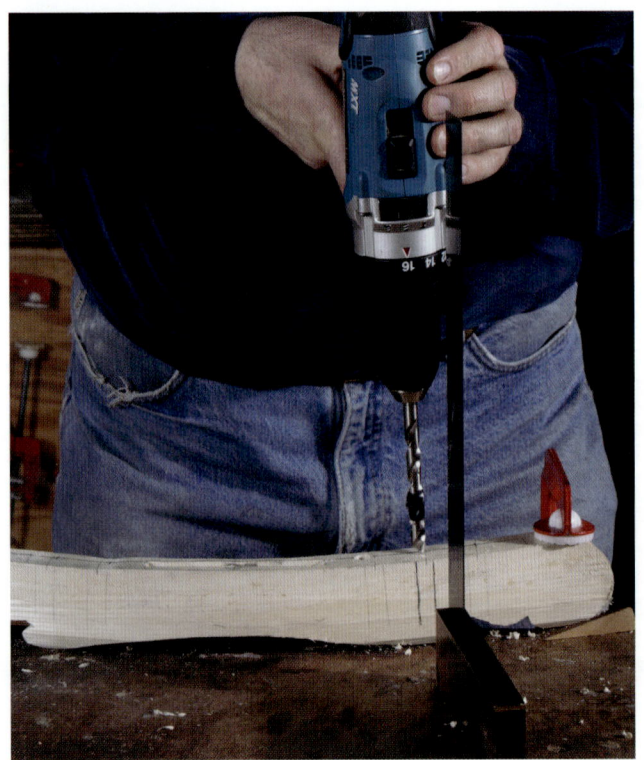

크레스트에 구멍을 뚫을 때 앞-뒤 수직은 직각자를 보고, 좌-우 각도는 크레스트 전면에 그려둔 선을 보고 맞춘다.

백포스트가 있는 경우

백포스트의 장부촉에 크레스트의 앞면이 닿도록 갖다 댄다. 이때 크레스트의 중심이 두 백포스트의 정가운데 위치하도록 주의한다. 크레스트 앞면에 장부촉의 가장자리를 따라 연하게 그린 후 크레스트를 떼 내서 이 두 선의 가운데로 선을 다시 굵게 긋는다. 이 선으로부터 크레스트에 백포스트 구멍을 뚫을 위치와 방향을 알 수 있다.

크레스트를 뒤집어서 작업대 위에 고정한다. 앞에서처럼 크레스트의 양 끝단이 작업대에 붙어 있는 상태다. 앞서 그은 굵은 선을 통과하는 선을 작업대 면에 대해 수직으로 크레스트 아랫면에 앞뒤로 연결해서 긋는다. 새로 그은 이 선의 중심이 백포스트 구멍을 뚫을 위치이고, 앞서 크레스트 전면에 그린 굵은 선이 구멍을 뚫을 방향이다.

구멍을 뚫고 크레스트를 백포스트에 끼워서 양쪽 높이가 동일한지 확인한다. 백포스트 사이에 스핀들 구멍들의 위치를 표시하고 긴 막대를 이용해서 스핀들 각각의 구멍 뚫는 방향을 표시한 뒤 구멍을 뚫는다.

좌판에 스핀들 구멍 뚫기

방법 1(직접 보고 뚫기): 날카로운 오거 드릴 비트를 사용하면 정확한 각도로 구멍을 바로 뚫을 수 있다. 일반 드릴 비트를 이용하면 수직으로 조금 뚫어서 자리를 잡은 뒤 각도를 바꿔야 하는데 그렇게 하면 구멍 입구가 다소 커진다. 반면 오거비트로 뚫으면 구멍 주위 표면이 조금 뜯길 수 있다.

비트의 끝을 좌판의 구멍 뚫을 위치에 갖다 댄다. 암/보우에 뚫어 놓은 해당되는 스핀들 구멍을 통해 비트의 끝을 보면서 드릴 뒤쪽 중심이 좌판의 구멍 뚫을 위치와 일직선상에 정렬되도록 한다. 그리고 뚫는다.

방법 2(겨냥해서 뚫기): 영국식 윈저체어는 스핀들 끝단이 보우나 암을 관통하지 않는다(즉 방법 1을 사용할 수 없다). 그러나 어쨌든 좌판과 보우에 뚫은 구멍은 서로 나란하게 정렬되어야 한다. 그렇게 구멍을 뚫는 방법이 두 가지 있다.

첫 번째 방법은 적절한 판단에 따른 실행을 필요로 한다. 연습만 좀 하면 빠르고 정확하게 뚫을 수 있다. 이 방법의 가장 큰 이점은 각도 측정이나 계산이 필요 없다는 것이다. 따라서 그에 맞춰 기구를 설정할 일도 없으며 실수할 가능성도 줄어든다. 우선 암 또는 보

우에 스핀들 구멍을 뚫을 위치를 미리 표시한다. 이 표시는 구멍 뚫을 방향을 설정할 때 필요하다. 이후의 진행은 다음과 같다.

- 좌판의 구멍 뚫을 위치에 드릴 비트 끝을 갖다 대고 약간 뒤로 젖힌다.
- 암/보우의 앞쪽으로 비트의 끝단을 넘겨본다.
- 머리를 뒤로 움직여 드릴 끝이 암/보우의 해당되는 스핀들 구멍 표시 바로 아래에 오도록 시선을 맞춘다. 그러면 눈과 암/보우의 표시, 드릴 비트 끝단이 일직선상에 정렬된다.
- 드릴을 세워서 드릴 뒤 중심 표시가 시선상에 놓이도록 정렬한다.
- 뚫는다.

방법 3(사이트라인 이용하기): 스핀들 각각에 대해 사이트라인과 기울어진 각도를 알면 드릴프레스와 보조 경사 테이블을 이용해서 뚫을 수 있다. 각도를 재 볼 수 있는 완성품 의자를 갖고 있지 않다면 가는 막대로 사이트라인과 각도를 알아낼 수 있다.

먼저 바닥에 대해 좌판이 수평으로 놓이게 의자 다리 뒤쪽을 받친다. 막대의 한쪽 끝을 좌판 구멍 위치에, 다른 쪽 끝을 암/보우의 스핀들 구멍 위치에 맞춰서 가볍게 고정한다. 좌판 주위로 돌아보면서 막대가 좌판에 대해 수직으로 서 있는 것처럼 보이는 방향을 찾는다. 이 방향이 사이트라인이다. 좌판에 선을 그어 표시하고 향후 참고할 계획이 있다면 기록해둔다.

분도기나 디지털 각도자로 막대가 기울어진 각도를 측정한다. 사이트라인으로부터 재는 것을 명심한다.

사이트라인과 각도가 정해지면 드릴프레스와 틸팅테이블을 이용하든 자유각도자와 일반 드릴을 이용하든 뚫는 것은 문제없다.

암과 보우에 장붓구멍 뚫기

암이 좌판과 평행하다면(영국식 윈저체어는 대부분 그렇다) 같은 스핀들에 대해 좌판과 암에 뚫어야 하는 구멍의 사이트라인과 각도가 동일할 것이다. 그러면 위 방법 3을 이용해서 각도를 찾아 드릴프레스와 틸팅테이블로 장붓구멍을 뚫을 수 있다.

보우는 상황이 다르다. 좌판을 기준으로 한 사이트라인과 각도가 보우에 잘 옮겨지지 않기 때문이다(보우는 공간에 입체적으로 놓여 있다). 대신 이렇게 할 수 있다. 우선 보우에 스핀들의 위치를 표시한

다. 막대의 한쪽을 좌판의 구멍에 집어넣고 다른 쪽을 보우의 해당되는 스핀들 위치 표시에 갖다 댄다. 연필로 보우의 전면에 막대의 양쪽 경계를 표시한다. 이것이 스핀들이 기울어진 방향이다. 한편 막대가 보우와 동일한 평면 안에 놓여 있지 않다는 것을 인지하고 있도록 한다.

바이스에 보우를 뒤집어서 물린다. 스크류 오거비트를 이용해서 구멍을 뚫기 시작한 뒤 보우 전면에 표시해둔 막대의 기울기에 맞춰 각도를 조정한다. 드릴의 좌우 기울기는 그대로 유지한 채 드릴을 보우가 포함되는 평면으로부터 벗어나게 뒤로 기울인다. 이것이 정확한 각도다. 그 상태로 뚫는다. 구멍의 바닥면이 동그랗게 파지고 나면 드릴 비트를 포스트너 비트로 바꿔서 필요한 깊이까지 마저 뚫는다.

사실 이렇게 해서 각도가 완벽하게 맞춰지지는 않는다. 그러나

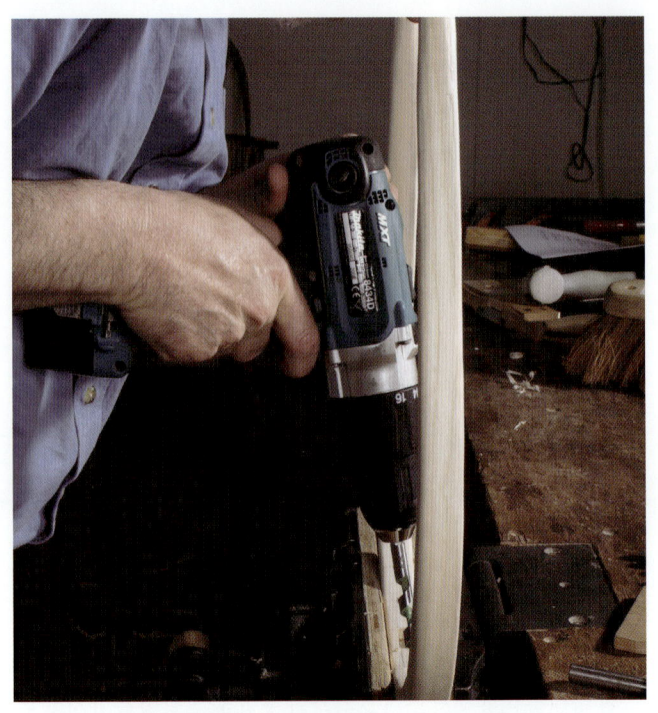

'보우의 평면'에서 드릴을 약간 뒤로 기울여서 뚫는다.

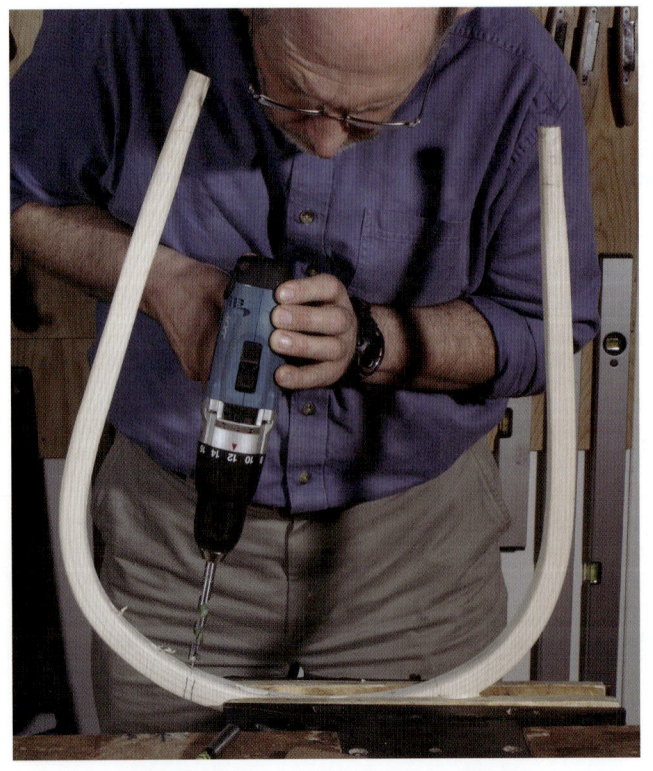

드릴의 방향을 보우 전면에 표시해둔 선에 맞춘다.

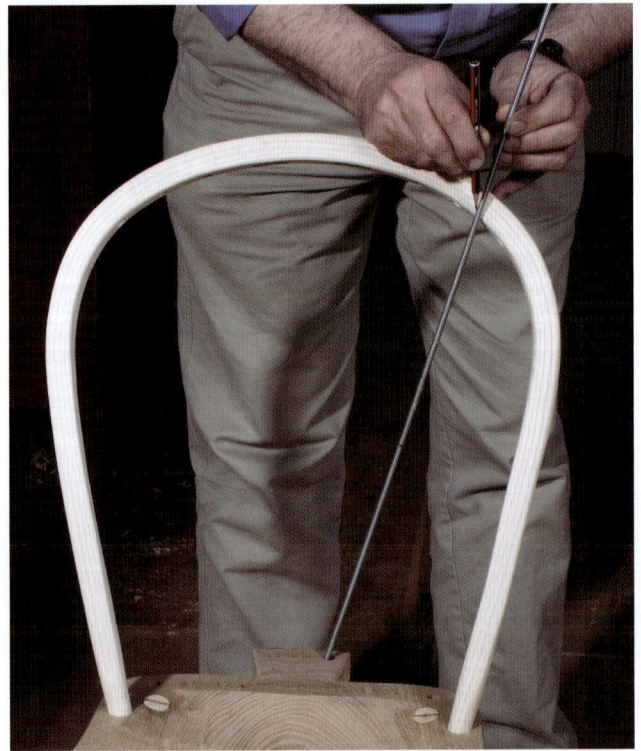

받침 스핀들 구멍을 뚫을 각도를 보우에 표시하고 있다.

나무는 약간의 오차를 허용할 만큼 유연하며 그로 인해 스핀들과 보우가 만족스럽게 결합될 가능성도 높아진다.

지금까지 윈저체어의 상부 구조 조립에 필요한 기술 요령을 두서없이 소개했다. 이제 대표적인 몇몇 윈저체어의 작업 단계를 설명해보도록 하겠다.

보우백체어

보우의 양 끝에 장부촉을 만드는 것이 우선이다. 부재의 길이에 여유가 있을 것이므로 장부촉을 튼튼하게 만들 수 있도록 양 끝단의 손상된 부위를 잘라낸다.

좌판 표면으로부터 보우의 제일 높은 지점까지의 거리를 잰다. '보우의 평면' 안에서 재야 한다. 작업대 표면에 가장자리로부터 수직선을 긋고 그 선 위에 앞서 잰 거리를 표시한다. 보우의 중심을 이 지점에 놓고 작업대에 그은 수직선을 중심으로 좌우 대칭을 맞춘다. 작업대의 가장자리가 좌판 표면 높이에 해당한다. 가장자리 밖으로 튀어나와 있는 부분 중 2in(50mm)를 남기고 잘라낸다. 2in

면 장부촉 길이로 충분하다.

보우의 끝단에 장부촉 크기의 원을 정확하게 그린다. 그릴 때 플라스틱 게이지를 활용한다. 장부촉은 스포크쉐이브로 깎는다. 작업하기 좋게끔 보우를 바이스에 거꾸로 세워서 물린다.

원에 맞춰 보우 끝단 가장자리를 골고루 깎아서 촉을 만든다. 게이지를 이용해서 촉의 두께를 점검하는데 딱 맞아야 한다. 촉이 가늘어서 헐겁게 되면 좌판과의 결합부가 결코 만족스러울 수 없다. 장부촉의 길이는 우선 1¾in(45mm) 정도로 맞춰서 좌판에 끼워본다. 그 상태로 보우의 높이를 확인한 후 필요에 따라 촉의 길이를 조정한다. 보우가 딱 맞는 높이와 위치에 앉혀지면 장부촉의 전면에 연필로 좌판과의 경계를 표시한다.

장부촉이 좌판 밑으로 튀어나온 부분은 잘라버린다. 좌판과 평행하게 자르되 ⅛in(3mm) 정도 남겨두면 된다. 이 남은 부분을 이용해서 나중에 장부촉을 벌림쐐기 처리하는데 그러면 목공 본드가 떨어지더라도 절대 빠지지 않는 맞춤이 된다.

보우의 센터를 표시한다.

백플랫폼에 스핀들의 위치를 표시한다. 손가락을 거리 측정 게

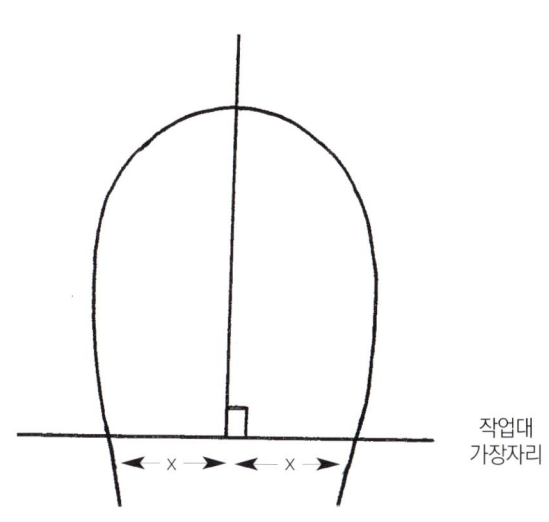

작업대에 표시한 선에 보우의 가운데 높이를 맞춰 올려놓으면 작업대의 가장자리가 좌판 표면 높이가 된다. 이 아래로 2in(5cm)만 남기고 나머지는 잘라낸다.

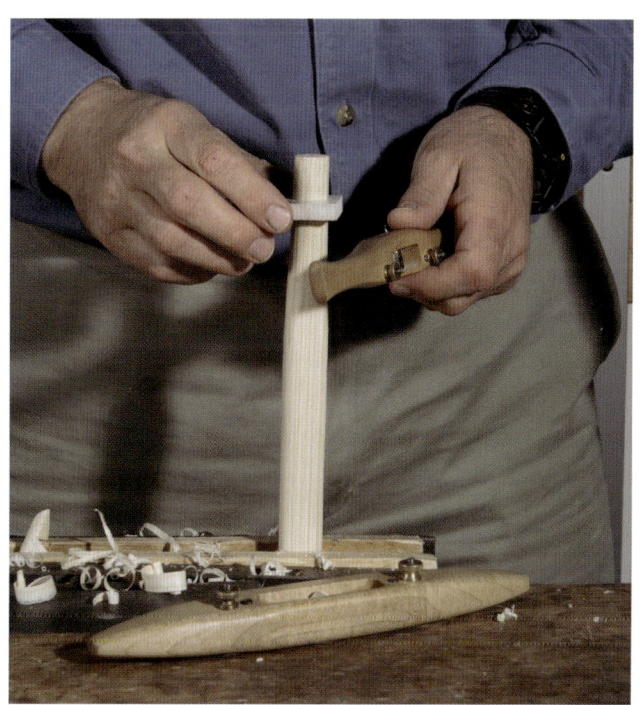

작은 스포크쉐이브와 플라스틱 게이지를 이용해서 보우 끝단에 장부촉을 만들고 있다.

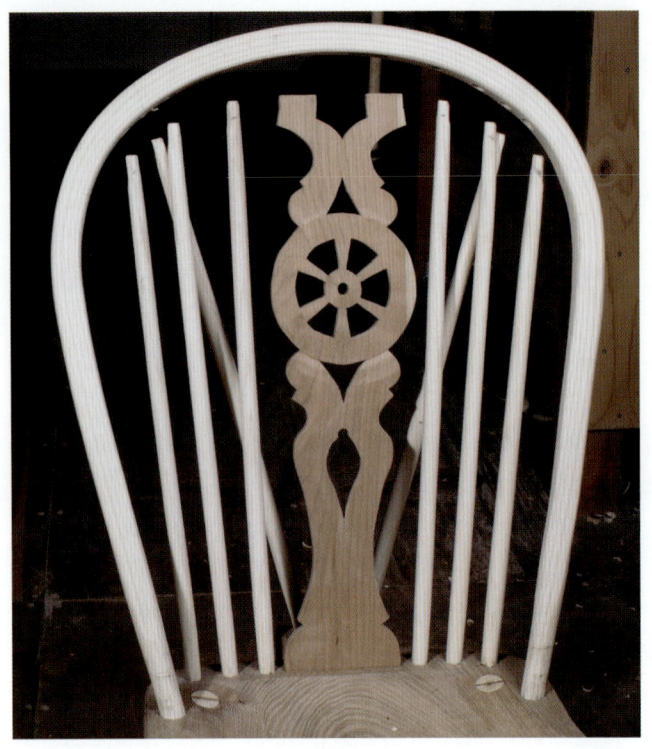

보우 맞춰보기.

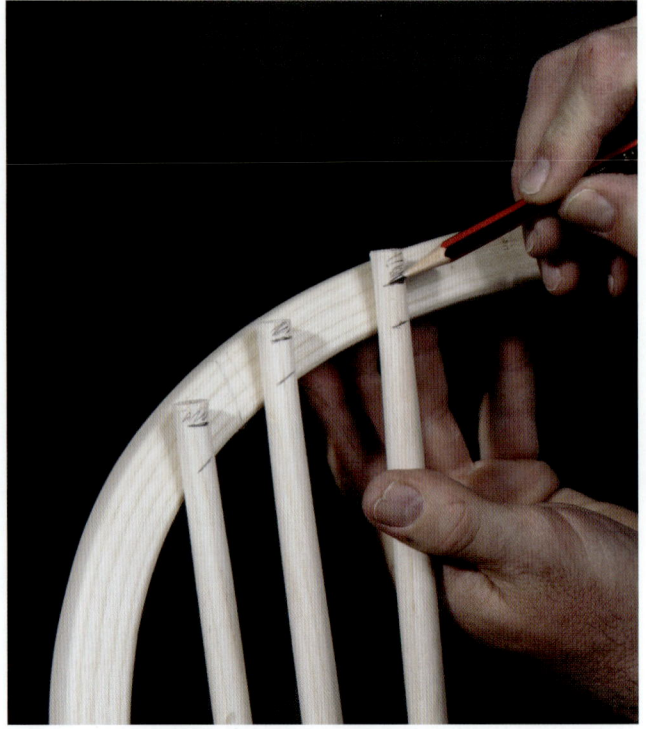

스핀들에 보우의 아랫면 경계를 표시하고 그 위로 장부촉의 길이를
더해서 잘라낼 부분을 표시한다.

이지로 이용해서 가장자리로부터 일정한 거리의 선을 그리는데
백플랫폼의 중간보다 약간 더 안쪽으로 그린다(보기 싫지 않을 만큼).
그래야 장부촉 둘레로 나무가 더 두껍게 남아서 튼튼하다.

보우에도 스핀들의 위치를 표시한다.

보우에 구멍을 뚫는다. 미국식 윈처체어라면 관통해서, 영국식
은 아래쪽에서 정해진 깊이로 뚫는다.

좌판에 스핀들 구멍을 뚫는다. 드릴 각도를 보우에 뚫어 놓은 구
멍에 맞춰 정렬한다.

구멍에 본드를 바르고 가장 잘 깎인 긴 스핀들을 골라 가운데로
하고 스핀들을 모두 끼워 넣는다. 좌판에 끼울 때는 구멍 주위가 쪼
개지지 않는지 잘 보면서 진행한다.

미국식 의자: 본드 없이 보우와 스핀들을 모두 좌판에 끼워 가조립
해 본다. 부드러운 망치로 툭툭 쳐서 보우가 앞서 연필로 표시해둔
위치까지 좌판에 꽂히도록 한다. 이때 필요에 따라 스핀들의 장부
촉을 조정한다. 좌판 아래로 튀어나온 보우의 장부촉은 $\frac{1}{8}$in(3mm)
정도의 둥치만 남겨두고 잘라낸다.

영국식 의자: 스핀들이 보우의 앞쪽으로 오게끔 좌판에 꽂아 넣는
다. 스핀들을 보우의 제자리에 위치시킨 후 보우의 아랫면 경계를
스핀들에 표시한다. 장부촉 길이만큼을 남기고 스핀들의 여유 길
이를 잘라낸다. 플라스틱 게이지로 촉의 크기를 확인해가며 스핀
들 상단에 장부촉을 깎는다. 촉의 모양은 아래쪽과 마찬가지로 구
멍보다 살짝 큰 다각형 형태면 좋다.

보우와 좌판의 구멍에 본드를 칠하고 등 구조를 조립한다. 영국
식 의자는 스핀들의 촉을 보우의 구멍에 맞춰 넣기 위해 망치로 살
짝 때려서 넣어야 한다. 반면 미국식 의자는 부드럽게 제 위치로 끼
워지는 편이다.

보우의 장부촉 끝단을 벌림쐐기 처리한다.

미국식 의자만: 보우를 관통한 스핀들의 장부촉도 벌림쐐기 처리
한다. 끌을 이용해서 촉을 쪼개서 쐐기 자리를 만든다. 보우의 결
에 수직한 방향으로 만들어야 보우가 쪼개지지 않는다. 쐐기에 본
드를 묻혀 꽉 끼도록 박아 넣는다. 본드가 마르면 돌출된 부분을 잘
라낸 뒤 조각도로 다듬고 스크레이퍼와 사포로 표면을 정리한다.

팬백 의자

백포스트를 좌판에 끼워보고 좌판 아래로 돌출된 부분은 잘라낸다. 본드를 칠해서 다시 고정하고 장부촉 끝단을 벌림쐐기 처리한다(보우와 같은 방식). 리본 슬랫이 있는 영국식 콤브백 의자라면 목심을 좌판의 측면으로 슬랫을 관통하도록 박아 넣는다.

크레스트에 구멍을 뚫은 뒤 백포스트에 맞춰 끼운다.

크레스트의 스핀들 위치에 뚫는 방향을 맞춰 좌판에 스핀들 구멍을 뚫는다. 본드칠을 해서 스핀들을 좌판에 모두 끼워 넣는다.

백포스트에 크레스트를 고정하고 각각 스핀들이 정 위치된 상태에서 스핀들에 크레스트 하단의 경계를 표시한다. 장부촉의 길이만큼 남기고 스핀들의 여유 길이를 잘라낸다. 스핀들의 장부촉은 크레스트에 파진 구멍보다 약간 짧게 만들어야 조립 도중에 간섭되지 않는다.

크레스트의 모든 구멍에 본드를 바르고 백포스트 및 스핀들을 맞춰 끼워 넣는다. 필요에 따라 클램프로 크레스트를 눌러서 잡아 놓는다.

크레스트의 전면으로부터 크레스트에 끼워져 있는 백포스트의 장부촉과 중앙 스핀들의 장부촉을 관통해서 구멍을 뚫는다. 크레스트 뒷면까지 뚫지는 않는다. 직경 3.5mm 정도의 목심을 만들어서 본드를 바른 뒤 구멍에 박아 넣고 튀어나온 부위를 정리한다. 이 세 개의 목심이 행여 본드가 떨어진 뒤에도 크레스트가 빠지지 않도록 잡아줄 것이다. 의자에 앉아 뒤로 기댈 때 크레스트의 모양 및 스핀들의 배치에 따라 어떤 결합부는 뽑아 당기는 힘을, 어떤 결합부는 밀어 넣는 힘을 받게 된다. 따라서 목심으로 결합부를 보강하는 것은 필수다. 게다가 보기도 좋다.

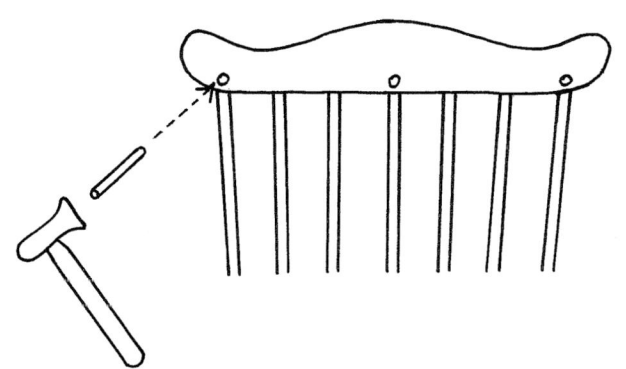

목심을 박아 장부 결합을 보강하기. 세 군데에 해야 한다.

암체어

암체어의 상부를 조립하는 데 있어 가장 큰 문제는 암이 좌판과 직접 연결되지 않고 암포스트나 스핀들에 꽂힌 채 좌판으로부터 어느 정도의 높이에 떠 있다는 점이다. 따라서 암을 포함한 주위의 요소들을 모두 정확히 맞추려면 우선 암을 목표 위치에 임시로 고정해 놓을 수 있어야 한다.

한편, 결합부 구멍들을 뚫기 이전에 암의 끝단에 넓적한 '손'을 만들어 놓을 필요가 있다. 그래야 암포스트의 장부촉을 넉넉하게 수용할 수 있고 보기에도 좋다. 암에 나무 조각을 덧댄 뒤 손을 만들 수 있는데 미국식 윈저체어 제작에서 표준적인 방법이다. 그러나 영국에서는 일반적이지 않다. 초기 영국식 의자는 팔걸이를 주목의 줄기로 만들곤 했다. 일단 벤딩한 다음에 모양을 적절히 깎는 방식인데 암의 너비가 충분해서 별도의 조각을 붙이지 않고도 손을 만들 수 있었다. 이들 의자를 자세히 살펴보면 손의 바깥쪽에는 변재가 섞여 들어가 있기도 하다. 주목 줄기를 사용할 수 있는 최대한의 너비로 사용했음을 말해준다.

암 부재의 양 끝단을 넓게 남겨둔 상태에서 벤딩하는 것도 가능하다. 벤딩 후 손 부분을 조각할 수 있도록 말이다. 이때도 벤딩을 할 때 스트랩으로 부재의 대부분을 감싸줘야 한다.

의자의 손 부분에 나무 조각 붙이기

잘 붙이려면 암의 양 끝부분과 붙일 조각의 접합면을 반듯하게 다듬어야 한다. 접합면 전체가 잘 밀착되어야 하는데 의자에서 일어나려고 팔걸이를 누를 때 의자의 손 부위에 적잖은 스트레스가 가해지기 때문이다. 경우에 따라 암포스트 장붓구멍이 접착 부위에 위치하게 될 수 있는 것도 나무 조각을 잘 붙여야 하는 이유다. 그렇다고 목심 등으로 보강할 필요는 없다. 접착 면만 잘 밀착되면 본드 접착만으로도 충분하다. 250년 된 의자들을 살펴봐도 해당 부위가 문제되진 않으니 말이다.

암을 바이스에 물리고 좁은 면을 어렵게 대패질하는 대신 대패를 바이스에 물려놓고 그 위로 암을 밀어서 깎는다. 수압대패에서 하듯 말이다. 장갑을 끼는 것이 좋다. 자칫 손도 깎기 쉽다.

대팻날을 예리하게 여마해서 한쪽으로 기울어지지 않고 적당한 깊이로 깎노록 살 세팅한다. 암을 내배 위로 수직으로 세워 잡고(깎고자 하는 면이 대패 바닥면과 나란하지는 않아도 된다. 벤딩 중에 뒤틀렸을 수 있다) 몇 차례 밀어 깎아서 암의 수직 측면을 확보한 뒤 두 손으로 꽉 잡아

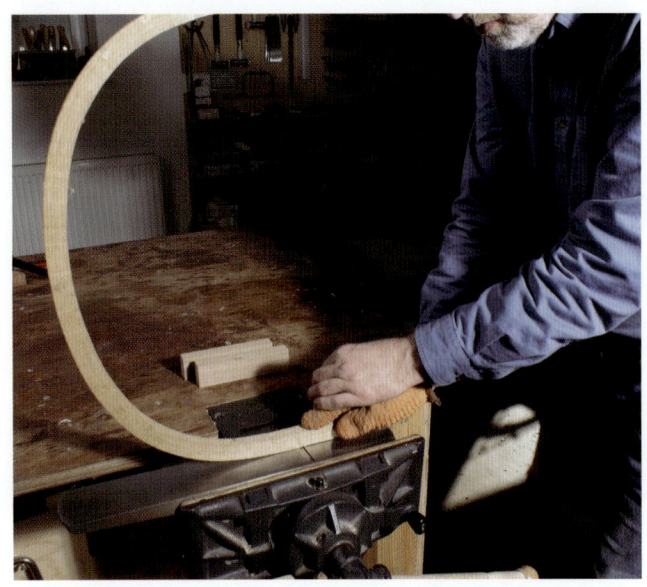

대패를 바이스에 거꾸로 고정한 채 암의 측면을 대패질하기.

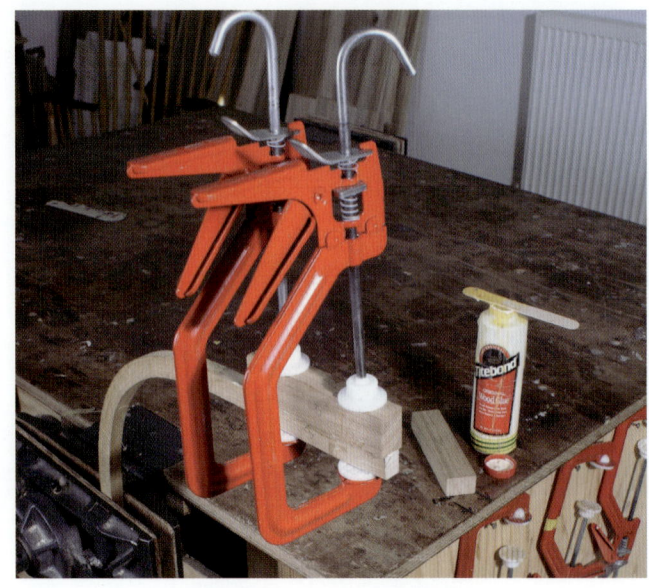

'손'을 만들기 위해 나무 조각 붙이기.

눌러서 몇 차례 더 깎아서 접착 면적을 확보한다.

붙일 나무 조각의 측면도 같은 방법으로 깎는다. 암 측면과 맞춰 봤을 때 빈틈이 없도록 한다.

깎은 면이 위로 오도록 암을 바이스에 물린다. 나무 조각에 본드를 발라서 암과 서로 문질러 본드가 양쪽으로 골고루 흡수되게 한 뒤 클램프를 조이고 굳을 때까지 기다린다.

가능하면 나무 조각은 암보다 조금 더 두껍게, 손의 필요 길이보다 약간 더 길게 준비한다. 그래야 손을 깎을 때 편하다.

암포스트를 목선반으로 만든 의자

암을 제 위치에 임시 고정하기

세 지점을 받치면 암을 정확한 위치에 잡아 둘 수 있다. 양쪽 손을 같은 높이에서 받쳐주는 임시 암포스트를 만들면 유용하다. 자투리 나무를 대략 깎아 좌판에 꽂을 수 있게 하고 손을 받치는 부위는 엇비슷하게 잘라서 암을 잘 얹을 수 있게 한다.

받쳐야 할 세 번째 지점은 가운데 스핀들 자리다. 암포스트와 마찬가지로 임시 스핀들을 만들되 나무토막에 꽂아서 가운데 스핀들 위치를 원하는 높이로 받치게 한다. 나무토막은 좌판의 앞뒤에

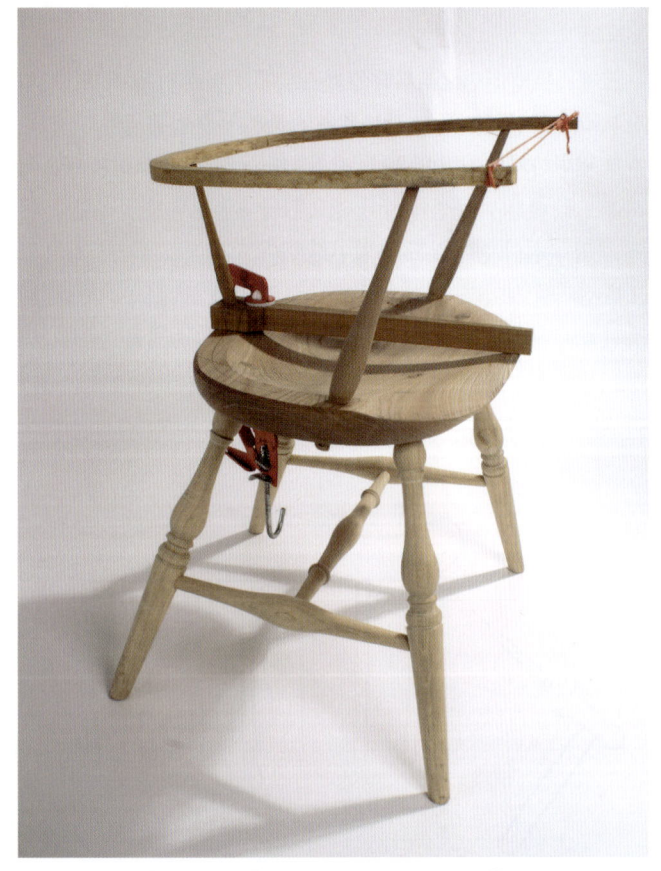

세 군데를 받쳐서 암을 좌판 위 정위치에 임시 고정할 수 있다.

길게 걸칠 수 있게 준비하고 좌판의 중심선과 맞출 수 있도록 중심을 따라 선을 그어 둔다. 측면에는 스핀들이 좌판의 어디에 꽂히는지 알 수 있게 스핀들이 기울어진 각도 선을 표시한다.

이처럼 임시 포스트/스핀들을 이용하면 목표하는 높이와 위치에 암을 정확하게 고정할 수 있다. 그 상태에서 구멍을 뚫기 위한 표시를 한다.

암을 임시 포스트/스핀들 위에 잘 올려놓는다. 암포스트 앞으로 튀어나온 길이가 양쪽이 동일하게 맞추고 가운데 스핀들이 암 중심의 아래에서 약간 앞쪽으로 놓이게 한다(스핀들이 기울어져 있으므로 구멍이 암의 윗면에서는 뒤쪽으로 치우쳐서, 아랫면에서는 앞쪽에 가깝게 뚫리게 되

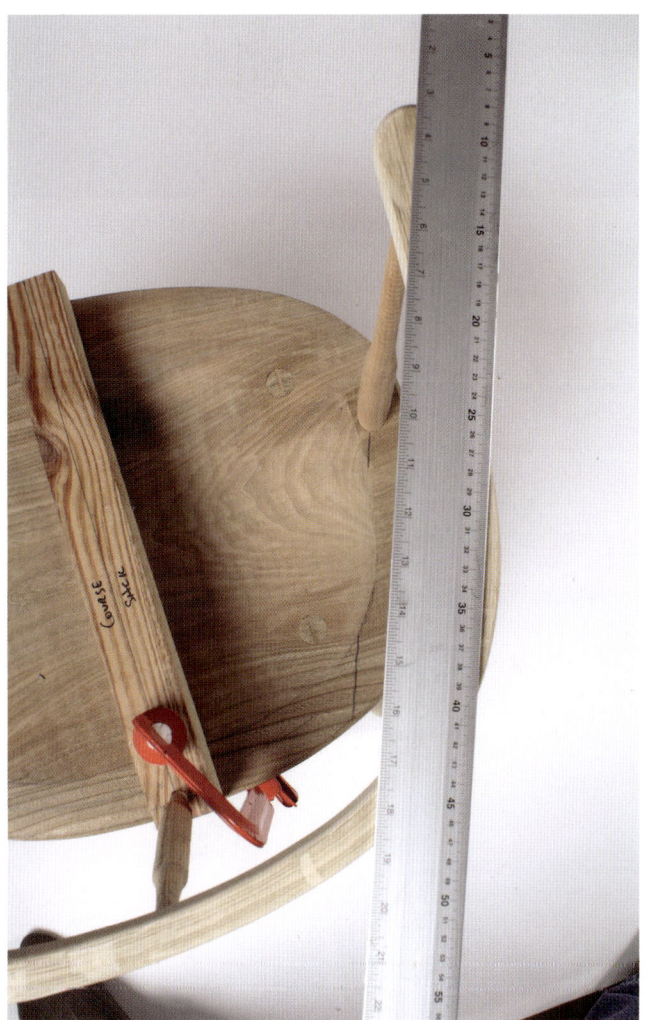

위에서 내려다보면서 좌판에 그려둔 사이트라인과 나란하게 암에
사이트라인을 그린다.

다). 움직이지 않게 주의해서 암의 아랫면에 임시 암포스트의 가장자리를 그린다. 암포스트 구멍을 뚫을 자리다.

그러나 구멍을 뚫으려면 위치뿐 아니라 각도와 방향(사이트라인)도 필요하다. 암을 세 지점 위에 그대로 둔 채 긴 자를 암 위로 걸쳐 놓는다. 암포스트가 손 위로 뚫고 나올 지점에 한쪽을 대략 맞춘 뒤 좌판에 암포스트 구멍을 뚫기 위해 표시했던 사이트라인과 나란하게 놓는다. 그 상태로 암 위에 선을 긋는다. 손 부위와 암 뒤편에 자가 걸쳐진 부분만큼만 그으면 된다. 암을 들어내서 암의 아랫면에 같은 선을 이어서 그린다. 좌판을 오려낸 후 좌판의 중심선을 반대 면으로 옮겨 그렸던 것과 같은 방식으로 그리면 된다.

구멍을 뚫기 위해 필요한 마지막 정보는 각도다. 만약 암이 좌판과 평행하다면 좌판에 암포스트 구멍을 뚫었던 각도와 같은 각도로 뚫으면 된다. 만약 암의 뒤쪽이 앞쪽보다 낮다면 각도를 높여서 뚫는다. 예를 들어 2도 정도 말이다. 초창기 영국식 윈저체어는 대부분 암의 아랫면이 좌판에 평행하게 만들어졌다. 가끔 암 윗면은 앞쪽으로 약간 기울게 하기도 했다.

미국식 의자는 암이 뒤쪽으로 기울어진 편이다. 따라서 암포스트 구멍을 좌판에 뚫었던 각도보다 더 큰 각도로 뚫어야 한다. 예외가 몇 있다. 필라델피아체어는 암포스트가 수직에서 몇 도 정도 기울어져 있는 한편 암과 암포스트는 직각 관계다. 이 경우에는 암포스트 구멍을 드릴프레스를 이용해서 수직으로 뚫으면 된다.

각도로 뚫을 것을 감안해서 암의 아랫면을 위로 해서 나무 판에 클램프로 고정한다. 자유각도자를 구멍 뚫을 각도로 맞추고 사이트라인에 나란하게 놓는다. 드릴 비트 끝을 뚫을 자리에 위치시키고 자유각도자를 참고해서 각도를 맞춘다. 이때 드릴이 사이트라인의 방향에서 벗어나지 않도록 주의한다. 그리고 뚫는다.

영국식 의자는 암포스트 상단의 장부촉 두께가 일정한 것이 보통이다(초기 조지안체어는 암포스트를 목선반으로 깎지도 않았다). 반면 미국식 의자는 장부촉 모양이 끝으로 갈수록 가늘어지는 형태인 경우가 많다(원기둥과 원뿔의 중간 모양). 이 같은 장부촉은 목선반에서 스큐치즐을 이용해서 쉽게 가공할 수 있다. 구멍은 드릴 비트로 뚫은 뒤 리머를 이용해서 장부촉 모양에 맞게 넓혀줘야 한다. 방법은 처음 드릴 비트로 뚫을 때와 같다.

구멍을 뚫은 뒤 진짜 암포스트를 끼워 점검해본다. 암이 정확하게 위치하도록 구멍 깊이와 각도를 조정한다.

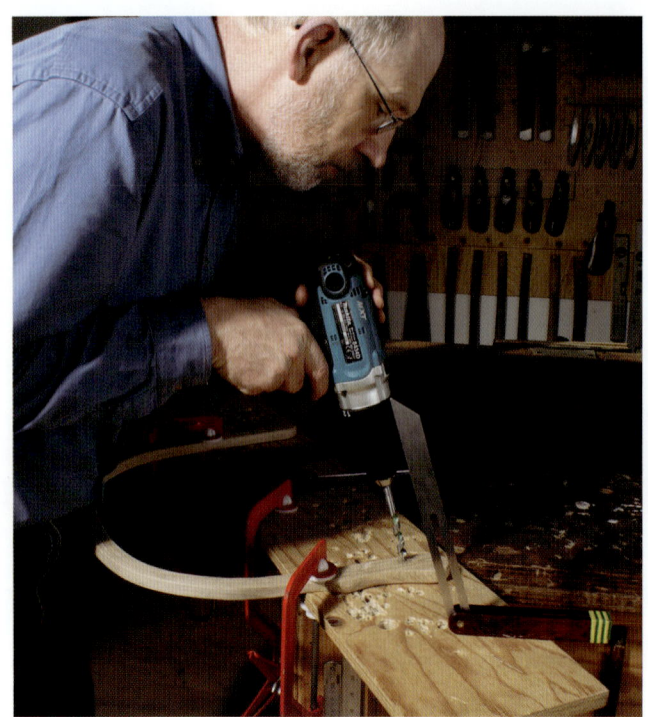

(a) 손에 구멍 뚫기. 사이트라인의 방향에 맞춰 자유각도자를 참고해서 드릴을 기울여 뚫는다.

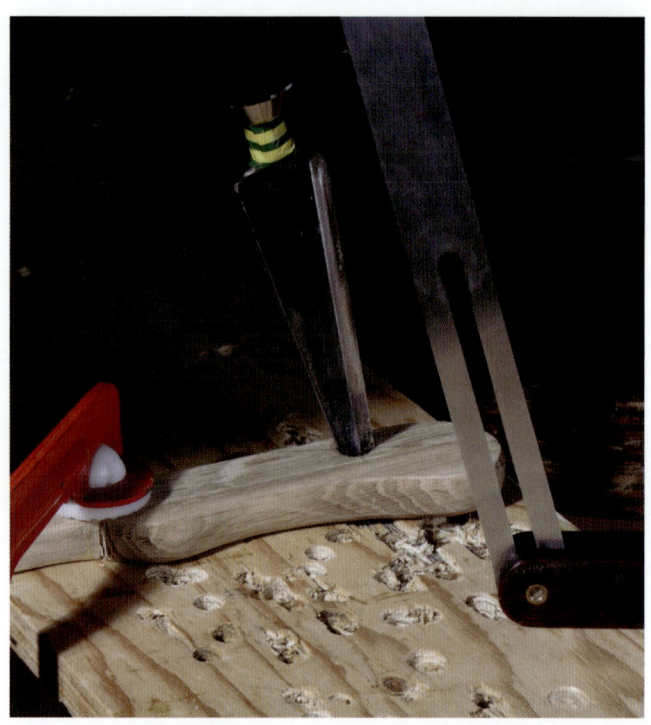

(b) 리머를 이용해서 동일한 각도로 구멍을 경사지게 넓힌다.

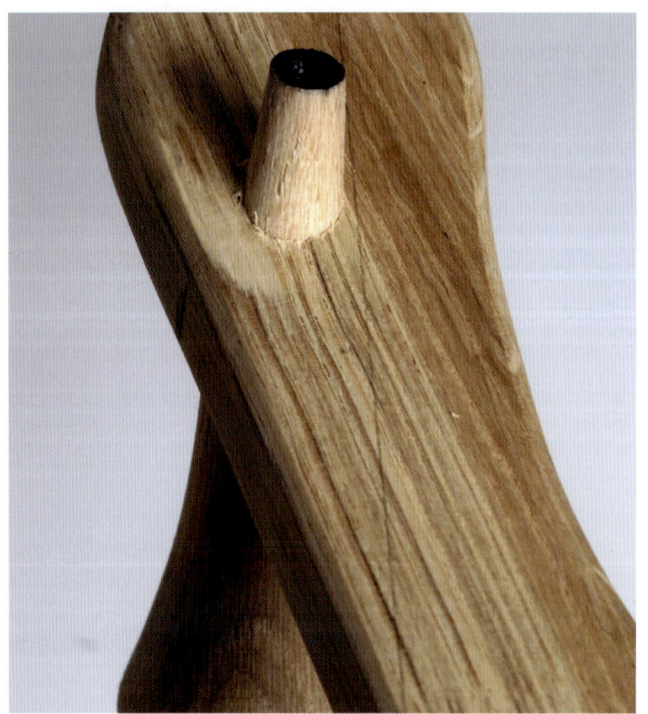

(c) 리머로 구멍을 넓힌 경우의 맞춤 모습.

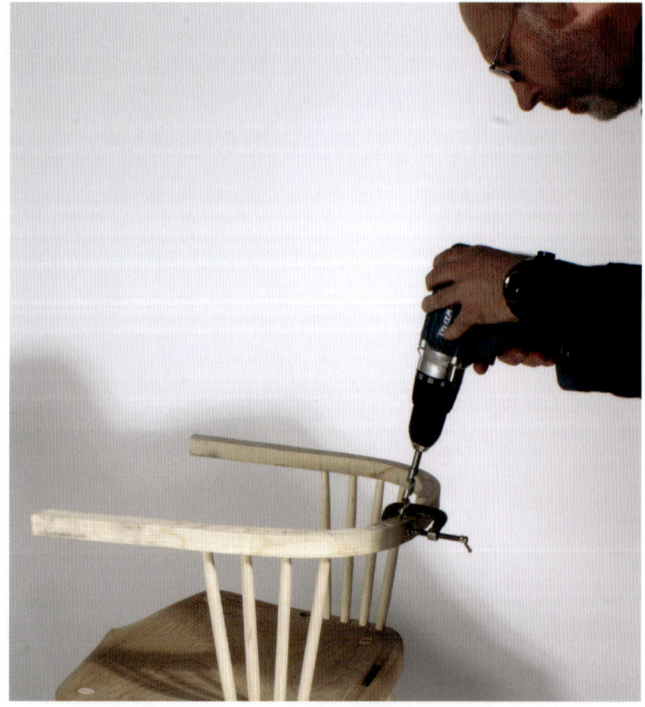

굽은 암서포트가 있는 의자(아직 암서포트를 맞추기 전이다). 보우를 짧은 스핀들에 고정한 뒤 긴 스핀들 구멍을 뚫는다. 암서포트는 제일 나중에 맞춘다.

스핀들 구멍 뚫기

암을 암포스트에 고정하고 나면 좌판과 암에 스핀들 구멍을 뚫을 수 있다.

좌판에 스핀들의 위치를 표시한다. 가운데부터 시작해서 바깥으로 표시해 나간다. 양쪽 제일 바깥쪽에 위치한 스핀들과 암포스트 사이 간격이 비슷한지 확인한다. 만약 다르다면 전체적인 레이아웃을 점검해서 조정한다. 아니면 짧은 스핀들의 간격을 조금 조정해서 비슷하게 맞출 수 있다.

암의 중심점을 찾아서 좌판에 한 것과 마찬가지로 스핀들 위치를 표시한다. 임시 스핀들을 이용해서 암을 받쳐놓은 상태로 좌판의 표시를 겨냥하며 암에 구멍을 뚫는다. 최종적으로 ㄱ자로 꺾인 드릴을 이용, 암에 뚫어 놓은 구멍과 방향을 맞춰 좌판에도 구멍을 뚫는다. 스핀들을 좌판에 본드 조립하고 암을 끼워 넣는다. 암이 좌판 위 정확한 높이에 고정되도록 필요에 따라 스핀들이나 구멍을 조정한다.

스팀벤딩한 암서포트가 있는 의자

굽어 있는 암서포트는 구조적인 관점에서 암포스트에 비해 중요성이 덜하다. 이들과 암 사이의 결합부가 그만큼 튼튼하지 않기 때문이다. 암서포트 윗단의 평면을 암의 하단에 붙여서 핀을 박아 고정하는 방식인데 요즘은 나사못을 사용한다. 이들 의자에서 상부 구조의 건전성은 암서포트보다 짧은 스핀들에 달려 있다. 같은 이유로 조립할 때도 암을 스핀들에 먼저 고정하고 암서포트는 가장 나중에 맞춘다.

암서포트는 하단의 장부촉을 충분히 길게 가공한 뒤 좌판에 꽂아지는 깊이를 조절해서 상단 평면을 암의 아래에 갖다 붙인다. 따라서 장부촉 두께를 정확하게 가공해야 한다. 그렇지 않으면 좌판과의 사이에 눈에 띄게 틈이 생긴다.

암서포트의 상단은 밴드쏘로 잘라낸다. 좌판에 그려진 서포트의 사이트라인이 좌판의 중심을 수직으로 가로지른다면 밴드쏘 테이블을 좌판에 구멍을 뚫은 것과 같은 각도로 기울인 후 마이터게이지를 이용, 서포트 하단의 장부촉이 마이터게이지 펜스와 나란하게 잡고 상단을 적당한 높이로 자르면 된다. 서포트의 사이트라인이 좌판 중심선에 대해 90노가 아니라면 마이터게이시를 해당 각도만큼 틀어서 같은 방법으로 서포트의 상단을 자른다.

이때 목표선에 너무 딱 붙여 자르지는 않는다. 약간의 두께를 남겨둬야 블록플레인으로 깎아서 암 하단에 밀착되게 맞출 수 있다.

잘 맞춰 끼우고 붙였다면 못이나 나사못을 추가로 박아 보강한다. 박기 전 사전 보링을 해야 나무가 쪼개지거나 위치가 틀어지는 것을 방지할 수 있다.

암체어에 보우나 크레스트 결합하기

암체어라고 해서 크레스트를 결합하는 방법이 다르지 않다.

더블보우체어나 색백체어처럼 암 위로 고정되는 보우는 암에 장부 맞춤이 결합되며 긴 스핀들이 암을 통과해서 보우에 끼워지게 된다. 스핀들이 가장자리로 갈수록 밖으로 벌어지며 보우에 연결되면 좋은데 스핀들이 너무 뻣뻣하면 어려울 수 있다.

보우를 암에 꽂아 넣기 위한 사이트라인을 찾는 것이 가장 중요하다. 정확한 사이트라인상에서 뚫어야 보우-암 결합뿐 아니라 스핀들-보우 결합이 쉬워지고 외관상으로도 스핀들이 잘 뻗어서 보우까지 연결된다.

보우의 끝단을 암에 올려놓고 보우를 목표 위치에 가고정한다. 끝단을 내려다보면서 머리(눈)를 움직여 장부촉이 암의 평면에 수

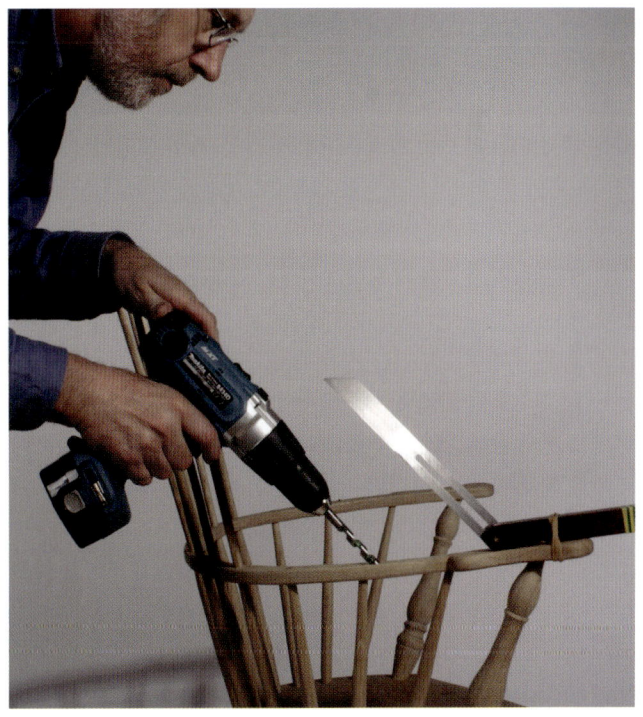

더블보우체어의 임에 보우를 끼울 구밍 뚫기.

직으로 투사되는 선을 찾는다. 이 선이 암에 보우를 꽂을 구멍을 뚫기 위한 사이트라인이다. 암 윗면에 선을 그어 표시한다.

보우가 꽂히는 각도로 맞춘 자유각도자를 암에 고무줄 등으로 고정한다. 이때 자유각도자가 앞서 표시한 사이트라인 위에(또는 나란하게) 놓이도록 유의한다. 드릴의 끝을 구멍 뚫을 위치에 갖다 대고 드릴을 사이트라인 방향으로 기울여서 자유각도자와 각도를 맞춘 뒤 뚫는다.

보우의 끝단에 장부촉을 깎아서 암에 끼운다. 스핀들을 보우에 끼우는 방법은 보우백체어와 동일하다. 본드 조립을 할 때 암에 끼워진 보우의 장부촉에 벌림쐐기 처리를 한다.

목공 본드

본드의 종류는 워낙 다양한데, 그중 나는 세 종류의 본드를 주로 사용한다. 어떤 본드가 가장 좋은지는 예전부터 해오던 질문이며 최고의 본드를 가리는 비교실험 자료도 많이 있다. 이들 자료를 참고는 하되 최종적으로는 최고의 본드가 아니라 자신의 작업 방식에 맞는 본드를 골라서 써야 한다.

PVA(폴리비닐아세테이트) 본드

나는 흰색 PVA 본드는 일절 사용하지 않는다. 가장 흔한 본드 중 하나이지만 수성이어서 조립을 위해 본드칠을 하자마자 결합부의 나무 표면을 부풀게 하는 문제가 있다. 다리와 좌판 결합을 예로 들어보자. 다리의 장부촉과 좌판의 장붓구멍은 느슨해선 안 되고 꼭 맞아야 하는데, 그 와중에 너무 힘을 주지 않아도 넣었다 뺐다 할 수 있되 그냥 빠지지는 않을 만큼 적당히 딱 맞아야 한다. 이와 같은 결합부의 조립에 PVA 본드를 사용하면 장부촉과 구멍의 표면이 부풀면서 장부가 제자리에 완전히 끼워지기 전에 고착되어 버리기도 한다. 조립 중에 이런 상황이 생겨서 다리를 망치로 때려서 겨우 끼워 넣는 일이 실제로 벌어지기도 한다.

조립 단계에서 나무를 이처럼 막 대하는 것은 의자 하나를 완성하기 위해 지금껏 해온 섬세한 작업들, 거기에 들인 정성을 무화시키는 일이다. 다른 종류의 접착제를 사용하면 쉽게 피해갈 수 있는 문제임에도 말이다. 그런데 만약 이렇게 나무를 막 다루는 것이 아무렇지 않게 여겨진다면 PVA 본드도 훌륭한 접착제.

노란 본드(지방족 수지 본드)

충분히 넓은 폭의 나무가 없을 때는 여러 판의 제재목을 붙여서 좌판 재료를 준비한다. 좌판을 집성할 때 비스킷이나 목심을 사용하는 것은 바람직하지 않다. 좌판을 파내는 과정에서 비스킷/목심이 드러날 수도 있기 때문이다. 의자 제작자들의 오랜 경험에 비추어 볼 때 나무를 면 대 면으로 그냥 붙여도 충분히 튼튼하다. 잘 붙인다면 말이다. 우선은 접착하는 두 면 사이에 눈에 띄는 틈이 없도록 접착 면을 잘 준비해야 한다.

나는 수압대패를 이용해서 접착할 면을 다듬는다. 그런데 기계로 한다고 일이 자동으로 잘 되지는 않는다. 잘 세팅된 동일한 수압대패로 작업하는 데도 나무를 미는 손길에 따라 두 면이 딱 붙기도 하고 아니기도 하니 말이다. 이 작업에선 수압대패의 뒷정반에 나무를 잘 밀착시키는 것이 중요하다. 기본적으로 누르는 힘도 필요하지만 나무가 깎이는 양상을 보면서 결과적으로 깎인 면이 뒷정반에 딱 붙어서 가게 해야 한다. 어떤 도구를 사용하든 잘 되는 방식을 찾아서 두 접착 면이 완벽하게 밀착되도록 한다. 이 결합에는 타협의 여지가 없다.

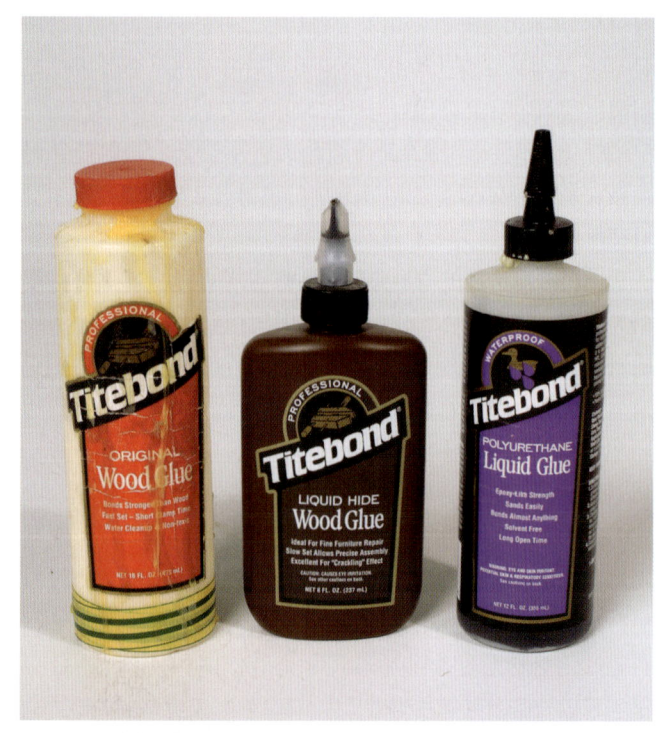

내가 사용하는 지방족 수지 본드, 아교, 폴리우레탄 본드.

좌판 나무를 붙일 때 내가 선호하는 본드는 노란색의 지방족 수지 에멀전 본드다. 타이트본드(오리지널)가 여기에 속한다. 본드로 붙인 두 면 사이의 결합은 주위의 나무 자체보다 강하다. 좌판을 집성한 뒤 잘라낸 끝부분을 부러뜨렸을 때 접착 부위가 아닌 다른 나무 부분이 부러진다면(이게 정상이다) 집성을 잘한 것이다.

좌판 집성을 제외하고 봤을 때 윈저체어 조립에 사용할 본드가 갖춰야 할 가장 중요한 특질은 '미끄러움'이다. 그래야 꼭 맞는 결합부들을 무리 없이 끼워 맞출 수 있다. 내 경험상으로는 두 종류의 본드가 이 같은 성질을 가지고 있다. 바로 폴리우레탄 본드와 아교다.

폴리우레탄 본드와 액상 아교

폴리우레탄 본드는 미끄러우며 가장 복잡한 형태의 윈저체어를 조립하기에도 충분할 만큼 오픈 타임(조립 허용 시간)이 길다. 단, 결합부에 본드를 너무 많이 바르면 남는 본드가 삐져나온다. 이 본드 거품은 딱딱하지는 않아서 칼이나 끌로 쉽게 제거할 수 있다. 의자에 스테인을 칠할 예정이라면 본드 거품뿐 아니라 본드가 묻었던 부위의 나무 표면도 얼마간 제거해야 한다. 표면에 스며든 본드가 스테인의 흡수를 막아서 얼룩이 생기기 때문이다. 작업실이 따뜻하다면 조립 후 20분 정도 이내에 본드를 제거할 수 있다.

액상 아교도 폴리우레탄 본드와 마찬가지로 미끄러운데 거품 문제도 없다. 그러나 넘쳐난 본드를 제거하는 데 시간이 더 걸려서 폴리우레탄 본드를 사용했을 때처럼 바로 후속 작업(튀어나온 장부촉을 잘라내고 다듬는 등)을 할 수는 없다. 아교를 닦아내는 것은 비교적 수월하다. 아교가 물에 녹기 때문이다. 천에 물을 적셔 닦아내면 된다. 아교를 액상으로 구입해서 쓰면 다소 비싸고 사용 가능 기한을 반드시 지켜야 하는 단점이 있지만 너무나 편리하다. 의자를 대량으로 생산할 생각이 아니라면 본드가 조금 비싼 것이 큰 문제는 아닐 것이다. 그 편리함에 견주면 말이다.

아교의 최대 장점(어느 타입이든)은 적당한 수분과 열을 가해 접착 부위를 다시 떼어낼 수 있다는 것이다. 의자 제작자에겐 큰 의미 없는 성질일 수도 있겠다. 만들 때 뭔가를 다시 떼어내는 상황이 바람직한 것도 아니고 말이다. 그러나 미래 언젠가 의자의 결합부가 떨어지거나 어딘가가 부러지는 일이 생긴다면(언젠가는 생긴다) 아교로 조립한 의자는 필요한 부위를 분리해서 수리한 뒤 다시 붙일 수 있다. 반면 아교를 제외한 비가역적인 방식으로 접착하는 본드로 조립한 의자는 수선이 매우 힘들다. 분해하는 과정에서 멀쩡한 결합

부도 손상될 가능성이 크기 때문이다.

마감

의자에 애당초 마감 칠이 왜 필요할까? 칠을 하는 첫째 이유는 나무 표면을 오염 물질로부터 보호하는 것이다. 의자는 사용하려고 만드는 것이며 나무는 때를 불러 모으는 자석 같다. 마감 칠을 하지 않은 의자는 금세 더러워진다. 앉은 이에게든 지나가는 이에게든 늘 차이게 마련인 다리가 특히 그렇다. 자꾸 손이 가는 암이나 보우도 마찬가지다.

마감 칠을 하는 두 번째 이유는 의자를 보기 좋게 하는 것이다. 나무로 가구를 만들어보지 않은 보통 사람들은 마감 칠 뒤에 가려진 것을 거의 보지 못한다(놀랍게도). 심지어 칠이 바뀌면 뭐가 달라 보일지도 잘 상상하지 못한다. 그래서 마감 칠을 잘 해야 한다. 의자를 아무리 잘 만들어도 칠을 잘 못하면 대부분 사람들은 그 의자를 그다지 좋지 않게 생각할 것이다. 억울할 수 있지만 그게 사실이다.

사실 의자를 만드는 일은 고되다. 또한 그렇게 의자를 완성한 만족감이 너무 커서 뭔가 해야 할 일이 남아 있다는 사실을 부인하고 싶어지곤 한다. 특히 그 일이 그다지 재미있거나 익숙하지 않은 마감 칠이라면 더 그렇다. 의자가 스스로 빛을 발해줄 것이라 기대하면서 마감을 중요하게 생각하지 않는 것은 어쩌면 당연해 보인다. 그런데 슬프게도 그 자체로 드러나는 것은 마감이다. 그 외 의자의 만듦새는 무시되기 십상이다.

따라서 누군가가 마감 칠 아래에 있는 의자의 참모습을 봐주길 바란다면 마감을 잘 하는 것이 필수적이다. 마감이 괜찮으면 의자는 시선을 끌 것이다. 아니라면 아무리 잘 만든 의자라도 눈에 띄지 않을 것이다. 따라서 최소한 사람들이 괜찮게 여기는 수준까지의 마감, 그렇지만 의자를 만드느라 들인 것만큼은 수고를 덜 하는 마감을 위해 조금 더 노력할 필요가 있다.

지난 20여 년 동안 마감에 대해 쓰인 훌륭한 책만 해도 여러 권이지만 여전히 많은 이들이 마감을 연금술만큼이나 미스터리하게 여긴다. 마감 전문가들은 수백 년이 된 듯 우아하게 윤이 나는 표면을 만들어내는 비법을 공개하길 꺼린다. 리프로덕션 제품으로 보일 것인지 짝퉁 모조품으로 보일 것인지가 한 끗 차이인 것만큼이나 이 분야는 미스터리에 가려 있다. 이런 타입의 마감의 목적은 나무를 나무처럼 보이지 않도록, 그래서 나무로 의자를 만드는 법을

담은 이 책과 무관한 물건처럼 보이게 하는 것이다.

마감은 매우 개인적인 작업 과정이다. 따라서 항상 맞는 좋은 방법이란 없다. 가구 제작자들은 자기가 하는 작업에 맞는 마감 방식을 스스로 찾아내야 한다. 그리고 그 방식 또한 목공을 계속하는 한 계속해서 바뀔 것이다.

사람들은 나무의 질감을 사랑한다. 특히 만지고 있는 것이 의자라면 말이다. 어떤 마감이든 그 질감이 나무를 직접 만지고 있다는 느낌에서 벗어나서는 안 된다.

자기에게 맞는 마감 방법의 체계에 도달하기 위해 마감 전문 수업을 들을 필요는 없다. 프렌치폴리싱처럼 특별한 방법을 배우려고 하는 게 아니라면 말이다. 윈저체어에는 평평한 면이라곤 없다. 따라서 네모반듯한 가구를 마감할 때는 경험할 수 없는 여러 도전적인 상황에 맞닥뜨리게 된다. 내가 할 수 있는 조언은 마감에 대해 가능한 많은 자료를 읽고 자기에게 맞는 방법을 찾을 때까지 실험적인 시도들을 계속 해보라는 것이다. 마감에 대한 내 생각에 동의한다면, 지난 몇 년간 잘 활용하고 있는 방법을 몇 가지 공유해 보겠다.

준비 작업

마지막에 무슨 마감 도료를 칠하든 우선 나무 표면이 칠에 적합하게 잘 준비돼야 한다. 앞서 설명한 것처럼 표면의 홈이나 덜 깎인 부분은 캐비닛 스크레이퍼로 긁어내는 것이 좋고 스크레이퍼 자국을 없애는 데 사포를 이용하면 효율적으로 작업할 수 있다.

지금 단계에서는 사포를 세 가지 입도 - 120, 180, 240 - 만 사용해도 충분하다. 120번 사포는 나무 표면의 결 방향대로만 사용하도록 주의해야 한다. 그렇지 않으면 결을 가로질러 생긴 스크래치를 감당할 수 없게 될 것이다. 사포질을 할 때는 패드로 받쳐서 하는 것이 좋다. 표면에 사포가 닿는 압력을 분산시켜 고르게 사포질하는 데 도움이 된다. 패드는 손을 보호해주기도 한다. 목선반 작업 중 사포질을 할 때 마찰열로 손을 데기도 하는데 패드를 사용하면 그럴 일이 없다. 패드는 다양한 재료로 만들 수 있다. 캠핑 매트 등에 쓰이는 클로즈드 셀 폼(closed cell foam)으로 만들면 열 차단도 잘 되고 몇 달간 잘 쓸 수 있을 만큼 내구성도 좋다.

의자를 구성하는 각 부재들을 사포질하는 시점은 조립하기 전이다. 예를 들어 좌판이나 다리는 조립 전에 최종 단계까지의 샌딩을 마쳐 둬야 한다. 조립을 하고 나면 부재 간에 간섭이 생겨 구석구석

사포질하기 어렵다. 좌판은 조립 후 다리의 장부촉을 잘라낸 부분 주위만 추가적으로 하면 되도록 미리 사포질을 다 해둬야 한다.

사포질의 효율을 극대화하기 위해 다음 단계(고운 사포)로 넘어가기 전에 결을 일으켜서 샌딩을 해주는 것이 좋다. 이 방식은 특히 좌판 샌딩에 적용하기 좋다. 천에 물을 적셔서 표면에 칠해주기만 하면 된다. 산들바람이 부는 실외라면 좌판 전체에 물을 다 칠하기도 전에 먼저 칠한 부위가 말라 있을 것이다. 120번 입도 샌딩에 5분 정도를 소요했다면 표면을 물에 적신 뒤에는 60초 이상 하지 않는다. 사포의 입도를 올려가며 표면이 충분히 매끄러워질 때까지 이 과정을 반복한다.

목선반으로 깎은 부재들은 최소의 노력으로 이와 같은 효과를 볼 수 있다. 덜 마른 상태에서 가공해서 샌딩까지 마친 다리를 건조시켜 놓고 보면 결이 일어나 있는데 그 상태로 240번 사포로 가볍게 샌딩하면 아름답고 부드러운 표면을 바로 얻을 수 있다(좌판처럼 다시 물을 묻히는 과정이 필요 없다).

보우나 암도 나무가 마르면서 결이 일어나는 현상의 이점을 누릴 수 있다. 스핀들도 마찬가지이긴 하지만 나는 깎아서 만든 스핀들은 사포질을 일절 하지 않는 것을 더 좋아하기 때문에 해당 사항이 없다.

표면 실링하기

샌딩에 상당한 시간을 들였음에도 마감 도료를 곧바로 칠할 수는 없다. 왜 그럴까? 나무가 마감 도료를 불균질하게 흡수할 위험이 있고, 또한 결이 또다시 일어나서 표면이 기대한 만큼 매끄럽지 않게 될 수 있기 때문이다. 이 두 문제를 모두 해결해주는 것이 실링이다. 나무 표면의 도료 흡수를 고르게 해주며 결을 일으켜서 부드럽게 하는 과정도 더 거치게 되어서다. 실링을 건너뛰고 싶은 유혹에 넘어가서는 안 된다. 빠르고 쉬우며 들인 노력에 비해 마감 품질이 획기적으로 향상된다.

실링에 사용할 수 있는 전문 제품이 많이 있다. 그중 가장 보편적인 것은 샌딩 실러다. 이들은 주로 아크릴 수지나 셸락을 바탕으로 하며 나무 표면의 물관 구멍을 메우고 표면을 부드럽게 하기 위해 상당량의 활석 성분을 포함하고 있다. 이 활석 성분으로 인해 실링과 후속의 샌딩을 마친 표면은 유감스럽게도 어느 정도 인공적인 느낌이 들기도 한다. 또한 후속 샌딩이 충분치 않을 경우 나무 표면 위로 층이 지기도 하는데 눈에 잘 띄며 보기도 싫다.

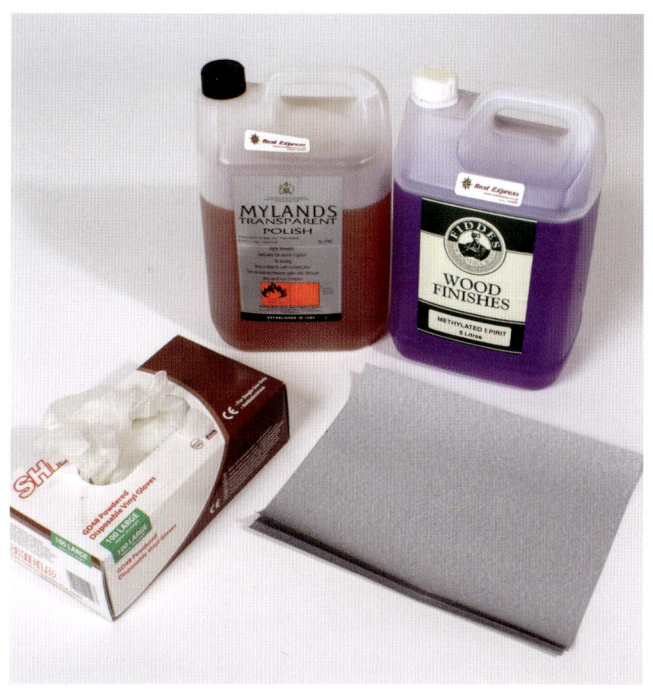

프렌치폴리시, 알코올, 그리고 500번 사포.

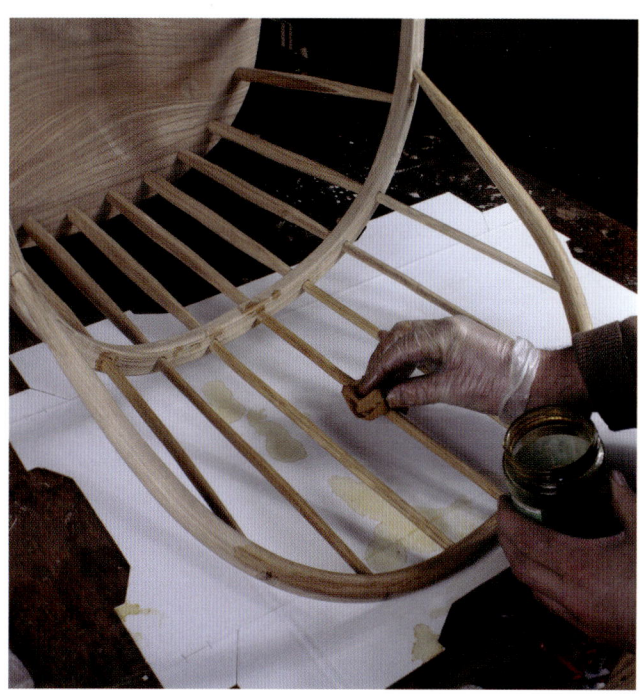

프렌치폴리시를 희석해서 의자 전체에 바른다.

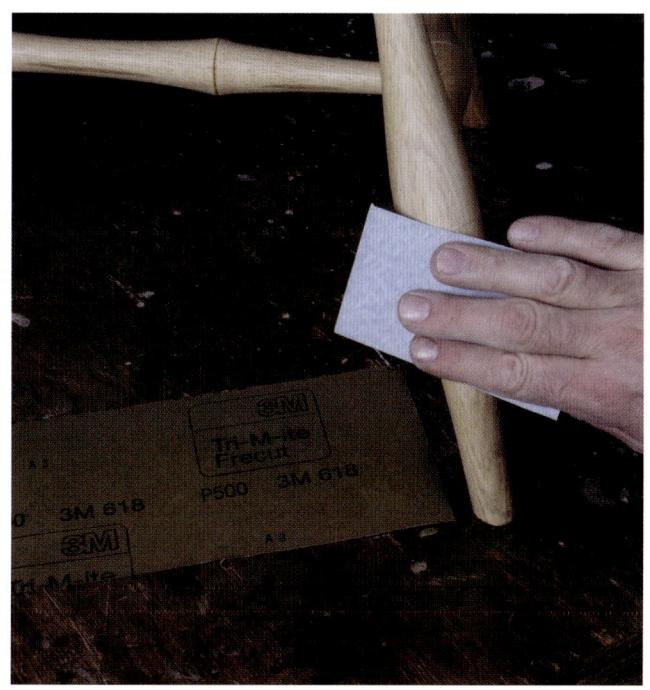

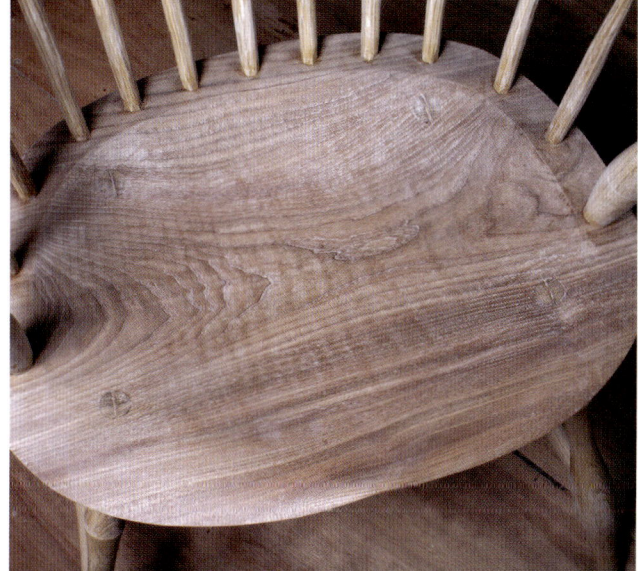

500번 사포로 샌딩한다.

프렌치폴리시(셸락)는 그 자체로 훌륭한 실러다. 물푸레나무와 같이 흰 빛깔의 나무에는 색이 거의 없는 투명 셸락을, 참나무나 느릅나무처럼 어두운 색 나무에는 가넷 폴리시같은 짙은 색 셸락을 사용해서 나무에 따뜻한 느낌을 더할 수 있다. 대량 작업이 아니라면 셸락을 고체 상태(플레이크)로 사서 직접 녹여 쓸 필요는 없다. 희석을 어떻게 하느냐가 그리 중요하지도 않기 때문이다. 전문 제조사에서 파는 제품이면 어느 것이라도 괜찮다.

셸락을 알코올(예를 들어 변성 알코올)로 대략 50% 비율로 희석한 뒤 보푸라기가 없는 깨끗한 천으로 의자의 모든 표면에 잘 바른다. 환기가 잘 되는 공간, 또는 날씨가 따뜻하고 건조하다면 실외에서 작업한다. 한 번만 칠하되 바른 자국 — 천이 지나간 자국, 또는 액체가 흥건하게 남아 있는 부분 — 이 생기지 않도록 유의한다. 나이테 면에 칠하는 것을 빼먹지 않는다. 그런 다음 의자를 말린다. 따뜻한 공간에서는 5분이면 마른다.

마르고 나면 표면이 다시 거슬거슬해져 있을 것이다. 셸락이 마르면서 결이 또 한 번 일어나기 때문이다. 그 정도는 앞서의 샌딩이 얼마나 잘 되었느냐에 따라 다르다. 의자의 모든 표면을 500번 사포로 샌딩한다. 놀라울 만큼 부드러운, 비단같이 매끄러운 표면을 만나게 될 것이다. 사이드체어라면 의자 전체를 샌딩하는 데 사포 반 장이면 충분하다.

색 입히기

지금이 나무에 색을 입힐 순간이다. 원한다면 말이다. 유감스럽게도 색을 칠하면 색칠한 의자처럼 보인다. 칠에 대단한 조예가 있어서 세월의 흔적을 재현해낼 수 있는 수준이 아니라면 색을 칠하지 않길 권한다.

나는 나무를 자연스런 색깔 그대로 두는 것을 좋아한다. 암모니아 퓨밍은 예외다.

퓨밍

참나무나 유럽 밤나무처럼 탄닌 성분을 포함하고 있는 나무는 암모니아로 색을 진하게 할 수 있다. 진해지는 정도는 노출 시간에 따라 달라지는데, 색이 자연스럽고 나뭇결의 매력을 저해하지 않는다. 오히려 퓨밍이 결을 더 살려주는 것처럼 느껴지기도 한다.

액상의 암모니아를 나무에 직접 칠할 수도 있지만 퓨밍 방식이

더 낫다. 밀폐된 상자에 의자와 농축 암모니아(880 강도) 한 그릇(소스 그릇 크기)을 같이 넣어두면 된다. 암모니아가 상자 안에서 급속도로 확산하며 나무가 색을 얻는다.

암모니아 용액을 다룰 때는 주의가 필요하다. 장갑과 보안경을 착용하는 것은 필수다. 실외 작업을 추천하며 암모니아가 작업자의 눈과 코로 날아오지 않도록 바람을 등지도록 한다. 암모니아는 강알칼리 성분이다. 제조사에서 제시하는 안전 유의사항을 준수해서 작업한다.

퓨밍용 상자는 쉽게 만들 수 있다. 가벼운 나무로 의자를 넣을 수 있는 크기의 프레임을 만든 뒤 투명한 폴리에틸렌 필름으로 싸면 된다. 필름은 못으로 박아 고정하되 암모니아 기체가 유출되지 않도록 모서리 등 경계부는 겹쳐서 잘 싼다.

참나무의 경우 10분만 지나도 상당한 색 변화를 볼 수 있다. 그러나 최대한 효과를 보려면 밤새 그대로 두는 게 좋다. 이 정도 시간이면 암모니아도 상자에서 모두 빠져나가고 어두운 갈색의 의자만 남는다. 퓨밍에도 철칙은 없으며 성공의 열쇠는 오직 실험적인 시도들에 있다.

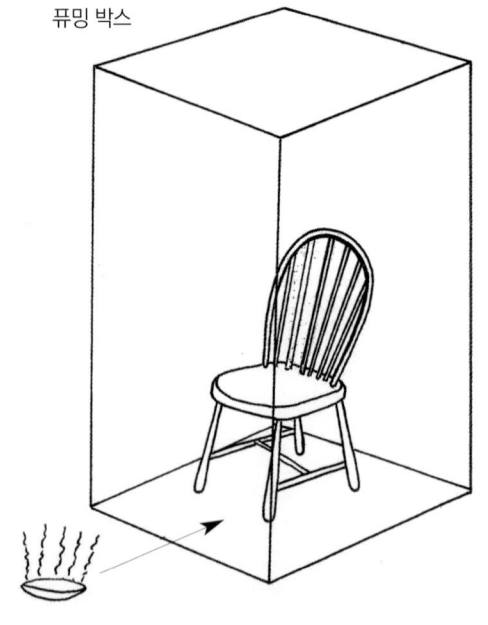

퓨밍 박스

참나무 등 탄닌 성분을 포함한 나무는 암모니아 퓨밍을 통해 색을 진하게 만들 수 있다. 플라스틱 '텐트' 안에 암모니아액을 담은 그릇과 의자를 넣어두기만 하면 된다. 실외에서 작업하는 것이 안전하다.

오일 마감

의자에 칠하는 가장 보편적인 오일로 대니쉬 오일을 꼽을 수 있다. 저렴하고 어디서든 구하기 쉽다. 그러나 내 생각에 대니쉬 오일이 이상적이지는 않다. 대니쉬 오일은 칠하고 닦아내기 전에 너무 오래 두면 문제가 생긴다. 시간이 지남에 따라 끈적이기 시작하는데 그렇게 되면 닦아낼 수가 없고 물리적으로 모두 긁어낸 후 다시 도장을 해야 한다. 또한 내 취향 대비 너무 밝고 단단하다.

나는 샘 말루프가 캘리포니아에서 그의 유명한 로킹체어를 마감할 때 그랬던 것처럼 오일-바니쉬 믹스를 만들어 쓰는 것을 선호한다. 보일드 린시드 오일과 텅 오일, 그리고 유광 폴리우레탄 바니시를 같은 비율로 섞으면 된다. 대니쉬 오일과 비슷한 점이 많지만 바르고 몇 시간을 두어도 뻑뻑해지지 않아서 닦아내기 쉽고 마감된 최종 표면이 대니쉬 오일처럼 밝지 않다. 일부를 나무에 조금 쏟아서 그대로 두면 말랑말랑하게 굳는다(대니쉬 오일은 바니시처럼 단단하게 굳는다).

천으로 넉넉하게 바르고 다른 깨끗한 천으로 최대한 깨끗하게 닦아낸다. 또 다른 새 천으로 한 번 더 닦아서 나무 표면 어디에도 오일이 남아 있지 않도록 한다(그럴 만한 가치가 있다). 의자 주위를 돌아보며 반짝거리는 표면이 없는지 점검하고 필요하면 더 닦아낸다. 표면을 만졌을 때 젖은 느낌이 없어야 하고 왁스칠한 듯한 느낌이어야 한다.

오일을 한 번 더 칠하면 더 멋진 표면을 얻을 수 있다. 첫 번째 칠

후 한 시간이 지난 다음 하도록 한다. 그 이후로 몇 번이고 더 칠해서 얇은 층을 쌓아나가도 되는데(어쨌든 칠한 후에는 완전히 닦아낸다) 보통은 두 번이면 충분하다.

일주일쯤 지나면 오일이 완전히 건조되어 왁스칠한 느낌도 없어진다.

이쯤에서 퍼니처 폴리시를 적용한다(원하는 횟수만큼). 폴리시를 입히면 의자에 따뜻한 느낌, 고색창연한 느낌이 생기기 시작한다. 어두운 폴리시가 더 효과적인데 물푸레나무처럼 밝은 색상의 나무에 적용할 때는 주의를 기울여야 한다. 안료가 물관 틈에 고착되며 나뭇결을 과도하게 드러낼 수 있기 때문이다.

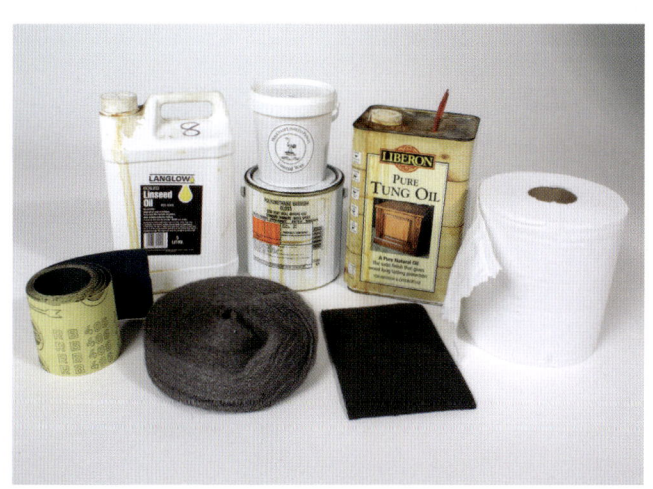

실링을 마친 뒤 사용하는 마감 새료들.

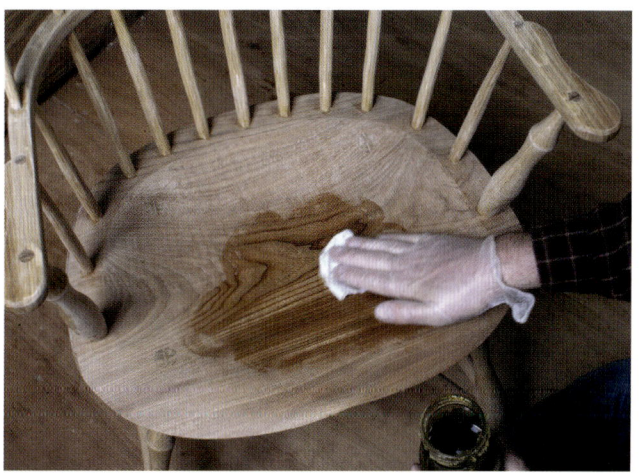

오일 바르기.

오일 마감은 실링을 포함해도 한 시간에서 한 시간 반 이상 걸리지 않는다. 의자를 만드는 데 15시간 정도가 걸렸다면 마감에 이 정도 시간을 더 들이는 것이 그리 힘든 일은 아니다. 그로 인해 의자가 얼마나 더 멋지게 변하는지를 생각한다면 말이다.

린시드 왁스

최근 오일 마감의 좋은 대안을 찾았는데 바로 린시드 왁스다. 린시드 오일과 비즈 왁스의 혼합물인데 나무 표면을 실링한 뒤 천에 묻혀 바르면 된다.

왁스를 나무에 잘 문질러 흡수시켜야 하고, 표면에 남아 있는 왁스는 마른 천으로 깨끗이 닦아내야 한다. 오일/왁스 혼합물은 나무에 흡수가 잘 되고 몇 차례 적용하고 나면 매력적인 은은한 광택이 생긴다.

오일/왁스 혼합물은 완전히 건조되기까지 일주일 정도 걸리며 상당한 수준으로 방수 효과가 있다. 주기적으로 왁스칠을 다시 해주면 훨씬 더 보기가 좋다. 그러나 어느 시점부터 왁스가 나무에 스며들지 않는다는 생각이 들면 왁스칠을 그만하도록 한다. 그때부터는 일반적인 가구 광택제가 더 나은 선택이다.

린시드 오일을 바른 목재 표면은 시간이 지날수록 색이 짙어지는 경향이 있다. 나는 이게 좋다고 생각하지만 색이 짙어지는 것이 문제가 된다면 린시드 오일 대신 변색을 거의 유발하지 않는 퓨어팅 오일을 사용하도록 한다.

왁스는 이미 오일 마감된 의자에 칠해도 좋다.

페인트 칠하기

밀크 페인트

미국식 윈저체어는 페인트칠을 하는 것이 일반적이다. 반면, 영국에서는 의자에 페인트칠하는 것을 바람직하지 않게 여기며 정도를 벗어난 것으로 보기도 한다. 그런데 이런 생각은 적절하지 않다. 초창기 윈저체어에는 모두 페인트칠이 되어 있기 때문이다. 다만 이런 전통이 곧 사라졌을 뿐이다. 윈저체어에 페인트를 칠하는 것에 대해 다양한 의견이 있을 수 있지만 어쨌든 의자 제작자들이 최소한 한번은 해봐야 하는 일임에는 틀림없다. 페인트칠 말이다.

최초에는 의자에 납 성분을 기반으로 한 페인트를 칠했다. 그러나 납의 유해성이 알려짐에 따라 더는 사용하지 않게 되었다. 오늘날은 석회석과 우유 단백질 성분, 그리고 천연 안료를 혼합한 밀크 페인트를 많이 사용한다. 수성이며 인체에 무해하다.

밀크 페인트는 일반 유성 페인트와 전혀 다른 종류의 마감 도료다. 마치 색을 섞어 놓은 회반죽 같아서 의자보다는 벽에 칠해야 할 것 같은 느낌이 든다. 거칠게 빨리 칠할 수도 있고 칠 아래로 나뭇결이 드러나는 매력적인 표면을 목표로 주의해서 칠할 수도 있다. 대비되는 색으로 두 겹 칠한 뒤 겉의 층을 조금 벗겨낼 수도 있다. 그러면 오래된 의자의 느낌이 난다. 밀크 페인트를 사용할 때는 실링 단계가 필요 없다. 첫 번째 칠이 실링과 같은 역할을 하기 때문이다.

밀크 페인트는 가루 형태 또는 캔에 들어 있어서 바로 사용할 수 있는 액체 상태로 구입할 수 있다. 색상은 매우 다양하다. 우리는 빨간색을 먼저 칠한 뒤 그 위에 검은색을 칠하는 방법을 알아볼 것이다.

빨간색 페인트 분말과 물을 섞어서 페인트를 만든다. 가루와 물을 엇비슷하게 섞어서 뚜껑이 있는 병에 넣고 60초 정도 흔든다. 섞이지 않고 남아 있는 가루를 휘저어 풀어준 뒤(주로 병의 바닥 부위에 있다) 1분 정도 더 흔든다. 그런 다음 간간이 젓거나 흔들어주면서 한 시간 정도 둔다.

인공모 붓으로 첫 번째 칠을 한다. 적당히 재빨리 하는데 붓자국이나 페인트가 뭉쳐 있는 부분이 생기지 않도록 한다.

마르고 나면 240번 사포로 의자 전체를 사포질한다. 표면의 부슬부슬함과 결이 일어난 것이 없어지는 동시에 페인트 가루가 나무의 물관 틈새를 채워 아주 매끈한 표면이 된다. 이 첫 번째 칠이 오일 마감법으로 치면 실링/샌딩 단계에 해당한다.

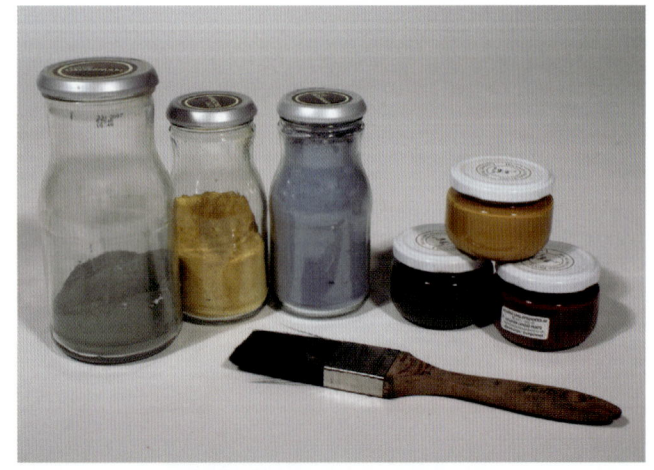

밀크 페인트(분말)와 린씨드 페인트(액상).

빨간색으로 한 번 더 칠한다. 이번에는 표면에 균일한 층이 생기게끔 주의해서 칠한다. 붓에 페인트를 듬뿍 묻혀 붓이 마를 때까지 칠하는 것보다 적당량을 자주자주 묻혀서 칠하는 것이 좋다. 붓이 늘 일정한 양의 페인트를 머금고 있는 상태에서 칠한다.

마르고 나면 0등급 와이어울로 전체 표면을 문지른다.

세 번째 칠도 빨간색이다. 칠한 뒤 0등급 와이어울과 손 닦는 휴지를 사용해서 표면을 순차적으로 문지른다. 칠해진 상태가 만족스럽지 않다면 빨간색을 한 번 더 칠해도 된다. 문제가 없다면 다음 단계로 진행한다. 검은색 페인트를 혼합해서 만든다. 빨간색 페인트 대비 농도를 50% 낮춘다.

주의해서 얇고 고르게 칠한다. 원한다면 두 번 칠해도 된다.

일반적으로 의자를 사용할 때 잘 닳는 부위(예를 들어 좌판이나 앞다리의 전면, 보우)의 검은색으로 칠해진 표면을 문질러서 아래의 빨간색 페인트 층이 드러나게끔 한다. 쓰다가 둔 낡은 500번 사포로 가볍게 문지르는데 사포질을 좀 덜 한다는 느낌으로 한다. 나중에 마감 칠을 하면 빨간색이 더 도드라진다. 사포로 적당히 벗긴 뒤 0등급과 0000등급 와이어울로 표면을 문질러 정리하고 최종적으로는

손 닦는 휴지로 문질러 마무리한다. 이제 표면이 부드러울 것이다.

붓이나 문지르개를 이용해서 의자 전체에 가넷 폴리시(셸락)를 골고루 칠한다.

셸락이 완전히 마르면 0000등급 와이어울에 투명한 가구 광택제(예를 들어 린시드 왁스)를 묻혀 표면을 문지른다. 광택제를 넉넉히 발라서 열심히 문지르면 셸락이 불균질하게 칠해진 부분을 정리할 수 있다. 깨끗한 천으로 광택제 잔여분을 닦아내고 천으로 표면을 한 번 더 문질러준다.

모든 과정이 잘 진행되었다면 의자 표면이 매우 부드러우면서 나무의 결도 미려하게 드러날 것이다. 다른 색깔을 선택하거나 페인트를 섞어서 조색해서 사용해도 된다. 단, 마감 칠 단계에서 어두운 색 프렌치폴리시를 사용하면 의도치 않게 색이 바뀔 수 있다. 그 경우엔 투명한 프렌치폴리시를 사용하면 된다.

프렌치폴리시를 사용하면 최종 표면이 매우 매끄럽고 오일을 사용하는 것 대비 색감도 더 좋다. 그러나 물이 묻으면 자국이 생기는 단점도 있다. 만약 이게 문제가 된다면 프렌치폴리시 대신 오일이나 린시드 왁스를 사용해도 된다.

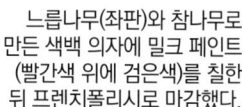

느릅나무(좌판)와 참나무로 만든 색백 의자에 밀크 페인트(빨간색 위에 검은색)를 칠한 뒤 프렌치폴리시로 마감했다.

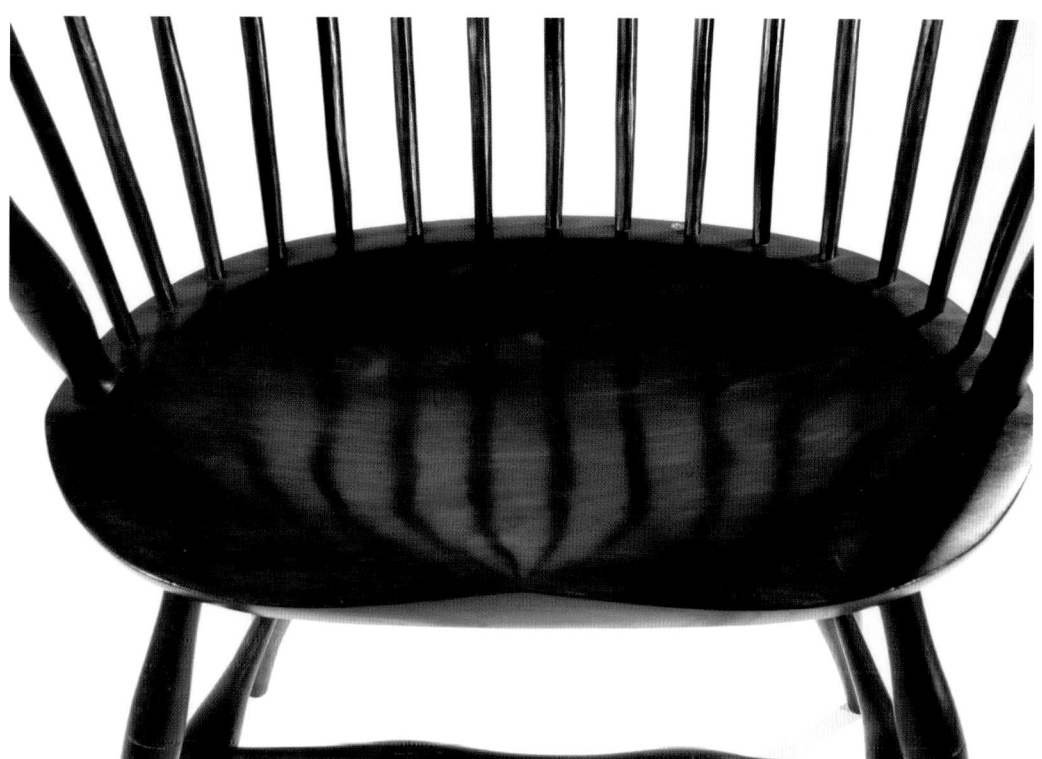

밀크 페인트를 칠하기로 했다면 빨리 칠하고 마치려는 생각을 버려야 한다. 한두 번 두껍게 칠한 뒤 세월과 함께 멋이 들기를 의도하는 게 아니라면 말이다. 한편 페인트를 칠할 거라면 좌판에 비싸고 멋진 나무를 사용할 필요가 없다. 시간은 많이 걸리지만 비용 절감은 조금 되는 셈이다.

린시드 페인트

린시드 페인트는 밀크 페인트의 좋은 대안이다. 오래된 의자에 사용된 오리지널 페인트도 린시드 오일을 매체로 사용한 린시드 페인트의 일종이라고 할 수 있다. 가용한 색상도 밀크 페인트만큼이나 다양하다.

린시드 페인트의 최대 단점은 건조가 오래 — 20도 환경에서 24시간가량 — 걸린다는 것이다. 그러나 2회 칠이면 충분하고 마르고 난 표면의 방수성이 매우 좋다. 붓으로 바르면 되고 밀크 페인트보다 고르게 잘 발라진다.

연마

목공의 어떤 분야든 날 연마를 숙달하지 않고는 깊이 있는 접근이 어렵다. 날 종류는 바로 사용 가능할 정도로 잘 연마된 상태로 판매되는 경우가 드물기는 하지만, 그렇다 할지라도 조만간 다시 연마를 해서 써야 한다.

어떤 방식을 채택하든 날 연마는 간편하게 할 수 있어야 하고 결과가 좋아야 한다. 날 연마가 번거로우면 연마를 자주 하지 않게 되고 늘 날이 무딘 상태로 도구를 사용하게 된다. 날 연마 하나에 대해서만 쓰인 전문 서적도 여럿 된다. 그러나 목공이 그렇듯 연마도 각자의 작업 특성에 맞는 방식이 있게 마련이고 그 방식은 어느 정도의(몇 시간 정도의 공부를 통해) 정보 습득 후에는 스스로 시도해보면서 찾아야 한다.

원저체어 제작에는 다양한 범주의 날이 사용되며 이들은 모두 날카로워야 한다. 단, 날 끝의 모양이 치명적으로 중요하지는 않다. 일반적인 원목 가구를 만들 때 끌이나 대팻날의 뒷면은 완전히 평평해야, 날 끝이 직선이어야 짜 맞춤 등 결합부 가공을 제대로 할 수 있는 것과는 다르다. 원저체어를 만들 때 일반 가구 제작자들의 방식대로 도구를 연마해서 사용하는 유일한 경우가 암의 끝에 손을 만들기 위해 나무 조각을 붙일 때다. 접착이 제대로 되려면 만나는 두 면이 완벽하게 평평해야 하는데 대팻날 끝이 직선이 아니라

면 면을 평평하게 만들 수 없다. 이 경우를 제외하면 모든 도구는 모양을 깎고 다듬는 데만 사용된다.

내 연마 방식의 핵심을 한 문장으로 정리하면 '날카로운 날이란 매끄러운 두 면이 만나서 이룬 모서리다'이다. 여기서 중요한 것은 '매끄러운'이다. 여기에 그라인딩이나 직각, 또는 각도에 대한 언급은 없다. 만나는 두 면이 매끄럽기만 하면 날은 날카롭다.

원저체어 제작에 사용되는 날은 다음과 같다.

- 도끼(Side axe)
- 프로(Froe)
- 드로우나이프(Drawknife)
- 스포크쉐이브(Spokeshave)
- 트레비셔(Travisher)
- 조각도(Gouge)
- 끌(Chiesel)
- 곡자귀(Adze)
- 스크럽플레인(Scrub plane)
- 블록플레인(Block plane)
- 조인터플레인(Jointer plane)
- 러핑가우지(Roughing gouge)
- 파팅툴(Parting tool)
- 스큐치즐(Skew chiesel)
- 스핀들가우지(Spindle gouge)

날 경사면(앞날 면) 그라인딩

날의 경사면을 손보려면 그라인딩 작업으로 쇠를 갈아내야 한다. 이에 적합한 도구가 몇 있는데 나는 그중 세 가지를 상황별로 사용한다. 벤치 그라인더(적색 또는 흰색 연마 휠 사용)는 쇠를 빠른 속도로 갈아내기에 적합한 도구다. 연마 도중에 날을 태워 먹을(날 온도가 올라가서 열처리가 풀리는 현상) 위험이 있지만 적색 또는 흰색 연마 휠을 사용하면 좀 덜 탄다. 연마 속도는 느리지만 조금 더 섬세하게 연마할 수 있는 도구로 습식 그라인더(예, Tormek)가 있다. 같이 제공되는 지그를 이용하면 날을 정확한 각도로 고정해서 연마할 수 있고 숫돌이 물에 상시 담겨 있어서 날이 과열될 위험이 전혀 없다. 도끼나 드로우나이프 같이 큰 날은 작업대에 고정해둔 벨트샌더를 이용해서 그라인딩한다. 100번 입도의 사포를 이용하면 된다.

곡면 날(특히 경사면이 곡면의 안쪽에 있을 때)은 그라인딩이 까다로운데 스핀들 샌더를 이용하면 좋다. 단 연마 도중에 날이 샌더에 잡혀가지 않도록 날을 잘 잡고 작업한다. 80번 정도의 거친 입도로 시작해서 240번까지 연마한 뒤 폴리싱한다.

나는 대팻날을 제외한 다른 모든 날을 프리핸드 그라인딩(별도의 지그 없이 손으로 잡고 하는 그라인딩)한다. 대충하는 것처럼 보일 수 있겠지만 잘 된다! 내 경험상으로는 날에 있어 경사면의 모양보다 날 끝

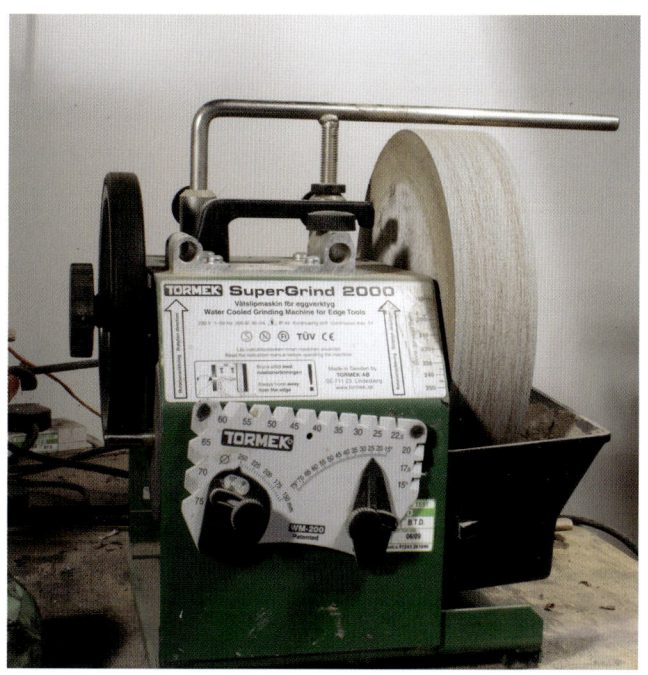

습식 그라인더는 날의 과열을 방지해준다.

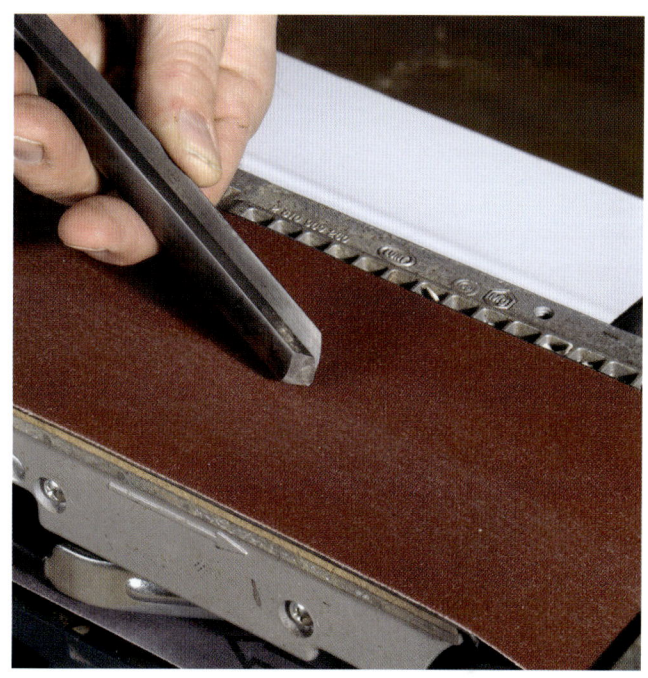

벨트샌더를 이용해서 러핑가우지 연마하기.

모서리의 날카로움이 더 중요하다. 단, 작업 중에 날의 이가 빨리 빠진다면 날 경사면의 각도가 너무 낮은 것이다. 이때는 각을 조금 더 세운다. 반면 날이 날카로움에도 불구하고 나무를 깎아내는 것이 뻑뻑하게 느껴진다면 경사면 각도를 조금 낮추도록 한다.

날 경사면을 둥그스름하게 갈아야 하는 날도 있는데 프리핸드 그라인딩으로 모양을 잡을 수 있다. 날 관리의 관점에서 그라인딩은 필요한 선에서 최소한으로 하는 것이 좋다. 쇠를 많이 갈아내는 것 자체가 날의 사용 수명을 줄이는 일이기 때문이다. 실제로 매일같이 사용하는 종류의 도구가 아니라면 날은 정말 오랫동안, 아마도 평생 사용할 수 있다. 그럼에도 만약 매번 날 연마를 할 때마다 그라인딩을 한다면 머지않아 가장 좋아하는 도구의 날이 다 갈아없어져서 더 이상 사용할 수 없게 된 것을 발견하게 될 것이다. 그라인딩은 시간이 좀 걸리는 작업이다. 또한 그 후 날을 폴리싱하는 데도 시간이 많이 걸린다. 따라서 불필요하게 시간을 낭비할 필요 없다.

목선반 칼들은 그라인딩 후 폴리싱 과정 없이 바로 사용해도 무방하다. 따라서 날을 날카로운 상태로 유지하는 데 시간이 별로 들지 않는다. 연마가 빠르고 쉬우면 주기적으로 자주하게 되고 그러

면 연마가 더 빠르고 쉬워진다. 반면 내버려둬서 날이 완전히 무뎌지면 연마가 더 어렵고 오래 걸린다.

목선반 작업자들은 보통 목선반 기계 가까이에 벤치 그라인더를 두고 수시로 날을 연마하며 작업한다. 나는 벤치 그라인더 대신 벨트샌더를 목선반 옆에 설치해 두고 러핑가우지와 파팅툴은 그라인딩만 해서 사용한다. 한편 내 경험상 스큐치즐과 스핀들가우지는 그라인딩 후 폴리싱까지 하고 사용하는 것이 더 좋은 것 같다. 원저체어 제작에서의 목선반 작업은 대개의 경우 그린우드를 재료로 쓴다. 즉 나무가 무르며 잘 깎여서 그라인더로 연마를 끝낸 날로도 잘 깎인다. 그러나 만약 작업 여건이 바뀌어서 건조 상태의 하드우드를 재료로 사용하게 된다면 이들 목선반 칼을 폴리싱하고 사용하는 것이 훨씬 더 좋을 것이다.

폴리싱, 매끄럽게 만들기

앞서 언급한 몇 가지 예외적인 경우를 제외하면 진짜 인나는 폴리싱부터다. 기계도 전기도 필요 없는 가장 간단한 방법은 날 경사면을 사포에 문질러 폴리싱하는 것이다. 이 방법은 오래전에 마이크

경사면에 곡이 져도 잘 되는 도구들	
프로	나무를 쪼갤 때 사용한다. 날 끝은 처음 나무에 박힐 때 외에는 아무 역할을 하지 않는다. 날이 너무 통통하면 나무에 잘 박히지 않고 튕겨 나온다.
드로우나이프	날의 단면이 마치 칼과 같다(이름처럼). 위쪽 경사면이 조금 더 가파르고 아래쪽은 완만한 편이다.
둥근끌	경사면이 둥글면 나무를 깎아내는 동작이 더 자연스럽다.
자귀	자귀 날 양 끝의 경사면은 평평한 경우가 많다. 그러나 날 가운데의 아래쪽 경사면은 완만하게 곡이 져야 한다. 날이 자귀의 이동 궤적을 따라 나무 표면으로 들어가서 곡면을 깎아내며 바깥으로 빠져나와야 하기 때문이다. 만약 날 끝이 평평하면 자귀가 나무에 깊이 박히기만 하고 면을 깎아내지 못한다.
러핑가우지	러핑가우지의 경사면은 안으로 오목하게 그라인딩하는 것이 보통이다. 한편 벨트샌더로 그라인딩하면 바깥으로 곡이 지게 그라인딩이 되는데 나는 이게 더 좋다.
스큐치즐	러핑가우지와 마찬가지다.
스핀들가우지	경사면에 바깥곡이 있으면 오목한 부분을 가공할 때 좋다.

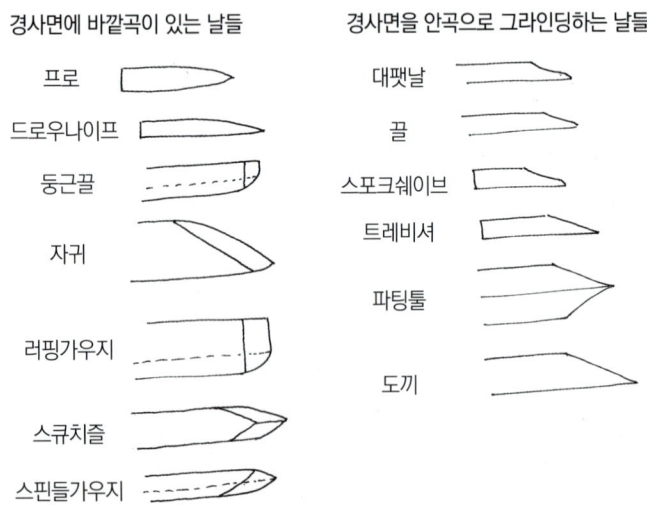

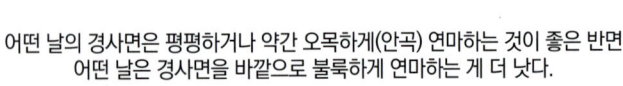

어떤 날의 경사면은 평평하거나 약간 오목하게(안곡) 연마하는 것이 좋은 반면
어떤 날은 경사면을 바깥으로 불룩하게 연마하는 게 더 낫다.

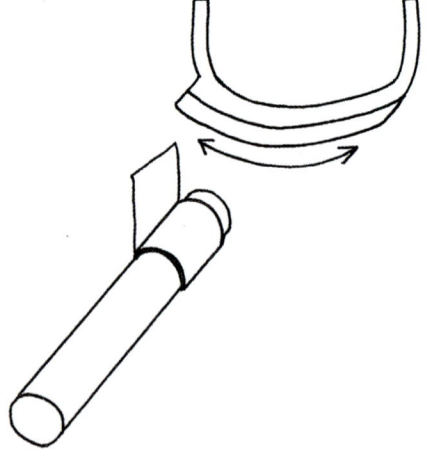

곡선 날은 목공에 사포를 감아서 연마할 수 있다.

던바가 소개했는데 지금까지도 매우 간편하면서도 효과적인 방법으로 여겨진다.

500번에서 2,000번까지의 사포, 평평한 유리판 하나, 그리고 목봉(직경 19mm, 길이 13cm) 하나를 준비한다.

스포크쉐이브의 날처럼 아랫면이 평평한 날을 폴리싱하고자 할 때는 사포를 유리판에 깔고 날 아랫면을 사포에 앞뒤로 문질러 전체적으로 연마하면 된다. 만약 날 아랫면의 평이 맞지 않다면 320번 사포로 시작해서 면이 전체적으로 평평하게 갈리고 나면 사포의 입도를 올려가며 같은 방법으로 표면이 매끄러울 때까지 진행한다. 이때 주의점은 날을 너무 세지 않게, 가볍고 일정한 힘으로 누르는 것이다. 그래야 연마 도중에 날이 앞뒤로 까딱이지 않는다.

평평한 면이 폴리싱하기는 제일 쉽다. 모든 작업이 유리판 위에서 끝난다. 반면 경사면은 다른 방법을 써야 한다. 목봉의 상단에 사포를 끼울 수 있는 틈을 만들고 사포를 입도 별로 약 1in(25mm) 폭으로 잘라서 준비한다. 사포의 한쪽 끝을 목봉의 틈에 끼우고 봉 주위로 감는다. 목봉을 기울여 사포를 날의 경사면에 맞춰 대고 경사면을 따라 앞뒤로 움직여가며 연마한다. 목봉을 조금씩 돌려가며 깨끗한 사포 면을 사용하고 닳은 부분은 그때그때 찢어낸다. 날을 사용하는 중 다시 폴리싱하는 경우라면 500번 입도 사포로 시작해 2,000이나 2,500번까지 하면 된다. 그런데 만약 경사면을 그라인딩한 후라면 좀 더 거친 사포(예를 들어 320번)로 시작해야 그라인더가 남긴 거친 흔적을 빨리 없앨 수 있다.

이처럼 연마를 하는 데 필요한 도구는 작은 상자 안에 다 넣어둘 수 있다. 즉 언제 어디서든, 전기나 기계의 사용 가능 여부와 관계없이 날을 연마할 수 있다는 이야기다. 나는 내 연마 박스를 전시회나 또는 외부 수업 또는 시연 장소에 꼭 갖고 다닌다.

펠트 휠

날을 폴리싱하는 가장 효율적인 방법은 연마입자를 묻혀 놓은 펠트 휠에 대고 문지르는 것이다. 펠트 휠의 연마 면은 목봉에 감아 놓은 사포보다 같은 시간 동안 훨씬 긴 거리를 움직인다. 내가 가지고 있는 펠트 휠 폴리셔는 직경이 5in(13cm)인데 2,850rpm으로 회전한다. 계산해보면 1분에 1,250야드(1,145m)나 움직이는 셈이다. 한편 4in(10cm) 길이의 스포크쉐이브 날을 사포봉으로 연마해보면 이동 거리가 1분에 1,200in(30m) 이상 나오기 어렵다. 단순 계산으로 펠트 휠이 36배나 더 많이 움직이며 연마를 하는 셈이다. 이 차

이만큼 연마도 더 빨리 효율적으로 이뤄지기에 나는 작업장에 있는 거의 모든 도구의 날을 세우는 데에 펠트 휠을 사용한다.

펠트 휠에는 단단한 휠과 부드러운 휠이 있다. 전자는 직선 모양의 날, 후자는 곡선 모양의 날 연마에 적합하다. 휠은 작업자로부터 멀어지는 방향으로 회전한다. 벤치 그라인더의 연마 휠이 작업자를 향해 도는 것과 반대다. 펠트 휠의 회전 방향을 작업자 쪽으로 해서 사용하는 것은 대단히 위험하다. 거의 100% 확률로 날이 휠에 걸려서 작업자에게 날아온다.

일반적인 벤치 그라인더를 약간 변형해서 펠트 휠 폴리셔로 사용할 수 있다. 휠을 감싸는 가드의 위치를 바꾸고 보조 스위치를 하나 더 달면 된다(원래 스위치는 이제 기계의 뒤쪽에 있게 된다). 이처럼 개조하기 위한 키트를 사서 쓸 수도 있는데 직접 해도 된다.

벤치 그라인더를 개조해서 펠트 휠 폴리셔로 쓸 때의 단점은 경우에 따라 기계 본체(모터 하우징)가 연마하려고 하는 도구와 간섭된다는 것이다. 예를 들어 스포크쉐이브나 드로우나이프는 날 끝의 탱이나 손잡이가 기계 본체에 닿아서 날의 경사면을 휠에 제대로 갖다 댈 수 없다.

다양한 성분과 입도의 연마입자(막대 형태여서 '소프(soap)'라고 부르곤 한다)를 구입해서 쓸 수 있는데 초록색과 회색 소프가 우리 작업에 적당하다. 소프를 회전하는 펠트 휠에 잠깐 갖다 대고 있으면 휠 표면에 연마입자가 묻는다. 그럼 바로 날을 폴리싱할 수 있다.

이 방법의 가장 큰 문제는 날을 휠에 대해 정확한 각도로 잘 들고 있지 않으면 날의 경사면을 둥글려서 각을 죽여 버리기 쉽다는 것이다. 그러나 조금만 연습하면 나도 모르게 자연스럽게 들고 있게 되므로 걱정하지 않아도 된다.

날을 펠트 휠에 정확한 각도로 대고 있으면 날이 연마됨에 따라 날 앞 끝에 연마입자가 액상으로 나타나는데 날에서 갈려 나온 쇳가루를 포함하고 있어서 은빛을 띤다. 열 발생도 상당하다. 그러나 날이 열을 먹어서 상하기 이전에 뜨거워서 손으로 들고 있기가 어려울 것이다. 경사면 폴리싱이 끝나면 날을 뒤집어서 반대쪽 면을 폴리싱한다. 여기에 경사가 없다면 날을 휠에 대해 거의 나란하게 (날이 휠에 박히지 않게끔 약간의 각도를 준 정도) 들고 있으면 된다. 연마입자는 한 종류(fine 등급)만 사용해도 된다. 휠의 회전 속도가 빨라서 그라인딩을 막 끝낸 면도 금방 폴리싱되고, 날을 사용하던 중 다시 폴리싱하는 경우라면 불과 몇 초 안에 작업이 끝난다.

참고로 나의 경우 이와 같은 방식으로 아래의 도구를 다 연마하는 데 90분이 채 걸리지 않는다.

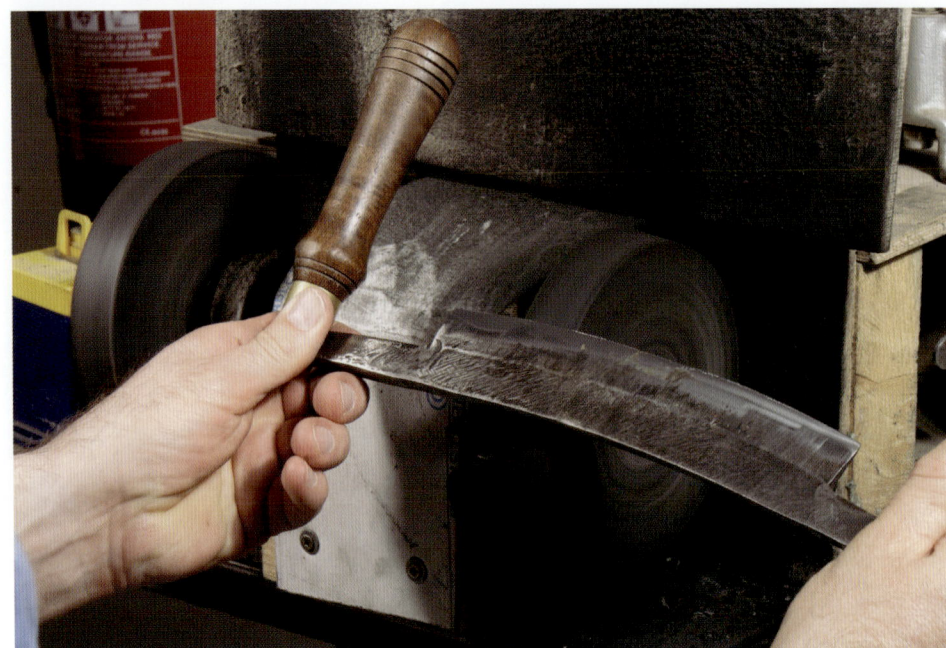

펠트 휠에서 드로우나이프 폴리싱하기.

펠트 휠에 소프로 연마입자 묻히기.

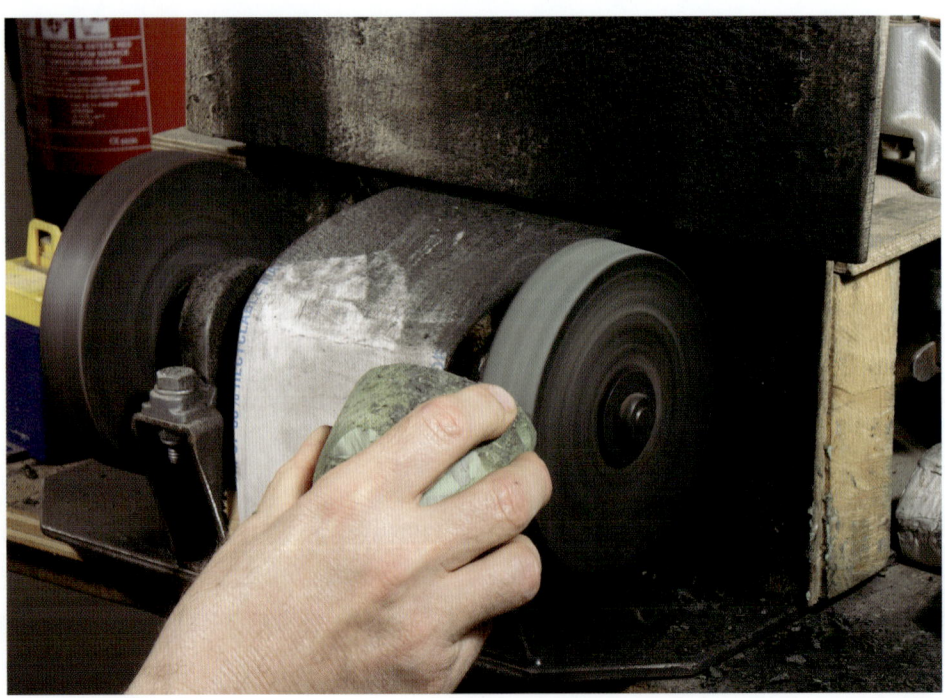

- 스포크쉐이브 16개
- 드로우나이프 5개
- 곡자귀 5개
- 트레비셔 5개
- 둥근끌 10개
- 끌 4개
- 인쉐이브 5개
- 스크럽플레인 1개
- 블록플레인 2개

다른 종류의 목공을 하는 이에게는 이 방식이 맞지 않을 수도 있다. 그러나 윈저체어 제작에 사용되는 날물들을 연마/관리하기에는 적합하다. 빠르고 쉬우며, 연마를 손에 닿지 않는 무언가가 아닌, 내가 할 수 있는 것으로 만들어 준다.

측정 단위

윈저체어를 만들 때 미터법을 쓰는 게 좋을까, 아니면 야드-파운드법을 쓰는 게 좋을까? 정답은 자기가 살고 있는 나라에서 정해 놓은 표준을 따르는 것이다. 즉, 영국에서는 미터법, 미국에서는 야드-파운드법을 쓰면 된다. 그러나 국가의 표준을 정하는 사람들이 의자를 만드는 일에 대해 잘 알고 있으라는 법은 없다.

나는 윈저체어를 만들 때만큼은 야드-파운드법을 쓰길 추천한다. 무인도에서 홀로 윈저체어를 만드는 상황을 상상해보자. 윈저체어를 만들 수 있는 재료와 도구는 다 가지고 있는데 눈금자만 없

다면 어떻게 해야 할까? 사실 별문제될 것이 없다. 길이 단위를 직접 만들어서 쓰면 되기 때문이다. 그런데 그 단위는 필연적으로 인치 단위와 비슷한 것이 될 수밖에 없다. ⅛, ¹⁄₁₆ 이런 식으로 나눠서 말이다. 밀리미터가 더 정교한 표현이라는 것을 부정하는 것이 아니다(1mm는 ¹⁄₁₆in보다 37% 작다). 그런데 정교하다고 더 좋은 것일까? 윈저체어를 만들 때 뭔가를 정교하게 측정하거나 자르는 일은 거의 없다. ¹⁄₁₆in만 해도 우리가 필요로 하는 정밀도로서 충분하다. 일반 가구 제작자들에게는 ¹⁄₁₆in가 1마일처럼 크게 느껴질지도 모르겠다.

결합부 장부촉과 구멍의 모양도 영향이 있다. 윈저체어의 장부촉과 구멍은 동그랗다. 구멍은 드릴로 뚫고, 장부촉은 드릴을 뚫을 때 사용한 비트를 이용해서 만든 게이지에 맞춰서 깎는다. 여기에 측정은 없다. 있다면 구멍의 깊이와 장부촉의 길이 정도. 어떤 경우엔 장부촉을 아예 조금 더 크게 만든 뒤 구멍에 박아 넣기도 한다. 이때 역시 측정을 하는 것이 아니라 구멍에 대보며 적당히 크기를 맞춰야 한다.

정밀함에 대한 관점에 더해 야드-파운드법은 사람의 신체 길이에 기반해서 만들어졌다. 의자 역시 사람의 몸을 지지하도록 디자인된다. 여기에 자연스런 유사성이 있다. 좌판의 높이는 보통 바닥에서 17~18in인데 432~457mm보다 더 쉽게 파악되고 기억하기도 좋다.

결국 선택은 자신의 몫이다. 모든 측정에 마이크로미터를 사용하고 싶다면 그래도 좋다. 그러나 윈저체어를 만들 때는 ¹⁄₁₆in의 정밀도면 정말 충분하다. 의자를 두어 개만 만들어 봐도 마이크로미터를 더 이상 사용하지 않게 될 것이다.

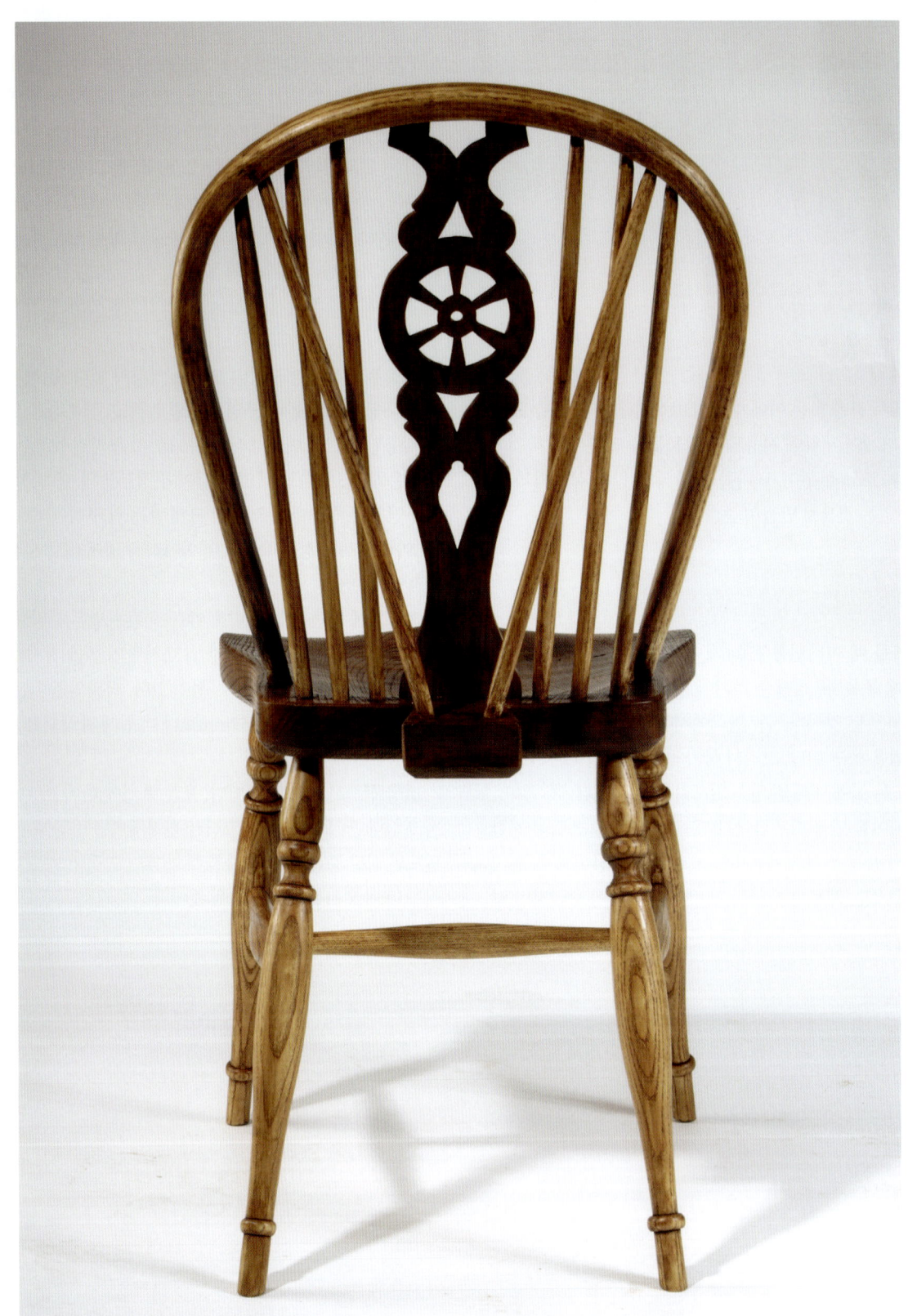

CHAPTER 4

두 개의 영국식 윈저체어

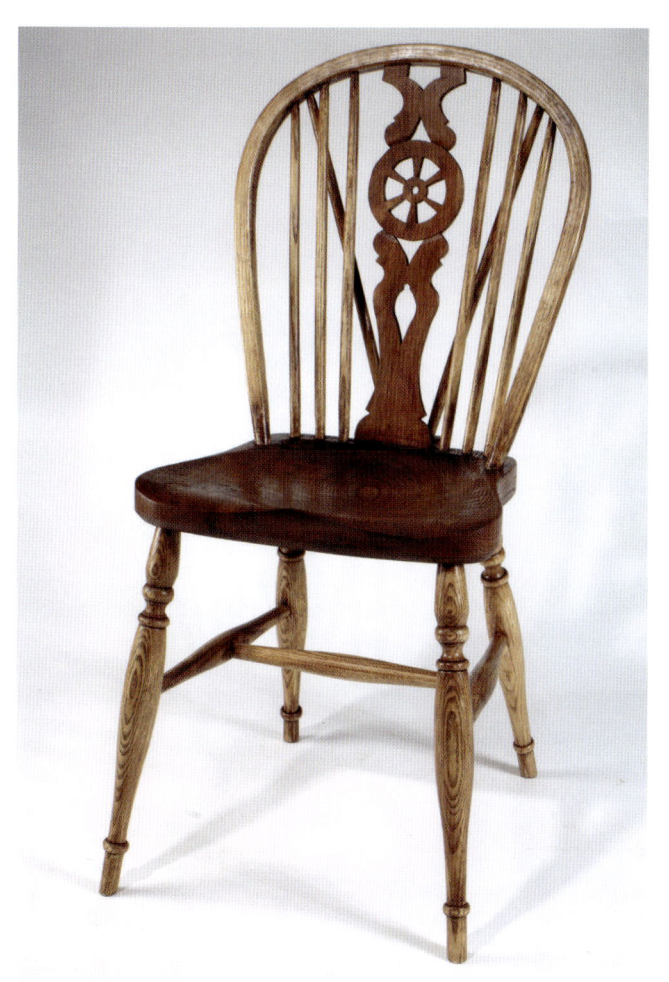
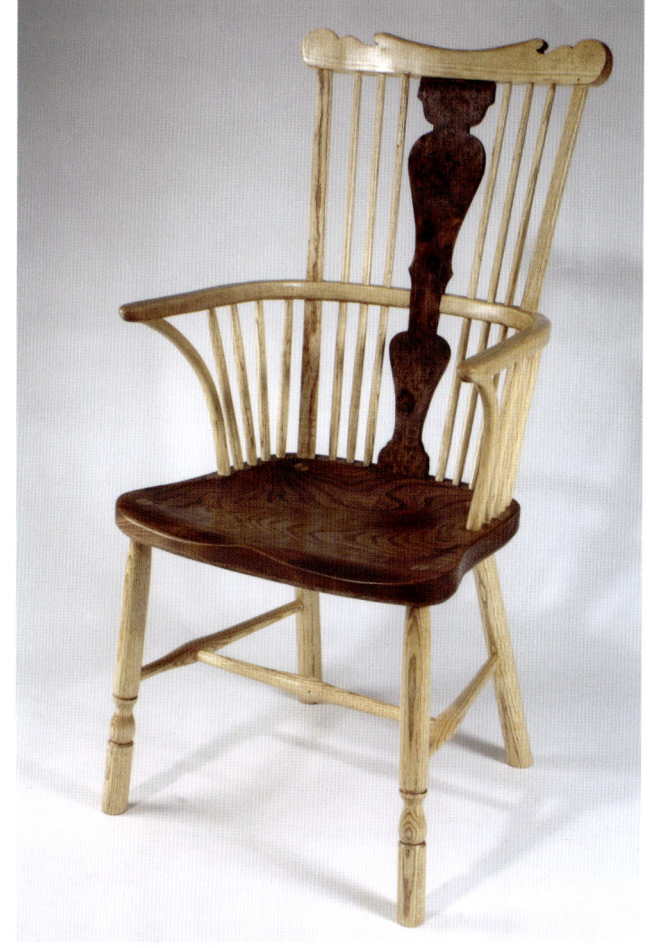

4장과 5장은 4개의 각기 다른 의자를 완성하는 데 필요한 템플릿 및 치수 정보를 제공한다. 의자를 만드는 데 필요한 기술은 앞선 장들에서 종합적인 관점으로 다룬 바 있는데 그 내용이 이 의자들을 만드는 상황과 100% 딱 맞지는 않을 수 있다. 그런 경우엔 의자의

사진을 보고 부족한 정보를 스스로 추론해보도록 하자. 상황을 조금만 따져서 생각해보면 대부분의 문제를 해결할 수 있다. 또한 실험적인 시도를 통해 자기만의 기술을 고안해서 쓰는 것을 두려워하지 않았으면 한다.

이 두 의자는 각기 다른 두 시기에 만들어졌다. 콤백 암체어의 디자인은 1760년경으로 거슬러 올라가는데 휠백 의자는 그보다 80년 정도 늦게 만들어졌다. 두 의자 모두 영국식 윈저체어의 전형을 보인다. 수직에 가깝게 서 있는 앞다리와 등판의 스플랫 말이다. 콤백 암체어의 스플랫은 간소한 반면 나중에 만들어진 휠백 의자는 잘 알려져 있는 바와 같이 바퀴 모양으로 뚫어서 장식했다. 좌판 모양은 거의 비슷하고 크기는 다르다. 하나는 암체어고 하나는 사이드체어다. 목선반으로 깎아 만든 부분들은 전형적인 영국식 디자인이다. 다만 만들어진 시기가 달라서 디자인 자체는 서로 완전히 다르다.

이 두 의자를 만들 수 있으면 기술적으로는 영국식 윈저체어 대부분을 만들 수 있다고 해도 과언이 아니다. 스핀들은 목선반으로 깎는 데 트래핑플레인을 사용할 수도 있다. 스핀들을 드로우나이프와 스포크쉐이브로 깎아서 만들 수도 있는데 다만 느낌이 원형과 다소 달라질 것이다.

도면의 활용

4과 5장에는 각 의자의 좌판과 벤딩틀의 축척도가 포함되어 있다. 실물 크기로 바꾸려면 이들 페이지를 스캔해서 컴퓨터에서 정사이즈로 확대하면 된다. MS 퍼블리셔 등의 소프트웨어를 이용하면 수월하다. 정사이즈 이미지를 출력해서 종이를 이어 붙인 뒤 모양대로 자르면 실물 크기 템플릿이 된다.

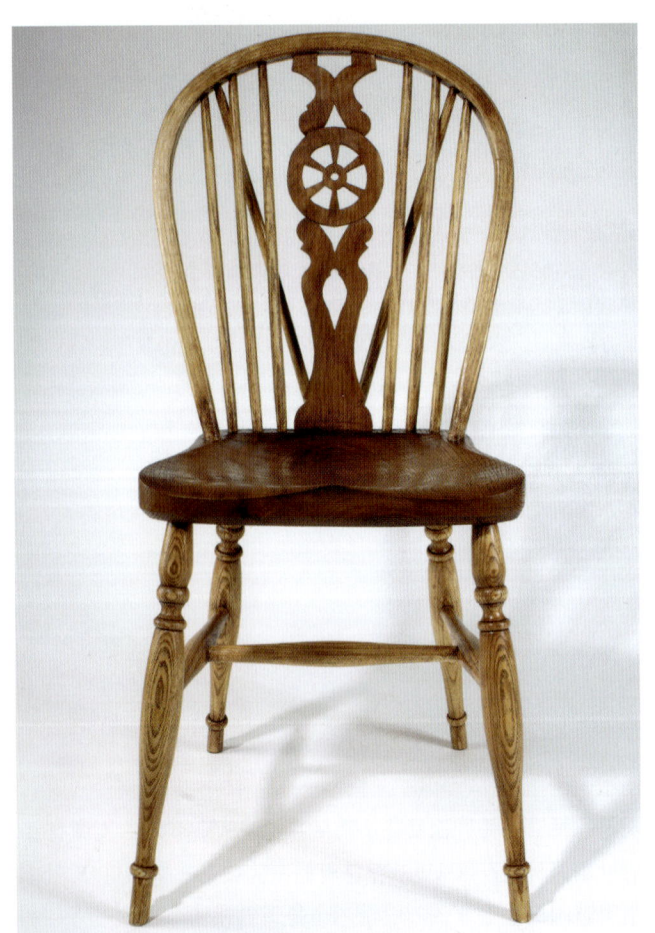
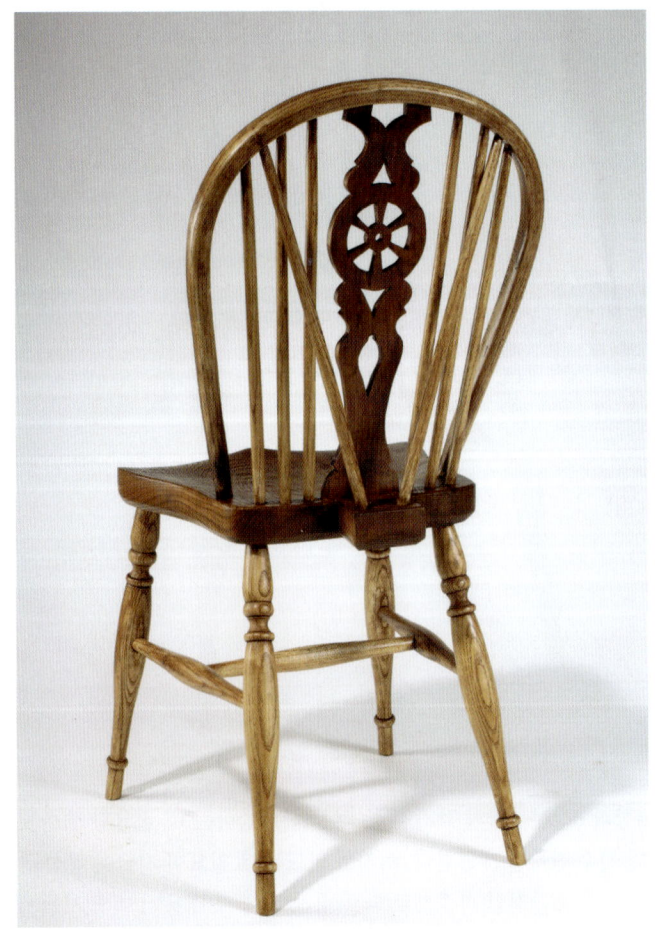

휠백 의자 – 전면과 후면.

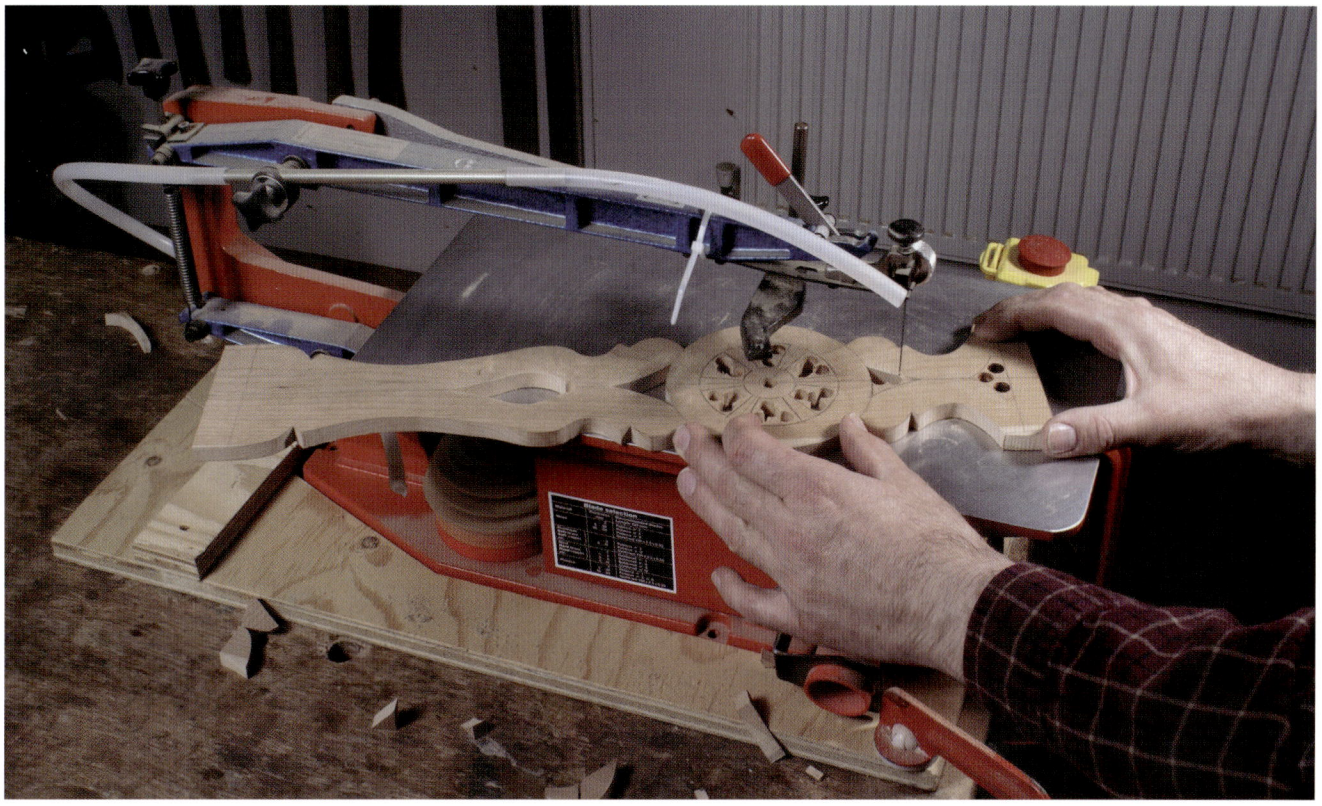

스크롤쏘를 이용해서 스플랫 장식 가공하기.

휠백 의자

휠백 의자는 이 책에 소개된 몇 안 되는 19세기 의자 중 하나다. 간결하면서도 나름의 매력이 있는데 18세기 콤브백 의자와는 다른 구조적 도전 과제를 품고 있어서 제작 예시로 들게 되었다.

스플랫의 구멍 뚫린 장식은 스크롤쏘로 가공하는 것이 효율적이다. 물론 프렛쏘를 이용해서 인내심을 가지고 작업할 수도 있다. 몇 몇 오래된 의자의 스플랫은 가장자리가 경사지게 잘려 있다. 그러면 앞에서 봤을 때 스플랫의 두께가 얇아 보인다. 이런 것들이 중요한 요소는 아니지만 어쨌든 정성 들여 만든 의자라는 느낌을 준다.

스플랫 뒤에는 좌판이 돌출되어 있고 추가로 두 개의 스핀들이 등받이를 뒤에서 받친다. 이 받침 스핀들은 제일 바깥의 두 스핀들 사이로 보우와 연결되는데 좌판 쪽 구멍은 다른 스핀들 구멍을 뚫을 때와 마찬가지로 주시하며 뚫는 방식으로 뚫을 수 있다. 보우 쪽 구멍은 목봉이나 전산볼트를 이용해서 각도를 잡아서 뚫으면 된

다. 사실 이렇게 추가적인 스핀들로 등받이를 받쳐주는 것이 구조적으로 대단한 역할을 하지는 않으며 생략해도 문제될 것이 없다. 오히려 외관상 의자를 돋보이게 하는 효과가 있다.

보우는 제법 두껍다. 따라서 좌판 위 보우가 세로로 뻗은 부분을 스포크쉐이브로 잘 다듬어서 두께감을 줄이려는 노력을 해야 한다. 뒤쪽 두께를 얇게 다듬으면 앞에서 봤을 때 덜 두꺼워 보인다. 스플랫을 꽂아 넣기 위한 장붓구멍도 스핀들 구멍과 마찬가지로 주시하며 뚫는 기법을 사용한다.

우선 스플랫만 끼워서 등받이를 조립해본다. 다음 스플랫을 제거하고 좌판과 보우에 스핀들 구멍을 뚫고 맞춰 끼워본다. 마지막으로 스플랫을 포함해서 다시 조립한다. 스플랫이 보우가 스핀들 위로 완전히 끼워지는 것을 방해하지 않도록 주의한다.

휠백 의자 주요 치수

별도 표기가 없으면 단위는 인치

요소	수량	L	W	D
다리	4	20 ½	1 ⅞	1 ⅞
가로대	3	17	1 ¾	1 ¾
좌판	1	16 ½	16 ¼	1 ½ ~ 1¾
보우	1	54	1 ⅛	1
스핀들	8	4 x 20 ¼, 2 x 19 ¾ 2 x 17 ½	⅞	⅞

좌판에서의 위치	뒤에서부터	가운데부터	각도(°)	직경
아랫면				
뒷다리	4 ¼	4 ¾	18	⅞
앞다리	14 ¾	6 ¼	8	⅞
윗면				
보우	5 ¾	5 ⅝	23	¾

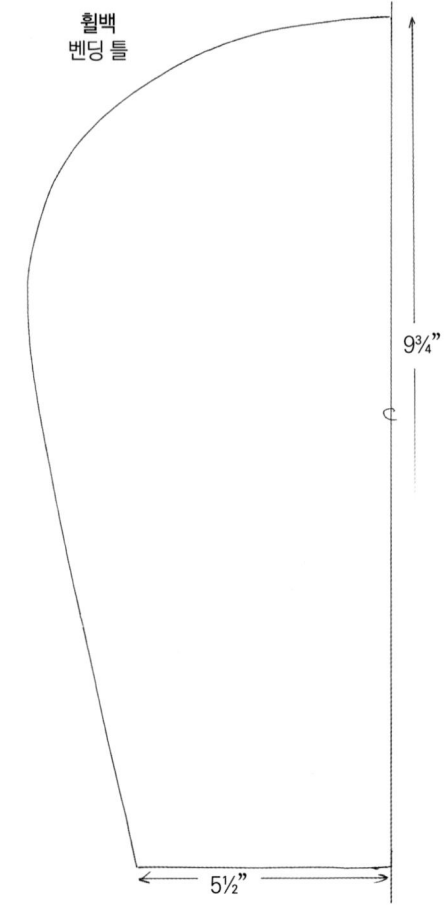

**휠백
벤딩 틀**

스핀들 간격 · 가운데부터

좌판	2 ½, 1 ⅛, 1 ⅛
보우(윗면을 따라)	3 ⅝, 1 ⅝, 1 ⅞

스핀들 규격

	젖은 상태 가공 치수	장붓구멍 크기
상단	11 mm	⅜
중간	14 ~ 16 mm	
하단	13 mm	⁷⁄₁₆

스핀들 가운데의 최종 두께는 보기 좋게 맞추면 됨

높이

좌판에서 보우의 상단까지	18 ¼

9¾"

5½"

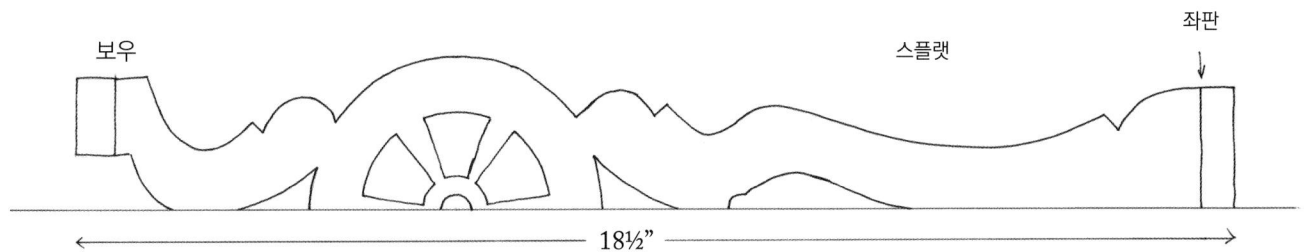

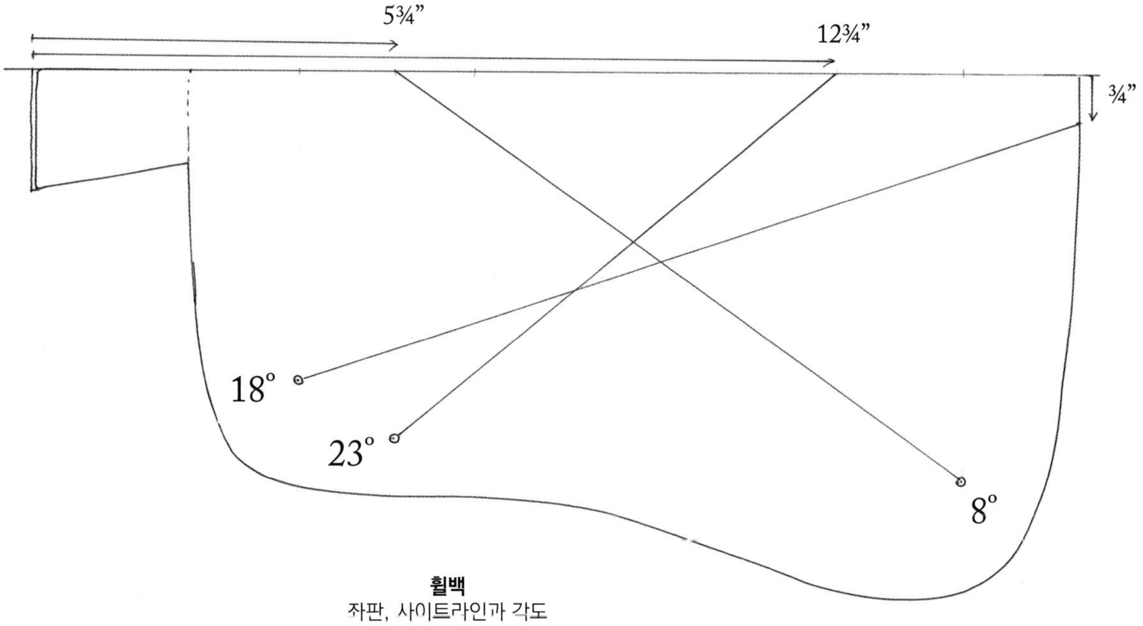

보우   스플랫   좌판

←——————————————————— 18½" ———————————————————→

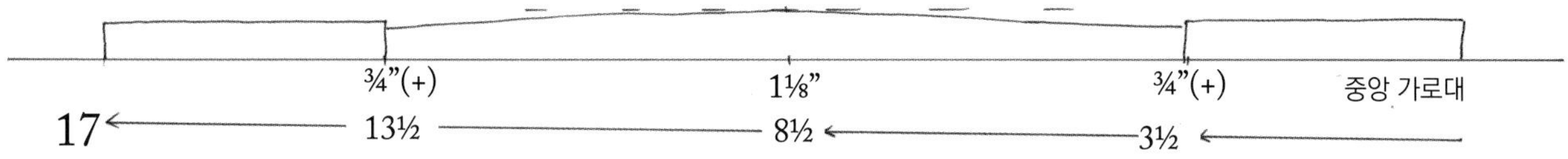

¾"(+)   1⅛"   ¾"(+)   중앙 가로대

17 ←————— 13½ —————→ 8½ ←————— 3½ ←

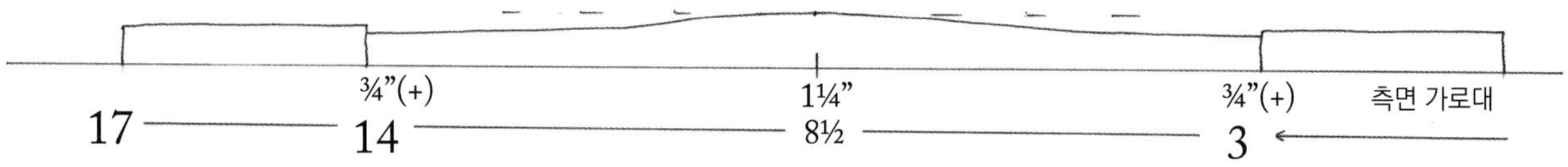

¾"(+)   1¼"   ¾"(+)   측면 가로대

17 ———— 14 ————————— 8½ —————————— 3 ←

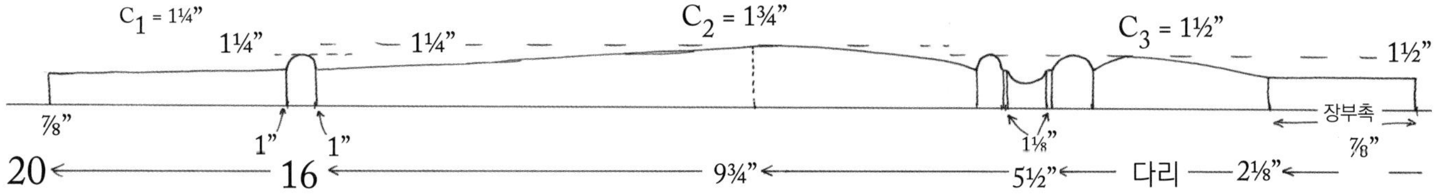

$C_1 = 1¼"$ $C_2 = 1¾"$ $C_3 = 1½"$ — 1½"
1¼"   1¼"

⅞"   장부촉   ⅞"
1"   1"   1⅛"

20 ←———— 16 ←—————— 9¾" —————— 5½" 다리 2⅛"

5¾"   12¾"
                                                                    ¾"

18°
23°
8°

휠백
좌판, 사이트라인과 각도

115

콤브백 의자

많은 도전할 만한 요소와 복잡한 구조를 지닌 의자가 바로 콤브백 의자이다. 스핀들과 스플랫에 더해 등받이에 리본 슬랫이 더해진 것이 복잡성을 더 키운다. 그러나 완성된 결과물은 이러한 노력이 가치있음을 보여준다. 하부 구조는 일반적인 방식으로 조립할 수 있다.

암이 좌판에 평행하게 고정되므로 암 하부에 짧은 스핀들이 꽂아지는 구멍들은 드릴프레스에서 테이블을 기울여서 뚫는다. 좌판에 뚫은 구멍과 동일한 사이트라인과 각도로 설정해서 뚫으면 된다. 좌판에 다리와 암포스트 구멍을 뚫을 때 짧은 스핀들을 위한

구멍도 같은 방식으로 미리 뚫어놓는 것을 잊지 않도록 한다.

스플랫은 좌판에 14도 정도 기울여서 꽂아진다. 암을 좌판 위 정확한 높이에 고정한 채 스플랫의 위치를 암의 앞부분에 표시한다. 암에 반턱 가공을 해서 스플랫이 꼭 맞게 들어가도록 한다. 반턱 가공 후 남은 두께가 암의 윗부분을 기준으로 ½in(13mm)는 돼야 한다.

짧은 스핀들 위로 암을 정확한 높이에 고정한다.

등 스핀들 구멍을 좌판과 암에 주시하며 뚫는 기법으로 뚫는다.

크레스트에 스플랫을 꽂기 위한 구멍을 판다.

크레스트에 스핀들과 슬랫을 위한 구멍을 뚫고 모두 맞춰 끼운다. 마지막으로 굽어진 암포스트를 팔에 맞춰 고정한다.

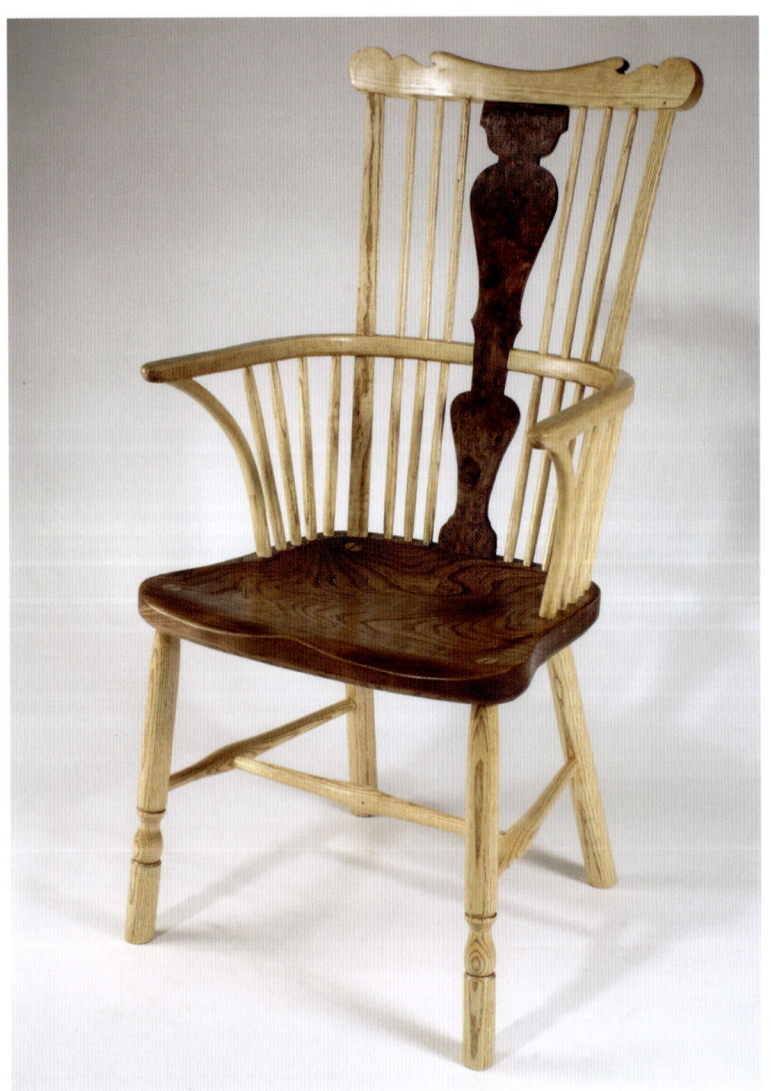

영국식 콤브백 의자.

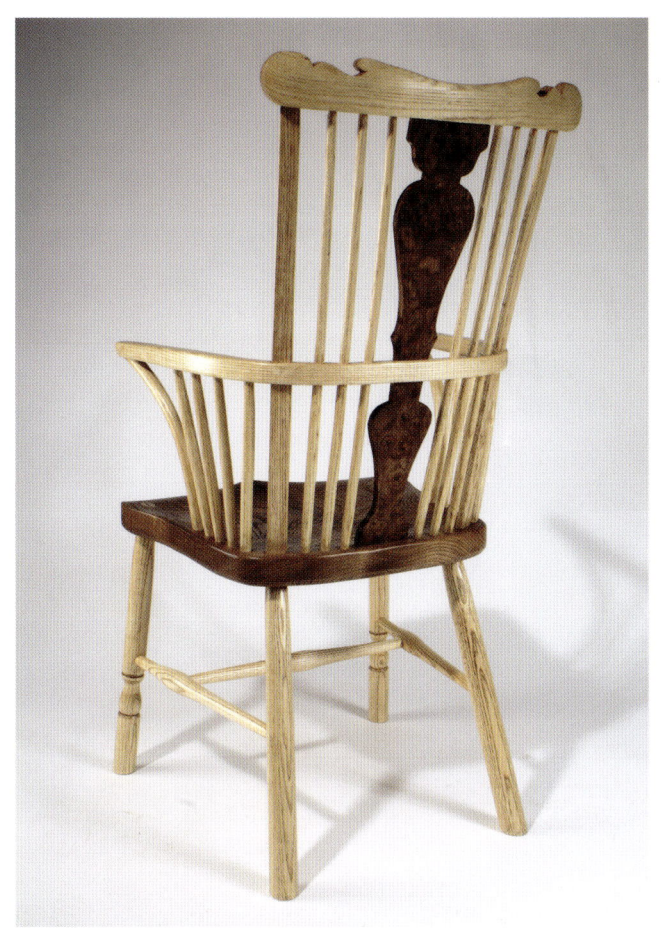

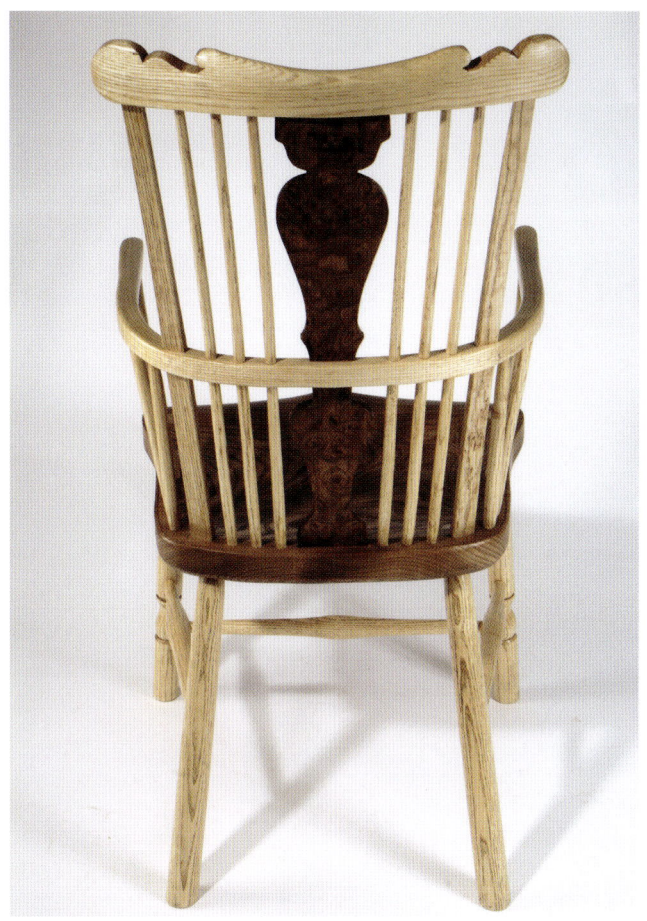

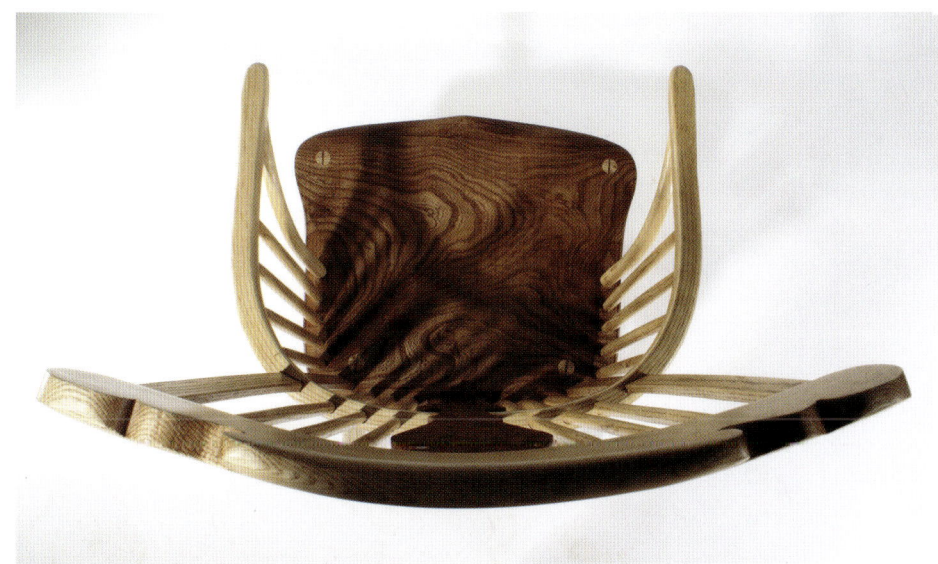

영국식 콤브백 의자.

크레스트에 리본 슬랫을 위한 장붓구멍을
팔 차례다. 그 다음엔 암서포트를
맞춰 끼울 수 있다.

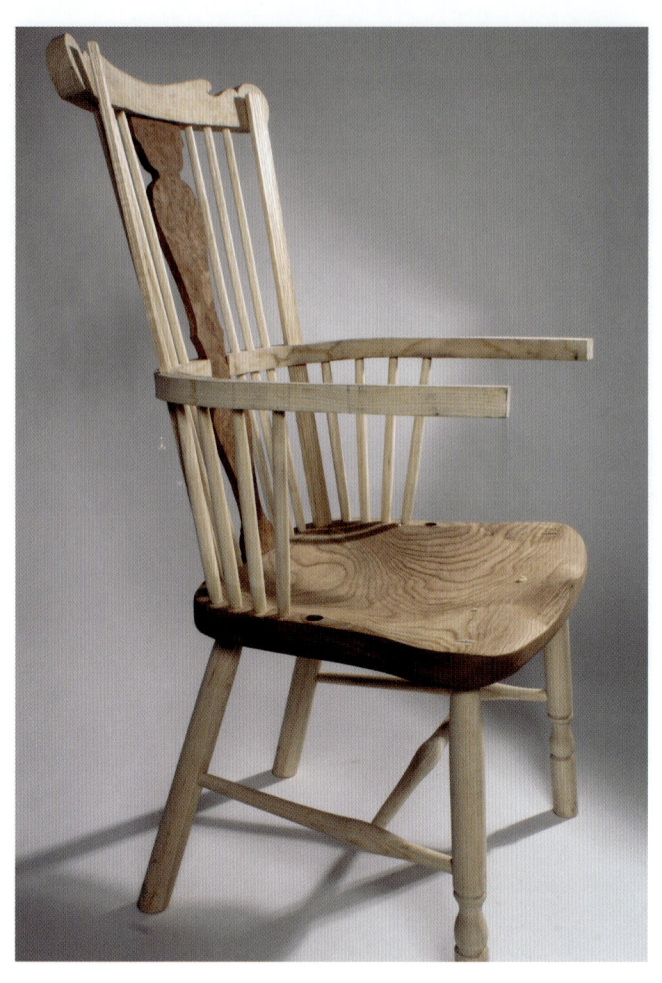

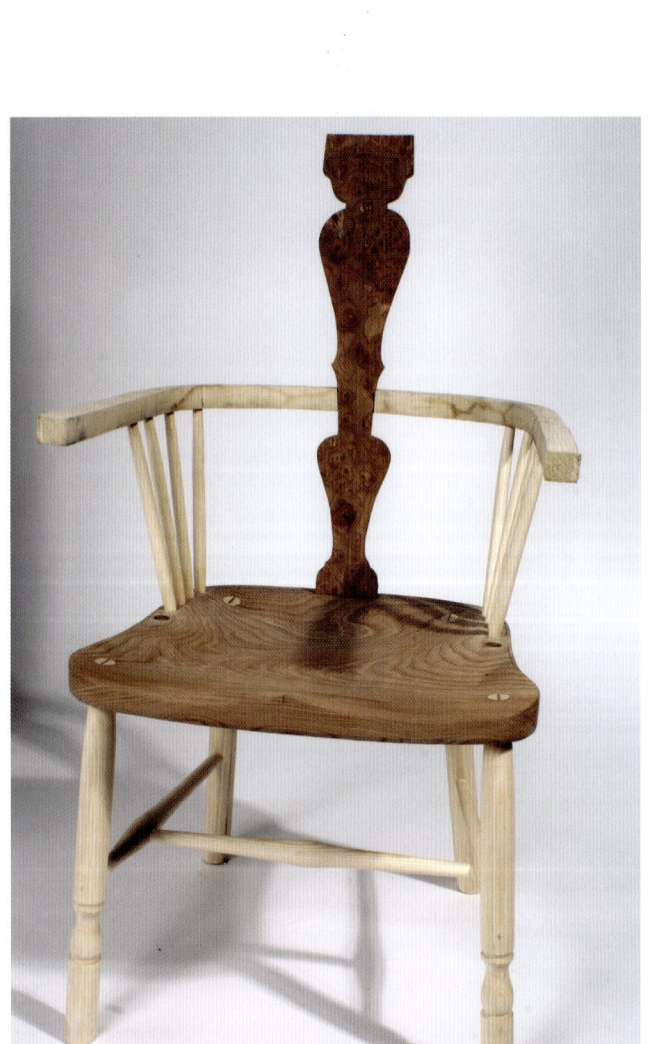

암을 짧은 스핀들에 끼운 뒤 스플랫을 좌판에
끼우고 암과 반턱맞춤으로 결합한다.

콤브백 의자 주요 치수

별도 표기가 없으면 단위는 인치

요소	수량	L	W	D
다리	4	20 ½	2	2
측면 가로대	2	18	1 ⅝	1 ⅝
중심 가로대	1	19	1 ⅝	1 ⅝
암포스트(2개 분량)	1	40	⅞	⅞
좌판	1	17 ½	20	1 ¾ ~ 2

요소	수량	L	W	D
암	1	50 ½	1 ⅛ (+)	1 (+)
크레스트	1	22	1 ⅛ (+)	2 ¾
긴 스핀들	6	25 ½	⅞	⅞
짧은 스핀들	8	12 ½	⅞	⅞
스플랫	1	23 ½	4 ¾	⅜ (+)
리본 슬랫	2	25	1 ¼	⁷⁄₁₆

좌판에서의 위치	뒤에서부터	가운데부터	각도(°)	
아랫면				
뒷다리	2 ½	5 ¾	17	⅞
앞다리	14 ¾	8 ½	5	⅞
윗면				
암포스트	7 ¾	8	1 0	¾

스핀들 간격	좌판	암	크레스트
중심	0	0	실제로 재 보고 보기 좋게 조정할 것
스핀들1	2 ⅜	2 ⅝	
스핀들2	1 ⅛	1 ¼(+)	
스핀들3	1 ⅛	1 ¼(+)	
리본 슬랫 (1 ⅛"in 너비)	1 ⁷⁄₁₆	슬랫의 위치는 눈으로 보고 조정할 것	
짧은 스핀들	1 ⁷⁄₁₆	3 ¼	
짧은 스핀들	1 ¼	2	
짧은 스핀들	1 ¼	2	
짧은 스핀들	1 ¼	2	

스핀들 규격	젖은 상태 가공 치수	장붓구멍 크기
상단	11 mm	⅜
중간	14.5 mm	½
하단	13 ~ 14 mm	⁷⁄₁₆
좌판과 스플랫의 각도	14도	
높이		
좌판에서 암 밑면까지	9	
좌판에서 크레스트 가운데의 밑면까지	22 ½	

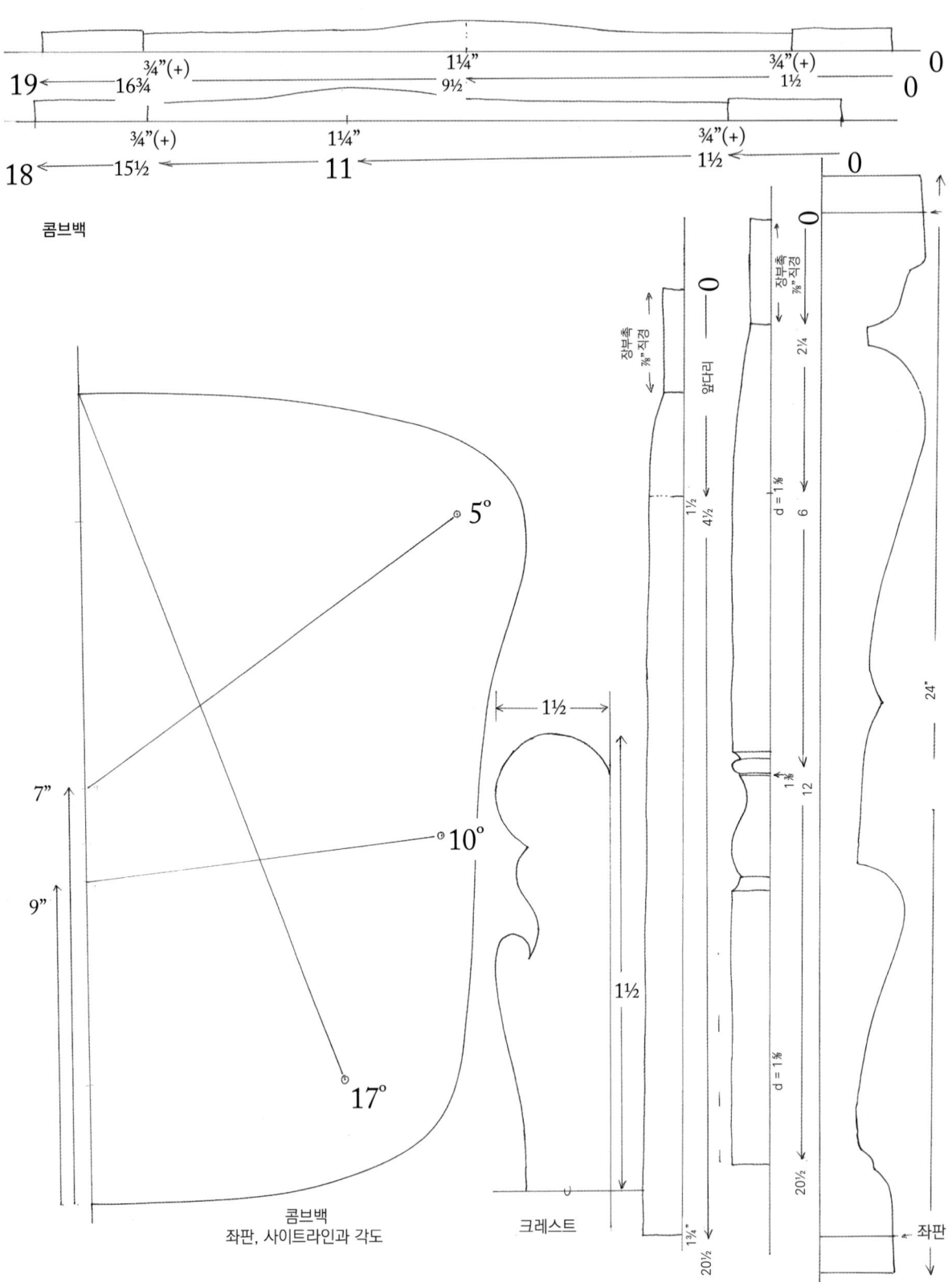

콤브백

19 ← 16¾ ¾"(+) 1¼" 9½ ¾"(+) 1½ 0 0

18 ← 15½ ← 11 ← 1½ ← 0

5°

7"

10°

9"

17°

콤브백
좌판, 사이트라인과 각도

크레스트

좌판

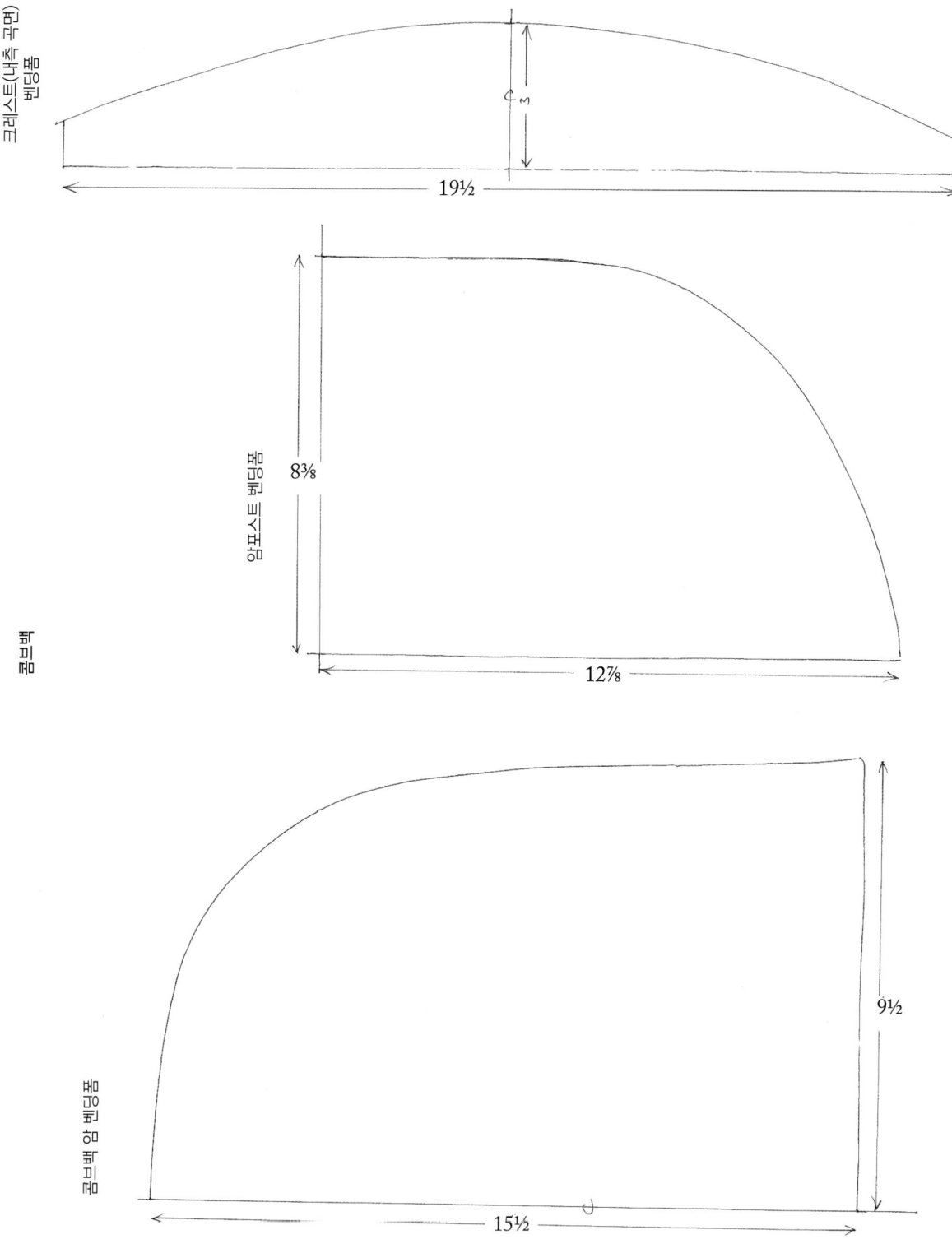

크레스트(내측 곡면)
벤딩폼

3

19½

암포스트 벤딩폼

8⅜

뒷면

12⅞

팔걸이 앞 벤딩폼

9½

15½

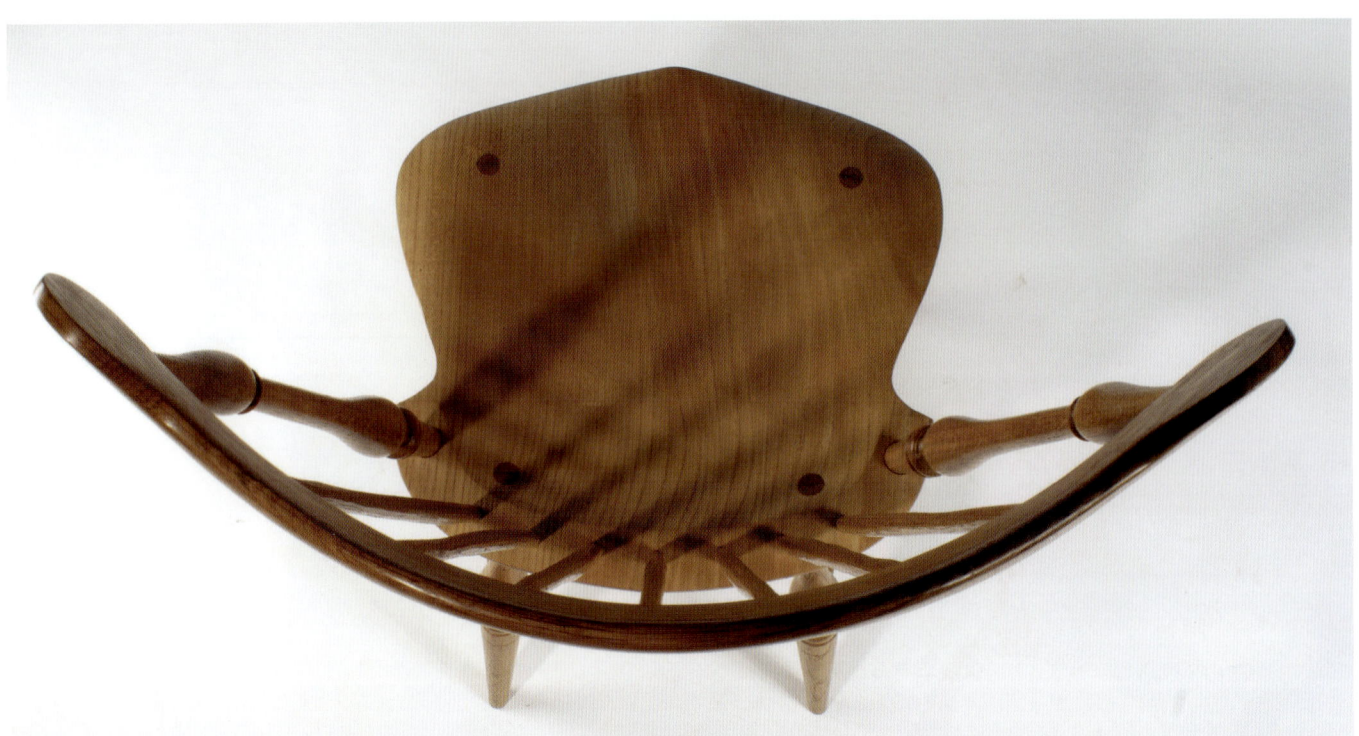

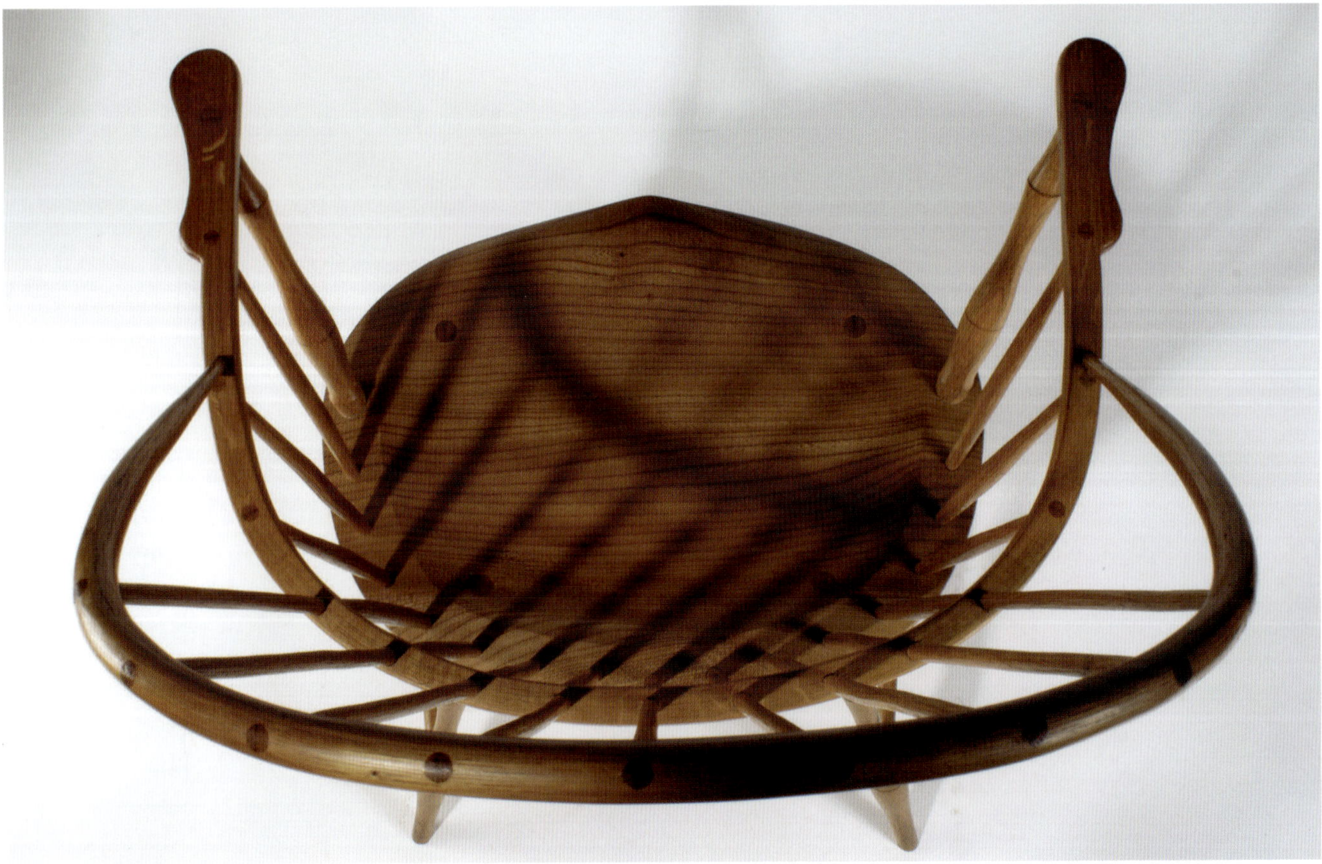

CHAPTER 5

두 개의 미국식 윈저체어

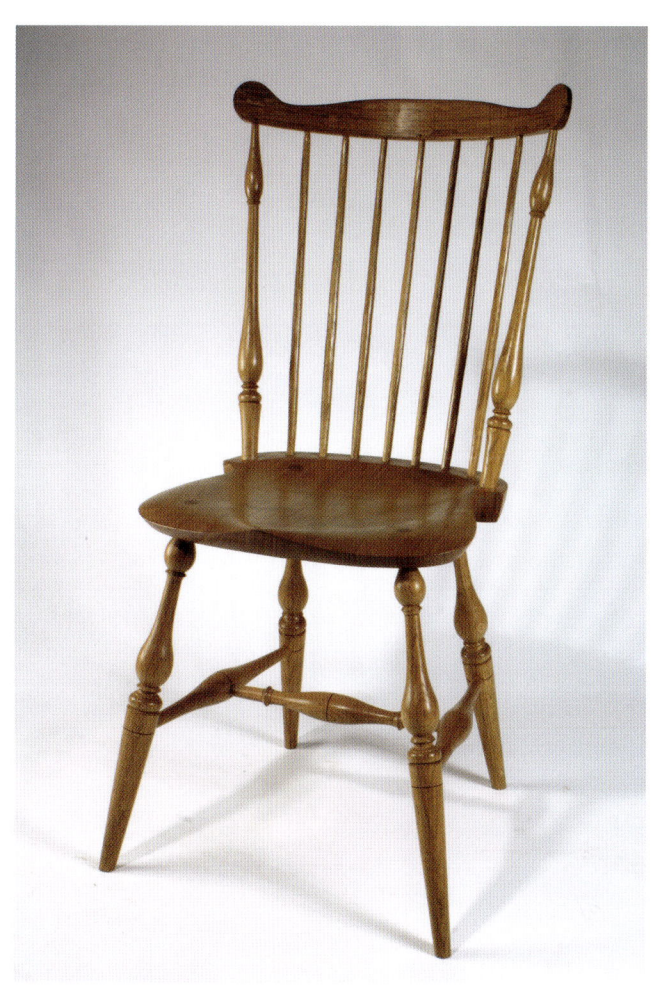

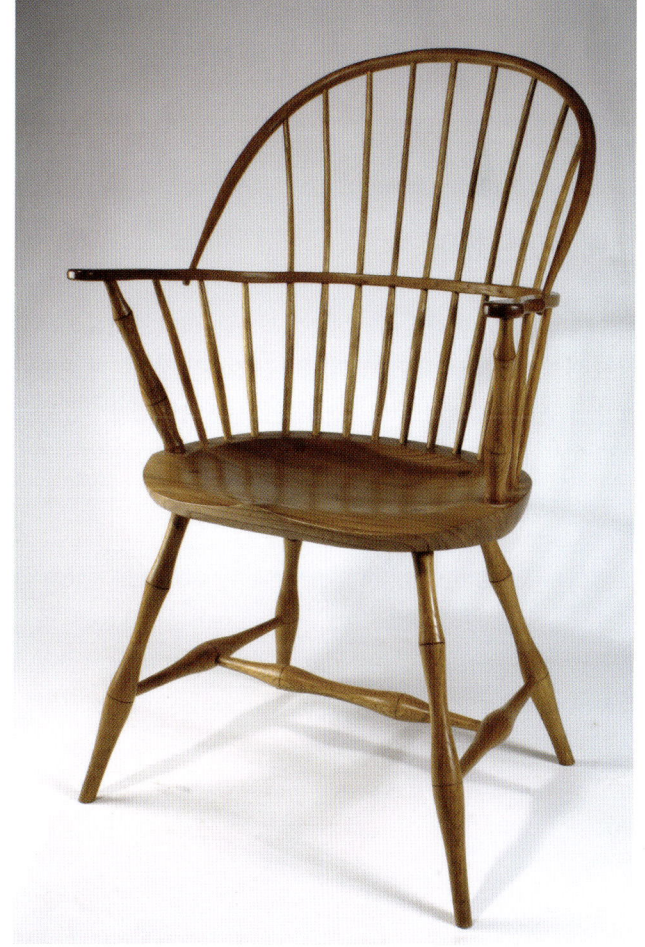

이 두 의사는 — 한쪽에는 그레스트가 있고 다른 쪽에는 벤딩한 보우가 있다 — 미국식 윈저체어의 전형적인 날씬함과 우아함을 보여준다. 전체적인 외관에서 앞선 장에서 소개한 영국 의자와 대비틀 이룬다. 미국식 의자의 스핀들은 드로우나이프와 스포크쉐이브로 깎아서 만든다.

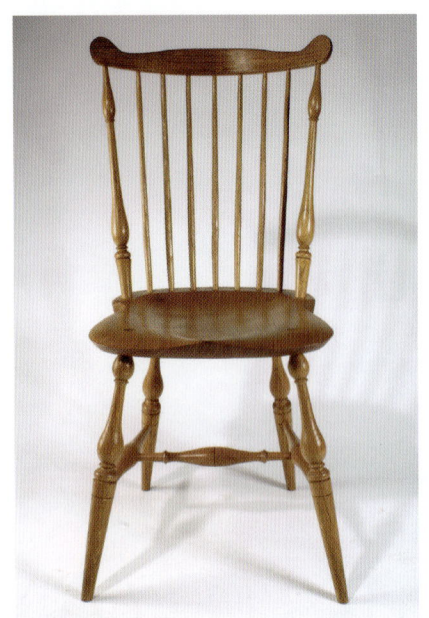 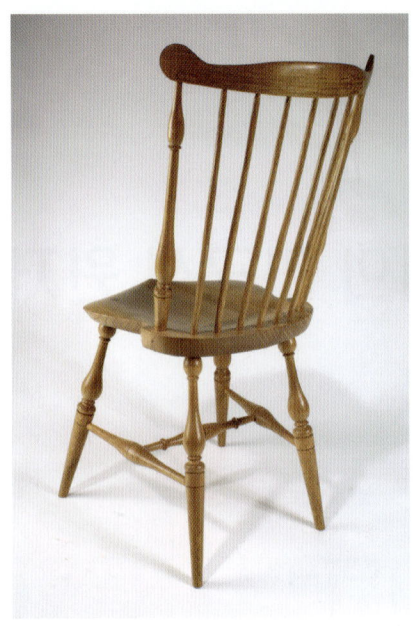

미국식 팬백사이드체어.

팬백사이드체어

이 의자는 소담하면서도 매우 편안한 의자다. 의자 크기를 키우지 않기 위해 앞다리와 백포스트의 벌어진 정도를 절제하며 신중하게 만들어졌다. 좀 더 드라마틱한 외관을 원한다면 앞다리와 백포스트의 사이트라인을 조금 바꿔보면 된다(사이트라인의 방향 조정). 단, 백포스트의 사이트라인이 바뀌면 크레스트의 크기도 따라 바뀌는 것에 유의한다.

크레스트는 의자의 간결한 느낌에 맞춰 상당히 얇다. 스핀들 구멍은 $\frac{5}{16}$ in(8mm)밖에 안 되는데 다른 어떤 의자들보다 작다. 백포스트를 깎을 때 가벼운 느낌을 잃지 않게 주의한다. 그러지 않으면 등받이 전체가 두꺼워지면서 우아함과는 멀어져 버린다.

이 의자는 만들기가 비교적 쉽다. 또한 크레스트를 스팀벤딩을 하지 않고 적층벤딩해서 만들 수도 있다.

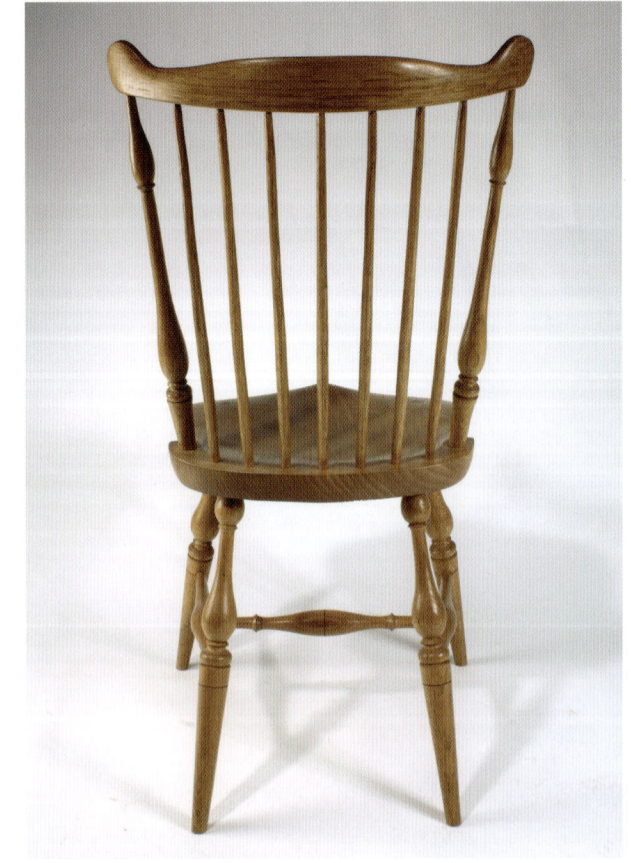

미국식 팬백사이드체어의 뒷모습.

팬백 의자 주요 치수

별도 표기가 없으면 단위는 인치

요소	수량	L	W	D	
다리	4	20 ½	2	2	
가로대	3	3 x 18	1 ¾	1 ¾	
백포스트	2	21	1 ¾	1 ¾	
좌판	1	16 ⅛ (결을 따라)	17	1 ½	
크레스트	1	24	¾	2 ¼	
스핀들	7	19	⅞	⅞	

좌판에서의 위치		뒤에서부터	가운데부터	각도(°)	직경
아랫면	뒷다리	3	4 ½	14 ½	⅞
	앞다리	12 ¾	5 ¾	12 ½	⅞
윗면	백포스트	4	6 ¾	14 ½	⅞

스핀들 간격	
좌판	1 ¾
크레스트	2 ⅛

스핀들 규격	젖은 상태 가공 치수	장붓구멍 크기
상단	⅜	$^5/_{16}$
중간	보기 좋은 대로	
하단	$^9/_{16}$	$^7/_{16}$
높이	좌판에서 크레스트의 아랫면까지	17

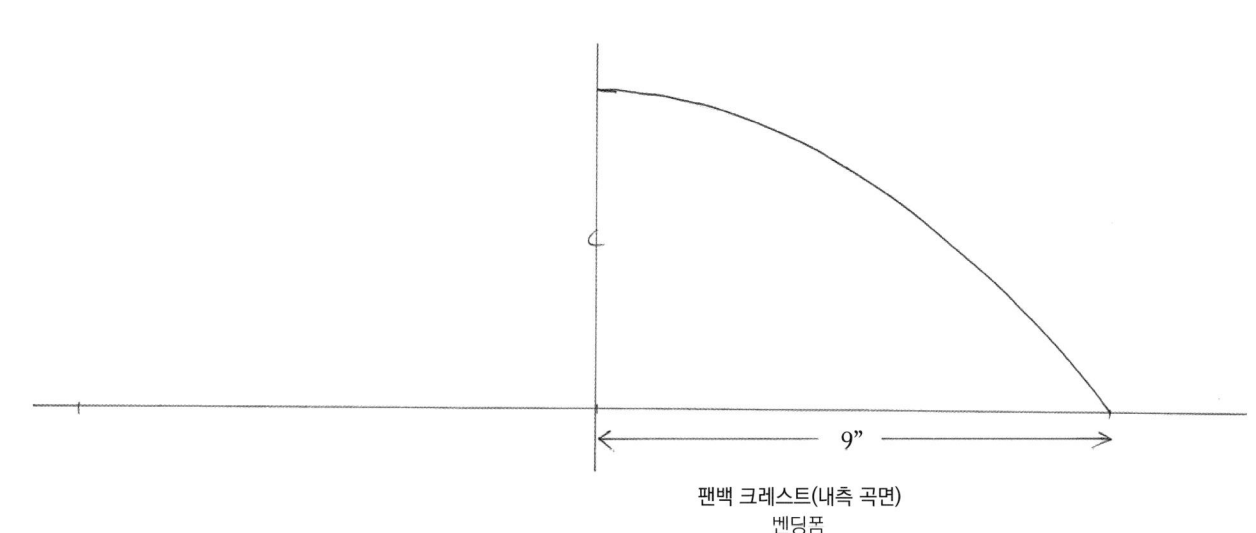

팬백 크레스트(내측 곡면)
벤딩폼

9"

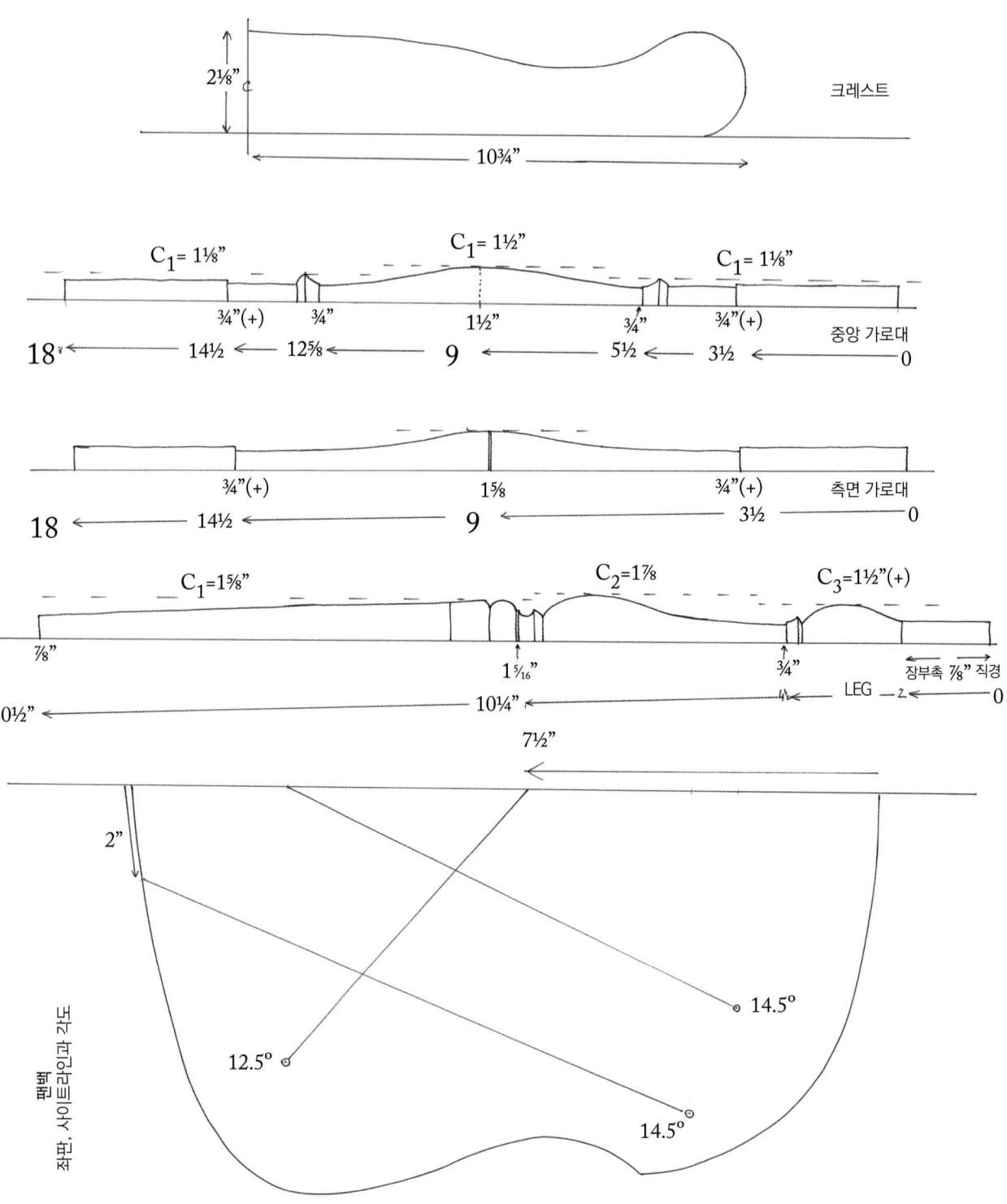

크레스트

$2\frac{1}{8}$"

$10\frac{3}{4}$"

$C_1= 1\frac{1}{8}$" $C_1= 1\frac{1}{2}$" $C_1= 1\frac{1}{8}$"

$\frac{3}{4}$"(+) $\frac{3}{4}$" $1\frac{1}{2}$" $\frac{3}{4}$" $\frac{3}{4}$"(+)   중앙 가로대

18     $14\frac{1}{2}$ $12\frac{5}{8}$ 9 $5\frac{1}{2}$ $3\frac{1}{2}$ 0

$\frac{3}{4}$"(+) $1\frac{5}{8}$ $\frac{3}{4}$"(+)   측면 가로대

18     $14\frac{1}{2}$ 9 $3\frac{1}{2}$ 0

$C_1=1\frac{5}{8}$" $C_2=1\frac{7}{8}$ $C_3=1\frac{1}{2}$"(+)

$\frac{7}{8}$" $1\frac{5}{16}$" $\frac{3}{4}$"   장부촉 $\frac{7}{8}$" 직경

LEG   —z—   0

$20\frac{1}{2}$" $10\frac{1}{4}$"   4   0

$7\frac{1}{2}$"

2"

좌판, 사이드라인과 각도

14.5°

12.5°

14.5°

126

더블보우체어

이 큼직한 더블보우체어는 테이블 의자로 사용할 수도 있고 어딘가에 단독으로 놓을 수도 있다. 스핀들을 깎고 다듬는 데 익숙하지 않다면 아홉 개의 긴 스핀들을 깎는 데 시간이 오래 걸릴 것이다. 그러나 이들 스핀들의 얇은 부분(암과 보우 사이)은 보기에 흥미로우며 그로 인해 편안하기도 하다.

뱀부 스타일 다리와 가로대는 단순하지만 그렇다고 해서 매력과 가치가 덜한 것은 아니다. 대안으로 앞서 제시한 팬백 의자의 다리와 가로대에 적용된 스타일이 있다.

이 의자는 주시하며 뚫는 기법을 연습하기에 매우 좋은 제작 과제다. 뚫어야 할 구멍이 55개나 되는데, 그중 6개를 제외한 나머지가 모두 프리핸드로 주시하며 뚫어야 하는 구멍이다.

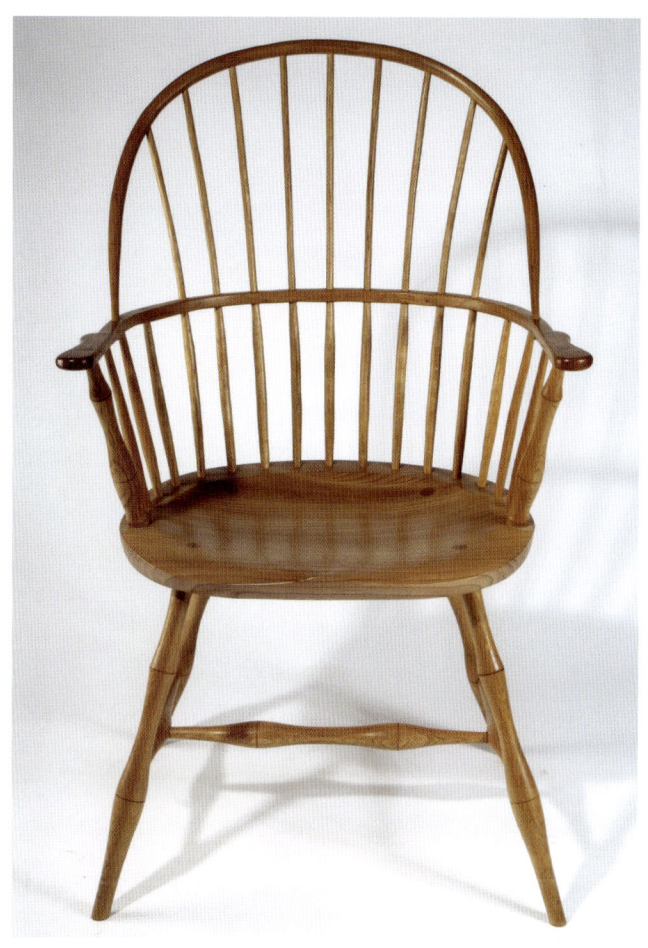

미국식 더블보우체어.

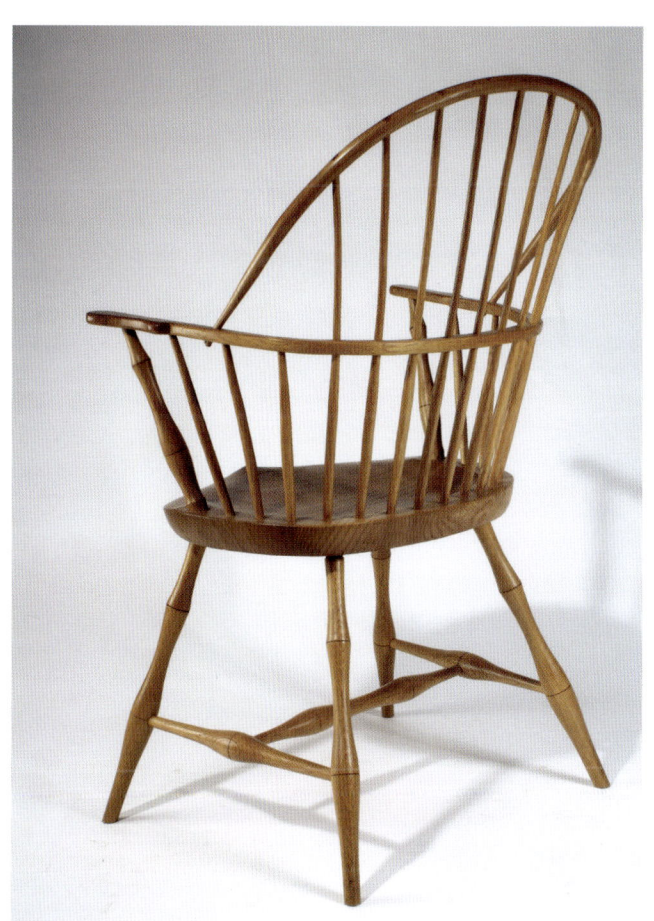

색백 의자 주요 치수　　별도 표기가 없으면 단위는 인치

요소	수량	L	W	D	
다리	4	20 ½	2	2	
측면 가로대	2	18	2	2	
중심 가로대	1	21	2	2	
암포스트	2	13 ½	1 ¾	1 ¾	
좌판	1	21	16 ¾	1 ¾	
암	1	52	⅞	⅝	
보우	1	52	⅞	⅞	
긴 스핀들	9	3 x 24; 2 x 23; 2 x 22; 2 x 21	⅞	⅞	
짧은 스핀들	6	6 x 11 ¾	⅞	⅞	

좌판에서의 위치		뒤에서부터	가운데부터	각도(°)	직경
아랫면	뒷다리	3 ⅜	5 ½	23	⅞
	앞다리	12 ¼	7	18	⅞
윗면	암포스트	9 ¾	9 ½	23	⅞

스핀들 간격	긴 스핀들	짧은 스핀들	
좌판	1 ¾	1 ¾	
암	2	2 ¾; 3 ¼; 3 ¾	
보우	2 ⅝; 2 ¾; 2 ⅞; 2 ⅞		

스핀들 규격	젖은 상태 가공 치수	장붓구멍 크기	
상단	10.5 mm	⅜	
어깨	11.5 mm	10.5 mm	스핀들 하단으로부터 9 ⅝in" 지점에서의 직경
하단	⅝	½	

스핀들 중간 부분의 최종 굵기는 보기 좋은 대로

높이 좌판에서 보우 최고점까지　　　　　　　　　　　22

　　좌판에서 암 아랫면(암포스트 뒷부분)까지　　　9

　　좌판에서 암 아랫면(가운데 스핀들 위치)까지　　8 ½

보우와 암이 이루는 각도　　　　　　　　　　　　38 ½ °

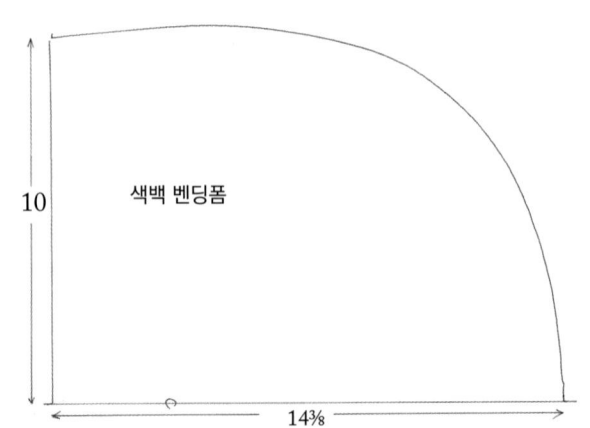

색백 벤딩폼
10
14⅜

색백

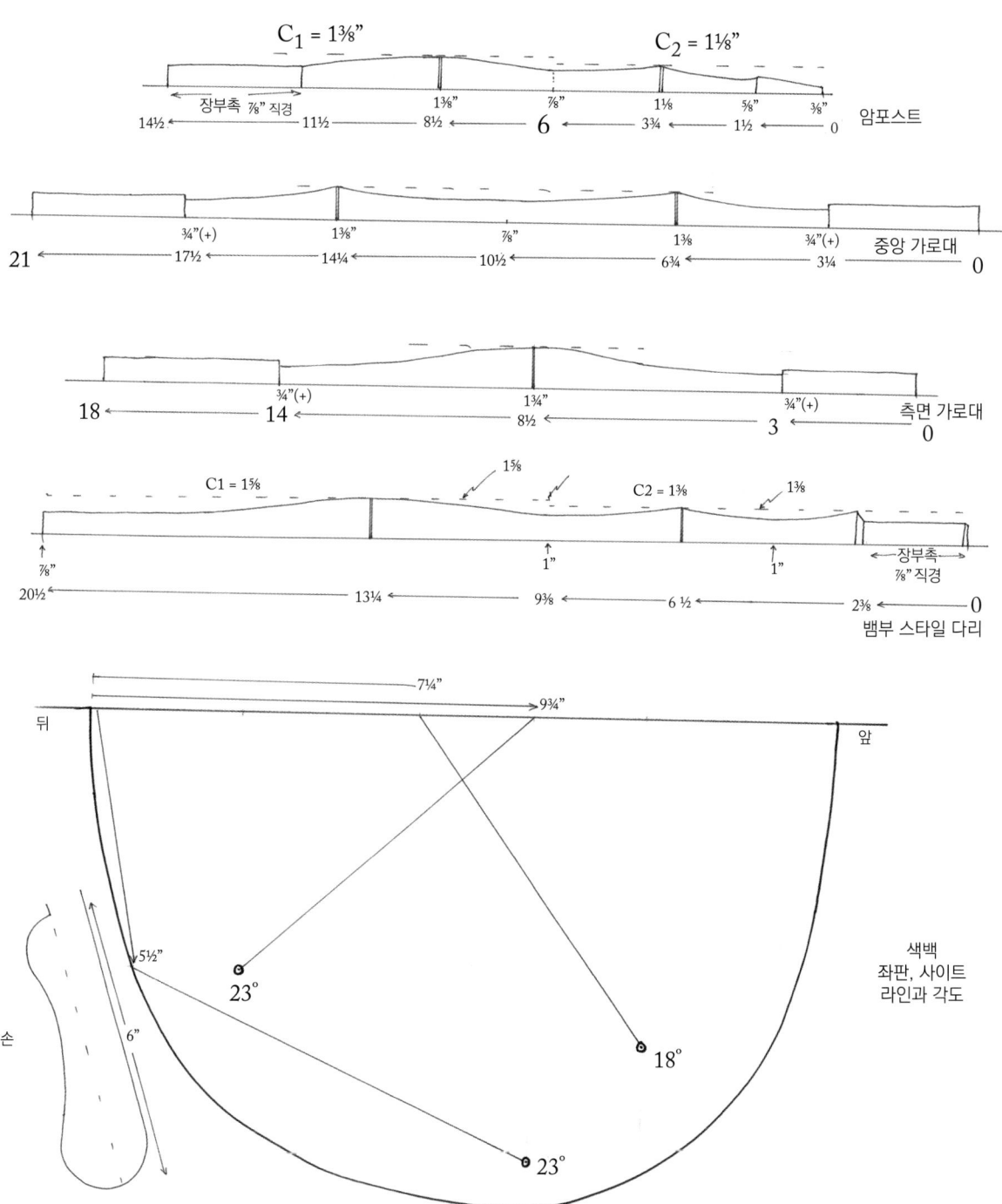

$C_1 = 1\frac{3}{8}$" $C_2 = 1\frac{1}{8}$"

장부촉 $\frac{7}{8}$" 직경 $1\frac{3}{8}$" $\frac{7}{8}$" $1\frac{1}{8}$" $\frac{5}{8}$" $\frac{3}{8}$"   암포스트

$14\frac{1}{2}$ $11\frac{1}{2}$ $8\frac{1}{2}$ 6 $3\frac{3}{4}$ $1\frac{1}{2}$ 0

$\frac{3}{4}$"(+) $1\frac{3}{8}$" $\frac{7}{8}$" $1\frac{3}{8}$" $\frac{3}{4}$"(+)   중앙 가로대

21   $17\frac{1}{2}$ $14\frac{1}{4}$ $10\frac{1}{2}$ $6\frac{3}{4}$ $3\frac{1}{4}$ 0

$\frac{3}{4}$"(+) $1\frac{3}{4}$" $\frac{3}{4}$"(+)   측면 가로대

18   14 $8\frac{1}{2}$ 3   0

C1 = $1\frac{5}{8}$ $1\frac{5}{8}$ C2 = $1\frac{3}{8}$ $1\frac{3}{8}$

$\frac{7}{8}$"   1"   1"   장부촉 $\frac{7}{8}$" 직경

$20\frac{1}{2}$ $13\frac{1}{4}$ $9\frac{3}{8}$ $6\frac{1}{2}$ $2\frac{3}{8}$ 0   뱀부 스타일 다리

$7\frac{1}{4}$" $9\frac{3}{4}$"

뒤   앞

$5\frac{1}{2}$"   23°   18°

손   6"   23°

색백
좌판, 사이트
라인과 각도

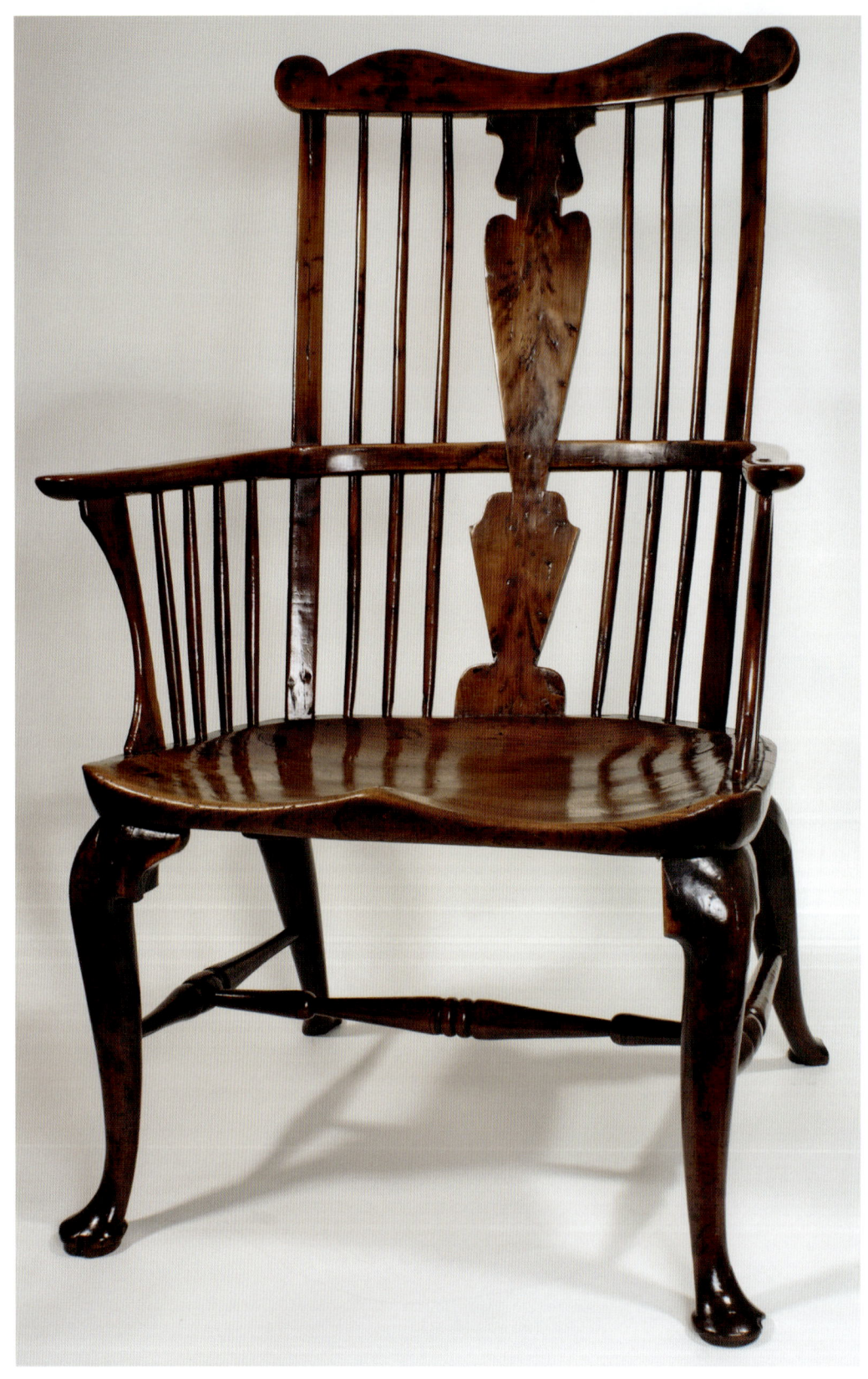

CHAPTER 6

과거 작업에서 배울 점

얼마 전 나는 클래식한 템즈밸리 콤브백윈저 암체어를 공부할 기회가 있었다. 이 의자는 남아 있는 윈저체어 중 가장 잘 알려진 의자 중 하나다. 버나드 '빌' 코튼 박사의 '잉글리시 리저널 체어' 특정 판의 표지 사진이 이 의자이다. 이 의자를 통해 단지 치수보다 기록으로 남아 있는 것이 훨씬 더 많다는 것을 바로 알아 볼 수 있다.

이 의자의 제작자는 눈에 잘 띄는 여러 곳에 도구가 남긴 흔적들을 세밀하게 기록해 두었다. 나는 의자 제작자로서 이 흔적을 이해할 수 있었다. 이는 내가 줄곧 의자를 만들어왔고, 이러한 흔적에 공감하고, 의자를 만드는 동안 이 의자 제작자가 직면했을 문제들을 이해하기 때문이다. 의자에 남아 있는 도구의 흔적은 해석 가능하고, 그 증거들을 통해 어떻게 만들었는지 방법을 추측할 수 있으며, 제작자의 철학 또한 엿볼 수 있다.

구조

좌판

느릅나무 좌판의 크기는 결을 따라 너비 60cm, 깊이 45cm이다. 나무를 톱으로 자를 때 중심 보드에 인접한 곳에서 이 판이 나왔을 것이다. 이 부분이 사용 가능한 가장 넓은 판이다. 왜냐하면 중심에 있는 판은 수축 때문에 갈라진다. 좌판의 측면을 보면, 촘촘하게 굽은 링이 암포스트와 첫 번째 짧은 스핀들 아래에서 보인다. 반면 이것은 좌판의 앞뒤로 움직이면서 수직에 (곧은결) 가까워졌다.

건조할 때, 나무는 나이테 쪽으로 훨씬 줄어들기 때문에 이러한 판재는 나무의 중심부로부터 멀어지면서 구부러들 것이다. 그리

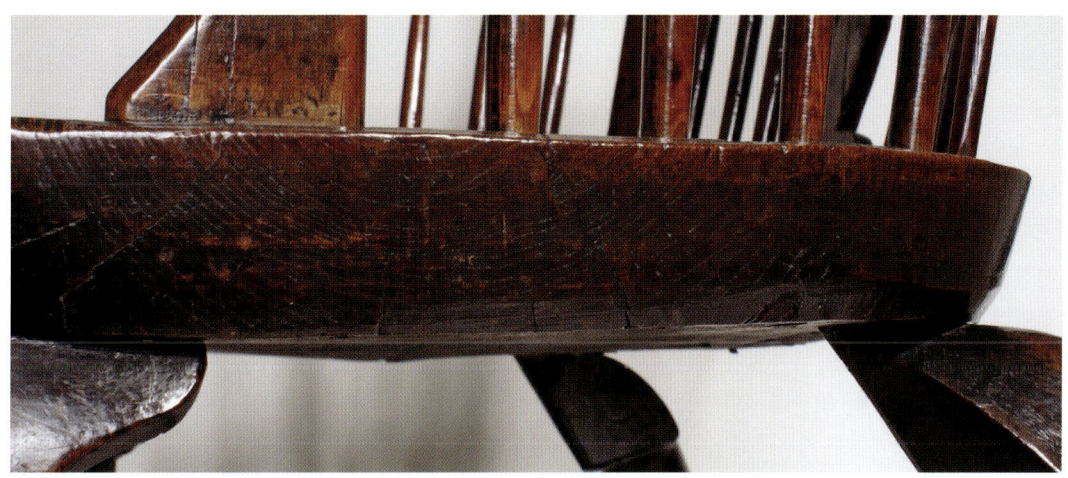

좌판의 마구리면은 암포스트와 첫 번째 짧은 스핀들 사이에서 가장 구부러진 나이테를 보여준다. 결의 곡선 부분의 움푹 들어간 부분이 위로 향한다.

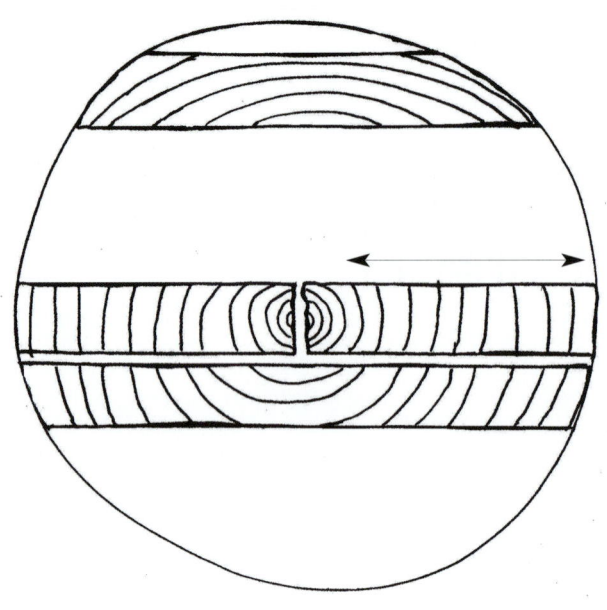

나무의 수심 바로 옆에서 켜낸 판재로 좌판을 만들었다. 수심을 포함한 부위는 항상 반으로 갈라서 사용하기에 수심 바로 옆에서 켜낸 판재가 해당 나무에서 얻을 수 있는 가장 넓은 폭의 판재다.

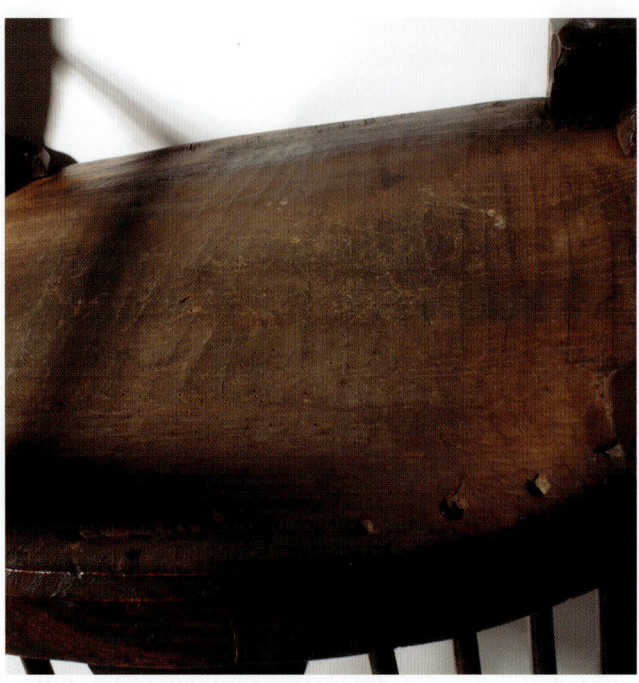

가운데 부분의 좌판 아랫부분에 스크럽 대패 마크가 있다. 좌판의 앞과 뒤에는 대패 자국이 없다.

고 나무는 꼭대기에서 방사 방향으로, 아래쪽에서는 비스듬히 자르기에 이 차이는 나무 판재의 중심에서 매우 커진다. 하지만 이 의자는 반대 방향으로 깊게 구부러져 있다. 아래쪽에 제작자가 크라운(울퉁불퉁한 자국)을 줄이기 위해 노력한 깊게 문지른 대패의 자국을 볼 수 있다. 이 자국은 나이테가 더 빽빽하게 굽어 있는 곳에 더 깊게 있다. 그러나 좌판에서 수직으로만 나이테가 있는 좌판의 앞뒤에 가까울수록 이러한 자국이 없다.

이 예상치 못한 변형은 아마도 부분적으로 계절의 영향을 받는 판재로 작업했기 때문에 생겼을 것이다. 좌판에서 움푹 패인 곳은 매우 깊다. 제작자가 매우 대범한 것으로 보인다. 가장자리가 1⅞in(47mm) 두께인 좌판의 상당 부분을 ½in(13mm) 두께만 남긴다. 만약 판재가 전혀 계절에 영향을 받지 않았다면, 즉 두께 전체에 걸쳐 평형을 이루지 못했다면, 움푹 패인 곳은 젖은 목재를 노출시켰을 것이고, 그 후 건조되어 좌판을 표면 위쪽으로 말리게 했을 것이다.

각 측면을 따라 좌석의 깎지 않은 상단 표면은 이러한 변형이 보이지 않기에, 제작자는 의자에 구멍을 뚫고 조립하기 전에 상단 표면을 평평하게 대패했을 가능성이 높아 보인다. 사실 앞부분의 두께는 1¾in(44mm)로 이 추정에 확신을 준다. 뒷부분의 두께는 측정

할 수 없다. 그러나 상부 표면은 작용하는 반대 힘 때문에 상대적으로 평평하게 유지되었을 수 있다. 왜냐하면 정상 건조는 아래 굽음을 일으키고, 축축한 좌판의 패인 부분은 위로 굽음을 일으키기 때문이다.

만약 의자가 조립된 후에 나무의 변형이 생겼다면, 사람들은 그것이 분해되고 그 후에 수리된 것을 볼 수 있을 것이라고 예상했을 것이다. 그러나 내 경험으로 이러한 변형은 좌판을 파는 중에 그리고 파고 난 다음 바로 발생한다. 또한 만약 이 변형이 조립 이후에 발생했다면, 대패를 할 기회도 필요도 없었을 것이다. 이러한 변형이 조립 전에 발생했음은 대패 자국을 통해 명확히 알 수 있다.

이 좌판의 홈이 거의 뒤에서부터 가장 앞의 모서리까지 오목하게 되어 있는 것은 일반적이지 않다. 좌판에서 가장 넓다고 생각하는 60cm보다 더 넓은 것을 만든 것이다. 이것은 또한 무게도 그렇지만 보기에도 가벼운 효과를 준다. 대부분 윈저체어의 좌판은 의자에 앉는 사람의 허벅지 바닥에 날카로운 모서리가 베이는 것을 피하기 위해 앞쪽 가장자리에서 몇 인치 정도 볼록하게 된다. 그러나 이 의자에서는 문제인 것처럼 보이지 않는다.

이 제작자는 좌판을 파기 위해 많은 에너지를 썼을 뿐 아니라 옆면과 뒤 모서리 주변의 볼록 나온 부분의 모양을 잡으면서 좌판의

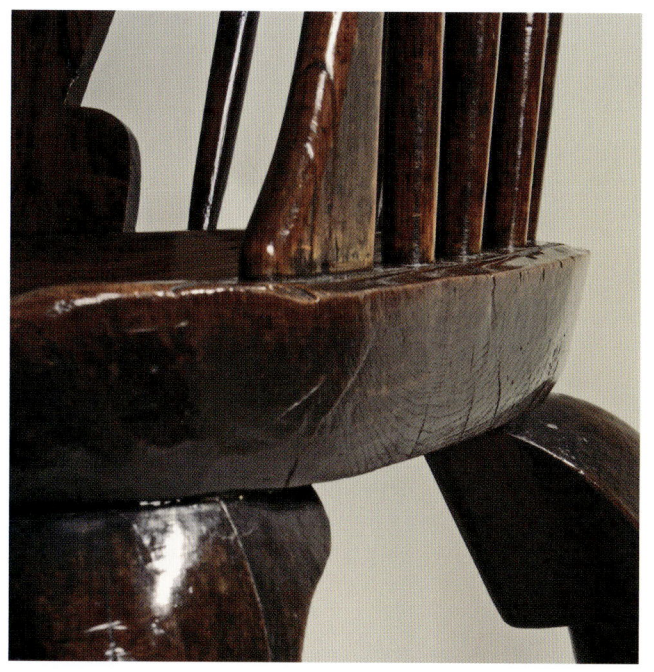

좌판의 측면에 부드러운 곡선.

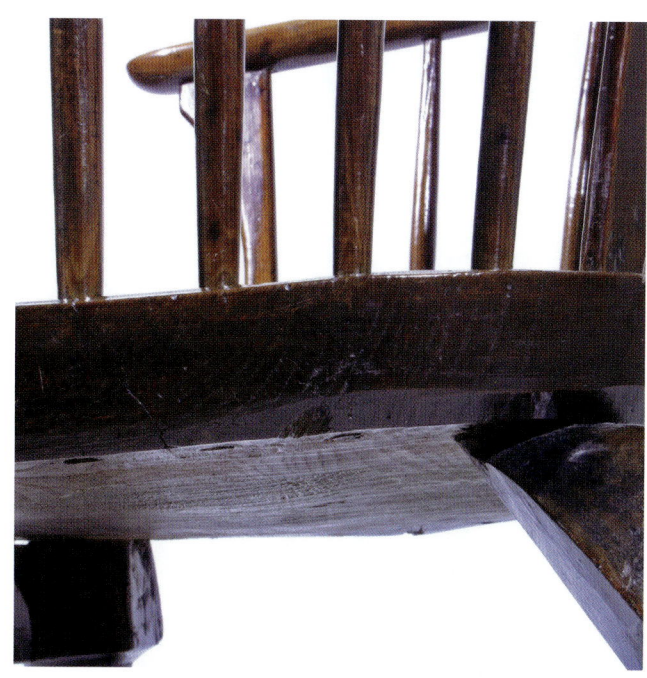

좌판의 아랫부분 모서리를 따라 모따기.

두께도 신경 써야 했을 것이다. 이 면은 모든 모서리를 중심으로 안쪽으로 기울어져 있으며, 바닥에는 거친 모따기가 적용되었고, 두 프로세스 모두 시각적으로도 좌판을 가볍게 보이게 하는 데 일조한다.

이후의 의자들의 좌판 옆면은 수직이었기에 작업량이 이 제작자보다 많지 않았지만, 이 제작자는 모양을 매우 중요하게 여긴 것 같다. 왜냐하면 느릅나무의 마구리면을 둥글게 했기 때문이다. 이건 정말 힘든 작업이다! 틀림없이 모양을 마무리보다 더 중요하게 여긴 것 같다. 왜냐하면 거의 다 제작된 것에 마구리면을 가로질러 선명한 줄무늬가 보이기 때문이다. 이것은 날 같은 것, 아마도 스포크쉐이브 같은 것의 흔적으로 보인다. 또한 베이스의 모따기는 매우 거칠게 만들어졌으며, 짧은 거리에 비해 너비가 꽤 다양했고 마감도 거칠다. 이는 보이는 곳을 드로우나이프와 같은 거친 도구로 했다는 것을 알려준다.

스핀들

이 의자는 8개의 짧은 스핀들과 6개의 긴 스핀들이 있다. 스핀들은

언뜻 보기에는 균일하지만, 자세히 보면 두께와 프로필에 큰 차이가 있다. 또한 심각하게 뒤틀린 스핀들이 있는데, 특히 긴 스핀들 중 몇 개는 거의 곧은 모양이 아니다.

영국의 스핀들이 만들어진 방식에 대한 상당한 논쟁이 있었다. 이것들은 분명 다양한 변이로 인해 수작업으로 만들어야 했다. 특히 팔 위의 긴 스핀들에서 테이퍼링은 매력적이었지만 동일하게 만들 수는 없었다. 이 기능들 모두 자동화 기계를 사용해서 만들진 않았을 텐데, 이것은 의자의 나머지 부분과 잘 맞지 않았을 것이며 아마도 1740년에서 1770년 사이, 이 의자가 만들어졌을 당시에는 꽤 비현실적이었을 것이다.

적어도 짧은 스핀들은 목선반으로 했다는 직접적인 증거가 있다. 사진은 회전으로 만들어진 짧은 스핀들의 축에 수직으로 나 있는 줄무늬를 보여준다. 이러한 자국은 최소한의 마모를 받을 것 같은 위치의 의자 외부에 있다. 이 자국에 더해, 아래에서 볼 수 있는 오른쪽 전면에서 네 번째 스핀들의 아랫부분에 목선반의 테일스톡(작업물을 잡을 수 있도록 물려주는 부위)에 의해 만들어진 것과 일치하는 잡힌 자국이 있다. 긴 스핀들의 프로필과 변형은 목선반으로 돌린 것과 완전히 일치한다. 쉐이핑보다 목선반으로 돌리는 것을 권하

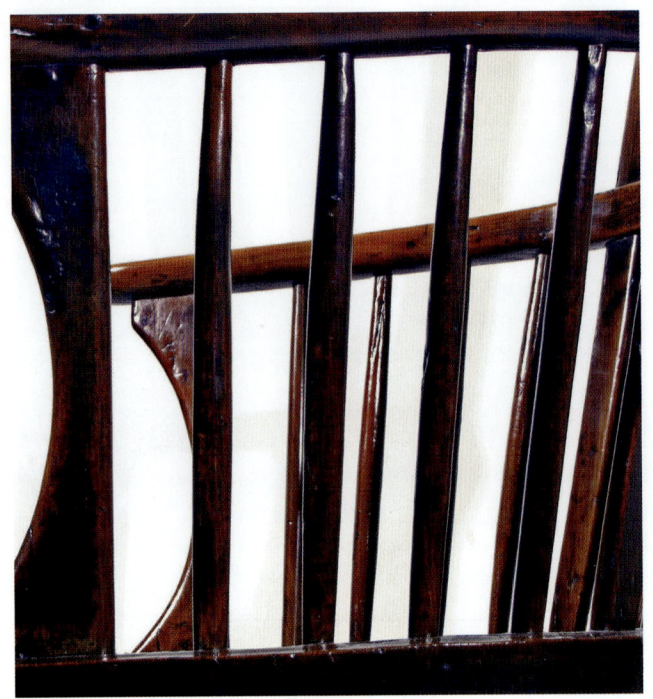

짧은 스핀들 모양의 변주.

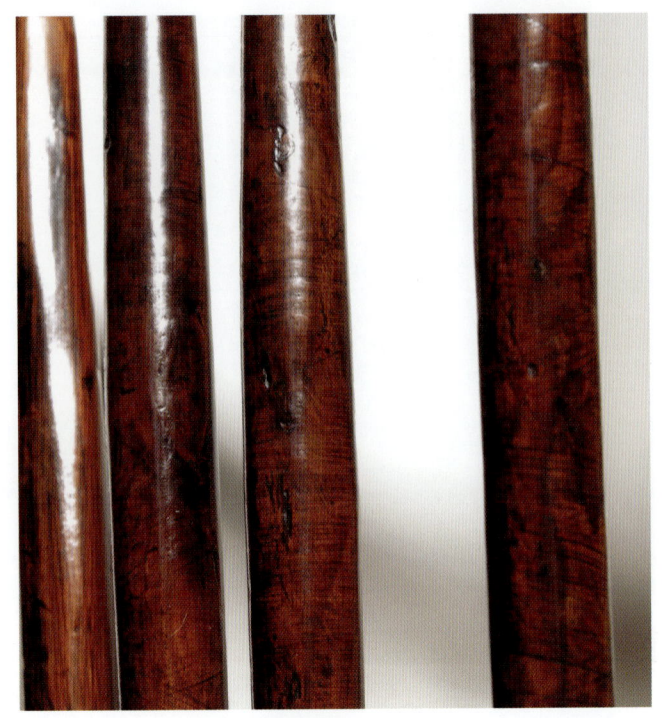

짧은 스핀들을 터닝했다는 증거.

는 또 다른 이유는 나무의 결이 곧지 않고, 긴 스핀들 중 일부는 길이에 따라 다양한 지점에서 떨어져 나가기 때문이다. 결이 곧지 않기 때문에 완전히 말랐을 때 스핀들이 휘어질 수 있다. 목선반을 이용할 경우 목선반용 도구가 남긴 자국을 지우는 데 스포크쉐이브나 사포를 사용했을 가능성이 크다.

스핀들은 위에서부터 좌판까지 꽂아 넣었고, 때로는 바닥까지 내려오기도 했다. 장부는 스핀들의 밑을 깎아서 만들었고, 아마도 드로우나이프로 깎았을 것이다. 좌판의 바로 위를 보면 스핀들이 꽂힌 구멍으로 갈수록 장부의 평평한 면이 좁아진다. 이를 통해 스핀들을 드로우나이프로 깎았다는 것을 알 수 있다. 이것은 긴 스핀들에서 분명히 보인다. 면의 편평함은 납작한 날로 만들어졌음을 보여주며, 스핀들의 길이(어떤 경우에는 최소 5cm)는 드로우나이프를 사용했음을 암시한다. 대체해서 사용되는 도구는 평평한 끌이었겠지만, 그 정도 길이를 잘라서 컨트롤하는 것은 어려웠을 것이다.

왼쪽에서 다섯 번째 긴 스핀들의 뒤쪽에서 깨끗한 면은 아마도 줄과 같은 도구로 모양과 핏을 개선하다 생긴 흠으로 보인다. 거의 확실히 이것은 카브리올 다리 내부에 사용된 것과 동일한 도구이

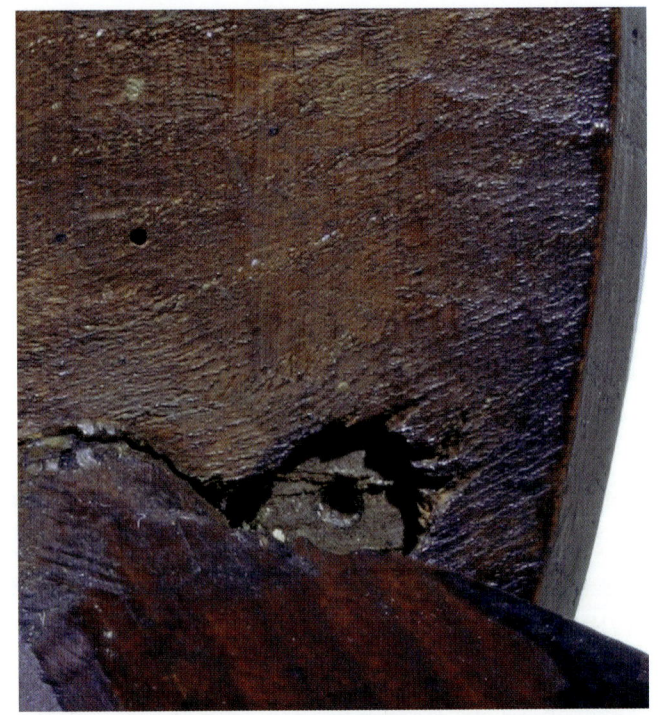

짧은 스핀들 아래에 패인 부분, 목선반의 테일스톡으로 인한 것일 수 있음.

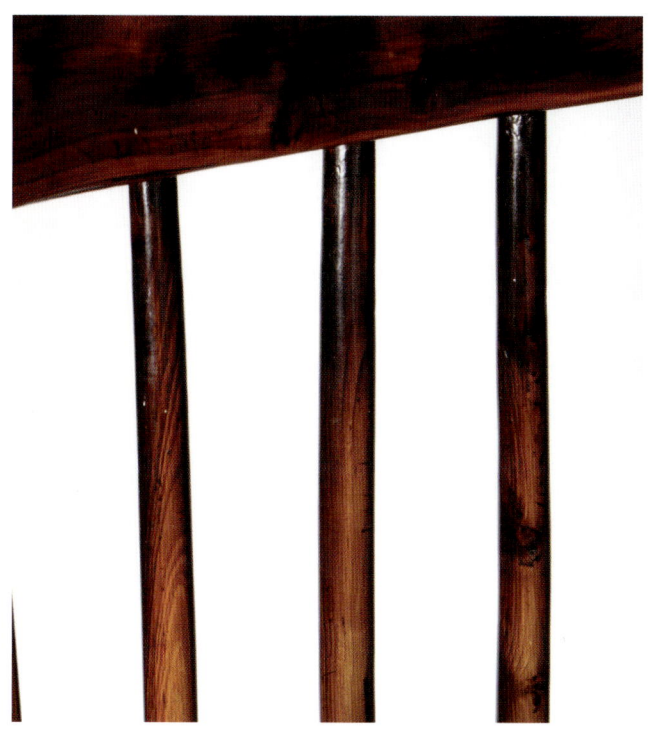

쉐이빙하지 않은 스핀들의 곧지 않은 결.

다(아래를 보라).

좌판의 구멍은 스푼 비트와 같은 둥근 코 비트로 구멍을 뚫은 것으로 보인다. 이는 모든 구멍이 좌판 밑면으로 뚫려 있지만 밑면의 개구부는 직경이 다르다는 사실로 입증된다. 작은 구멍이 있는 곳에서는 구멍의 내경이 매우 빠르게 전체 너비에 도달하는데, 이는 아랫면의 표면을 터지게 하는 둥근 코 비트와 일치한다.

장붓구멍을 뚫는 장부 비트와, 좌석의 전체 두께를 연장하는 장부의 조합은 스핀들을 매우 안전하게 고정할 수 있게 한다. 이 고정 방법은 마지막 조립 전에는 테스트할 수 없다. 스핀들은 한 번에 때려 박았다. 이는 적어도 스핀들이 충분히 조립할 수 있을 정도까지 왔다거나 정확한 각도로 좌판에 구멍을 뚫을 수 있다는 완전한 자신감을 보여준다.

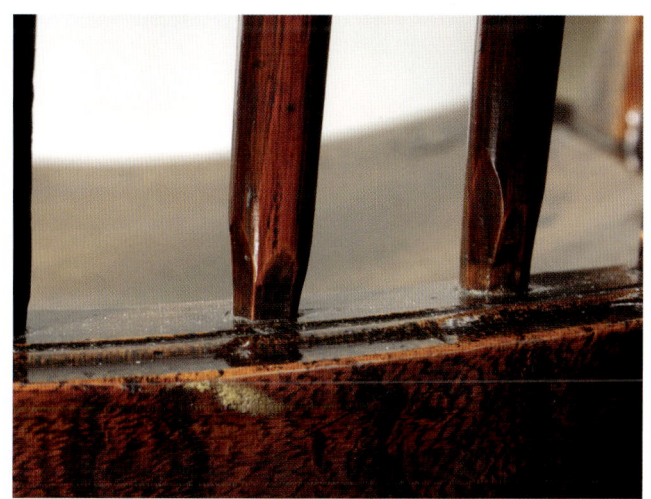

스핀들 아래의 장부 면.

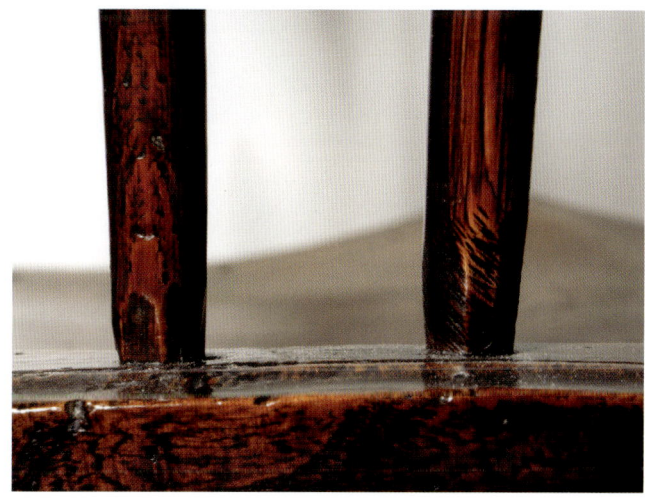

줄 자국 표시.

카브리올 다리

앞다리는 주목나무로 만들었고, 뒷다리는 애쉬나무로 만들었다. 좌석 바로 위까지 보니 다리가 만들어진 블록 중 정확하게 네모난 것은 하나도 없었다. 다리에는 도구의 흔적이 남아 있는 투박한 모습이다.

안쪽 면에는 톱자국이 없다. 재료의 부재는 생나무에서 온 것으로 보이며, 드로우나이프와 대패를 이용해 대충 정사각형을 만들었기에 직각이 정확하지 않았을 것으로 보인다. 만약 그렇다면, 대부분의 모양은 나무가 아직 젖어 있고 부드러운 상태에서 건조되었을 때 마무리가 되었을 것이다.

'사각' 부분 바로 아래에 매우 선명하게 줄을 사용한 자국이 있다. 아랫다리는 스포크쉐이브(빛을 약간만 틀면 육안으로 작은 면을 볼 수 있음)로 마무리했는데, 단 '사각' 부분을 건드리기 전에 편안하게 이동할 수 있는 정도까지만 스포크쉐이브로 마무리했다. 다리 뒤쪽의 오목한 표면에 있는 줄 자국을 제거하려 하지는 않았던 것 같다.

정면에서 보면 오른쪽 앞다리의 '사각' 면 중 하나에 나무에서 옹이가 떨어진 흔적이 있다. 이것은 부재가 건조되고 옹이가 줄어들다가 빠지면서 발생했을 것이다.

왼쪽 앞다리에 붙어있는 모서리 블록은 다리를 붙이면서 그 위치에서 줄로 모양을 잡은 흔적이 보인다. 줄의 자국은 다리와 블록 전체에 걸쳐 연속적으로 있다. 아마도 이것은 최종적으로 디테일한 모양을 만들기 위한 것이었고, 눈에 보이는 대부분의 줄의 흔적을 제거하기 위해 노력한 것으로 보인다.

마지막으로, 카브리올 다리에 있는 '네모난' 부분의 모서리에는 망치로 친 흔적이 보이는데, 이것은 아마도 다리를 좌판의 장붓구멍으로 넣다가 생긴 것으로 보인다.

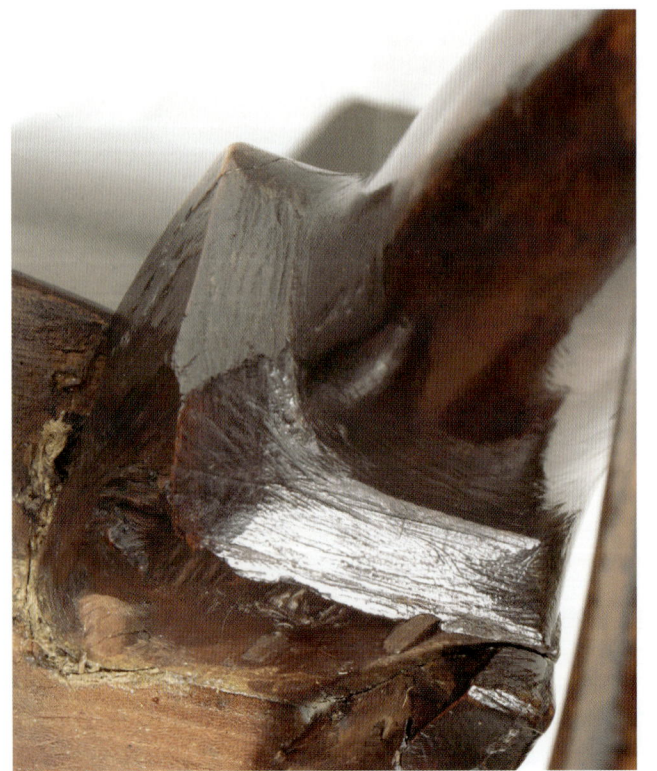

카브리올 다리가 정사각이 아니라는 증거.

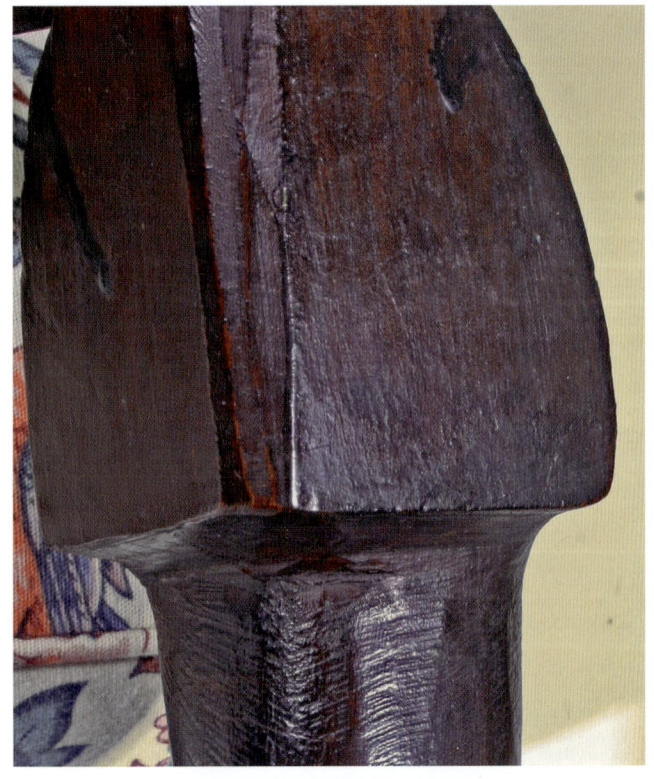

카브리올 다리 무릎 뒤의 줄 자국.

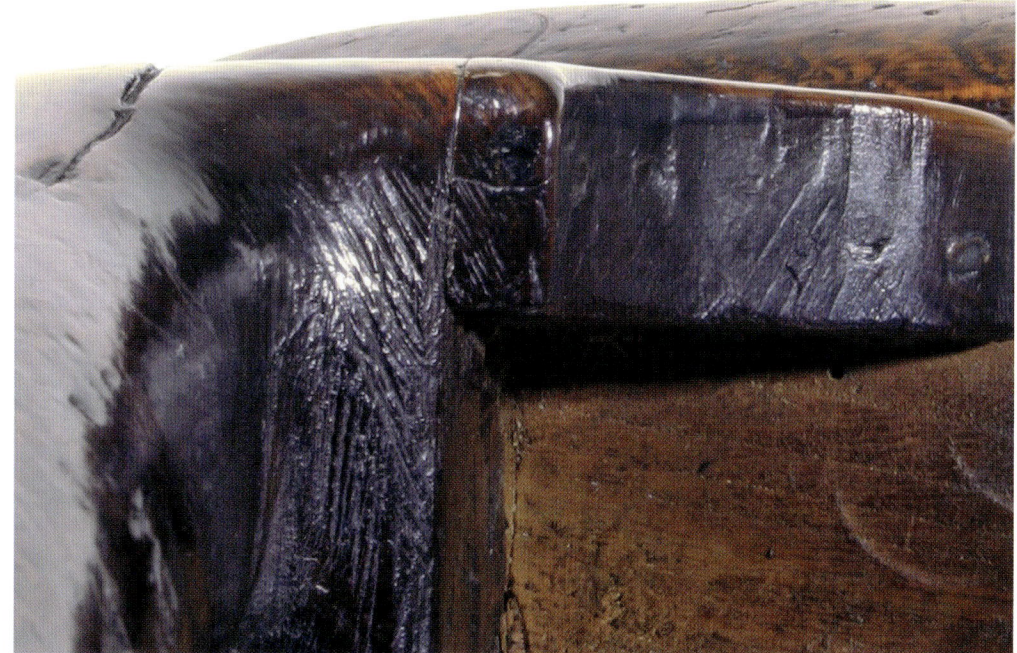

카브리올 다리 측면의 블록은
다리와 블록을 가로질러 계속된
줄 자국이 보인다.

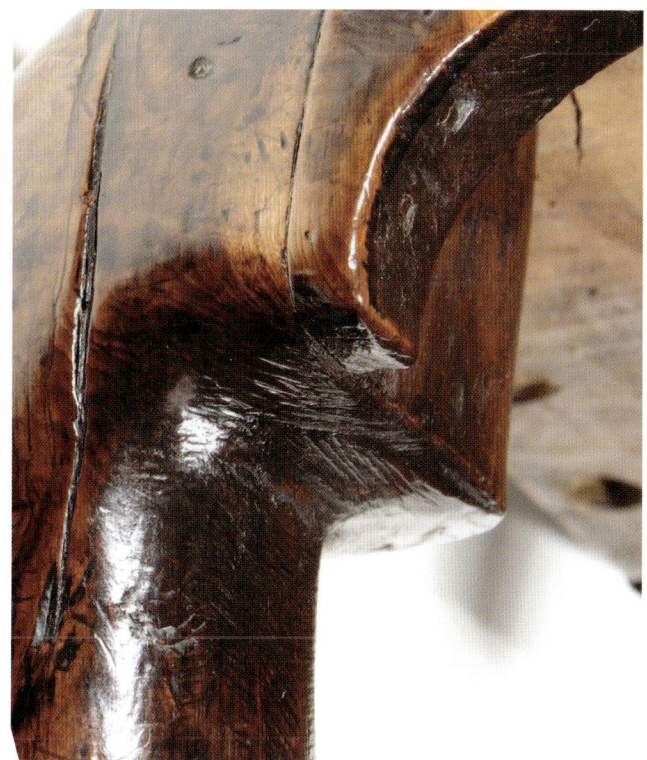

측면에서 블록.

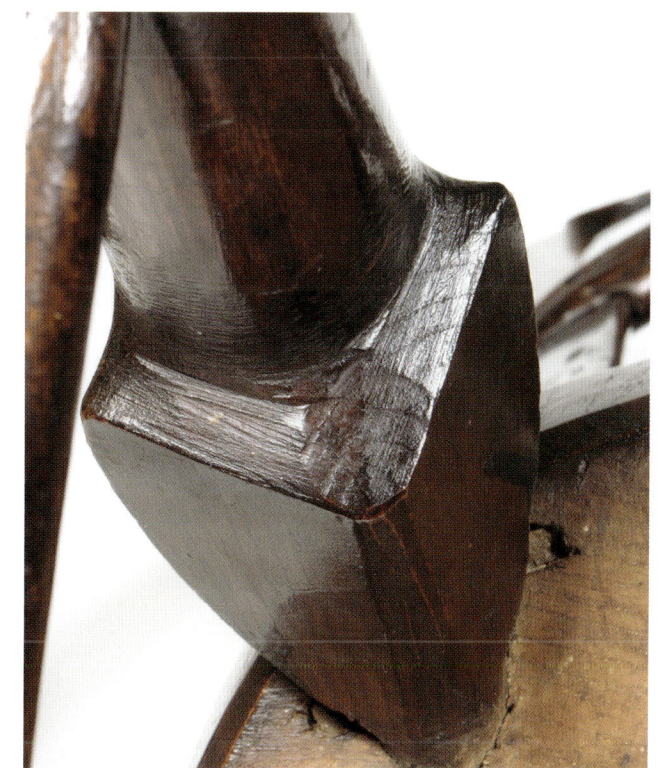

카브리올 다리에 망치 자국.

암(팔 부분)

팔은 주목나무로 만들었고, 나뭇가지 전체가 구부러져 있다. 이것은 나이테로 알 수 있는데, 나이테 안쪽으로 갈수록 어두워지는 심재이고, 나이테 바깥쪽이 밝은 변재로 되어 있다.

팔 부분은 이 의자에 적합한 스케일과 나무의 길이에 따라 조심스럽게 모양을 다듬었다. 좌판과 다리의 마감처럼, 모양을 만드는 것이 마감을 잘 하는 것보다 우선시되었다. 이것은 손을 걸치는 부분과 리본 스플랫 뒤에 있는 팔 부위에 남은 홈으로 판단할 수 있다. 이러한 홈 중 일부는 벤딩하기 전에 가지에 있었을 가능성이 높고, 완성된 벤딩을 버릴 만한 이유가 아니었지만, 다른 홈들은 완전히 떨어져 나간 것은 아니었는데 나중에 더 뜯긴 것으로 보인다.

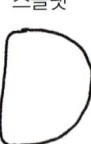 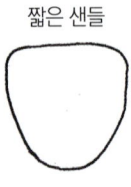 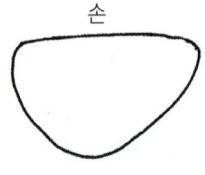

스플랫 　짧은 샌들 　　손

길이에 따라 다른 모양의 암.

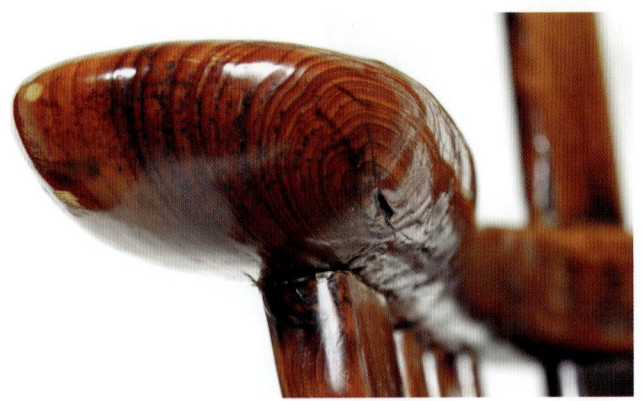

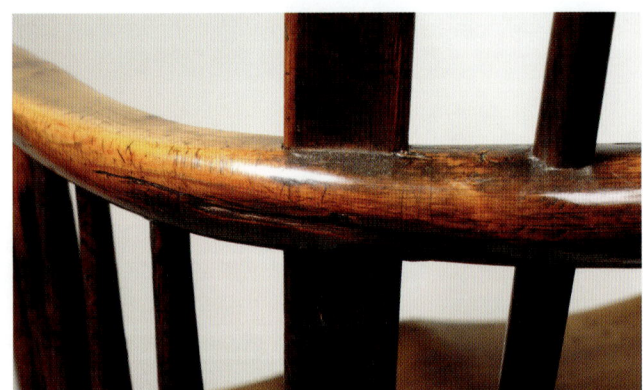

보우의 나무에 이미 있었던 홈.

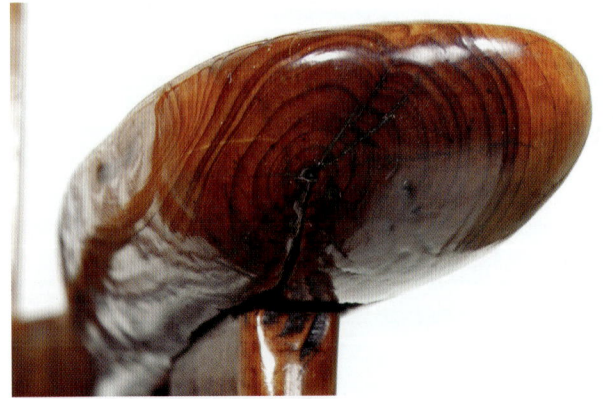

암 끝부분에 보이는 갈라짐.

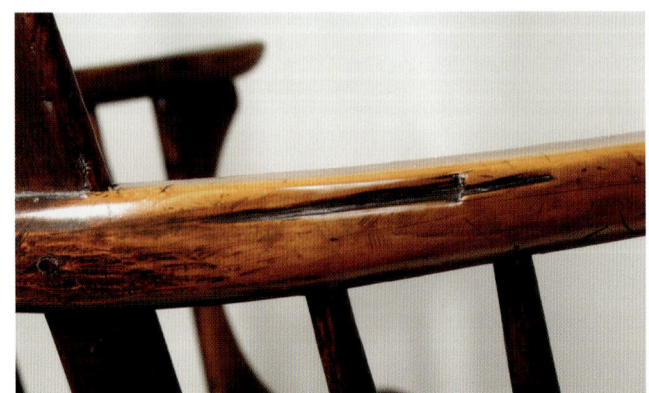

왼쪽에서 오른쪽으로 부분적으로 뜯겨 나간 다음
떨어져 나가고 더 큰 자국을 남김.

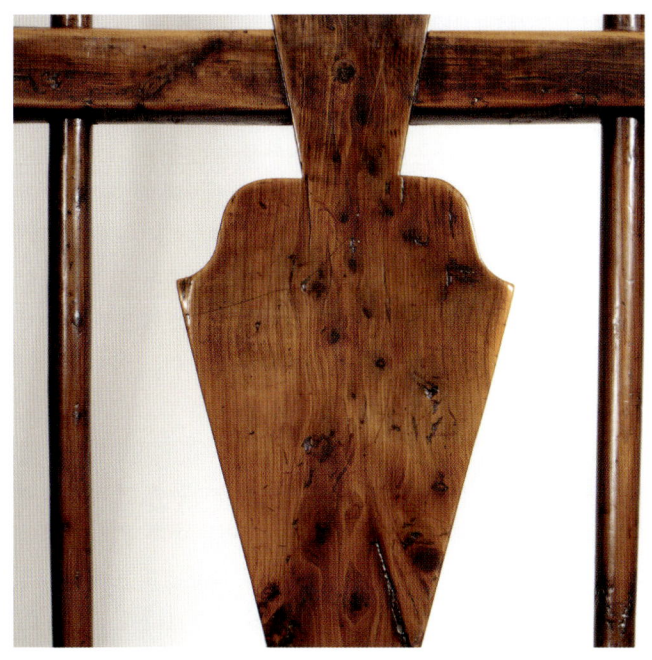

비대칭 스플랫.

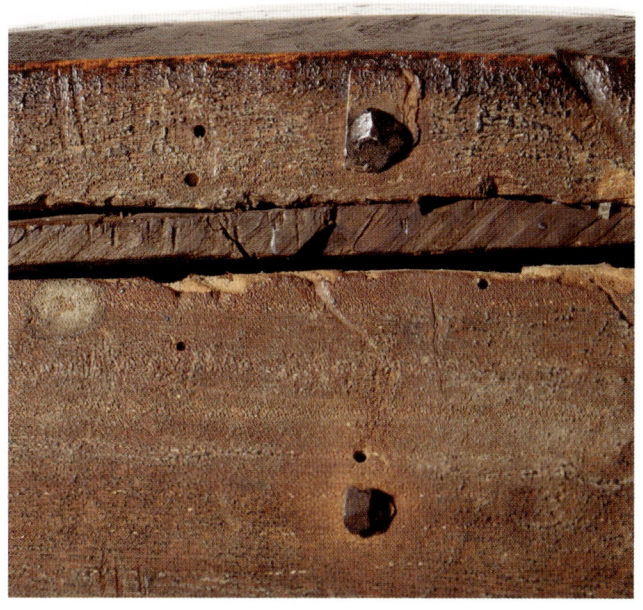

좌판에 스플랫을 끼워 넣은 관통장부. 이 위에 붙여 두었던 상표판은 유실되고 못 두 개만 남아 있다.

스플랫

이 스플랫은 주목나무로 만들었고, 손으로 모양을 딴 것처럼 보인다. 효과는 뛰어난데 자세히 조사해보니 대칭이 맞지는 않다. 스플랫은 좌판의 장붓구멍에 끼워져 있다. 이 장붓구멍은 좌판 전체를 관통하고 있으나, 좌판의 위쪽은 9mm이고 좌판의 아랫부분은 5mm로 아래로 갈수록 두께가 점점 얇아진다. 장붓구멍의 위쪽은 정확한 사이즈인 반면 아래쪽은 헐렁하고 잘 맞지 않는다.

리본 모양 슬랫

리본 슬랫이 팔과 크레스트 사이에 15~20도 정도 기울어져 있다는 것에 주목해야 한다. 구조적으로나 미적인 관점에서 이렇게 기울여져 있는 것에 합당한 이유가 있다고 생각하기 어렵고, 또한 제작자가 일부러 기울이는 것을 도입해서 자신의 작업을 어렵게 만들었다는 게 수긍하기 어렵다. 이것은 같은 시기에 만들어진 다른 의자에서 볼 수 있는 모습이다. 그래서 크레스트를 '푼' 이후에 리본

슬랫을 맞추었을 것 같지 않다. 만약 다른 의자에서 드러난 모습과 유사하다면, 이 모양은 아직 제작자가 해결하지 못한 문제일 가능성이 가장 높다.

사람들은 크레스트가 더 구부려져 틀 필요가 없거나 좌석에 장부구멍, 팔 부분과 크레스트가 더 깔끔하게 정렬될 것이라고 예상했을 것이다. 아마 우리는 그 이유를 결코 알 수 없을 것이다.

암포스트

리본 슬랫처럼 암포스트도 기울어졌다. 이건 내 생각인데, 이렇게 기울어진 것은 의자가 다 만들어진 후에 발생한 것 같다. 왜냐하면 팔걸이의 끝이 구부려져 있고, 팔걸이의 대부분을 차지하는 심재보다 팔걸이의 바깥 부분인 변재부위가 더 줄어들 가능성이 많기 때문이다.

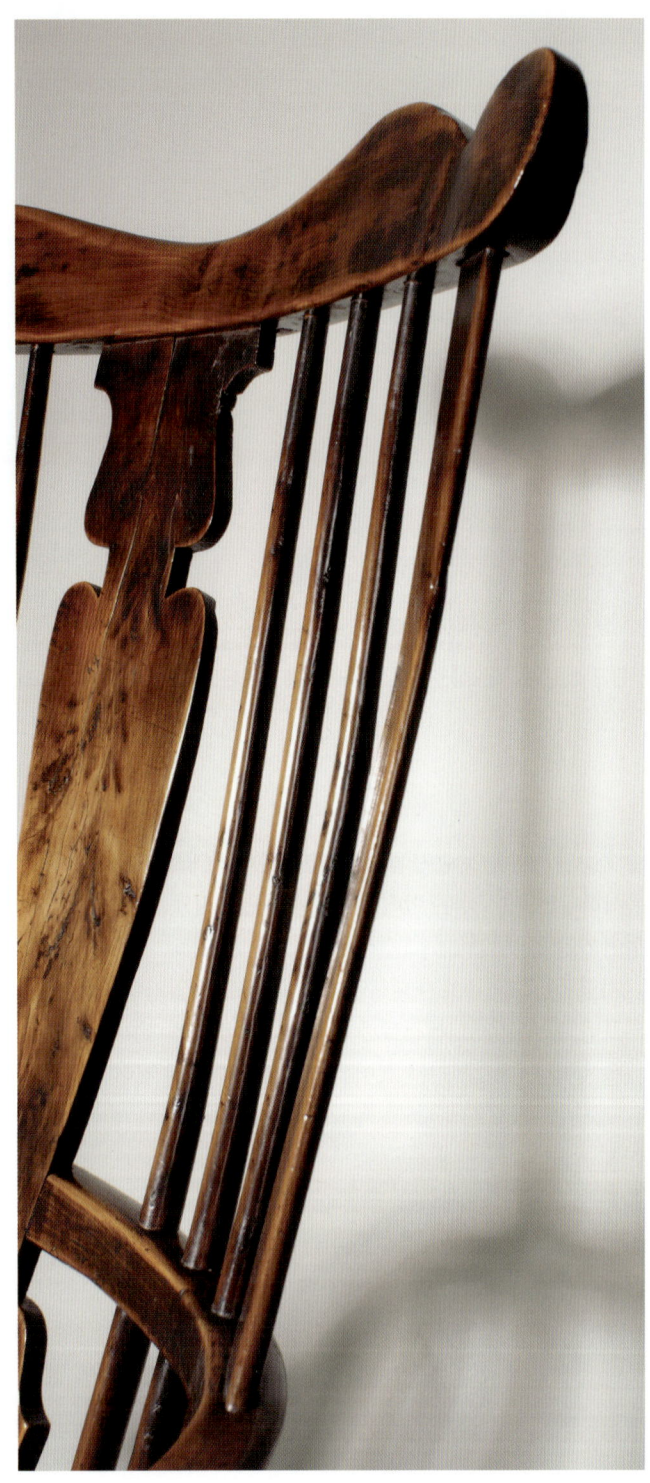

뒤틀린 리본 슬랫.

모양 다듬기 대 마감

이 의자 제작자는 의자의 각 구성요소들의 모양을 다듬는 것을 겉으로 드러나는 아름다운 마감보다 더 우선 순위에 두었다. 오늘날의 기준에서, 의자 경연대회가 있다고 하면, 심사관은 도구의 자국이 여기저기 남아 있는 의자는 자신의 심사 대상에서 제외할 것이다. 이것은 매우 흥미로운 질문을 하게 한다. 즉 도구의 흔적이 잘 제거된 의자가 덜 제거된 의자보다 장점이 있을까 없을까 하는 것이다. 한 가지 확실한 것은, 도구의 흔적이 남아 있는 의자가 흥미로울 것이라는 점이다.

지금은 이 의자가 고풍스런 멋이 있어 보이지만, 의자에 남아 있는 도구의 흔적들은 이 의자가 막 만들어졌을 때는 훨씬 더 선명했을 것이다. 스핀들에 난 목선반 자국, 팔에 있는 여러 결함, 좌판의 마구리면에 보이는 거친 스포크쉐이브의 흔적 그리고 카브리올 다리에 남아 있는 도구의 흔적들은 아무리 대충 보려 해도 다 눈에 띄었을 것이다.

좌판의 구멍과 왼손 팔걸이의 짧은 스핀들(3~6mm), 그리고 오른쪽 팔걸이(13~19mm) 사이의 간격. 이것은 스플랫의 대칭과는 거리가 멀게 될 것임을 이미 알 수 있다. 오래된 의자의 이러한 불균질한 특성은 이 의자의 가치를 전혀 손상시키지 않고 오히려 이러한 부분이 250년 전 장인 정신의 독특하고 전형적인 특징이라고 생각하게 한다. 하지만 사람들은 현대적 기준으로 제작된 의자는 이런 불규칙한 차이가 생기지 않을 거라는 매우 건방진 생각을 한다.

내 견해로 이것은 완전히 요점을 놓친 것이다. 나는 의자 제작자가 정밀하게 작업했을 거라 확신하지만, 그는 자신의 작업 방식에서 이 정밀도를 이질적이고 필수적인 것이 아니라고 여겼을 것이다. 매우 높은 수준의 정확성, 대칭성, 반복성(예를 들어, 스핀들의 모양)으로 만들어진 윈저체어에는 생명력이 없다. 수공으로 그러한 의자를 만들 필요는 없다. 이러한 생명이 없는 의자를 저렴하게 생산하기 위해선 기계를 쓰는 것이 훨씬 더 낫고, 우리는 다른 것을 위해 숙련된 손을 사용해야 한다. 내 생각에 가장 아름다운 윈저체어는 그 자체의 생명력을 가지고 자연과 매우 유기적 관계를 맺는다.

사람들에게 윈저체어를 가르칠 때 어려운 것은 모든 것이 정확해야 하는 가구 제작과 비교해서 완전히 다른 방식으로 접근해야 한다는 것을 이해시키는 일이다. 딱 맞는 결구는 구조의 건전성을 위해 필요한 것이지만 윈저체어에서는 느슨한 결구로도 몇 년간은 버틸 수 있고, 정확도가 2~3mm 정도 벗어나도 꽤 괜찮은 의자를 만들 수 있다. 윈저체어 만들기에서 버니어 캘리퍼스가 반드시 필요한 도구는 아니다!

제작자의 철학

내가 의자를 공부하면서 느낀 제작자의 인상은 자신의 느낌대로 즐겁게 모양을 다듬고, 빠르고 확신에 차서 작업을 하는 매우 실천적인 사람이었다. 그들은 스플랫의 장붓구멍이 아래로 갈수록 얇아지게 뚫고, 특별한 문제에 매우 실제적인 해결책을 제시한다. 그것은 그들이 관습적으로 작업한 게 아니라 자신만의 방식으로 작업할 수 있었기에 가능했던 것이다.

조지 스터트의 『휠라이트 워크숍』의 한 부분은 의자를 공부하는 데 매우 큰 도움을 주었다. 이 책은 1923년에 출판되었고, 1884년에서 1891년 사이 서리주의 판햄 근처에 살았던 마차바퀴 장인에 대한 이야기다. 16장 '테이퍼링과 쉐이빙'에서 그는 튭이라는 농부에 관한 이야기를 시작한다. 이 농부는 마차를 주문하면서 돈을 절약하기 위해, 제발 나무에 모양을 내고 다듬으면서 마차를 예쁘게 만드는 데 시간과 노력을 쓰지 말아달라고 당부했다.

"그의 말은(장식을 위한 장식을 원치 않는다) 정말로 타당했다. 어떤 농부라도 그런 식으로 노력을 낭비하는 걸 비난할 수 있다. 아름다운 게 아니라 유용한 게 필요하다. … 하지만 농부는 정말 큰 실수를 했다. 만약 그가 정말 돈을 절약하길 원했다면, 마차바퀴를 만드는 사람에게 마차의 나무를 조각하는 데 시간을 쓰는 것을 하지 말라고 했어야 했다. 만약 정말로 그가 이렇게 절약한 것으로 휠라이트의 청구서에서 몇 파운드를 절약했다면, 그것은 결국 그 농부는 말에 들어가는 비용이 몇 배나 더 들었다는 것을 의미한다. 이 '쉐이빙(모양내기)'은 제작자에겐 항상 너무 크고 무거운 제품의 무게를 줄이는 방법 중 하나였기 때문이다."

다음으로 스터트는 말에 부착하는 마차의 걸이 부분에 대해 언급한다.

"마차 걸이는 매우 튼튼해야 하는 마차의 몸체 근처의 3.5in에서 4in로 시작하여, 그 지점에서 3in로 '점점 줄여 갔다.' 그들은 당신이 아는 것처럼 그렇게 하지 않았다.
바닥에 있는 제대로 '테이퍼드(점점 줄여가는 것)'된 한 쌍의 마차 걸이를 들어 올리는 것은, 그 불쌍한 말을 구해주는 것이라는 걸 아는 것이다. … 잘 '테이퍼드'된 마차 걸이는 우아한 모습을 띤다.
그러나 나는 이렇게 드러난 것이 의도된 것이란 건 알지 못한다. 그는(마차바퀴 제작자) 그것이 괜찮아 보인다고 느꼈다."

스터트는 다음 문단에서 계속해서 모양 다듬기의 실제적 자연스러움을 강조한다. 나는 가장 좋은 윈저체어를 만들기 위한 접근법과 그의 생각이 정확히 일치한다고 생각한다.

"하나의 원칙이 이 모든 작업을 지배했다.
그 목적은 말에게 어떻게라도 무게를 덜어주는 것이었다.
이를 위해 목재를 여기저기 깎아서 뼈만 남게 아주 얇게 줄였다.
하지만 힘이 필요한 곳이라면 어디든…
그곳은 아무것도 깎아내지 않았다."

비록 스터트가 모양 다듬기의 유용성을 강조하기 위함이지만, 그는 작업자가 그들의 작업에 큰 자부심이 있다는 것을 알고 있었다. 나는 원하는 결과로, 무게를 최소화했다는 것을 알고, 그들이 마차를 매력적으로 만들기 위해 실질적 노력을 했는지 안 했는지가 궁금하다. '드로우쉐이브에 능숙한 한 남자가 예술가처럼 거기에 매달려 이 작업을 즐겼다.'

나는 '괜찮게 보인' 것에 대해 머릿속에서 그림을 그리는 작업이 아마도 언제 모양을 깎고 언제 멈출지 결정할 수 있는 유일한 방법이었을 것이라고 확신한다.

결론

이 의자는 1장에 나오는 '피트' 의자와 많은 유사점을 지니고 있으며, '피트' 의자가 윈저체어를 제작하는 것뿐만 아니라 마차바퀴 제작자였다는 것은 우연의 일치일 수 있다. 그러나 이 의자에서 보이는 많은 것이 스터트가 바퀴제작의 작업을 묘사한 부분과 일치한다. 의자 다듬기는 매우 중요하기에 의심할 여지없이 기술자가 했을 것이다. 도구의 흔적을 제거하지 않았다는 것은 세부적인 디테일에 대한 중요성보다 전체의 유용성과 매력을 중요시했다는 것을 의미한다. 이렇다 할 결정적 증거는 없지만, 이 의자의 제작자가 마차바퀴 제작자였다는 것을 확신한다는 것이다!

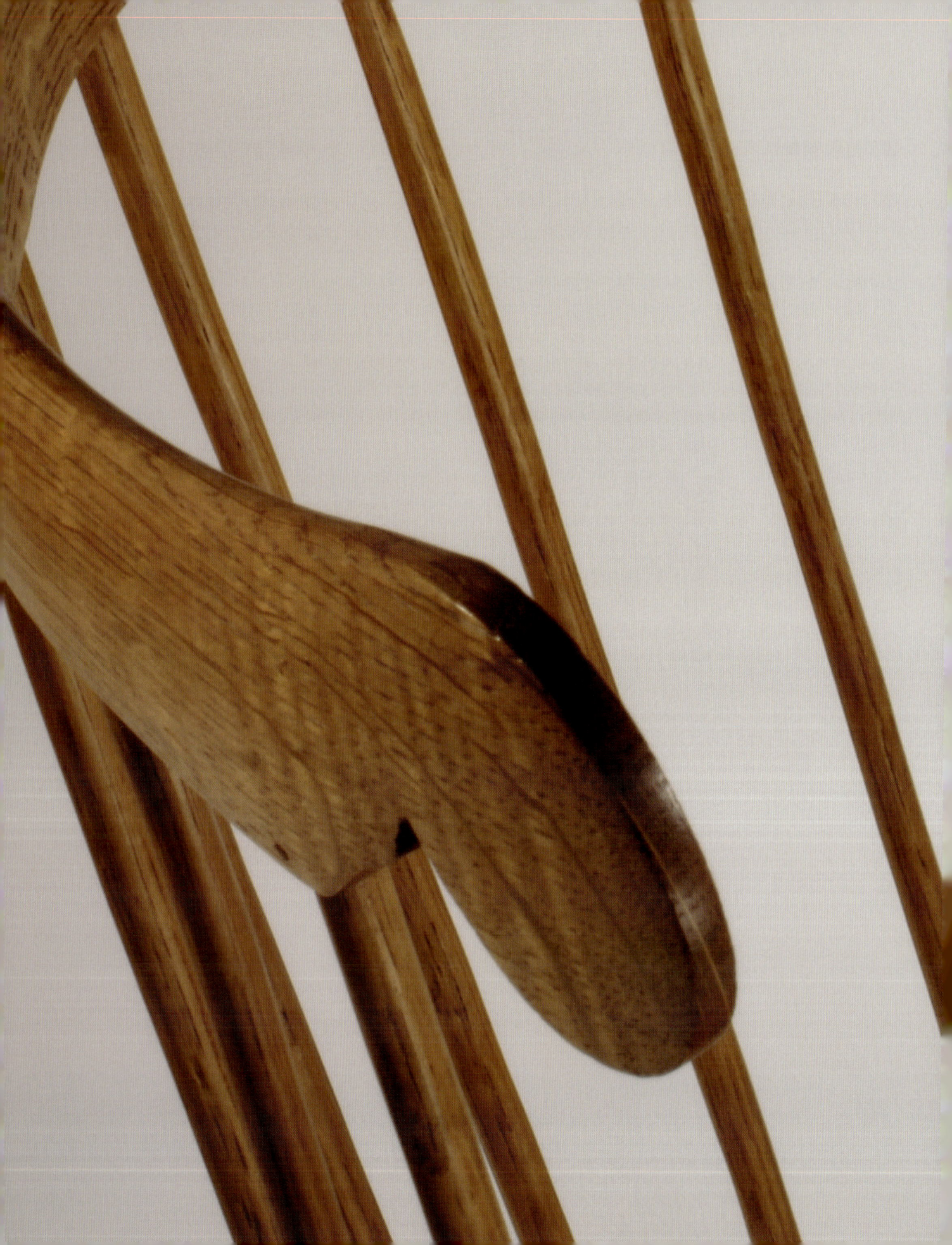

CHAPTER 7

윈저체어의 모양 디자인과 의자의 보디랭귀지

보디랭귀지

만약 누군가 가구의 종류에 익숙하지 않다면, 아마도 '하나는 다른 것보다 크다' 또는 '하나는 파랗게, 다른 하나는 빨갛게 칠해져 있다'라는 것과 같은 예를 비교하는 것이 가장 적절할 것이다. 비슷하게 의자를 디자인한다면, 의자가 보내는 신호들을 알아차리는 것이 유용할 것이다.

의미 있는 비교가 이루어지기 위해서는, 의자를 보기 위한 어떤 일관된 시스템을 찾을 필요가 있다. 여기에서는 소수의 '고전적' 의자에 대해 참조할 것인데, '고전적' 의자란 일반적으로 스타일/타입으로 정의되고, 기준이 되는 것과 직접적으로 비교할 수 있게 된다. 일단 장르의 친숙함이 생기면, 의자를 더 작은 요소로 해체하여 점점 더 작은 부분들을 서로 비교하고 기준이 되는 것과 비교할 수 있다. 이런 접근법은 예술에서 비일비재하고 이로 인해 문외한이 이해할 수 없는 여러 어휘가 발달한다. 이는 공동체의 결속력을 강화하고, 잘 알지 못하는 이들을 배제하며, 전문지식이 없는 수집가들을 헷갈리게 해서 가격을 높게 유지하는 역할을 할 수 있다!

나는 윈저체어를 보고, 비교하고, 생각하는 간단하고 직관적인 접근법을 제안하고 싶다. 이것이 신체 언어에 대한 기본 개념이다.

첫째, 왜 의자에 '보디랭귀지(신체 언어)'가 있어야 하나? 대답은 의자는 인간의 몸을 지지하기 위해 디자인되었고, 따라서 대부분의 경우 의자는 인간의 몸과 유사한 비율을 가지고 있어야 한다. 일부 표면은 몸에 직접적으로 닿기에 그 표면은 자연스럽게 몸의 윤곽을 따르게 된다. 예를 들어, 등받이, 좌석, 앞다리는 측면에서 볼 때 앉는 몸의 모양을 그리고 의자의 팔은 일반적으로 팔의 선을 따른다.

인간은 비언어적 의사소통에 매우 민감하다. 그리고 어떤 전문가들은 의사소통의 93%가 비언어적이고, 33%의 목소리의 톤과 55%의 보디랭귀지로 이루어져 있다고 믿는다. 보디랭귀지가 의사소통의 큰 부분을 차지하고 있다는 것을 생각해보면, 의자가 자체의 보디랭귀지를 가지고 있지 않은 것이 이상한 것이다. 의자는 말을 할 수 없다. 그렇다면 의자는 우리와 어떻게 소통할 수 있을까?

우리 모두는 더 적든 많든 보디랭귀지에 민감하고 보디랭귀지를 이해한다. 그리고 보디랭귀지는 학습될 수도 있지만 선천적으로 알고 있다. 보디랭귀지를 아는 것은 기득권을 가진 전문가들이 개발한 모호한 '어휘'를 배우는 것보다 훨씬 더 나을뿐더러 의자를 보는 편견 없는 시선을 제공한다.

자, 의자가 우리에게 어떤 메시지를 보낼 수 있을까?

표면적인 메시지

나는 여기에 두 타입의 메시지가 있다고 생각한다. 먼저, 여기엔 다소 표면적인 메시지들이 있고, 의자가 아닌 의자에 앉는 사람에 대한 메시지를 전달하도록 디자인되어 있다. 이런 의자는 사람을 위한 여분의 옷이나 장식에 더 가까운 것 같다.

왕좌가 이것의 좋은 예다. 나는 결코 윈저체어로 된 왕좌를(어느 날엔가…!) 본 적이 없지만, 원칙은 잘 지켜진다. 왕좌는 항상 그들의 주변에서 크고 눈에 띄어야 한다. 왕좌의 목적은 깊은 인상을 주고 앉아 있는 사람의 지위를 드높이는 것이다. 훨씬 복잡하고 풍성한 장식이 외양에 드러나면 의자에 앉은 사람의 부와 지위를 과시할 수 있다. 이것은 신분이 높은 사람들이 다른 사람들에게 인상을 남기고 싶은 의도로 입은 옷이나 보석과 같은 기능을 한다.

이러한 형태의 메시지는 모든 상황의 의자에서 찾을 수 있다. 식탁과 의자에 대해 생각해 보자. 모든 의자가 같은 것은 드문 일이다. 거기엔 일반적으로 식탁의 상석에 하나나 두 개의 팔걸이의자가 있다. 그리고 한 그룹의 사람들이 식사를 하기 위해 앉았을 때 종종 얼마나 많은 번거로움을 감수해야 하는지 우린 안다. 하나의 팔걸이의자는 보통 집주인이 차지하고 그것은 그 집에서 더 높은 지위라는 메시지를 전달한다. 다른 팔걸이의자는 파트너나 혹은 존중한다는 의미로 다른 중요한 손님이 차지하게 될 것이다. 이 팔걸이 의자는 팔걸이가 없는 의자보다 더 크고 존재감이 있다. 그리고 우리는 그들이 거기에 앉아 있다는 것이 무엇을 의미하는지 매우 잘 안다. 우리가 관습을 무시할 순 있지만, 관습을 무시한다는 것은 계급에 대한 의식적이거나 무의식적인 반항 행위가 될 것이다.

이와 같은 패턴이 조직에서도 반복적으로 나타난다. 가장 중요한 사람은 가장 큰 의자에 앉을 것이다. 이것은 크기의 문제일 수도 있고, 리더만을 위해 만들어진 특별한 의자일 수도 있다. 이 의자는 또한 그 사람의 권위를 보여주기 위해 주변의 의자들보다 다소 더 높을 것이다.

의자의 개성

의자의 개성은 의자 자체를 개성을 가진 유기체로 생각하는 것보다 인간의 관습과 위계에 관한 것으로 생각해야 한다. 의자의 개성 부분은 윈저체어가 인간의 형태와 매우 가깝다는 점에서 특별한 지점이다. 우리가 윈저체어에 붙이는 이름들을 생각해보면 발, 무릎, 다리, 좌석, 팔, 손, 손가락 관절, 등, 귀 등등 인체 해부학의 거의 모든 부분들이 들어간다.

다양한 다리 각도

우선 가장 단순한 사이드 의자를 측면에서부터 생각해 보자. 좌판, 다리, 등받이를 볼 수 있다. 잠깐 스핀들과 스트레처는 무시하자. 앞다리와 뒷다리의 각도는 매우 다양해서, 의자의 개성을 완전히 바꿀 수 있다. 만약 앞다리는 똑바로 되어 있고, 뒷다리는 급격하게 뒤로 각이 져 있다면, 이를 보고 활동적으로 보이는 의자라 할 것이다. 뒷다리는 어떤 도전에도 맞서기 위해 앞으로 나아갈 준비가 된 것처럼 보인다.

뒷다리의 각도는 그대로 두고 앞다리의 각도를 바꾸면, 정반대

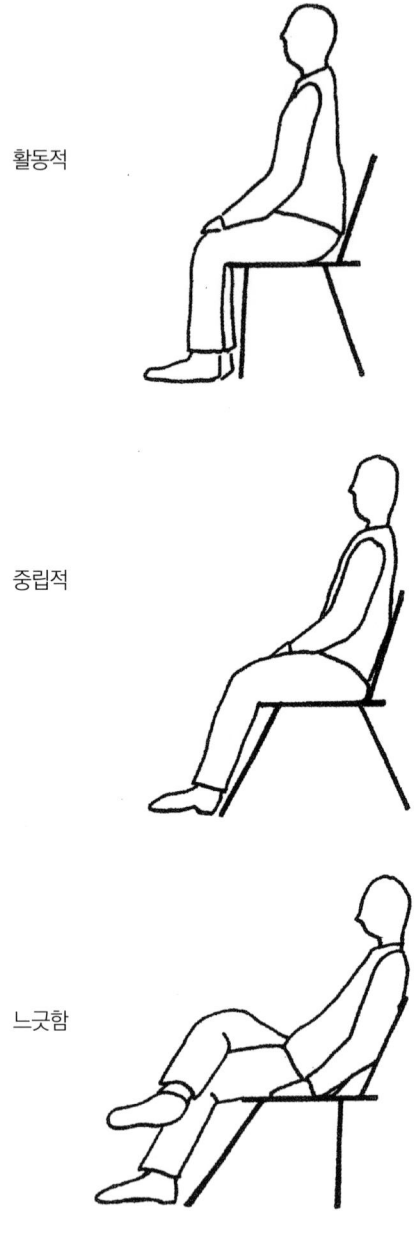

활동적

중립적

느긋함

앉는 사람의 보디랭귀지는
의자의 보디랭귀지를 반영한다.

로 의자는 겉으로 보기에 중립적이 된다. 이것은 안정된 것으로 보이고, 어떤 행동이 있을 것처럼 보이지 않는다. 느긋하고 편안해 보인다.

마지막으로 처음과는 반대로 뒷다리는 수직(전혀 적절해 보이지 않는데!)이고 앞다리는 앞으로 나와 있는 것이 있다. 이것은 의자의 겉모습이 완벽하게 느긋한—아주 게으른—형태를 띤다.

이런 포즈의 사람들을 그려볼 수 있을까? 어떤 사람들은 항상 행동을 취할 준비가 되어 있는 것처럼 보인다. 그들은 활력이 있고, 대부분 약간 구부러진 무릎과 뛰쳐나갈 것처럼 발바닥에 무게를 두고 서 있다. 다른 사람들은 버스가 바로 오지 않을 것임을 알고 참을성 있게 기다리며 줄을 서 있을 뿐이다. 마지막으로 주머니에 손을 넣은 채 벽에 기대어 있는 젊은이가 있는데, 주위에서 무슨 일이 일어나고 있는지 조금도 개의치 않는다.

당신이 매우 활동적인 회사의 회의실을 위해 한 세트의 의자를 만들어야 한다고 가정해보자, 당신이 보내고 싶은 최종 메시지는 게으른 자세를 취하는 의자이거나 무슨 일이 일어나고 있는지 신경 쓰지 않는 중립적인 의자 중 하나일 것이다. 그러나 공격적이고 집중하는 자세가 필요한 활동적인 보디랭귀지의 메시지가 훨씬 더 적절할 것이다.

이 보디랭귀지 메시지를 고려하는 것은 새로운 의자를 디자인할 때 유용할 뿐 아니라, 기존의 의자를 분류하는 틀 또한 제공한다. 이것은 색백(sack back), 콤브백(comb-back), 보우백(bow-back)과 같은 다른 스타일의 의자에 확대 적용하기 쉽다. 그러나 이와 같은 시스템이 없다면 이것들을 지적으로 비교하는 것이 어렵다. 사람들은 각자 개인적 선호도가 있겠지만, 각기 다른 목적의 의자를 볼 때는 개인의 선호를 바꿔야 할 수도 있다.

암과 암포스트

다리 각도를 살펴본 후, 우리는 같은 골격의 옆면 의자의 팔 부분, 암포스트를 추가할 수 있다. 이것들은 계속해서 같은 효과를 가지고 있지만, 이제 암포스트 각도, 심지어 등 쪽의 각도도 조정함으로써 메시지를 발전시킬 수 있는 더 많은 선택지가 생겼다.

중립의 사이드체어를 가져와 뒷다리와 평행한 암포스트를 추가한다. 앞쪽으로 움직이게 해서 의자에서 강하게 앞면으로 기울게 한다. 다음으로 암포스트가 수직이 되도록 조정한다. 이것은 전방 대각선을 무너뜨리고 의자를 더욱 중립적으로 보이게 한다. 최종적으로 암포스트 뒷면의 각도는 앞다리와 평행하며(아마도 등받이도 그렇게 되고) 의자는 느긋한(laid back) 특성을 갖는다.

여기엔 아주 조금만 바꾸는 것으로도 드러나는 정말 많은 메시지가 있다. 자, 또 무엇을 할 수 있을까?

다리 벌리기

앞에서부터 의자를 보자, 그러면 새로운 메시지를 받을 수 있다. 우선, 의자 다리의 간격을 벌리면 의자의 인상이 바뀐다. 만약 다리가 수직이면, 의자는 불안정할 뿐 아니라 긴장되어 보인다. 다리 사이의 거리는 안정감과 견고함에 영향을 준다. 따라서 넓은 자세를 지닌 수직 다리는 튼튼해 보이고, 반대로 좁은 자세는 허약해 보인다. 벌린 다리는 균형감과 힘의 분위기를 주며, 옆에서 보는 공격적인 배치와 잘 맞는다.

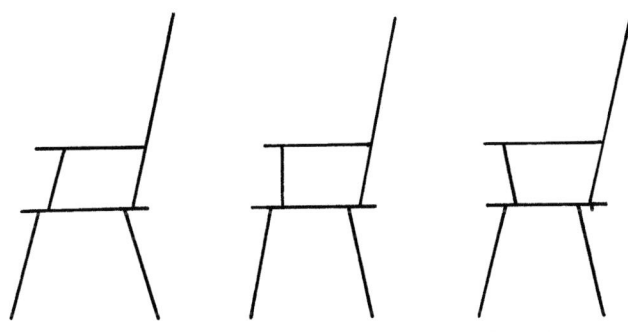

암과 암포스트를 추가해서 다리 배열의 효과를 보강할 수 있다.

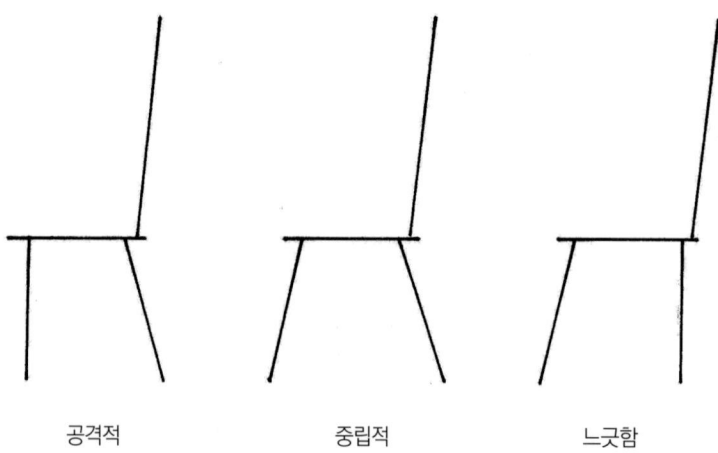

| 공격적 | 중립적 | 느긋함 |

옆에서 보면 의자의 성격은 다리의 배열에 영향을 받는다.

| 단단함 | 불안정 | 조화로움 |

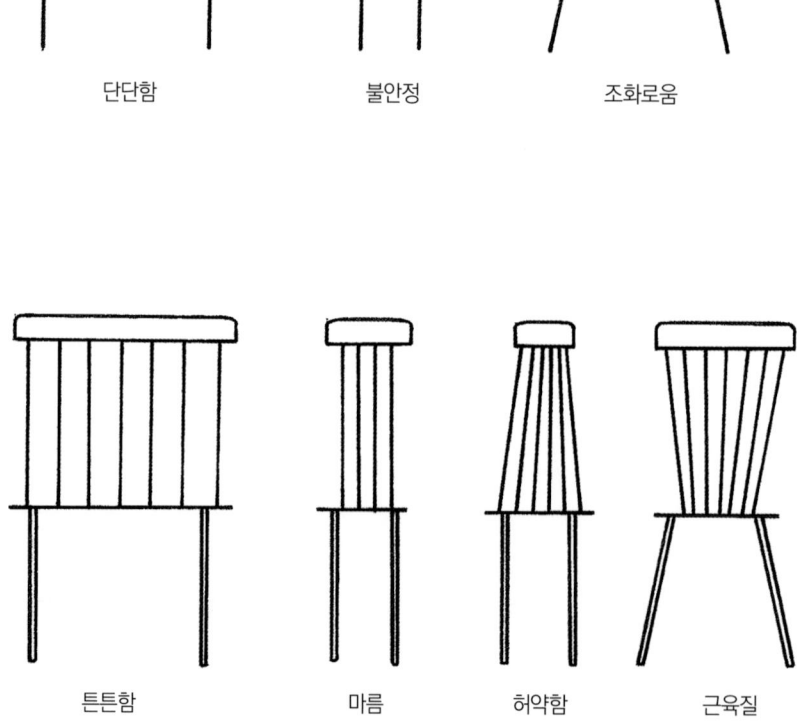

| 튼튼함 | 마름 | 허약함 | 근육질 |

앞에서 보는 **몸의 형태.**

스핀들과 등받이

스핀들과 등받이의 배열은 의자의 다리가 보내는 메시지를 토대로 한다. 좁은 다리의 등받이는 좁고 평행해서 마른 인상을 주지만 그것이 약하진 않다. 그러나 윗부분으로 갈수록 좁아지는 등받이의 어깨가 좁은 의자가 있는데 이것은 약하다는 확실한 표시이다. 반대로 등받이가 펴지면 어깨가 넓어지고 이 의자는 무겁거나 가볍거나 튼튼한 근육질의 의자가 된다. 다리를 넓게 펴면 넓은 어깨가 되고, 잘록한 허리, 안정인 자세, '이상적'인 남성의 체격이 된다.

의자는 넓은데 등받이와 다리는 거의 벌어져 있지 않으면, 매우 단단한 성격의 사람이라고 여겨진다. 이러한 외양은 튼튼해 보이는 동시에 묵직해 보인다.

팔

팔 또한 메시지를 전달하는 데 사용된다. 오랜만에 친구를 만난다면, 당신은 팔을 활짝 벌려 그들을 맞이할 것이다. 팔을 앞으로 벌린 의자들은 평행한 의자들보다 훨씬 더 환영하는 것처럼 보인다. 평행한 팔은 "반가워, 그렇지만 너를 안고 싶진 않아!"라고 말하는 것 같다.

누군가를 거의 반기지 않는 팔의 메시지는 자기 몸을 보호하는 것처럼 팔짱을 낀 상태를 유지하는 것이다. 이것은 완전히 다른 사람과의 긴밀한 접촉을 피하는 것이지만, 자신은 안정감을 느낀다. 유사하게 의자의 팔 부분은 의자에 앉는 사람을 감싸 주어서 의자에 앉은 사람이 안온하게 느끼게 되지만, 누구도 자리에 앉는 걸 원하지 않는다.

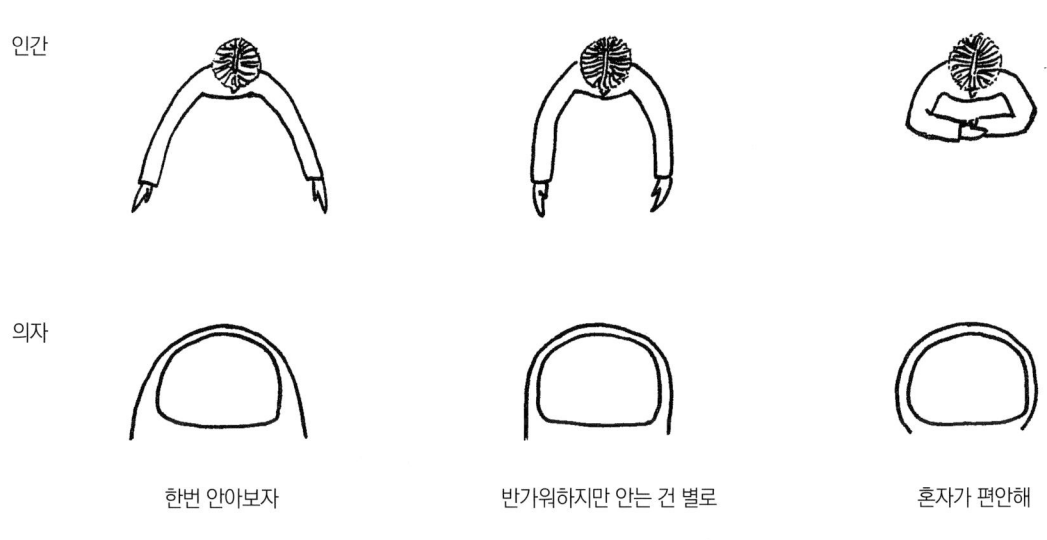

인간

의자

한번 안아보자   반가워하지만 안는 건 별로   혼자가 편안해

의자가 앉는 이를 반기나요?

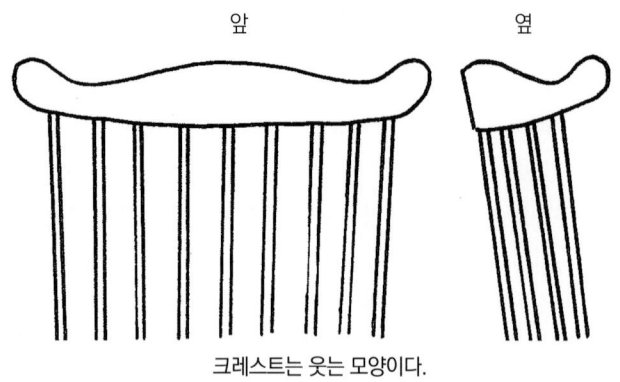

앞　　　　　　옆

크레스트는 웃는 모양이다.

크레스트의 모양

마지막으로 의자의 크레스트는 감정을 전달할 수 있다. 한동안 자동차 제조업자들은 자동차들이 잘못된 신호를 보내지 않도록 하기 위해 차의 앞부분에 상당히 신경을 썼다. 자동차의 라디에이터 그릴을 입으로 생각해보자. 만약 라디에이터 그릴의 끝부분을 아래로 향하게 만들면 자동차가 심술궂거나 슬픈 표정을 짓게 하기 십상이다. 마찬가지로 모양과 방향에 따라 크레스트는 위쪽 또는 아래쪽을 가리킬 수 있다.

크레스트의 아랫면이 직선일지라도 뒤로 기울어져 있는 스핀들에 수직으로 꽂혀 있기 때문에 앞에서 보면 크레스트의 양 가장자리가 치켜 올라가 보일 것이다. 마치 미소를 짓고 있는 것처럼 말이다. 이런 경향은 스핀들의 기울어진 각도가 클수록, 그리고 크레스트의 휘어진 정도가 심할수록 더 커진다.

베이스 말고도 또한 크레스트의 모양이 차이를 만든다. 많은 미국식 의자에서 전통적으로 보이는 것처럼 끝을 올리는 귀를 가지고 있다면, 이것은 '미소 짓기'를 더 할 것이다. 이것은 입의 양쪽에 보조개와 같은 것을 생각했을 수도 있다. 하지만 만약 영국 빅토리안 시대의 몇몇 의자에서 발견되는 것처럼 귀의 포인트 부분을 아래로 향하게 했다면, 베이스는 올라가고 전체적인 인상은 우울해 보일 것이다.

윈저체어의 해부학적 구조

나는 의자 제작자로서, 괜찮은 윈저체어를 만들기 위해 오랜 기간 동안 내 아이디어를 발전시켜 왔다. 예술이나 디자인을 배운 적은 없지만 내가 디자인한 의자를 포함해서 많은 의자를 만들었고, 어느 것이 보기에 좋은지 그렇지 않은지 다양한 결론을 도출할 수 있었다. 이들 중 어느 것도 확정적인 것은 아니지만, 아래의 아이디어와 치수의 범주는 새로운 의자를 디자인하거나 옛 디자인을 수정할 때 몇 가지 지침을 제공해 줄 수 있다.

전체 스케일

의자의 비율은 주로 사람의 몸을 지탱하는 기능에 의해 결정된다. 바닥에서부터 좌판 앞부분의 높이가 45cm인 것이 현재의 관행인 것 같다. 독립된 의자의 경우, 높이를 13~25mm 정도 변화시키면 신장이 크게 차이 나는 사람들에게 만족감을 준다. 그러나 만약 의자가 식탁이나 작업을 위한 테이블로 맞춰져 있다면, 그에 맞춰 선택된 신장의 치수는 제한된 수의 사람들에게만 이상적일 것이다. 그러나 다행히도 인간은 매우 적응력이 좋다. 좌석의 높이는 의자 디자인에 있어 가장 기본적인 변수 중 하나이다.

좌판의 치수는 팔걸이가 있는 의자이거나 아니거나 사람 엉덩이의 모양과 사이즈로 결정된다. 의자의 가로 폭은 일반적으로 세로의 폭보다 넓고, 의자의 폭은 거의 43~63cm 정도이고 사이드체어는(팔걸이가 없는) 작은 사이즈에 적합하다.

좌판의 세로 폭은 보통 40~48cm 정도이고. 세로 폭이 깊은 좌판은 다리가 긴 사람들의 허벅지 아래를 받쳐주기에 좋지만 잘 깎은 30cm 정도 되는 스툴의 좌판도 편안하다. 또한 과하게 세로 폭이 깊은 좌판은 특별한 경우에만 사용자를 만족시킬 수 있다.

등받이의 높이는 매우 다양하고, 다양한 높이의 등받이가 편안함을 줄 수 있다. 이 책은 33cm 높이의 등받이 의자에 맞춰서 쓴 것이지만 45cm 등받이 의자도 동일하게 편안할 것이다. 의자의 높이보다 등받이의 각도와 모양이 더 중요하다.

의자의 팔걸이는 좌판에 준해서 20~25cm 정도이다.

이 모든 치수는 신체의 비율과 치수의 범주에 의해 결정되고, 이미 언급했듯이 인간은 매우 적응력이 좋고, 아무리 다른 모양과 사이즈의 의자일지라도 편안해할 수 있다.

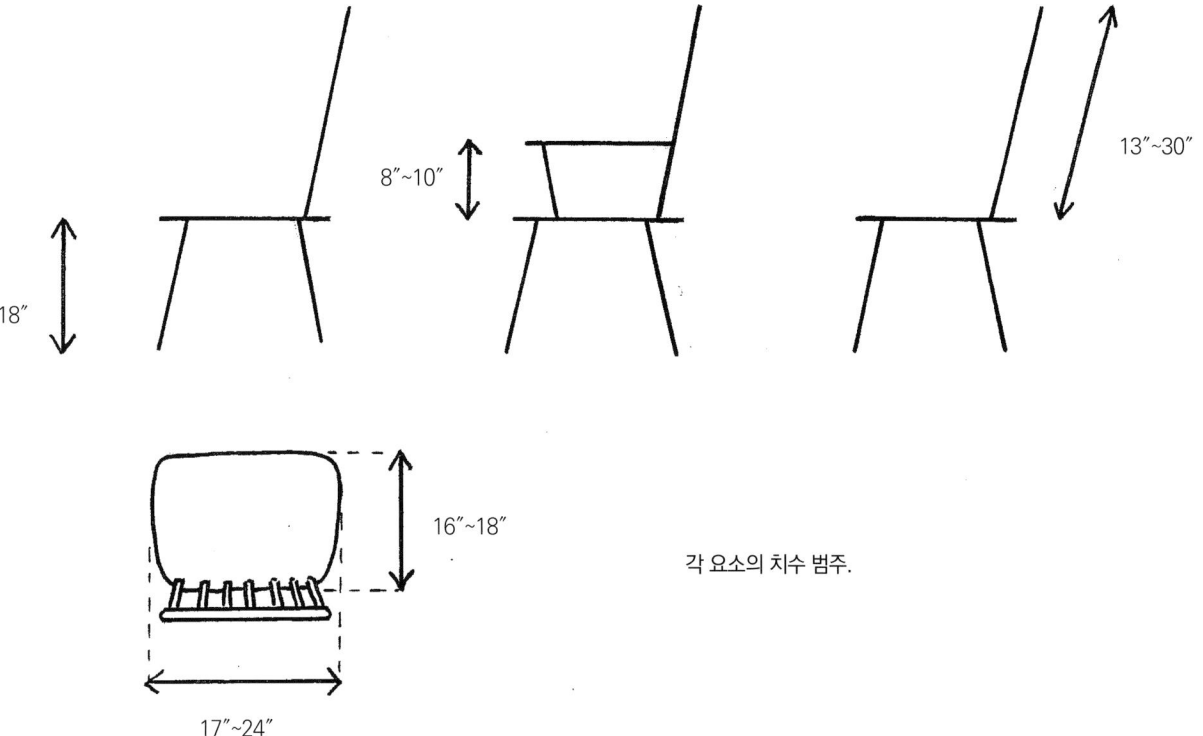

각 요소의 치수 범주.

좌판

윈저체어 좌판의 두께는 거의 3.5~5cm 두께이다. 느릅나무와 같은 하드우드로 좌판을 만들면 정말 무거운 의자가 될 수 있다. 잘 만들어진 의자는 편안하고 무게를 줄이고자 좌판을 가볍게 만들기 위해 노력한다. 그러나 우리는 느낌보다 눈으로 의자를 판단하는 경향이 있다. 무게를 줄이기 위해 나무를 덜어내는 것이 훌륭한 의자를 만들기에 필수 요소는 아니다. 우리의 눈이 좌판이 정말로 가벼워졌다고 바로 판단하지 않으면, 실제로 많은 나무를 제거했어도 의자가 여전히 무겁다고 여길 것이다. 그러므로 나무를 제거하는 방법은 매우 중요하고, 눈으로 보기에 실제보다 의자가 더 가벼워졌다고 믿을 수 있어야 한다.

한 예로, 느릅나무로 색백 좌판(Sack-back seat)을 만들 때, 무게의 변화는 다음 표에서 보여줄 것이다.

자귀질 이후의 모양, 연마, 모따기에서 거의 반 정도의 무게가 준다. 모양, 연마, 모따기에서 시각적 효과는 최초의 자귀질보다 더 크지만 무게는 아주 미세하게 덜 준다.

모따기

모따기는 의자를 잘 만들기 위해 배워야만 하는 스킬이다. '모따기'라는 단어는 '모서리' 그리고 '깨기'라는 두 단어에서 왔다. '모서리 깨기'는 매우 적은 노력으로도 가구에 큰 변화를 준다.

모따기는 세심한 작업이 아니다. 예를 들어 좌판의 아래 모서리에 거칠게 모따기를 하는데 단 2분이면 6mm 정도는 줄일 수 있다. 전체 좌판을 6mm 줄이려면 얼마의 노력이 필요할지 생각해보라!

옛 의자 제작자들은 노력이나 재료를 절대로 낭비하지 않았다. 왜냐하면 노력을 얼마나 들이느냐가 그들의 생존과 관계되기 때문이다. 옛날 의자 다리를 보면 나무를 아끼기 위해 완전한 원통형이 아닌 '평평한 곳'이 많은 걸 볼 수 있다. 옛 제작자들은 자신들이 원하는 좌판을 팔 수 있을 정도의 두께의 나무를 사용했다. 그러나 의자의 거의 모든 경우에서 보이는 것처럼 좌판의 모따기 기술이 향상되었다.

'덜어낼수록 좋다'는 원칙은 의자의 다른 부분과 마찬가지로 좌판에 더 많이 적용된다. 도드라지게 멋진 의자라면 꼭 필요한 만큼 이상의 나무를 깎아내지 않고 남겨둔 경우가 없다. 이를 통해 나무

	과정 이후의 무게(kg)	줄어든 무게(kg)	줄어든 무게의 비율(%)
느릅 좌판 두께 4.4cm	5.20	0	0
자귀질	4.38	0.82	16
모양, 연마, 모따기	3.58	0.80	15
총 줄은 무게	1.62	1.62	31

를 제거하는 것이 미국 '방패형' 좌판의 독특한 모양의 기원일 수 있다는 생각을 하게 되었다. 바이올린과 비슷한 모양으로 옆구리를 잘록하게 오려내고 깎는 것은 상당히 수고로운 일이다. 뭔가 목적이 있지 않고서는 그런 일을 했을 리가 없다. 내 생각엔 그 자리에 나무가 필요하지 않아서 깎아내 본 것이 많은 이들에게 매력적으로 여겨져서 하나의 스타일로 발전된 것 같다.

좌판을 가볍게 하는 방법에서, 중요한 곳은 충분히 튼튼해 보이게 하는 것이 역으로 중요했다. 방패 좌판이 이러한 것을 잘 보여주는 아주 좋은 예다. 우리의 눈은 보우와 스핀들이 꽂힐 좌판의 나무가 꽤 두껍게 보이길 원한다. 반면 다른 곳은 굳이 두껍게 보일 필요가 없다면 설계에 따라 그렇게 하지 않을 수 있다.

좌판의 모양을 깎을 때 표면 사이의 연결이 자연스럽게 딱 잘 맞지 않으면 원하는 효과를 낼 수 없다. 좌판의 구멍 내는 부분이 등받이의 플랫폼에 합쳐지도록 하는 것은 매우 쉬워서 아무도 어느 쪽이 끝나고 다른 쪽이 어디서 시작하는지 정확히 알지 못한다. 구멍 뚫는 공구와 사포로 뚫린 연결 라인을 깔끔하게 만들어 낼 수 있다면, 결과적으로 의자에는 좋을 것이다. 미국 의자는 종종 '빗물받이(rain gutter)'의 존재로 이 특별한 연결 부분을 강조하는데, 이것은 새겨진 'U'자 라인으로 모양의 변화를 보여 준다.

이 모양은 영국 의자에 기초하지 않고 모서리를 다양한 방식으로 만들었는데, 이러한 방식은 의자의 두께에 시선을 빼앗기지 않게 한다.

깔끔하게 깎인 디테일은 좌판의 나머지 부분에서도 또한 중요하다. 맨 아래의 모따기와 좌판의 윗부분 사이에 모서리가 살아 있는 미국 보우백체어이건 또는 윗부분 바로 전에 수직 부분의 바닥에 모따기가 있는 영국 의자의 앞부분 모양이건 깔끔하게 깎인 디테일은 중요하다. 아무도 날카로운 모서리의 의자를 좋아하지는

않는다. 처음에 깔끔하게 딱 떨어지고 후에 사포로 부드럽게 한 라인은 뭉개지고 명확하지 않은 모서리보다 언제나 더 좋아한다.

관통 장부에 대조되는 쐐기를 더해 좌판에 시각적 흥미를 더 갖게 하고, 보는 사람에게 의자가 어떤 방식으로 구성되었는지 바로 알 수 있게 한다.

좌판의 '코'와 앞부분의 모서리는 윈저체어 좌판에서 가장 다채로운 양상을 보이고, 제작자 개인의 취향을 표현하는 기회이다. 어떤 좌판의 코는 올라갔고, 다른 것은 부드럽게 곡선이고, 또 어떤 것은 앞부분의 모서리가 수평이기 때문에 좌판의 중심이 어디에 있는지 알 수 없다. 보우백체어에서 한 가지만 고려한다면, 앞부분의 모서리가 올라가거나 내려가는 것이 의자의 모양에 드라마틱한 효과를 만들어 줄 것이다. 제작자는 시간이 지남에 따라 — 혹은 자기 기분에 따라! — 자신이 좋아하는 방식으로 좌판을 발전시킬 것이다.

의자의 다리

의자의 다리는 사람이 의자에서 떨어지거나 의자가 부러지지 않도록 근본적으로 사람의 무게를 지지하는 역할을 한다. 미국과 영국에서 목선반으로 다리를 만드는 데는 무수히 많은 패턴이 있고, 가장 먼저 좌판에 꽂힐 다리의 배치를 생각해야 한다.

의자의 등받이는 앉는 사람의 엉덩이를 작은 영역 안에 머물게 하는 경향이 있다. 그러나 사람들은 의자에서 움직일 때 — 똑바로, 구부정하게 때론 한쪽으로만 앉거나 — 중심 라인에 가까운 곳으로 엉덩이를 둔다. 이런 이유로 의자의 뒷다리는 특별히 멀리 떨어져 있을 필요가 없으며, 거의 모든 의자에서 뒷다리 간의 거리는 앞다리보다 덜 벌려져 있다.

앞다리의 넓은 간격은 사람들이 일어나거나 앉으면서 한쪽으로 의자를 밀어 두거나 좌석에서 뒤척일 때, 의자가 넘어지는 것을 막는다. 스탠스의 너비는 다리가 벌어진 것과는 다르다. 앞에서부터 보았을 때 수직인 각, 앞에서부터 뒤까지의 스탠스의 폭이 줄어드는 것은 다리를 다양하게 변화시킴으로써 여러 가지 다른 방법으로 달성될 수 있다.

미국 의자의 앞다리는 사촌인 영국 의자의 다리보다 훨씬 더 벌어져 있는데, 이것의 구조적 이유는 다른 곳에서 언급했다. 그러나 앞다리의 벌어진 폭이 뒷다리보다 작은데도, 스탠스의 폭은 더 클 수 있다는 점에 유의해야 한다.

기본적인 패턴

암

원저체어의 암은 나무를 스팀벤딩해서 만들거나 이어 붙여서 만든다(셋 또는 그 이상의 나무를 겹쳐 쌓으며 이어 붙인 뒤 모양을 깎는 방식). 암의 뒷부분은 좌판의 가장자리와 거의 맞추되 앞으로 가면 암이 조금 더 벌어지는 모양이 된다. 이렇게 하면 스핀들을 보기 좋게 일정한

간격으로 배열할 수 있다. 스핀들이 팔걸이를 관통해서 보우나 크레스트까지 연결될 때에는 크레스트나 보우 또한 좌판 가장자리 및 암 뒷부분과 비슷한 곡선 형태를 갖추게 된다.

좌판 위에 암이 뒤로 기울어져 있는 것이 미국 의자의 전통적인 특징이고, 같은 방법으로 바닥 위에서 좌판이 뒤로 기울어져 있다. 미적으로, 이것은 이 의자의 유기적 특징을 감소시키는데, 좌판의 표면과 암이 두 개의 평행면이 되는 것을 피하게 한다. 정확한 각도와 평이 잘 잡힌 면이 거의 없기 때문에 평면이나 라인이 평행한 경우는 거의 없다. 스핀들이 벌어지지 않고 균일하게 간격을 두고 있어도 길이에 따라 달라지는 스핀들 자체의 모양이 부분적으로 스핀들 축의 평행한 특성을 감춘다.

옛 영국 암은 반대 방향으로 기울어졌다. 다른 경우에는 암의 아랫부분이 좌판과 평행할 수 있지만, 암의 위쪽의 표면은 앞쪽으로 갈수록 가늘어지며, 다시 평행한 특성을 감춘다.

팔의 길이에 따라 암의 단면을 상당히 변화시킬 수 있다. 이것은 암의 시각적, 물리적 무게를 최소화하는 효과를 가질 수 있으며, 특히 암이 무거울 때 적절하다.

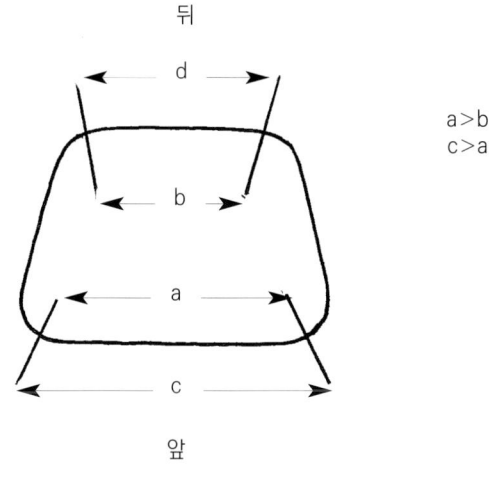

앞다리와 뒷다리.

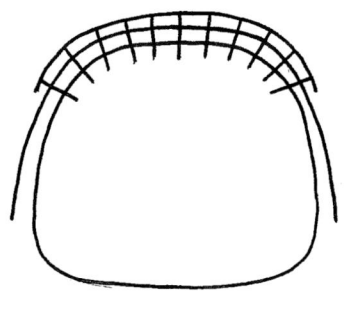

의자의 암과 크레스트는 중심선 주변으로 좌판의 뒤쪽을 따라 있다.

보우

영국의 암과 보우는 종종 '어깨'가 훨씬 더 촘촘한 반경인 미국의 것보다 모양이 더 장방형이다. 반면에 미국은 더 부드럽게 굽혀서 벤딩하는 경향이 있다. 미국 보우는 기본적으로 원형에 가깝고, 반면 영국 보우는 타원형에 가깝다. 타원형의 꼭대기는 가장 단단한 반경이 영국 보우의 어깨에 있다는 것을 의미한다.

보우의 단면은 개인적인 선호도가 표현될 수 있는 의자의 또 다른 파트이다. 보우 단면의 모양은 사각형에서부터 직사각형, 원형, 4분의 1은 라운드인 사각형 그리고 마지막으로 한 면은 평평하고 나머지는 둥근 형태로 된 것까지 매우 다양하다. 영국 보우의 두께는 평평한 표면에 하나 또는 두 줄의 홈을 내어서 두께를 얇게 보이게 위장하곤 했다.

영국 의자에서만 본 보우의 최종적인 특징은 앞과 안쪽 면이 평평하고 앞면이 중앙을 향해 휘어져 있는 것이다. 이러한 매력적인 효과는 보우를 스팀벤딩하는 동안 뒤쪽 가장자리를 둥글게 해서 가능할 수 있었다. 보우를 구부리면 단면이 대칭이 아니기 때문에 안쪽으로 휘어진다.

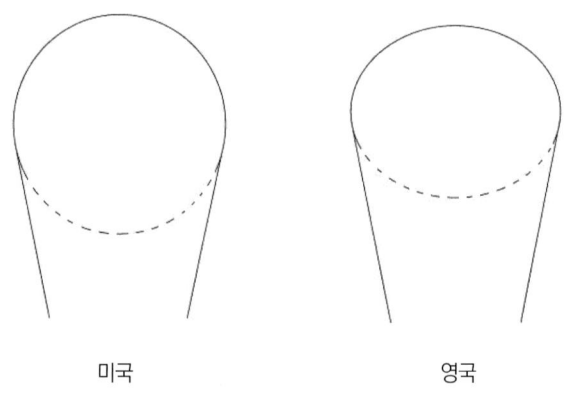

미국   영국

미국 보우는 원형인 것에 반해 영국 보우는 '어깨'가 있다.

좌판이나 암에 보우를 끼워 넣기 바로 전에 가장 자주 의자에 맞춰보는 것이 보우의 이 부분이다. 일반적으로 둥근 장부는 수공구나 장부 커터로 맞추고 특히 어깨는 장부커터로 맞춘다. 예를 들어 둥근 코너가 있는 사각형 보우에 둥근 테논이 연결되는 부위가 어깨선에서 부드럽게 이어지게 신경 쓰지 않으면, 모양의 불연속성이 눈에 들어와서 의자를 망치게 될 것이다.

옛 제작자들은 보우의 이 부분을 위해 매우 다양한 전략을 발전시켰다. 때때로 둥근 장부는 매우 급격하게 어깨를 만들기도 했고, 보우의 사각 부분은 어깨를 완전히 좌판에 숨겨지게 두었다. 종종 초기 영국 더블보우체어의 제작자들은 보우의 끝에 사각의 장부를 만들었고, 암의 곡선과 대략적으로 평행했다. 암과 일직선이 되도록 보우의 앞면 모양을 만들었고, 연속적으로 보이게 하기 위해 면의 모양을 잘 다듬었다.

연속적인 보우

성공적인 보우의 가장 복잡한 모양은 연속적인 보우나 팔걸이다. 이러한 보우는 1790년 즈음부터 미국에서 발전해 두 면에 보우를 벤딩하는 것을 포함해 뉴욕지역에서 완성되었다. 그 과정은 일단 만들 수 있는 형태의 틀이 있으면 그리 어렵지 않다. 보우의 뒤는 반원형과 매우 가깝게 틀 주위로 휘어져 있다. 이것은 수평면에 고정되고, 나무가 열과 성형이 좋은 상태로 유지되는 동안 암은 별도의 작업으로 구부러진다.

보우의 단면이 전체 길이에 걸쳐 일정한 경우는 드물다. 영국식 윈저체어의 암에서 종종 볼 수 있는 것처럼 암을 만들기 위한 두 번째 벤딩 지점에 이르기까지 두께가 줄어드는 것이 보통이다. 그 이후로 손까지 두께가 일정하거나 또는 다시 약간 두꺼워진다.

이 벤딩에서 제일 어려운 부분은 나무가 건조되는 동안 정확한 모양으로 벤딩된 나무상태를 유지하는 것이다. 한 번만 벤딩한다면, 수분이 감소하는 며칠 동안 형태를 그대로 유지할 수 있다. 그러나 일반적으로 스팀 장비를 설치하는 데 필요한 노력과 연료와 시간을 아끼기 위해 한 번 이상을 벤딩한다. 또한 벤딩 장치는 종종 밖이거나 난방이 되지 않는 창고일테고, 건조는 매우 천천히 그리고 완전히 마르지는않을 것이다.

보우를 벤딩하는 동안 간단히 벤딩 상태를 '유지하는' 것이 중요한데, 암을 일정한 폭으로 벌린 상태에서 중요한(처음) 벤딩을 유지하는 것과 벤딩한 것이 마를 때까지 두 번째 벤딩을 유지하기 위해 윗부분의 보우에 실로 긴장을 주는 것이다. 벤딩한 부분이 풀리지 않을 경우, 새롭게 벤딩한 나무를 틀에서 빼고 그 나무를 딱 맞게 고정시키는 사이에 시간이 거의 없어서 이 단계에서는 다른 이의 손이 절실하다. 벤딩의 반지름은 틀에서부터 고정하는 데까지 움직이는 동안 펴지는 경향이 있기에 압력을 고려해서 마르는 동안 실로 유지해 둔 등받이와 암 사이의 원래 각도를 다시 맞추는 것이 필요하다. 등받이에 암을 수직으로 구부릴 필요가 없거나 바람직하지 않다는 점을 명심해야 한다. 110도에서 115도가 좋고, 이 정도가 우아한 모양을 만들어 낸다. 벤딩의 각도를 줄이는 것은 벤딩을 쉽게 만들고, 벤딩이 성공할 확률이 높다. 직각은 매우 평평한 등받이가 되는데, 이 등받이는 튼튼하지도, 편안하지도, 우아하지도 않을 것이다.

1790년부터 보이기 시작한 연속되는 보우는 두 면에 벤딩하지만 왜 암은 다양한 면에서 연속적으로 벤딩하지 않는지에 대한 이유는 없다. 훨씬 복잡한 삼차원의 틀이 만들어질 수 있었고, 이 틀로 인해 새롭고 놀라운 디자인이 가능하게 되었다.

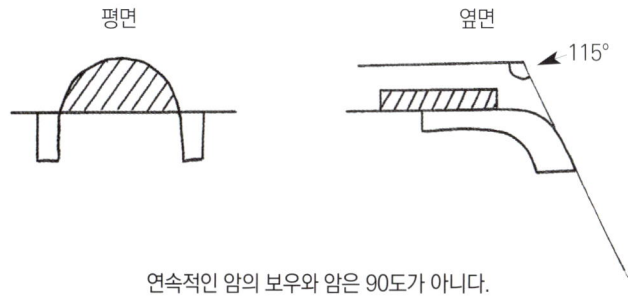

평면   옆면   115°

연속적인 암의 보우와 암은 90도가 아니다.

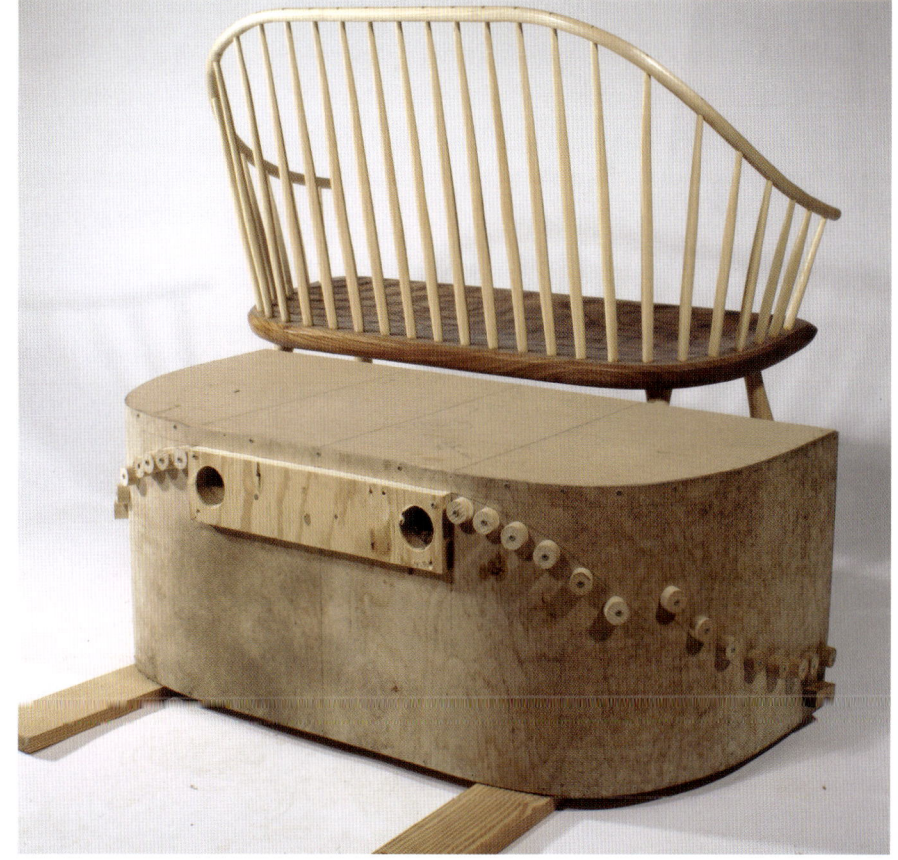

원저 컨티뉴어스암 세티.
앞쪽에 암 벤딩 폼이 놓여 있다.
전통적인 컨티뉴어스암이 두 평면상에서
벤딩된 것과 대조적으로 이 컨티뉴어스암은
특정한 평면상에 놓여 있지 않고
연속적으로 굽어 있다.

암포스트

미국식 암체어의 암포스트는 거의 항상 목선반으로 깎아서 만들었고 터닝 스타일은 다리와 가로대, 백포스트(있다면)와 맞추는 것이 보통이었다. 그러나 영국식 암체어의 암포스트는 19세기에 들어서야 목선반으로 깎는 것이 일반화되었고 그 이전에는 두 가지의 다른 유형으로 제작되곤 했다. 어떤 의자들을 보면 암포스트가 납작한데 경우에 따라 가운데를 뚫어서 장식하기도 했다. 이들 납작한 암포스트는 암과 좌판에 원형 장부로 결합되었고, 좌판에는 수직으로 꽂히는 경우가 많았다(8장 참조).

더 많은 유형은 17세기 후반에 만들어진 윈저체어에서 많이 볼 수 있는 스팀벤딩한 암포스트다. 이들 암포스트는 암과 같은 나무로 만드는 것이 보통이고 좌판으로부터 수직으로 올라와서 45도로 굽어지며 암과 연결된다. 하단은 장부 맞춤 결합이고 상단은 못, 나사못, 또는 목심으로 결합된다. 굵기는 ¾~1in(19~25mm) 정도다.

크레스트

크레스트는 거의 곡선이지만 직선인 크레스트도 있다. 하지만 이는 특별한 경우이고 크레스트는 좌판과 암의 뒤쪽 곡선을 따라 이어진다. 직선인 크레스트는 의자의 곧은 등받이를 따르기에 상대적으로 짧고, 암과 좌판의 둥근 곡선 전에 끝난다. 암과 좌판이 계속해서 앞으로 구부러지는 것처럼, 종종 크레스트의 곡선이 양쪽 끝으로 줄어들기 때문에, 이 원칙이 완벽하게 적용되는 경우는 거의 없지만, 이것은 새로운 의자를 설계할 때 좋은 가이드 역할을 한다.

크레스트는 의자에 앉는 사람이 한쪽으로 기울면 비틀어지는 것이 그대로 드러나는 것 같지만, 등에 압력이 가해졌을 때 주로 앞뒤로 움직이도록 디자인되었다. 등받이가 온전하게 유지되기 위해서는 크레스트가 연결되는 부위의 압박과 긴장이 중립에 가깝게 유지되는 것이 중요하다. 옆에서 보았을 때 스핀들이 모두 평행하게 나타나면, 앞에서 보았을 때 스핀들이 펼쳐졌을지라도 크레스트가 앞뒤로 움직일 때 중립성이 유지된다.

문제는 옆에서 보았을 때 스핀들이 평행하지 않을 때 생긴다. 이 배열은 스핀들에 의한 삼각측량 때문에 구부러질 수 없다. 의자가 의도적으로 이런 식으로 디자인되었고, 스핀들이 각 끝과 중앙에 고정되어 있다면, 강하고 뻣뻣한 등받이가 있겠지만, 이것은 윈저

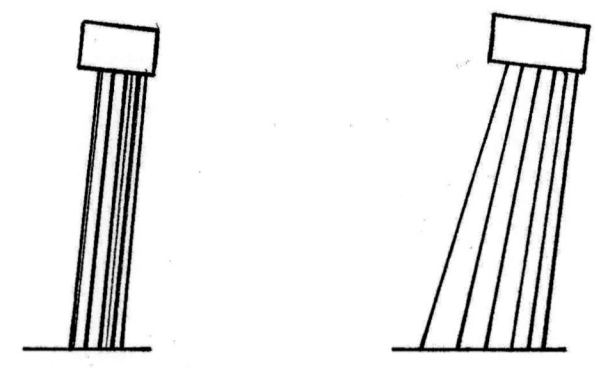

옆에서 볼 때 크레스트에 꽂힌 스핀들이 평행하면, 앞뒤로 잘 움직인다. 이 스핀들이 퍼져 있는 삼각형 구조를 보이면 앞뒤의 움직임을 방해하게 된다.

체어에 흔치 않은 배치이며, 일반적인 것보다 두꺼운 크레스트가 필요할 것이다. 이 삼각형 구조는 크레스트를 역방향으로 누르고, 중앙의 결구를 압박하고, 바깥쪽의 결구를 긴장시키는 경향이 있기에 웬만하면 피해야 한다. 평소처럼 3개의 장부만(중앙에 하나, 바깥쪽에 두 개) 고정하면 바깥쪽 핀에 엄청난 압력이 가해질 것이고, 등 전체는 온전히 핀의 힘에만 의존하게 될 것이다.

크레스트는 아주 다양한 모양이 있지만, 영국과 미국의 윈저체어에서 크레스트의 끝부분은 대개 귀 모양으로 되어 있다. 이렇게 둥근 끝부분은 평평하게 남겨 두거나 나선형의(미국에서) 곡선이다. 미국 크레스트의 귀 사이는 중심을 향해 올라가는 단순한 모양이지만, 영국의 전통은 종종 나무를 실톱으로 제거하는 것을 포함하여 좀 더 복잡한 형태를 포함했다. 장식을 추가하고 동시에 무거운 크레스트를 가볍게 하는 효과를 갖는다.

보기 좋게 하기 위해 바깥쪽 스핀들을 크레스트의 끝에 매우 가깝게 배치하고 싶다는 생각이 들 수 있다. 이 작업을 수행할 때 스핀들이 크레스트의 구멍에 너무 꽉 맞게 하지 않는 것이 중요하다. 또한 스핀들이 뒤틀리지 않아야 크레스트의 끝에 있는 나무가 쪼개지지 않는다.

마지막으로 크레스트의 단면 모양을 다듬을 때 주의해야 한다. 나무가 충분히 스핀들의 장부에 꽂힐 수 있을 정도로 크레스트에 공간이 있어야 하지만, 이 지점 이상으로 올라가면 강도는 덜 중요해지고 나무는 가늘어질 수 있다. 앞면은 수직, 뒷면은 점차 가늘

어지는 형태, 앞면은 점차 가늘어지고 뒷면은 수직인 형태, 양면으로 점차 가늘어지는 형태, 양쪽으로 평행한 형태, 끝에서 둥글고 가늘어지는 형태 등의 수많은 형태의 배열이 가능하다. 영국 크레스트는 미국 것보다 더 무거운 경향이 있다. 왜냐하면 두꺼운 스핀들, 슬랫과 스플랫을 지탱할 수 있고, 이들의 균형이 맞아야 하기 때문이다.

스핀들

사이드체어 각도의 '표준'은 약 12~14도이고, 새로운 사이드체어를 디자인한다면 이 표준 각도가 아주 좋은 예시가 될 것이다. 테이블까지 사용한다고 가정할 때, 사이드체어의 각도는 10도에서 14도까지 다양할 수 있다. 각도가 이보다 적을 경우, 앉는 사람은 등이 자연스럽지 않게 자신을 밀고 있다고 느낄 것이다. 혹은 각도가 이보다 클 경우, 앉는 사람은 '일어설' 수 없게 등이 뒤로 너무 눕혀져 있다고 느낄 것이다. '이상적' 각도는 순전히 개인의 취향 문제이지만 10~14도가 대부분의 사람들에게 적당하다.

팔걸이가 있는 식탁 의자는 11~15도 정도로 약간 더 뒤로 눕혀지는 경향이 있기에, 책을 읽고 휴식하기 위해 식탁을 이용한다면, 13~18도가 더 적합할 것이다.

각도의 범주

다리: 윈저체어 다리의 각도는 5~28도로 다양하다. 영국 의자의 앞다리는 일반적으로 10도 이하인 반면 미국 의자의 각도는 10~20도 정도다. 영국 의자의 뒷다리는 12~25도이고, 미국 의자는 15~28도이다. 이러한 각도는 시선을 따라 수직 방향을 의미한다.

암포스트: 미국 의자는 수직에서 25도 사이, 영국 의자는 수직에서 20도 사이다. 스팀벤딩해서 구부린 암포스트의 경우 좌판에 수직으로 꽂히거나 15도 이내의 각도로 꽂히기도 한다.

백포스트: 이것은 등에 있는 스핀들의 각도를 반영하기에 10~20도 정도이고, 의자의 스타일과 의도하는 목적에 따라 다르다.

각도 맞추기

처음 의자를 디자인한다면 위에서 설명한 각도의 범주로는 무한한 수의 조합이 생기고 그것은 우리가 할 수 있는 범위를 넘어서게 된다. 그러나 문제를 단순화해서, 다른 파트의 각도를 서로 맞춰보면 의미 있는 결과가 나올 것이다. 예를 들어 새 의자를 만들려 할 때, 의자 다리의 각도와 보는 선(sight-lines)의 괜찮은 조합을 찾을

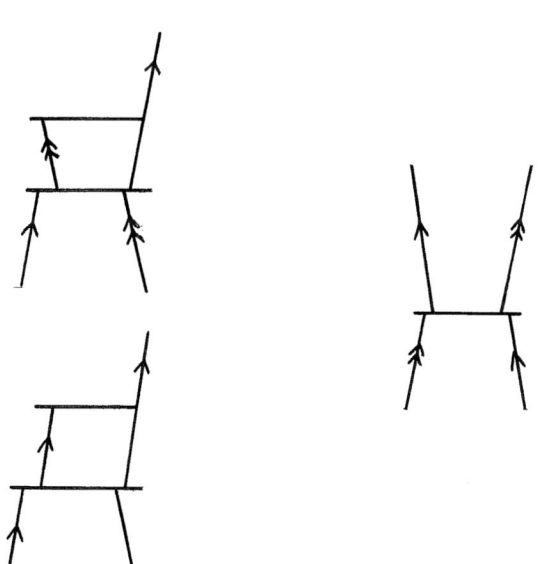
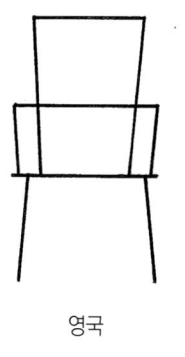

앞이나 옆에서 평행하게 보이도록 구성요소를 배치하는 것은 시각적으로 만족을 준다.

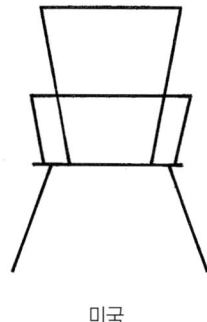

영국　　　　　　미국

단순히 구성 요소들의 폭을 조정함으로써 미국이나 영국의 프로파일을 만들 수 있다.

수 있고, 그후 팔걸이와 뒷다리를 어떻게 해야할지 고민하면 된다.

의자의 옆면부터 보면, 암포스트와 뒷다리의 각도를 맞추려고 할 것이다. 의자에는 뒷다리 밑에서부터 좌판을 통과해서 암포스트의 끝까지 디자인된 대각선이 있다. 앞다리가 앞쪽으로 크게 벌어져 있지 않다면, 암포스트는 약간 뒤쪽으로 각도를 주기 위해 앞다리에 맞게 될 것이다('보디랭귀지' 장을 보라). 비슷하게 백포스트는 앞다리와 평행해지기 위한 각이 될 것이다.

이러한 접근 방식은 의자를 앞에서 봤을 때도 유효하다. 이 매칭 각도가 암포스/백포스트와 반대쪽의 앞/뒷 다리들 사이에 있더라도 말이다. 많은 미국 의자들처럼 이 요소들이 잘 벌어져 있다면, 이 매칭은 의자의 앞에서 봤을 때 X자 패턴을 띤다. 정면에서 각도를 맞춰 조정하면 '영국'과 '미국식' 의자의 윤곽을 쉽게 그릴 수 있다.

좌판에 드릴로 구멍을 뚫기 전에 그리거나 모델을 만들어서 다른 조합을 시도해 보면 좋다. 이 작업을 하면서 드는 시간을 아깝게 느낄 수 있으나 장기적으로는 시간과 자원을 아끼는 일이다. 모델을 만들 때, 좌판은 스티로폼으로, 다리와 가로대 등 터닝 파트와 스핀들은 철사로 만들면 다양하게 꽂아보기 좋다.

흔들의자

흔들의자는 좀 다른 케이스다. 순전히 휴식을 위해 설계된 로커의 스핀들 각도는 20도까지 될 수 있다. 만약 이것이 바닥에서 꽤 큰 각도로 앉는 좌석과 조합되면, 앉는 사람의 무게의 비중이 일반 의자에서보다 스핀들로 더 많이 가게 된다. 이것은 무게를 훨씬 더 넓은 영역으로 분산시켜 편안하게 느끼게 한다.

다리의 각도는 다리 바닥에서 앉는 이의 무게 중심 위치를 고려하여 미적으로 결정해야 한다. 위에 주어진 범위는 일반적으로 적절한 상태를 유지하지만 장부의 위치를 조정해야 할 수 있다.

로커 다리와 관련해서 가장 중요한 것은 뒷면에서 보았을 때, 같은 평면상에 뒷다리와 앞다리가 있어야 한다는 것이다. 이것은 좌석의 발과 장부가 하나의 평면을 형성해야 한다는 것을 의미하며, 이것은 원하는 만큼 또는 적게 벌릴 수 있다. 만약 로커와 다리가 같은 면에 있다면, 로커는 좌판에 있는 다리의 장부에 평행한 라인이 될 것이다. 이것은 아무것도 알지 못하는 상태에서 로커를 디자인할 때 유용한 팁이다. 윈저체어에서 다리의 장부가 좌석의 중심선에서 같은 거리에 있는 것은 드문 일이지만, 만약 그렇다면 로커는 평행일 것이다. 이것은 예상과는 완전히 반대로, 로커가 앞쪽보다 뒤쪽이 더 넓게 떨어져 보일 수 있기 때문에 시각적으로 불안하기에 이상적이지 않다. 반대로 만약 뒷다리의 장부가 앞다리보다 더 가깝게 모여 있다면, 로커가 한 번 움직이면 의자의 뒤로 모이게 된다. 그리고 극단적인 경우, 또는 추가로 긴 로커를 사용할 경우, 의자는 조립하기 어려울 수도 있다!

의자와 앉는 이의 조합에서 무게 중심은 로커의 뒤쪽에 가깝게 가게 두지 않는다. 만약 그렇게 된다면, 앉는 사람에 의해 로커가 활동 범위를 넘어서 평형점을 지나 등 쪽으로 간다. 이런 일은 로커의 길이, 뒷다리의 각도, 로커의 반지름, 바닥에서 좌석의 높이 등

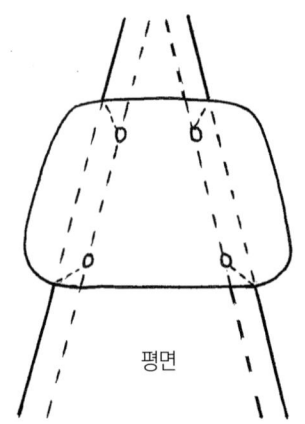

평면

로커는 의자에 꽂힌 장부 사이의 선과 평행할 것이다.

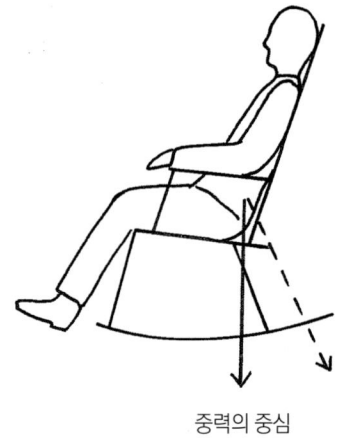

중력의 중심

의자와 앉는 이의 무게 중심이 뒤쪽으로 가지 않도록 해야 한다.

을 조정해서 일어나지 않게 해야 한다.

자신만의 의자 디자인

어디에서 시작해야 할까? 의자에 접근하는 체계적인 방법이 없고, 이 단계에서 하려는 것이 무엇인지 모른다면 의자를 디자인하는 것이 어려울 수 있다.

가장 잘될 것을 기대하고 치수와 각도를 무작위로 선택할 수 있으나 좋은 의자를 만들기는 쉽지 않을 것이다. 의자 만들기에서 좋은 정보와 자신의 것을 찾기 위한 생산적이고 쉬운 방법이란 없다. 실질적으로 의자를 만드는 것에 접근하지 못할 수도 있지만, 차분히 연구한다면, 사진에서 좋은 정보를 찾을 수 있을 것이다. 혹 행운이 따른다면, 사진을 통해 기본적인 치수를 알 수도 있을 것이다. 그렇지 않다면, 좌판의 높이는 45cm로 추정하고 사이즈를 결정하고, 치수를 재서 다른 구성 요소들의 비율을 정하는 것도 가능할 것이다. 비록 원근법으로 인해 각도가 왜곡될 수 있지만 적어도 크기는 원본과 가까울 수 있다는 점에서 사진은 유용한 정보를 준다.

첫 시도에서 이상적인 의자를 만나는 것은 매우 이례적인 일이다. 첫 의자를 만들고, 이후에 얼마 동안 그 의자를 생각하고, 크고 작은 다양한 시도를 통해 두 번째 의자를 만들게 될 것이다. 세 번째 의자는 더 만족스럽게 만들고 싶고, 여러 번 반복하고 작은 차이에서도 달라진 것을 느낄 수 있을 정도로 여러 번 모양을 다듬는 과정이 필요할 것이다.

의자를 만들던 초반 몇 년 동안 나는 새로운 의자를 더 잘 만들기 위해 기존에 만든 의자들을 더 공들여 꾸미고 고쳐보았고, 곧 노동 집약적인 이 과정이 불필요하다는 것을 깨달았다. 오히려 각각의 프로토타입은 다음 버전을 향상시키기 위해 시작 전에 완벽한 형태를 갖추는 것이 좋다. 나는 새 의자를 하나 다 만드는 것보다 종이 위에서 디자인을 바꾸는 것이 노력이 훨씬 덜 든다는 것을 알았다. 그것은 작업실에서 모양을 다듬는 것보다 계획하고 그리는 단계에 시간을 쓰는 것이 낫다는 의미이다. 또한 종이와 펜슬의 비용이 의자를 만들기 위해 한 세트의 재료와 시간을 낭비하는 것보다 비용이 훨씬 적게 든다.

사실 디자인의 과정은 윈저체어에서 가장 만족스러운 단계 중 하나다. 내 머릿속에 있는 것을 아이디어로 가져와서 삼차원의 대상으로 옮기는 것은 놀라운 소득이고, 그리고 자신이 미리 계획한

것과는 순서가 다르게 진행되기도 한다. 다른 이가 만든 기술을 따라서 시작하고 그것을 발전시키려고 한다. 그러나 나는 누구든 결국 자신만이 디자인한 의자를 만드는 것을 목표로 할 것을 권한다. 종이에 그린 그림이 좋다면, 나무로도 좋을 것이다. 아마도 이것은 당연한 것을 말하지만 이것이 먹힐 때 나에겐 여전히 놀랍다!

의자 그리기

직선으로 된 가구는 정면, 측면, 평면의 세 관점을 적용해서 그리기가 쉽다. 윈저가구는 직선이 없고, 직각이 없기 때문에 만드는 사람에겐 큰 도전이다. 그러나 세 관점의 시스템을 잘 생각해보면 작품을 만들 수 있다.

내 의자의 대부분은 하나의 작은 모양과 그 모양에서 아이디어를 확장했다. 그것은 보우, 좌판, 크레스트, 팔, 다리의 모양이 되거나 혹은 낙서일 수도 또는 더 괜찮은 모양이 될 수도 있다. 종종 나는 엽서 크기의 종이에 연필로 의자를 스케치한다.

가끔은 원근법도 시도해보지만, 보통은 표준 관점(정면, 측면, 평면) 중 하나를 선택한다. 내가 만약 작은 스케치를 좋아한다면, 더 그려보고, 스케일을 그리기 전에 다른 관점으로 생각해 보고 시작할 것이다. 이 작은 스케치가 보기 좋다면, 그 다음엔 새 의자를 위한 기본적인 것을 그리고 이 작은 스케치 중 하나를 새 의자를 만들기 위해 크게 그릴 것이다. 일단 의자 제작에 열을 올리게 되면, 낙서를 하면서 그 특별한 순간을 채워 넣을 것이고, 자신이 좋아하는 모양이 어떤 모양인지에 대한 아이디어를 발전시키게 될 것이다. 그리고 진짜 의자로 바뀔 수 있는 영감에 도달하기를 바란다.

만들기 시작

실재하는 의자이건 아주 작은 낙서이건, 시작점이 무엇이든 자신이 가장 좋아하는 하나의 관점이 있을 것이다. 이 관점을 스케일 도면을 만들 자신의 시작점으로 삼아야 한다.

모눈종이는 이 작업을 위해 아주 좋고, 네모난 종이도 좋을 것이다. 자신의 스케일을 결정하고 종이에 있는 기본적인 정보를 더해서 작업을 시작해야 한다.

만약 중앙선에서 체계적으로 정면과 평면을 그린다면, 의자의 딱 반만 집중해야 한다. 의자의 반을 그린 것에 만족하면, 전체 아이디어를 얻기 위한 나머지 반을 그리는 것도 쉽다. 이런 식으로 무언가를 바꿀 때마다 한 세트만 바꾸면 되고 이것은 시간과 노력을

크게 절약할 수 있다.

좌판이 모든 그림의 기준이 되면 좋다. 좌판은 평면이지만(좌판에 모양을 많이 준다 해도), 설계도에 있는 선은 수평을 유지하게 된다. 이 방법에서 좌석은 옆에서 보았을 때 수평이 될 것이고, 좌석의 앞쪽이 보통 바닥보다 더 높기 때문에 바닥은 아마도 비스듬히 그려질 것이다.

유사하게 정면에서 보면 좌판의 두께만 보일 것이다. 그러나 다리의 발 부분의 높이가 다를 가능성이 높아 경사진 바닥의 느낌을 준다. 이러한 방법으로 좌판의 윤곽선 보기는 나중에 좌판을 잘라 내는 데 사용할 템플릿과 기하학적으로 유사하다. 다른 부분들은 많든 적든 왜곡이 있지만, 좌판은 정확하다.

이 단계에서 몇 가지 치수를 확정해야만 한다. 이것은 조그만 스케치나 사진에서 크기를 확대하거나 혹은 실재하는 의자에서 출발해야 한다. 이는 의자가 최종적으로 사용될 환경의 제약과 관련이 있을 수 있기 때문이다(예를 들어, 팔의 높이는 특정한 테이블에 맞춰진 높이이다). 치수들이 많으면 초기 도면을 그리기 쉽지만, 도면에서 정확하게 본 것을 따라 작업하기 위해 많은 치수들을 결정해야 하는 문제가 있다.

정면

정면에서 시작한다고 가정해보자. 수직 중심선과 좌판의 두께를 한쪽만 그린다. 그리고 좌판의 폭을 표시한다. 정면 바닥 위에서 좌판 꼭대기의 높이를 안다면(보통 45cm), 앞다리에 바닥을 나타내는 선을 그릴 수 있다. 유사하게 종종 13~19mm보다 작은, 뒷다리를 같은 방식으로 그릴 수 있다.

앞다리와 뒷다리를 그려야 하고, 어느 정도로 벌릴지 결정해야 한다. 이것은 옆면 각도이다. 아무 곳에서나 다리의 윗부분을 좌판에 넣을 수 있는 건 아니지만, 벌려지는 폭은 좌판 스타일에 의해 결정될 것이다. 예를 들어 미국 스타일의 좌판을 선택했다면, 넣는 지점은 더 넓게 벌린 옆면에서 잘될 것이고, 영국 좌판에서는 덜 벌어진 모서리와 가까울수록 잘 들어간다. 이 단계에서 정확한 지점을 넘었다고 너무 걱정하지 말자. 다른 두 면에서 수정할 수 있다. 가장 중요한 것은 앞에서 볼 때 다리가 똑바로 보이도록 배열하는 것이다.

다음으로 의자의 상부구조를 생각해봐야 한다. 의자에 팔이 있다면, 좌판 위에서 대략적인 높이와 암포스트의 간격을 결정해야 한다. 만약 팔을 더블보우로 스팀벤딩을 했다면, 의자 뒤에 선을 잇는다. 그러나 팔 뒤쪽이 앞쪽보다 낮을 수 있다는 것을 잊어선 안 된

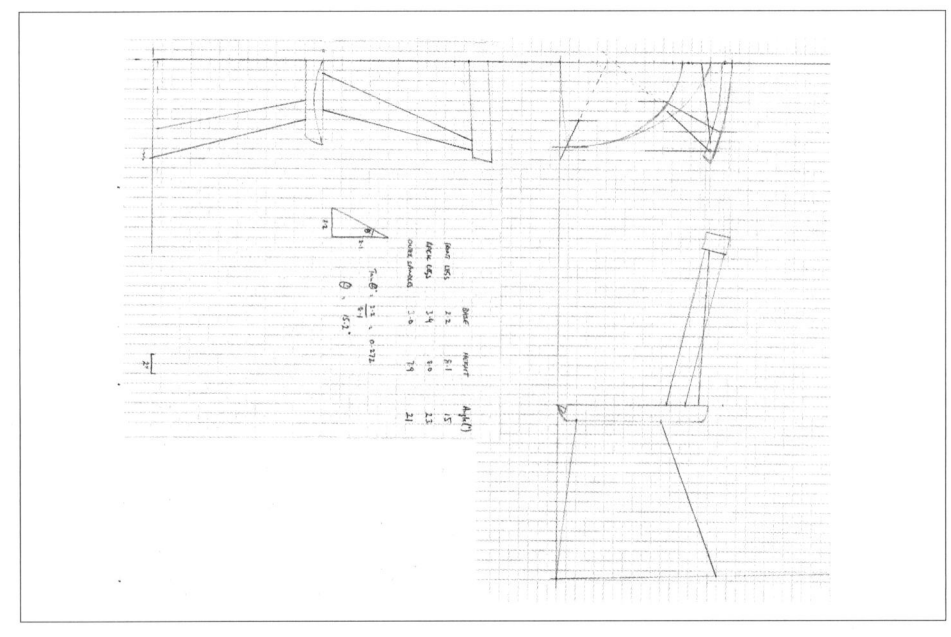

의자의 측면, 정면, 평면을 모눈종이를 이용해서 간단히 그리면서, 좌판을 정면과 측면에서 수평으로 유지한다.

다. 등 부위의 최고의 높이를 표시하고, 스핀들과 다른 백포스트의 간격을 고려한다. 의자의 최대 폭은 보통 손을 두는 위치에 있다.

평면과 측면

정면이 확정되면, 평면을 준비한다. 좌판의 폭과 다리의 간격은 정면을 통해 예상할 수 있다. 좌판의 윤곽을 그린다.

이 단계에서 측면을 시작하는 것이 도움이 될 것이다. 좌판의 길이는 평면에서 보면 직각으로 하고, 그것의 두께와 모양 또한 그린다. 뒷면으로 올라가게 바닥을 그린다. 윗면과 바닥의 위치는 정해졌기에 지금 다리를 그릴 수 있다. 이것을 다 했을 때, 다리는 다른 두 면의 정보를 이용해서 평면에 표시할 수 있다. 평면에서 보인 다리의 방향은 구멍을 뚫기 위해 보이는 선이다. 좌판을 가로질러 선이 뚫고 들어감으로써 모든 정보를 좌판에 뚫린 구멍으로 알 수 있다.

다리처럼, 다른 구성 요소들은 한 면에서 표시될 수 있고, 그리고 다른 쪽도 작업한다. 보는 것 사이의 앞뒤 조정은 만족스러운 디자인을 얻기 위해 필요한 과정이다.

대부분의 치수는 평면에 직접적으로 표시될 수 있지만 한 단계 더 나아가 각도를 찾아야 할 것이다. 삼각법을 사용하면 문제가 해결되지만, 평면에서 가져온 높이와 기본 치수에 스케일을 직각 삼각형으로 그리는 것이 훨씬 간단하다. 각도기로 높이와 빗변 사이의 각도를 잰다. 이것은 다리와 암포스트, 백포스트와 스핀들에 이용하고, 개인적으로 스핀들을 위해 각도기를 사용하는 것을 추천하지는 않는다. 이것은 중앙의 스핀들 각도를 재는 데는 유용하지만 가능한 많은 양의 스핀들 구멍을 뚫기 위해서는 '조준'의 방법

을 이용한다. 왜냐하면 그것이 훨씬 간단하고 각 의자에서 발생하는 작은 변화도 잘 맞출 수 있기 때문이다.

평면에서 얻은 모든 정보로, 좌판의 템플릿을 만들고, 그리고 이때 현대 테크놀로지가 매우 큰 도움이 될 것이다. 평면도를 컴퓨터에 스캔하고 이미지를 중심선과 좌판의 양쪽 끝에 단단히 묶고 자른다. 마이크로소프트 퍼블리셔와 같은 데스크톱 출판 프로그램이나 코렐 드로우와 같은 벡터 드로잉 프로그램에서 페이지 크기를 가로와 세로로 좌판의 최종 크기보다 5cm 더 크게 설정한다.

이미지를 페이지로 전송하고 원하는 크기로 확장한다(그 페이지에서 모든 주변의 여백을 2.5cm 남긴다). 서류를 프린트한다. 좌판이 크면, 여러 장의 종이에 인쇄될 것이지만, 이것들은 전체 크기의 모양을 만들기 위해 같이 테이프로 붙일 수 있다. 모양 주위를 자르고 그것을 사용하여 좌판 빈칸에 자신의 좌판을 표시한다. 축척 도면에서 전체 크기로 확대하는 이 과정은 크레스트와 보우에 대한 벤딩 형태를 포함하여 많은 구성 요소에 사용될 수 있다.

약간의 연습으로도 이러한 드로잉 기술은 매우 쉽게 알 수 있고, 의자 만들기는 항상 새로운 아이디어나 미래의 계획을 가지고 있어야 한다. 이러한 방식으로 새로운 디자인을 만드는 데 필요한 투자는 처음부터 나무로 프로토타입을 만드는 것보다 훨씬 쉽다.

의자를 더 현대적인 방법으로 디자인하는 것은 스케치업과 같은 캐드를 이용해서 가능하다. 그리고 인터넷은 훨씬 더 유용한 정보를 줄 것이다. 이 프로그램을 어떻게 이용할지 준비가 되어 있다면, 360도로 자신의 디자인을 볼 수 있을 것이다. 여러분에게 행운이 있기를!

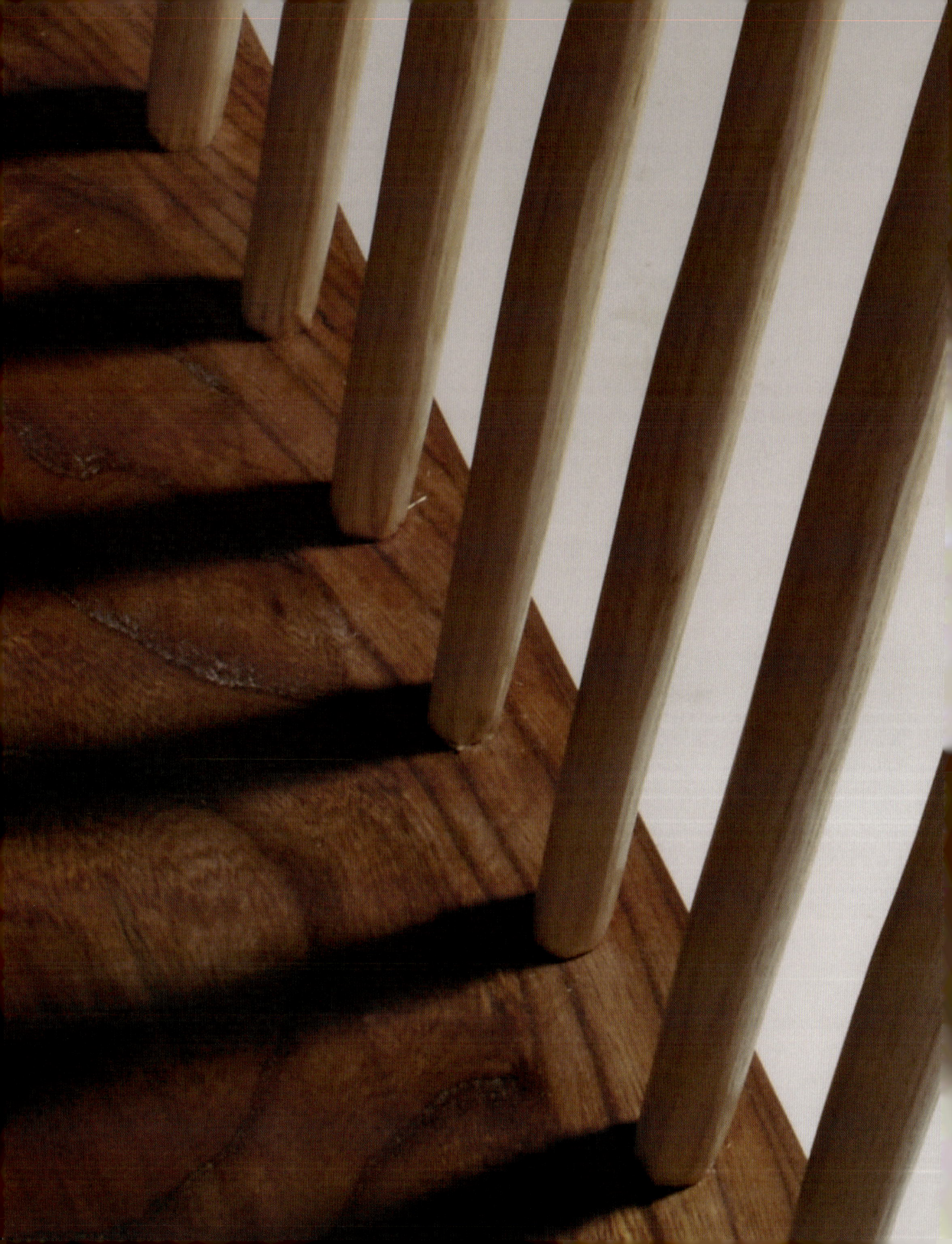

CHAPTER 8

윈저체어가 아닌 윈저가구들

윈저가구는 단지 의자만이 아니다. 이 장에서는 스탠다드한 윈저
체어가 아닌 체어를 포함해서 윈저 구조를 이용한 방법으로 만들
수 있는 다른 가구들을 보여줄 것이다.

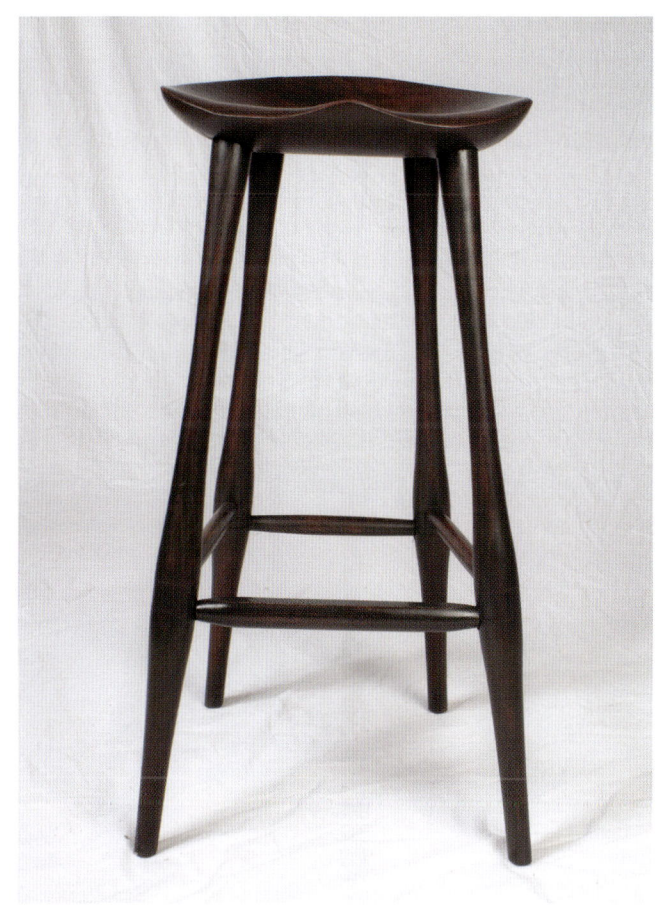

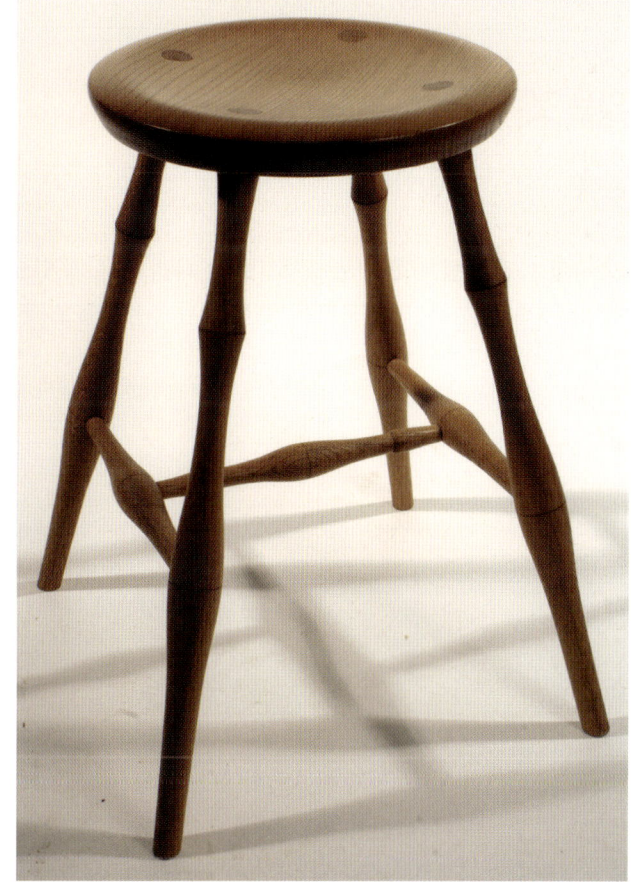

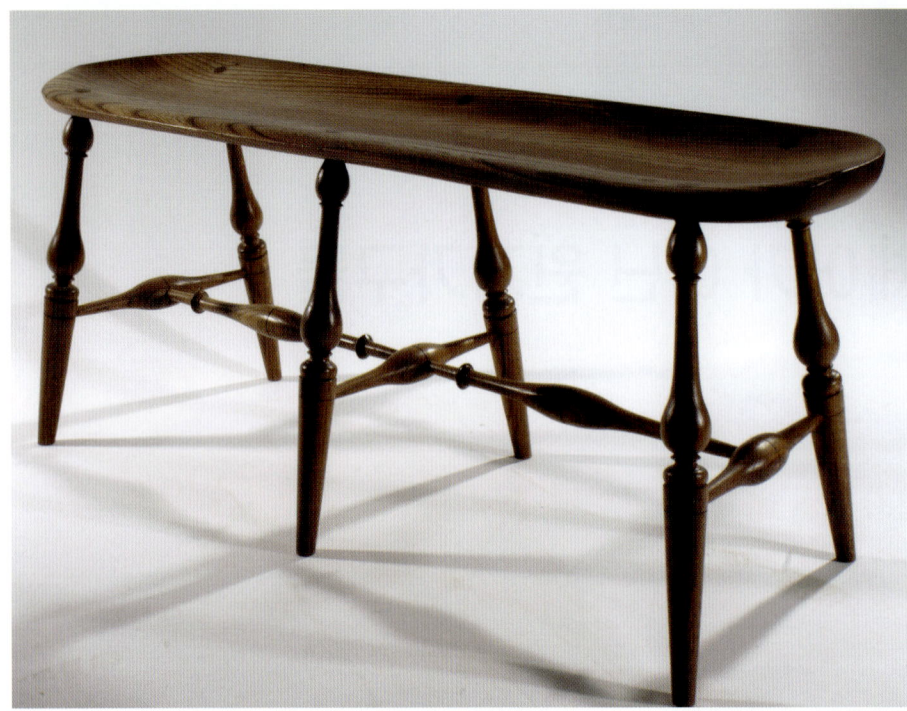

피아노 스툴.

앉는 것

스툴

앞 장의 사진은 밤브(대나무)스타일의 오크 다리가 네 개 있고, 7.5cm 두께를 깎아서 만든 좌판에 페인트칠된 높은 스툴로 좌판 아래에 다리가 끼워져 있다.

피아노 스툴

이 스툴은 세 명의 연주자까지 앉을 수 있고, 영국 오크와 느릅나무로 만들어졌다. 깊게 파인 좌석은 연주자가 좋은 자세를 취할 수 있게 한다.

하이체어

영국 오크와 느릅나무, 밀크 페인트와 아마씨오일로 마감했다. 7.5cm 두께를 깎아 만든 좌판 밑에 다리를 꽂은 관통 장부다. 이 디자인은 약 1750년 미국의 하이체어에서 왔다.

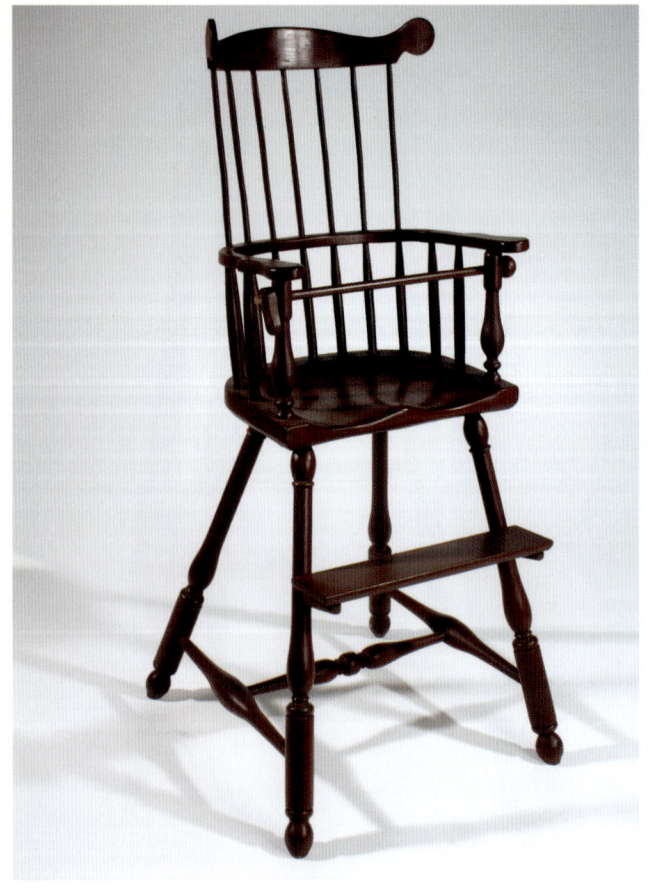

하이체어.

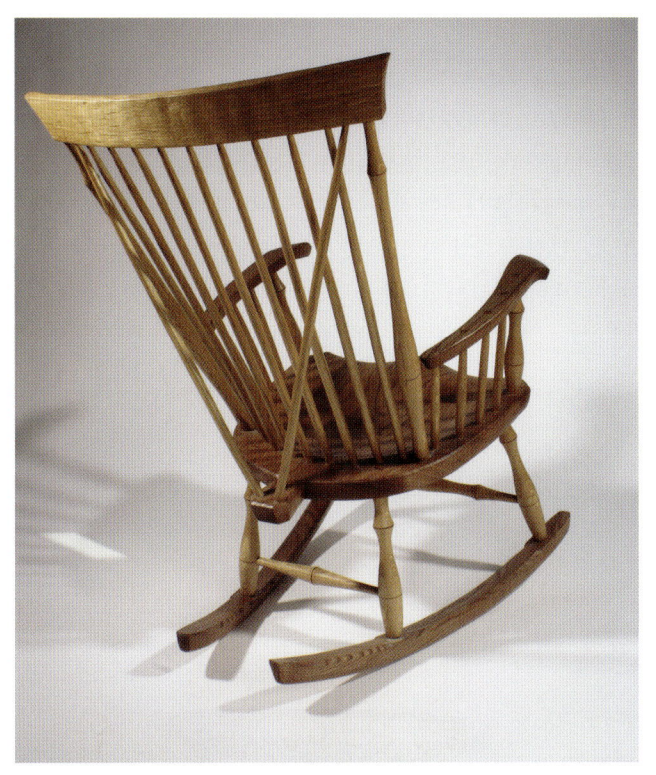

로킹체어.

로킹체어

이 로킹체어는 정말 크다! 팔걸이는 백포스트와 연결되어 있지 않고, 좌판 위에 '떠 있다.' 등 부분은 두 개의 여분의 스핀들이 버티고 있고, 좌판 뒤로 돌출된 꼬리 부분에 끼워서 연결한다. 구조적으로 이것은 필수적이지는 않다. 뒷다리는 스핀들 뒤의 좌판에 장부가 꽂혔고, 다리는 느릅나무 로커와 연결되었다. 로커는 가능한 한 구부러진 결을 따라 판에서 잘라낸 것이다. 짧은 뒷다리, 뒷다리에 비해 조금 긴 앞다리와 좌판을 바닥에 알맞은 각도로 고정시킨다. 이 좌판 방향과 수직에서 거의 20도 떨어진 중앙 스핀들을 결합하고, 앉는 사람은 스핀들과 등 사이에 체중을 분산시킨 채 편안한 자세로 기댄다.

환담 의자

영국 오크와 느릅나무. 의자와 의자 사이에 작은 '테이블'이 있는 2인용 의자다. 2인용 의자는 대화가 잘 되도록 서로의 방향으로 향해 있다. 팔은 '떠 있고' ― 이것은 등 부위와 붙어 있지 않다 ― 앉는 사람의 움직임에 부드럽게 반응하도록 등 부위에 9개의 스핀들이 있다. 좌판은 아래로 좀 내려간 '테이블'을 제외하고 느릅나무 한 판을 써서 모양을 만들었다.

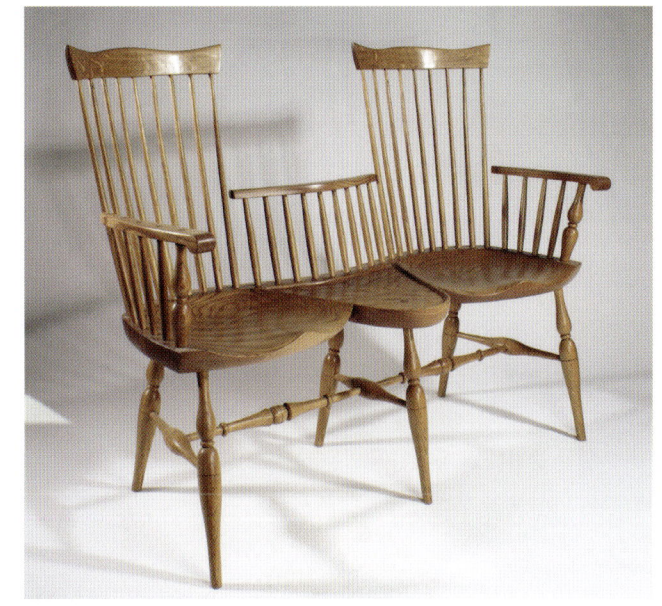

환담의자.

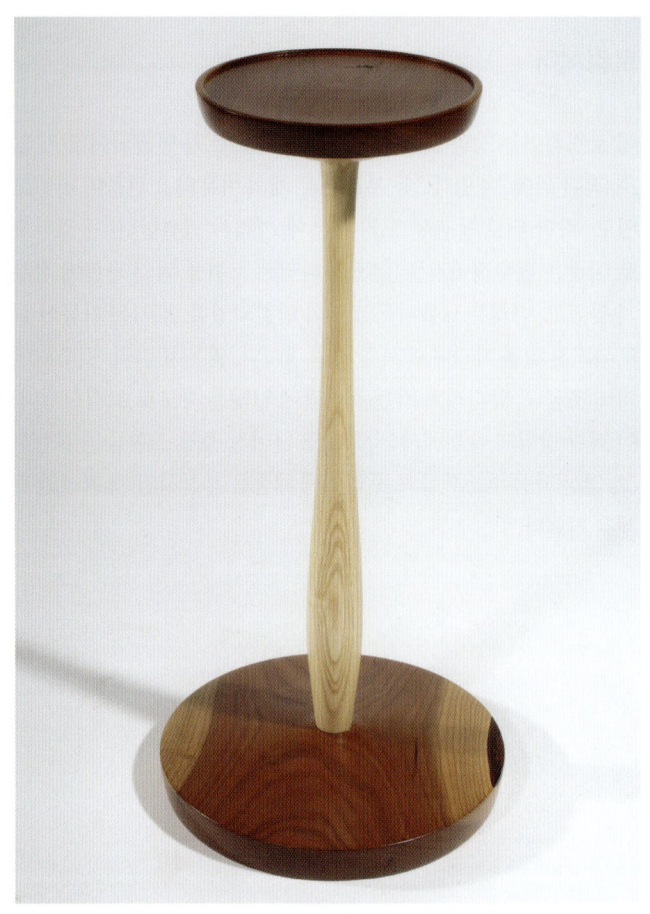

와인 테이블.

촛대 받침

미국산 체리. 다리가 셋인 이 테이블은 매우 섬세하다. 긴 다리는 진동이 발생하는 것을 조심하면서 목선반에서 깎아야 한다. 스트레이처(가로대)를 다리에 꽂을 때, 같은 높이로 하면 두 개의 장부가 만날 충분한 두께와 깊이를 가지고 있지 않기에 스트레이처의 높이가 다르다. 다리는 윗부분과 단단하게 고정되어 있다.

테이블

와인 테이블

중간대는 애쉬, 상판과 아래는 미국 체리. 가장 단순한 윈저 테이블은 거의가 촛대 받침이나 와인 테이블일 것이다. 목선반으로 깎은 중간대는 견고하고, 목선반으로 깎거나 카빙한 베이스에 끼우고, 작은 테이블 상판이 위에 고정된다. 이 경우 목선반으로 깎은 목 부위는 중간대의 꼭대기에 있는 장부에 앉혀 있고, 테이블 위는 두 개의 나사로 목 부위에 붙인다.

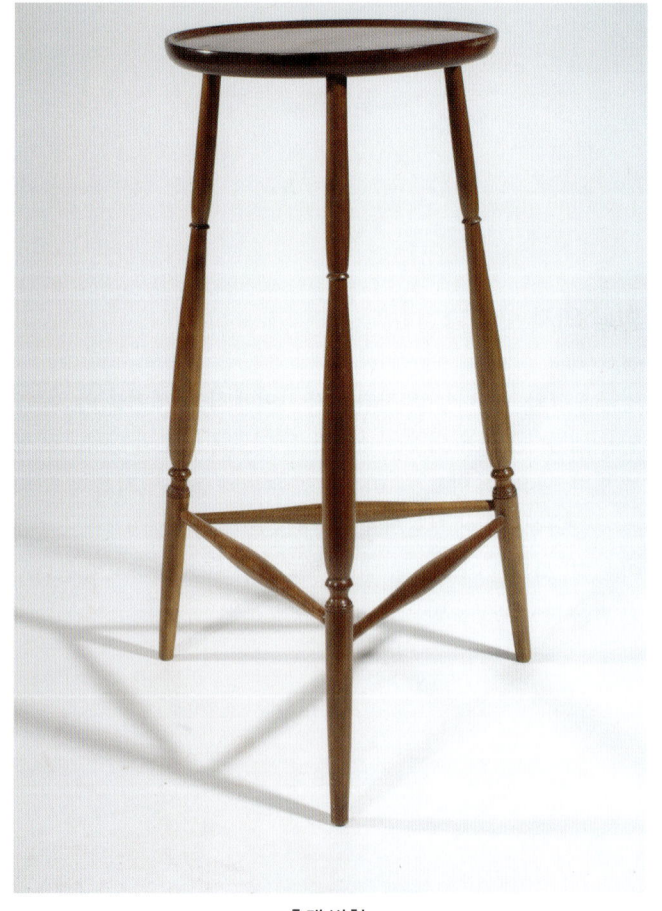

촛대 받침.

164

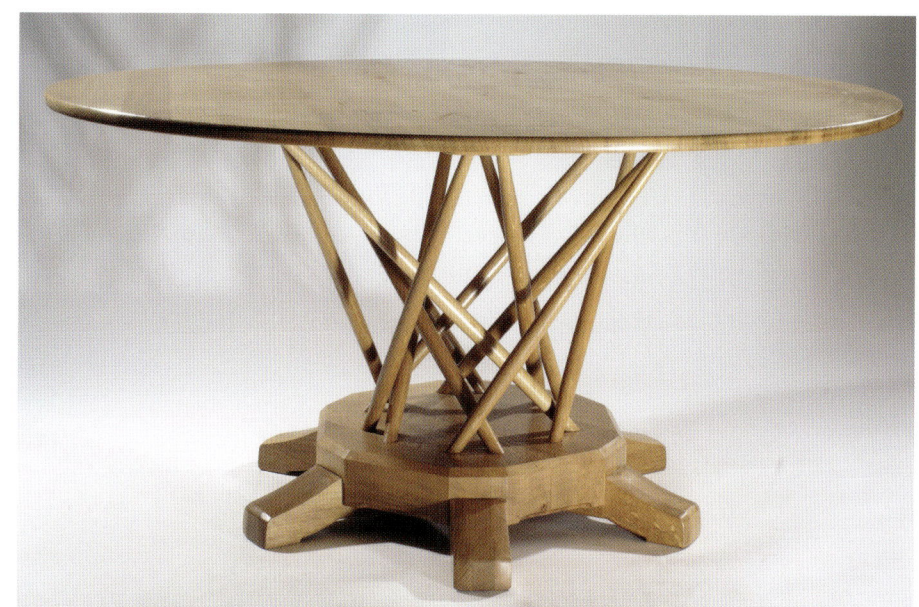

원형 식탁.

원형 식탁

영국과 유럽 오크. 원형 식탁은 1.5m 지름의 상판이고 전부 오크로 만들어졌다. 스핀들은 아래 판에 끼워졌고, 여섯 쌍으로 배치되었다. 각 쌍은 하나는 짧고 하나는 긴 스핀들로 이루어졌고, 위에서 아래로 서로 연결되어 있고, 한 덩어리로 장부에 끼었다. 여섯 블록은 상판에 고정되었다. 스핀들의 유연성은 수분의 변화로 인한 상판의 수축 팽창을 고려할 필요가 없다. 상판을 6개의 블록에 고정하고 스핀들 쌍으로 거대한 삼각 구조로 상판을 매우 단단히 고정한다. 이 기능은 낮은 무게 중심과 함께 대부분의 원형 테이블보다 테이블을 훨씬 더 안정적으로 만든다. 스핀들 배치는 테이블에 앉는 사람의 다리를 방해하지 않는다는 또 다른 장점이 있다.

트레슬 테이블

영국 오크. 이 테이블은 다른 원저가구와 같은 견고한 판자 베이스를 가지고 있지 않지만 원리는 같다. 스핀들의 삼각 구조는 최소한의 질량으로 꼭대기를 견고하게 지지한다. 이 '에어리' 구조는 미국 원저체어를 연상시키며, 앉는 사람의 다리를 방해하지 않는 이점이 있다.

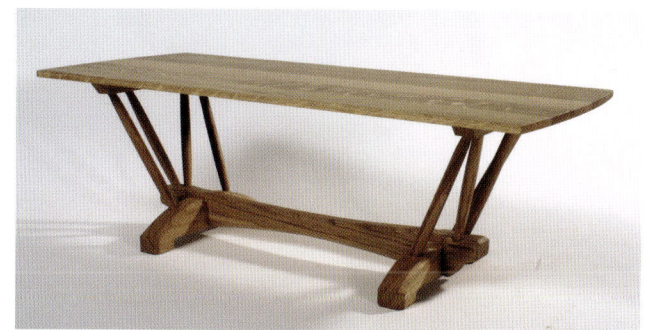

트레슬 테이블.

받침대

수건걸이

느릅나무와 영국 오크. 이 수건걸이는 단단한 느릅나무 베이스에 네 개의 스핀들이 꽂혀 있다. 전통적인 랙과는 다르게 이것은 무게 중심이 낮기 때문에 매우 안정적이다. 스핀들의 삼각 구조는 단단하지만 가벼운 구조이다.

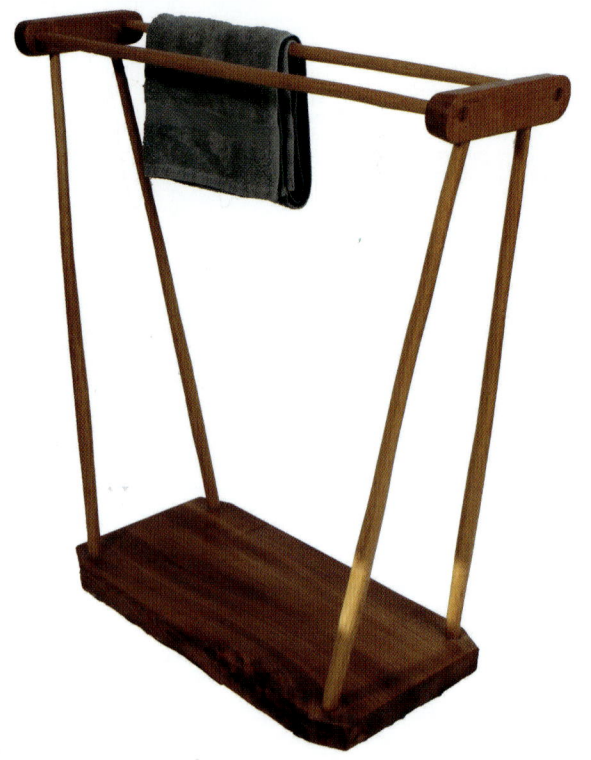

수건걸이.

요람

요람

윈저가구에서 요람은 윈저가구의 정의에 완벽하게 들어맞으며, 매우 다양한 디자인이 만들어졌다. 스핀들은 이 그림과 같이 스팀벤딩 나무 또는 목선반으로 만든 것으로 고정되었다.

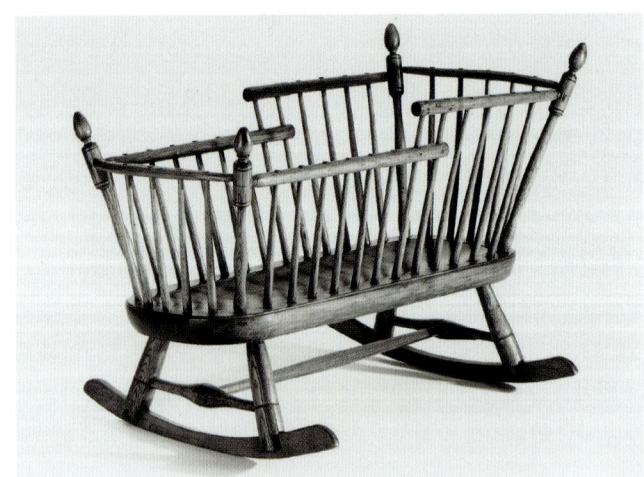

윈저요람(Courtesy Charles Santore).

참고문헌

Alexander, John D. Jr *Make a Chair from a Tree* (Fine Woodworking, 1978) Classic book on green woodworking techniques

Arnold, James *The Shell Book of Country Crafts* (John Baker, 1968) Chapters on country crafts including one on Windsor chairmaking

Blanchard, Roberta Ray *How to Restore and Decorate Chairs* (Avenel, 1952) Details of techniques and patterns for painting and decorating chairs, including Windsors

Cotton, Bernard D. *The English Regional Chair* (Antique Collector's Club, 1990) The definitive book on country chairs, with a large section on Windsors

Crispin, Thomas *The English Windsor Chair* (Alan Sutton, 1992) A historical overview of Windsor chairs

Dunbar, Michael *Make a Windsor Chair* (The Taunton Press, 1984) An excellent practical book on making American-style Windsors

Edwards, Ralph *English Chairs* (HMSO, 1951) Review of chairs in the Victoria & Albert Museum

Gloag, John *The Englishman's Chair* (Allen & Unwin, 1964)

Goyne Evans, Nancy *American Windsor Chairs* (Hudson Hills Press, 1996) The definitive book on American Windsors

Goyne Evans, Nancy *American Windsor Furniture* (Hudson Hills Press, 1997) Covers Windsor furniture in the widest sense – mainly American

Goyne Evans, Nancy *Windsor Chairmaking in America* (UPNE, 2006) Details of working practices, workshops, methods of making and painting, marketing and distribution

Harding-Hill, Michael *Windsor Chairs* (Antique Collector's Club, 2003) Beautiful pictures concentrating on eighteenth-century English Windsors with a section on the nineteenth century

Kassay, John *The Book of American Windsor Furniture* (University of Massachusetts Press, 1998) Photographs and measured drawings of American chairs and other Windsor pieces

Knell, David *English Country Furniture* (Antique Collector's Club, 2000, orig. 1992) A general guide to English furniture, with a good section on Windsors

Langsner, Drew *The Chairmaker's Workshop* (Lark Books, 1997) A comprehensive book on the methods of making Windsors and ladderback chairs

Massingham, H.J. *Men of Earth* (Chapman & Hall, 1943) Several chapters on traditional Windsor chairmaking

Moser, Thos. *Windsor Chairmaking* (Sterling, 1982) An interesting book concentrating on Thos. Moser's own style of chairs

Nutting, Wallace *Windsor Chairs* (Dover Publications, 2001, orig. 1917) Reprint giving Nutting's personal views on a range of mainly American chairs

Roe, F. Gordon *Windsor Chairs* (Phoenix House, 1953) Excellent overview of Windsors, mainly English

Santore, Charles *The Windsor Style in America* (Courage Books, 1997, orig. 1981) A two-volume book with superb photos of American Windsors

Sparkes, Ivan *English Windsor Chairs* (Shire Publications, 1994, orig. 1981) A booklet on Windsor chairs

Sparkes, Ivan *The English Country Chair* (Spur Books, 1973)

Sparkes, Ivan *The Windsor Chair* (Spur Books, 1975) An overview of the development of Windsor chairs

Sturt, George *The Wheelwright's Shop* (Cambridge University Press, 2000, orig. 1923) Description of Wheelwright's business in the 1880s. The use and choice of wood relevant to Windsor chairs

용어집

아보텍(Arbortech) 체인톱형 톱니가 있는 원형 날. 목재를 신속하게 제거할 수 있는 앵글 그라인더에 적합하다. 자귀 대신 좌판을 파기 좋다.

백포스트(Back-post) 스핀들 사이에 크레스트를 지지하기 위해 목선반으로 깎은 지지대 중 하나이다.

벤딩 스트랩(Bending strap) 스팀벤딩으로 나무를 구부릴 때, 나무의 외부 표면을 지지하여 터지는 것을 막는 금속 스트랩. 양쪽 끝의 블록은 나무를 압축하여 스트랩과 접촉하는 나무의 장력을 줄인다.

보우/암(Bow/Arm) 일반적으로 스팀벤딩이지만, 가끔은 적층벤딩을 하기도 한다.

브레이크(Brake) 나무를 쪼갤 때, 나무를 편리하게 잡을 수 있게 하고, 쪼개는 동안 나무에 압력을 가해 나무가 쪼개지는 길을 조정할 수 있도록 한다.

캐비닛 스크레이퍼(Cabinet scraper) 표면에 문제가 되는 지점을 제거하고 나무를 매끄럽게 하기 위해 버를 날카롭게 연마해서 사용할 수 있는 판금 조각이다.

드로우나이프 날(Drawknife blade) 일반적으로 생나무를 빠르게 제거하기 위해 양 끝에 손잡이가 있는 날. 항상 사용자 쪽으로 당긴다.

틀(Form/former) 암이나 보우 같은 것을 구부리기 위한 틀(보통 합판으로 만든다)이다.

포스트너 비트(forstner bit) 중앙이 움푹 들어가고 그 안에 뾰족한 부분이 있어서 평평한 바닥에 구멍을 만들기 좋은 드릴 비트이다. 이 드릴은 흔들리지 않고 구멍을 뚫는다. 드릴프레스에 꽂아 사용하면 좋다.

프렌치폴리시(French polish) 셀락을 알코올에 녹인 것이다.

그린 우드(Green wood) 수액이 함유된 건조되지 않은 나무이다.

집성(Jointing) 두 개의 평평한 나무를 붙여서 평평한 표면을 만드는 것이다.

옹이(Knot) 나무가 자라면서 주변의 나무가 변형되어 생기는 매듭이다.

레더백체어(Laaddervack chair) '포스트 앤 렁' 의자로도 알려져 있다. 4개의 수직 포스트가 의자를 지지하고 수평 가로대로 함께 고정된다. 일반적으로 골풀로 짠 시트이다.

방사조직(Medullary rays) 나이테에 수직으로 형성되는 리본 모양이다. 이 선은 오크와 같은 종에서 가장 뚜렷이 나타나고, 애쉬와 같은 나무에서는 뚜렷하게 드러나지 않는다.

장붓구멍(Mortice) 장부가 들어가는 구멍이다.

패턴 제작용 바이스(Pattern maker's vice) 불규칙한 모양의 나무 조각을 고정할 수 있도록 조절할 수 있는 다용도 바이스이다. 조는 평행하지 않게 만들 수 있고 바꿀 수 있으며 전체 어셈블리는 벤치와 수평하게 90도 들어올릴 수 있다.

리본 슬랫(Ribbon slat) 초기 영국식 윈저체어에는 긴 스핀들 양쪽에 약 2.5cm 너비의 평평한 나무 스트립이 있었다. 일반적으로 콤브백체어에서 나타나지만 초기 더블보체어에서도 가끔 보인다.

직각 드릴(Right-angle drill) 본체에 직각으로 고정한 특수 드릴로 윈저체어 암 아래와 같이 제한된 공간에 구멍을 뚫을 수 있다.

모양깎기(Shaving) 드로우나이프나 스포크쉐이브로 생나무를 제거한다.

사이트라인(Sight-line) 다리와 같은 구성 요소의 기울어진 방향이다. 구성 요소는 선 위의 수직 평면에 놓인다.

스핀들(Spindle) 스틱과 같은데, 대부분 윈저체어에 있으며, 모양을 다듬어 깎기도 하고 목선반에 돌려서 만들기도 한다.

스플랫(Splat) 많은 영국 윈저체어의 등받이 중앙에 있는 평평한 나무이다. 초기 스플랫(18세기)은 구멍이 나 있지 않았으나, 이후의 스플랫은 장식적인 요소가 가미된 패턴으로 뚫려 있다.

스포크쉐이브(Spokeshave) 금속이나 목제 바디로 되어 있다. 나무 스포크쉐이브는 나무에 낮은 각도로 날이 셋팅되어 있어, 윈저체어를 만드는 데 더 적합하다. 몇몇 부분에서 대패와 비슷하지만 바닥면이 짧고, 평평하고 볼록한 표면에 더 적합하다. 윈저체어를 만들 때 가장 많이 사용하는 도구일 것이다.

스트레처(Stretcher) 다리를 연결하는 수평 요소로 의자 하부 구조에 강성과 힘을 더해 준다. 스트레처는 다리를 약간 벌리게 하는 데서 그 이름이 생겼다.

테논(Tenon) 결구를 만들기 위해 장붓구멍에 딱 맞는 모양의 장부이다. 둥글거나 다면체일 수 있다.

트래핑 대패(Trapping plane) 스핀들과 같이 목선반에서 다양한 직경의 라운드를 만들기 위해 설계된 도구이다.

트레비셔(Travisher) 윈저체어의 좌판을 자귀로 거칠게 판 다음 사용한다. 곡선의 스포크쉐이브 모양으로 만든 도구이다.

자료 제공

Cabinetmakers' rasps
www.classichandtools.com

Forstner bits – metric
www.rutlands.co.uk

Forstner bits – imperial
www.fine-tools.com

Auger bits: short, imperial
www.toolbox.co.uk/irwin-marples-r215-short-0-74509

Trapping planes
www.ashemcrafts.com

CAD: Google Sketchup
www.google.com

Froe, adze
www.axminster.co.uk

Abrasives
www.abrasivesplus.com

Milk Paint
www.milkpaint.com

Finishing products
www.restexpress.co.uk

Spokeshaves and travishers
www.thewindsorworkshop.co.uk

감사의 말

내 나이 서른다섯에 잭 힐과 웨스트 던 칼리지에서 윈저체어 수업을 들을 수 있었던 건 정말 행운이었다. 이 수업으로 윈저체어를 향한 내 열정을 발견했고, 내 인생은 달라졌다! 낸시 고인 에번스의 『미국 윈저체어』를 읽고 많은 자극을 받았었다. 또한 빈티투어에 있는 윈저 컬렉션을 그녀에게 안내받을 수 있었던 건 정말 굉장한 일이었다. 마이크 던바를 통해서는 그린 우드워킹의 세계와 내가 머릿속으로만 생각하던 윈저체어를 만드는 구체적인 기술을 안내받을 수 있었다. 빌 코튼은 내 작업을 지지하고 흥미롭게 지켜봐 주었다. 그가 아니었다면 나는 의자 공부를 제대로 할 수 없었을 것이다. 8장이 바로 그 공부에 대한 내용이다. 마이클 하딩힐은 더 많은 영국 윈저체어를 만들라고 격려해 주었고, 그가 가지고 있는 많은 예들을 연구하게 해주었다. 의자와 제작자에 대한 클로이 달링의 열정은 나에게 큰 영감을 주었다. 체어 2004를 위해 그녀와 함께 일하고, 2007년 빈티투어에 방문하기 위해 그녀와 함께한 여행을 절대 잊을 수 없을 것이다. 찰스 산토어의 책은 아이디어를 위한 귀한 자료집이었고, 그를 만나고, 그의 엄청난 의자 컬렉션을 보고 토론할 수 있는 좋은 순간이었다.

이 책의 초안을 교정해 준 에릭 가워와 데이브 포프 모두에게 감사드린다. 또한 대충 그린 내 스케치를 해석해서 일러스트를 해 준 주디스 브라운에게도 감사를 전한다. 그리고 내가 이 책을 낼 수 있게 격려해 준 이 외에도 너무 많은 사람들이 있다. 감사합니다. 여러분 모두!

옮긴이의 말

제임스 머셀의 윈저체어는 윈저체어를 만드는 방법뿐 아니라 윈저체어의 역사와 더불어 오늘날 손으로 만드는 의자가 공장제 가구와 달라야 하는 이유에 대한 자신의 생각을 잘 풀어내고 있다. 오랜 세월 의자를 만들어온 체어메이커의 생각과 철학을 느낄 수 있는 책이다. 우리나라에서도 윈저체어를 만드는 전문 공방이 점차 늘어나고 있지만, 여전히 윈저체어를 만들기에 좋은 환경이라 할 수 없다. 윈저체어는 그린우드워킹의 한 범주로 주로 생나무로 만들어야 하는데, 주변에서 생나무를 구하기가 쉽지 않다. 목공 공방이건 개인의 작업장이건 뒷산에서 나무를 손쉽게 구할 수 없기 때문이다. 유럽이나 미국처럼 주변에 있는 나무로 윈저체어를 만드는 환경이 구축되어 있지 않기 때문에 다른 가구제작(수입 건조목을 사용하는)에 비해 윈저체어 만들기가 어려운 지점이라 할 수 있다.

그럼에도 불구하고 윈저체어 만들기는 목공인들이 한 번쯤 하고 싶은 작업임에 틀림없다. 뒷산이 아니라 참나무 장작 중에서 스팀벤딩할 부위를 구하고 대안적인 방법이긴 하지만 건조목으로 좌판과 다리를 만들 수도 있다(우리 목공소에서는 이 방법을 사용하고 있다). 또한 윈저체어는 일반 가구제작과는 다른 방식의 접근이 필요하다. 직각과 조인트가 가구 만들기의 8할이라면 윈저체어는 모양을 깎고 다듬는 것이 작업의 8할이다. 이런 측면이 어떤 이들에게는 윈저체어 제작의 어려움일 수 있고, 또 어떤 제작자들에게는 그것이 윈저체어 제작의 매력이 될 수도 있다. 나의 경우 윈저체어의 제작은 새로운 경험이었다. 나무의 결을 살려 드로우나이프로 스핀들과 암 등을 깎고 다듬는 과정과 목선반으로 다리를 깎는 작업을 통해 나무의 물성을 고스란히 손으로 느낄 수 있는 과정이었다. 윈저체어는 목공과 공예의 과정이 복합적으로 필요한 작업이라 할 수 있다.

이 책은 총 8장으로 구성되어 있다. 저자도 말하고 있듯 각 장을 처음부터 읽을 필요는 없다. 원하는 부분을 먼저 읽거나 나중에 읽어도 무리가 되지 않는다. 윈저체어를 만드는 구체적인 방법을 알고 싶다면 4장과 5장을 참고하면 되고, 윈저체어의 정의나 역사를 알고 싶으면 1장을 읽으면 된다. 필요한 도구와 그 도구를 사용하는 방법을 알고 싶다면 2장과 3장을 읽으면 도움이 될 것이다.

이 책을 번역할 때, 윈저체어 각 부의 명칭 중 좌판 아랫부분은 번역 가능한 단어로, 좌판 윗부분의 파트는 보우, 크레스트, 스핀들 등 원문 발음 그대로 적었다. 그것이 번역어보다 훨씬 직관적으로 이해하기 쉬울 것 같았다. 또한 저자가 인치로 표기한 부분은 그대로 인치로 번역했다. 밀리미터로 바꾸면 더 알기 쉬울 수도 있으나 저자는 윈저체어를 만들 때 야드-파운드법이 더 직관적이기에 인치를 쓰길 추천한다고 이야기한다. 왜냐하면 윈저체어를 만들 때 뭔가를 정교하게 측정하거나 자르는 일은 거의 없기에 $\frac{1}{16}$in와 같은 식으로 표기해도 우리가 필요로 하는 정밀도로는 충분하기 때문이라고 말한다. 장붓구멍에 장부를 맞출 때도 보면서 적당히 크기를 맞추어야 한다고 설명한다. 이런 부분이 바로 윈저체어의 제작이 기존의 가구제작과의 차이점을 보여주는 부분이면서, 윈저체어만의 독특한 세계관을 보여주는 지점일 것이다.

윈저체어를 만들면서 0.01mm의 숫자를 버리고 나면 나무와 그 상황에 맞는 맞춤이 보이기 시작하고, 깎기의 즐거움과 오차에 대한 스트레스에서 벗어날 수 있다. 그리고 나무가 허용하는 범위라는 생각을 갖게 된다. 제임스 머셀의 윈저체어를 읽고 윈저체어를 만들면서 얻게 된 즐거움의 하나이다. 이 책을 읽는 여러분들도 나와 같은 경험을 하길 바란다!

저자

제임스 머셀(James Mursell)

제임스 머셀은 1990년대 중반부터 윈저체어를 만들어 왔다. 처음에는 영국과 미국의 윈저체어를 보고 배웠지만, 대부분은 끊임없는 실험과 시행착오를 통해 스스로 배운 것이다. 현재 그는 자신이 직접 교육 작업장으로 지은 곳과 영국 전역에서 자신의 기술을 가르치고 있다. 또한 제임스 머셀은 전국적으로 전시하고 시연도 하면서 윈저체어 제작을 홍보하고 있으며, 정기적으로 영국 목공 잡지에 글을 기고하고 있다. 윈저체어에서 자신의 인생을 바꿀 열정을 발견하기 전에는 케임브리지대학교에서 식물학 학위를 취득하고 15년간 과수업자로 일했다. 그는 계속 서부 서식스에 있는 자신의 농장에서 지내며 작업하고 있다.

역자

윤혜진

서강대학교 국어국문학 박사를 수료했다. 대학교에서 글쓰기 강의를 했으며, 5년간 영국에 거주하면서 재영 한국대사관 한글학교에서 한국어 읽기와 쓰기를 가르쳤다. 가르치고 배우는 일을 업으로 삼으며 지금까지 글쓰기와 읽기를 가르치고 있다가 물성이 직접적으로 느껴지는 것들을 배우고 익히는 것에 관심을 가지게 되었다. 취미로 시작한 목공이 지금은 생활이 되어, 직업란에 목수라고 쓸 수 있게 되었다. 현재 은평구 한옥마을에 있는 북한산목공소를 운영하면서 목공을 가르치고, 사람들과 함께 목공을 하면서 나무를 만지고 매일 또 새로운 배움을 얻고 있다. 지은 책으로 『어린 왕자와 떠나는 인문학 여행』(큐리어스, 2020)이 있으며, 『근성 없는 여자가 목수로 살기』란 책을 집필 중에 있다.

감수

윤종배

한국과학영재학교와 KAIST(기계공학과)를 졸업했다. 포스코 포항제철소에서 엔지니어로, 대우인터내셔널에서 상사맨으로 근무했다. 취미 목공인에서 직업 목수가 되기까지 큰 도움을 받은 책, 『Jeff Miller와 함께 하는 목공 수업』을 번역했으며, 초보 목공인의 좌충우돌과 배움에 대한 책, 『김목공의 우드워크』를 썼다. 현재 윤혜신과 함께 북한산목공소를 운영하고 있다.

도서출판 씨아이알의 관련 분야 도서안내

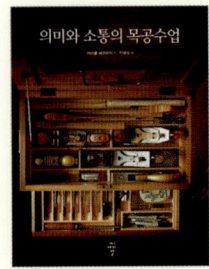

의미와 소통의 목공수업

마이클 페코비치 저 / 진재성 역 /
2023년 10월 / 228쪽(216*273) /
26,000원

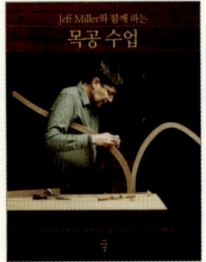

**Jeff Miller와 함께하는
목공 수업**

제프밀러(Jeff Miller) 저 / 윤종배 역 /
2020년 8월 / 204쪽(216*280) /
23,000원

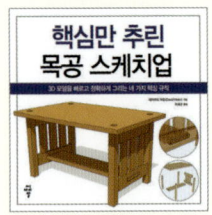

핵심만 추린 목공 스케치업

데이비드 하임(David Heim) 저 /
이재규 역 / 2020년 2월 /
120쪽(215*215) / 15,000원

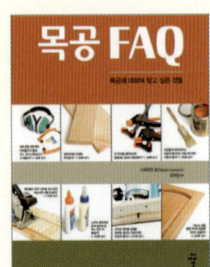

목공 FAQ

스파이크 칼슨(Spike Carlsen) 저 /
진재성 역 / 2019년 11월 /
364쪽(188*257) / 20,000원

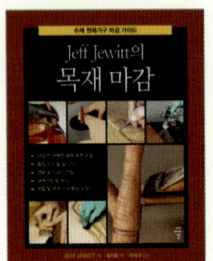

Jeff Jewitt의 목재 마감

JEFF JEWITT 저 / 최석환 역 /
2018년 9월 / 308쪽(222*275) /
34,000원

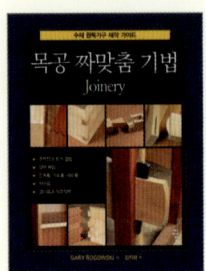

목공 짜맞춤 기법

LGary Rogowski 저 / 김지태 역 /
2017년 12월 / 408쪽(222*275) /
38,000원

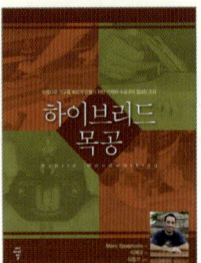

사랑 가득 엄마표 가구 만들기

애나 화이트(Ana White) 저 /
이재규, 정복자 역 /
2017년 11월 / 196쪽(216*280) /
22,000원

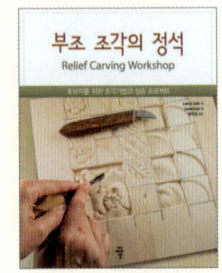

부조 조각의 정석

Lora S. Irish 저 / David Koh 역 /
2016년 11월 / 138쪽(216*280) /
18,000원

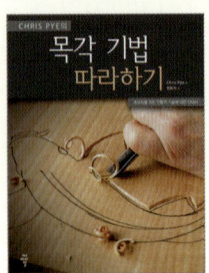

**Chris Pye의
목각 기법 따라하기**

Chris Pye 저 / 정복자 역 / 2016년 4월 /
160쪽(216*280) / 20,000원

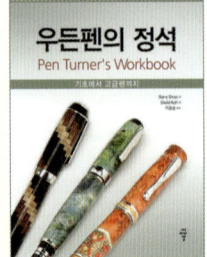

하이브리드 목공

Marc Spagnuolo 저 / 이재규 역 /
2016년 2월 / 192쪽(210*276) /
22,000원

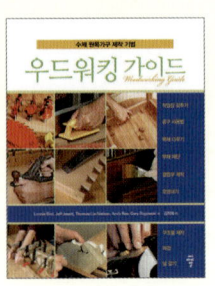

우드워킹 가이드

Lonnie Bird 외 저 / 김지태 역 /
2015년 9월 / 328쪽(222*275) /
34,000원

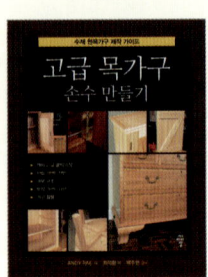

고급 목가구 손수 만들기

ANDY RAE 저 / 최석환 역 /
2015년 6월 / 328쪽(222*275) /
34,000원

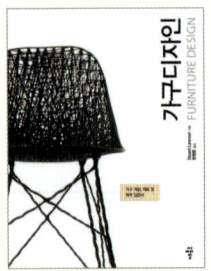

가구디자인

Stuart Lawson 저 / 한정현 역 /
2015년 5월 / 228쪽(216*280) /
24,000원

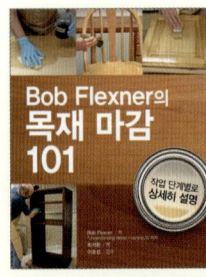

우든펜의 정석

Barry Gross 저 / 고득수 역 /
2015년 5월 / 152쪽(216*280) /
20,000원

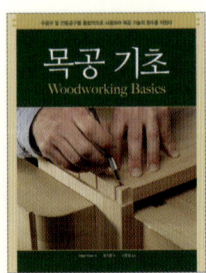

Bob Flexner의 목재 마감

Bob Flexner 저 / 최석환 역 /
2013년 7월 / 152쪽(215*275) /
20,000원

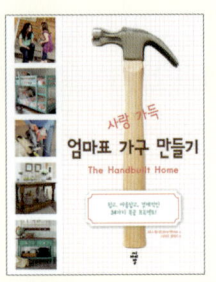

목공 기초

Peter Korn 저 / 최석환 역 /
2013년 7월 / 192쪽(215*275) /
22,000원

출판문의처 cir03@circom.co.kr 02) 2275-8603 (내선 605)